독자의 1초를 아껴주는 정성!

세상이 아무리 바쁘게 돌아가더라도
책까지 아무렇게나 빨리 만들 수는 없습니다.
인스턴트 식품 같은 책보다는
오래 익힌 술이나 장맛이 밴 책을 만들고 싶습니다.

길벗이지톡은 독자여러분이 우리를 믿는다고 할 때 가장 행복합니다.
나를 아껴주는 어학도서, 길벗이지톡의 책을 만나보십시오.

독자의 1초를 아껴주는 정성을 만나보십시오.

미리 책을 읽고 따라해본 2만 베타테스터 여러분과
무따기 체험단, 길벗스쿨 엄마 2% 기획단,
시나공 평가단, 토익 배틀, 대학생 기자단까지!
믿을 수 있는 책을 함께 만들어주신 독자 여러분께 감사드립니다.

(주)도서출판길벗 www.gilbut.co.kr
길벗이지톡 www.eztok.co.kr
길벗스쿨 www.gilbutschool.co.kr

외우지 않는 편안함
영단어 X 원리 도감

영단어 X 원리 도감
Word X Origin Dictionary

초판 1쇄 발행 2025년 6월 13일

지은이 · 김형탁
발행인 · 이종원
발행처 · (주)도서출판 길벗
브랜드 · 길벗이지톡
출판사 등록일 · 1990년 12월 24일
주소 · 서울시 마포구 월드컵로 10길 56(서교동)
대표 전화 · 02)332-0931 | **팩스** · 02)323-0586
홈페이지 · www.gilbut.co.kr | **이메일** · eztok@gilbut.co.kr

기획 및 책임 편집 · 고경환(kkh@gilbut.co.kr) | **디자인** · 스튜디오 수박 | **제작** · 이준호, 손일순, 이진혁
마케팅 · 차명환, 장봉석, 최소영 | **유통혁신** · 한준희 | **영업관리** · 김명자, 심선숙 | **독자지원** · 윤정아
편집진행 및 교정교열 · 임현경 | **전산편집** · 한효경 | **일러스트** · 최정을
CTP 출력 및 인쇄 · 정민 | **제본** · 경민제책

- 길벗이지톡은 (주)도서출판 길벗의 성인어학서 출판 브랜드입니다.
- 이 책은 저작권법의 보호를 받는 저작물로 이 책에 실린 모든 내용, 디자인, 이미지, 편집 구성은 허락 없이 복제하거나 다른 매체에 옮겨 실을 수 없습니다.
- 인공지능(AI) 기술 또는 시스템을 훈련하기 위해 이 책의 전체 내용은 물론 일부 문장도 사용하는 것을 금지합니다.
- 잘못 만든 책은 구입한 서점에서 바꿔 드립니다.
- 책 내용에 대한 문의는 길벗 홈페이지(www.gilbut.co.kr) 고객센터에 올려 주세요.

ISBN 979-11-407-1357-8(03740)
(길벗 도서번호 301223)

정가 24,000원

독자의 1초를 아껴주는 정성 **길벗출판사**

(주)도서출판 길벗 | IT단행본, 성인어학, 교과서, 수험서, 경제경영, 교양, 자녀교육, 취미실용 www.gilbut.co.kr
길벗스쿨 | 국어학습, 수학학습, 주니어어학, 어린이단행본, 학습단행본 www.gilbutschool.co.kr

유튜브 · @GILBUTEZTOK | 인스타그램 · gilbut_eztok | 네이버포스트 · gilbuteztok

· 머리말 ·

영단어 외우지 말고
원리와 그림으로 이해하세요!

많고 많은 영단어를 암기로만 외울 수 있을까요?

영어를 잘하는 사람이든 못하는 사람이든 뭐부터 해야 영어를 잘 하냐고 물으면 대부분 '단어'부터 외우라는 답이 돌아옵니다. 그래서 영어공부를 시작할 때 가장 먼저 하는 일이 영어단어 책을 사서 외우는 거죠. 그런데 그냥 기계적으로 외운다고 단어가 머릿속에 들어올까요? 굳게 결심하고 공부를 시작해보지만 사전식 뜻만 있을 뿐 어떻게 외워야 하는지, 왜 이 단어가 이런 뜻이 되었는지에 대한 내용은 없죠. 이렇게 사전처럼 뜻만 나열한 책으로 영어회화에 필요한 영단어를 다 외울 수 있을까요?

외우지 않고 원리와 그림으로 이해하는 편안함!

'난 정말 암기력이 떨어져.'라며 실망하시는 분들이 많은데 여러분의 암기력에는 문제가 없습니다. 단어를 학습하는 방식이 잘못된 겁니다. 막무가내로 쓰고 외우는 방법은 이제 버리셔도 됩니다. 지금부터는 단어가 갖고 있는 각각의 이야기에 귀 기울여 보세요. 단어 그 자체를 이해하다 보면 외우지 않아도 자연스럽게 암기될 것입니다. 《영단어 X 원리 도감》은 영단어를 이해하는 '4가지 방법'이 실려있습니다.

**첫째,
그림으로 먼저
이해한다!**

이 책에는 단어의 의미와 유래 등이 학습자의 머릿속에 한 번에 이해될 수 있게 다양한 일러스트와 사진을 보여줍니다. 아무리 글로 자세히 설명한다 해도 단어의 느낌을 순간적으로 알게 해주는 그림의 효과는 따라갈 수가 없죠. 단어가 생길 때부터 가지고 있는 본연의 의미와 느낌을 바로 알 수 있게 해주는 이미지로 외우지 않고 제대로 이해할 수 있습니다.

**둘째,
'스토리'로
이해한다!**

한국 사람만 아는 고사성어를 외국인에게 뜻만 알려주고 무조건 외우라고 해 보죠. 시간이 한참 흐른 후에 그 뜻을 기억하고 써먹을 수 있을까요? 절대 안되죠. 반대로 그 고사성어에 얽힌 이야기를 들려주면 외우지 않아도 평생 기억에 남게 됩니다. 영어 단어도 마찬가지입니다. 단어와 사전식 뜻만 달달 외운다면 외울 때뿐이지 금방 잊어버립니다.

영단어들이 가지고 있는 이야기에 집중해보세요. 억지로 외우지 않아도 평생 기억에 남을 것입니다.

**셋째,
'생성원리'를
익힌다!**

사람마다 타고난 생김새가 다르듯이 영단어도 제각기 만들어진 원리가 다릅니다. 어떤 단어는 신화, 동물, 식물에서 나왔고, 또 다른 단어들은 어근과 접두어로 만들어졌습니다. 이렇게 단어는 처음 만들어진 원리에 따라 배우는 것이 가장 효과적입니다. 그래서 이 책은 한 가지의 생성원리로만 책 전체를 접근하는 게 아니라, 각 단어에 맞게 어근, 발음변화, 접두어, 다의어로 나누어 단어가 처음 만들어진 원리 그대로 학습하도록 구성했습니다.

**넷째,
'단어나무'로
묶어서
이해한다!**

단어를 오래 기억하고, 필요할 때 쓸 수 있으려면 우뇌를 활용하는 것이 좋습니다. 단어의 생성원리를 '단어나무' 형식으로 매 유닛 앞에 제시했습니다. 매일 배울 단어들은 하나의 주제로 연결되어 있기 때문에, 단어를 하나씩 외우지 않고 그날 배울 표제어를 하나의 '단어나무'로 시각화해 정리해보세요. 단어가 이미지와 결합해 오래, 생생하게 기억할 수 있습니다.

이 책에는 영어회화부터 원서까지 자주 등장하고 활용도가 높은 단어를 엄선했습니다. 재밌는 소설책을 읽듯이 재미있게 읽어 내려가시면 됩니다. 이 책을 끝내면 아무리 외우려고 노력해도 기억되지 않고 흐릿하게 머릿속을 맴돌던 단어들이 또렷한 의미로 와닿는 경험을 하시게 될겁니다. 영어회화에도 더 명확하게 단어를 쓸 수 있고 사전 없이도 영자신문과 원서까지 읽어낼 수 있게 되실거라 확신합니다.

이 책이 다시 빛을 볼 수 있게 함께 해주신 모든 분들과 사랑하는 가족들에게 감사하다는 말씀을 드리고 싶습니다. 이 책이 조금이라도 도움이 된다면 저자로서 더 바랄게 없습니다. 건투를 빕니다.

2025년 봄
김형탁

이 책의 구성

하나의 뿌리에서 나오는 단어들을 그날그날 공부하기 쉽게 단어나무로 정리했습니다. 단어의 뜻을 유추하는 훈련을 해보세요.

단어는 의미의 중심이 되는 그 단어의 '느낌'이라는 것이 있습니다. 단어마다 다른 본연의 그 '느낌'을 바로 이해할 수 있게 다양한 일러스트와 사진을 같이 실었습니다. 일러스트와 사진만 봐도 단어의 성격을 바로 파악할 수 있게 했습니다.

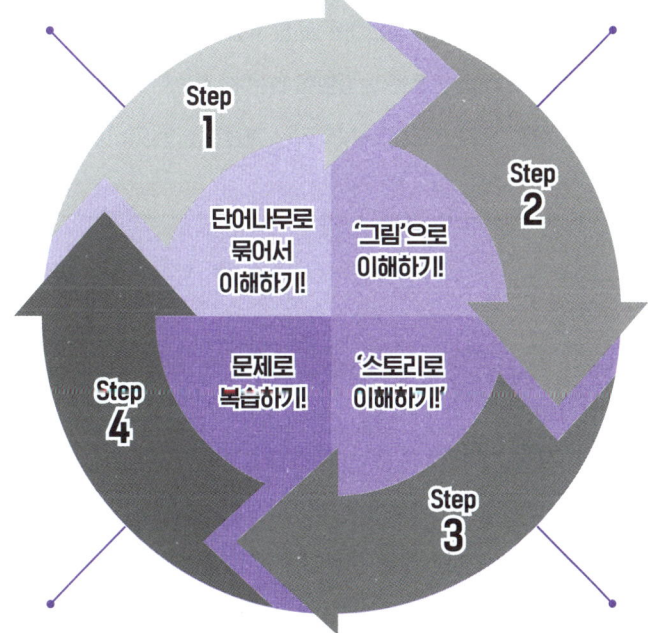

Step 1 단어나무로 묶어서 이해하기!
Step 2 '그림'으로 이해하기!
Step 3 '스토리로 이해하기!'
Step 4 문제로 복습하기!

다양한 형태의 문제를 통해 단어의 뜻을 암기하고, 실제로 사용되는 용법을 익혀보세요.

단어와 뜻만 달달 외운다면 외울 때 뿐 오래 기억되지 않습니다. 이제 영단어들이 들려주는 이야기에 귀기울여 보세요. 억지로 외우지 않아도 평생 기억에 남을 것입니다.

| 이 책에 쓰인 용어 정리 | [명] 명사　[형] 형용사　[부] 부사　[타] 타동사　[자] 자동사　[형접] 형용사 접미사
[명접] 명사 접미사　[동접] 동사 접미사 |

• 목차 •

Part 1
다의어로 배우는 영단어

01 판자도 위원회도 board! — 012
02 부담이든 짐이든 요금이든 채우면 charge! — 021
03 남녀든 일에든 맺어지면 engage! — 031
04 계산서든 법안이든 도장 찍힌 종이는 bill! — 040
05 배를 만들든 눈속임을 하든 손기술로 하는 건 craft! — 048
06 돈계산도 머릿속에 깔린 계산도 account! — 057

Part 2
발음변화로 배우는 영단어

07 market에 가면 price 흥정을! — 068
08 마시는 건 drink, 떨어지는 건 drop — 077
09 바람은 wind, 흔들리는 건 swing — 085
10 모두 아는 food, 가장 중요한 health — 093
11 움푹 패인 동굴 cave, 어둠 속에서 빛나는 촛불 candle — 101
12 빼앗는 rob, 부풀어 있는 ball — 109
13 초대한 사람은 host, 혼자서는 못 사는 존재인 human — 117
14 생명에 꼭 필요한 vitamin, 여러 가지를 하나로 섞은 blend — 125

15	바람이 부는 건 blow, 새가 퍼덕거리는 건 flap	132
16	첫째 가는 prime, 머리에서 유래한 capital	140
17	밭을 갈듯 생겨나는 culture, city에서 유래한 civilization	146
18	바닥에 놓으니 found, 나무와 문제의 뿌리는 root	155

Part 3
접두어로 배우는 영단어

19	마구마구 부정하는 un-	166
20	부정하는 in-	174
21	안으로 들어가는 in-	182
22	밖으로 나오는 ex-	192
23	아래로 떨어지고 이탈되는 de-	202
24	이쪽에서 저쪽으로 옮기는 trans-	211
25	함께 하고 강조되는 com-	219
26	떨어져나가 없어지는 dis-	229
27	미리 하고 앞서 하는 pre-	239
28	앞으로 나아가는 pro-	248

29	아래에 있는 sub-	256
30	분리되고 떨어져 나가는 ab-	264
31	접근하고 다가가는 ad-	273
32	뒤로 돌아가는 re-	282
33	돌아서 다시 가는 re-	290

Part 4
같은 의미의 어근으로 배우는 영단어

34	옮기고 나르는 건 fer와 port	300
35	말하는 건 dic(t), fa, loq	309
35	보는 건 spect와 vid	317
37	숨 쉬는 건 spir, 마음은 anim	325
38	깨지는 건 trag, 터지는 건 rupt	334
39	붓는 건 fus, 흐르는 건 flu	342
40	만지는 건 tag, 느끼는 건 sent	350
41	외치는 건 claim, 발표하는 건 nounce	358

42	던지는 건 ject, 보내는 건 mit	366
43	잡는 건 cap, 잡고 있는 건 tain	374
44	끝은 fin과 termin	382
45	아는 건 gno, not, sci	390
46	놓는 건 pos(e)	399

Part 5
반대 의미의 어근으로 배우는 영단어

47	손은 manu, 발은 ped	410
48	밀어내는 pel, 당기려는 tract	419
49	가는 건 ced, 오는 건 ven	429
50	서는 건 sist, 앉는 건 sid	438
51	접는 건 plic, 뻗는 건 tend	447
52	비우는 건 van, 채우는 건 ple	457
53	돌고 바뀌고 변하는 건 vert	465

부록 전체 단어 수록 휴대용 단어장　　　　홈페이지 다운로드

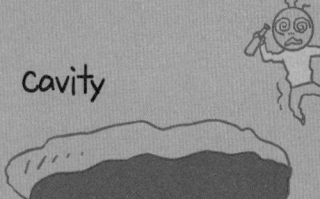

01 판자도 위원회도 **board**!
02 부담이든 짐이든 요금이든 채우면 **charge**!
03 남녀든 일에든 맺어지면 **engage**!
04 계산서든 법안이든 도장 찍힌 종이는 **bill**!
05 배를 만들든 눈속임을 하든 손기술로 하는 건 **craft**!
06 돈계산도 머릿속에 깔린 계산도 **account**!

Part 1

다의어로 배우는 영단어

영단어를 외울 때 쉬운 듯 가장 어려운 부분이 다의어입니다. 단어는 많이 본 것 같은데, 막상 문장 속에서 해석이 안 되거든요. account란 단어를 예를 들어 보죠. '계좌, 고객, 설명, 기사, 이유, 중요성, 고려, 참작' 등 다양한 의미를 가지고 있습니다. 다의어의 '원뜻'이 여기서 중요합니다. account가 뜻이 많은 단어라도 '계산'이라는 원뜻에서 출발하면 그 의미를 알 수 있는 거죠.

01 판자도 위원회도 board!

이젠 스키장에선 '스키'보단 '보드'를 많이 탑니다. 학교에선 선생님이 blackboard칠판에 글씨를 쓰시죠. 또 공항에서 쓰이는 외래어 '보딩boarding'은 '(비행기) 탑승'을 뜻하구요. 이 밖에도 board는 '식사, 위원회, 하숙시키다' 등의 여러 가지 뜻으로 모두 쓰입니다. 이 어려워 보이는 다의어들을 쉽게 익히는 방법은 원뜻original meaning을 이해하는 것입니다. 마치 하나의 뿌리에서 많은 줄기와 가지들이 뻗어 나오는 나무처럼 말이죠.

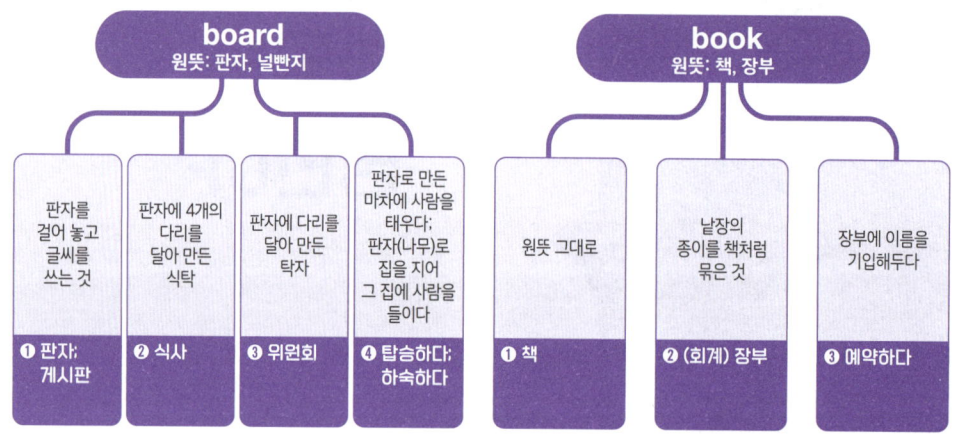

board 원뜻: 판자, 널빤지

- 판자를 걸어 놓고 글씨를 쓰는 것 → ❶ 판자; 게시판
- 판자에 4개의 다리를 달아 만든 식탁 → ❷ 식사
- 판자에 다리를 달아 만든 탁자 → ❸ 위원회
- 판자로 만든 마차에 사람을 태우다; 판자(나무)로 집을 지어 그 집에 사람을 들이다 → ❹ 탑승하다; 하숙하다

book 원뜻: 책, 장부

- 원뜻 그대로 → ❶ 책
- 낱장의 종이를 책처럼 묶은 것 → ❷ (회계) 장부
- 장부에 이름을 기입해두다 → ❸ 예약하다

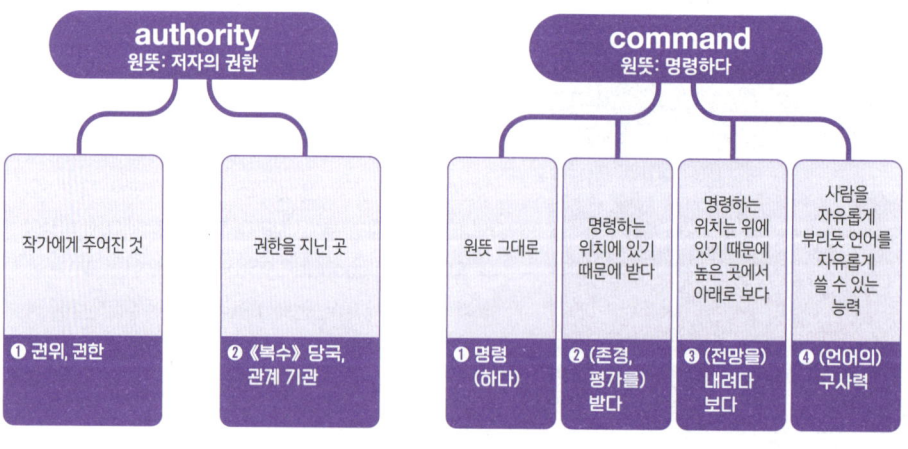

authority 원뜻: 저자의 권한

- 작가에게 주어진 것 → ❶ 권위, 권한
- 권한을 지닌 곳 → ❷ 《복수》 당국, 관계 기관

command 원뜻: 명령하다

- 원뜻 그대로 → ❶ 명령 (하다)
- 명령하는 위치에 있기 때문에 받다 → ❷ (존경, 평가를) 받다
- 명령하는 위치는 위에 있기 때문에 높은 곳에서 아래로 보다 → ❸ (전망을) 내려다 보다
- 사람을 자유롭게 부리듯 언어를 자유롭게 쓸 수 있는 능력 → ❹ (언어의) 구사력

01 판자, 널빤지 board 1. 판자; 게시판 2. 식사 3. 위원회 4. 탑승시키다; 하숙시키다

참으로 다양한 뜻을 가진 단어가 board입니다. '판자'가 나오다가 갑자기 '식사'는 뭐고 '위원회'는 또 뭘까요? 거기다가 '탑승시키다'에 '하숙시키다'까지… 이렇게 뜻이 다양한 board도 원뜻인 '판자'에서 모든 의미가 생겨납니다. 즉, 판자의 쓰임새(용도)에서 다양한 의미들이 파생되는 것이죠. 자, board의 의미를 파헤쳐 볼까요?

❶ 판자를 걸어놓고 글씨를 쓰는 것 → 게시판

칠판을 영어로 뭐라고 하죠? 바로 blackboard입니다! 옛날에 처음 칠판을 만들었을 땐 검은색이었기 때문에 '흑판'으로 불렸고 영어로도 blackboard였습니다. 이것이 훗날 눈이 피로해 초록색으로 바뀌었고 이제는 전자칠판으로 대체되고 있죠. 아무튼 널찍한 판자를 벽에 걸어두고 거기에 글씨를 쓰면 그것은 더 이상 나무판자가 아니라 '게시판, 칠판'이 되는 거죠.

- I'll put a list of names up on the **board**.
  내가 명단을 게시판에 게시할게요.
- I saw a notice on the **board** calling for volunteers.
  난 게시판에서 자원봉사자들을 구하는 공고를 봤다.

❷ 판자에 4개의 다리를 달아 만든 식탁 → 식사

요즘은 우리나라도 대부분 그렇지만, 서양 사람들은 밥을 먹을 때 식탁에 둘러앉아 식사를 했죠. 식탁은 어떻게 만드나요? 먼저 큰 판자를 놓고 다리 네 개를 달겠죠? 그럼 식탁이 만들어지고 그 위에 음식을 놓고 먹게 되면 그것이 곧 '식사'가 됩니다. 여기서도 판자에서부터 '식사'의 의미까지 생겨났네요.

- The student will have to pay for room and **board**.
  그 학생은 방값과 식대를 내야 할 것이다.
- The landlord provides **board** and lodging.
  그 집주인은 숙식을 제공한다.

❸ 판자에 다리를 달아 만든 탁자 → 위원회

바로 앞에서 판자로 만들어진 '탁자'에서 '식사'의 의미가 나왔다는 걸 배웠는데 이번에 배울 '위원회'라는 뜻 역시 판자로 만들어진 '탁자'에서 출발합니다. 사람들이 모여서 회의를 하려면 당연히 넓찍한 탁자가 필요할 것이고 그 탁자를 중심으로 사람들이 빙 둘러앉아 어떤 안건agenda에 대해 토론discussion을 하면 그렇게 모인 사람들이 곧 '위원회'가 되는 것이죠. 이 '위원회'라는 뜻 역시 '판자로 만든 것'이란 원뜻에서 벗어나지 않습니다.

- There is a **board** meeting every Monday. 매주 월요일 위원회 회의가 있다.
- The parole **board** has decided that the prisoner is not yet ready for release.
  가석방 심의 위원회는 그 죄수가 아직 석방될 때가 아니라는 결정을 내렸다.

❹ 판자로 만든 마차에 사람을 태우다 → 탑승하다
　판자(나무)로 집을 지어 그 집에 사람을 들이다 → 숙식을 제공하다

판자로 만들 수 있는 것들의 용도는 무수히innumerably 많겠지만 예나 지금이나 가장 중요한 두 가지가 바로 집과 교통수단vehicle입니다. 먼저 옛날 서양에서는 판자로 마차carriage를 만들어 사람이 타고 다녔죠. 결국 사람이 판자 위에 올라타게 되는 셈이죠. 이것이 발전하여 '탑승하다'란 의미가 되었습니다. 요즘에는 아예 공항에서 비행기에 탑승하는 것을 boarding보딩한다고 합니다. 마찬가지로 판자(나무)로 집을 지어 그 집에 사람을 들여 '숙식을 제공하다'라는 의미까지 생겨났습니다. 주로 대학생들이 학교 주변에서 돈을 내고 먹고 자는 집을 boarding house하숙집이라고 하죠.

- He **boarded** a plane bound for New York.
  그는 뉴욕행 비행기를 탔다.
- My son **boarded** with several classmates near the university.
  내 아들은 대학교 근처에서 반 친구 몇과 함께 하숙을 했다.

이처럼 board의 다양한 의미들은 모두 '판자'의 용도에 의해 생겨난 말임을 알 수 있습니다. snowboard스노보드, kickboard킥보드도 다 board에서 생겨난 말들입니다. 마지막으로 across the board전체적으로라는 숙어도 함께 공부해 두세요!

board 명 1. 판자; 게시판 2. 식사 3. 위원회
　　　타동 탑승하다; 숙식을 제공하다

- bulletin board 게시판
- boarding house 하숙집
- boarding school 기숙학교
- across the board 전체적으로

boarding 명 탑승
boarder 명 하숙생, 기숙사 거주 학생
aboard 부 전 (배, 비행기에) 탑승한, 승선한

02　책, 장부 book 1. 책 2. (회계) 장부 3. 예약하다

book이라니 '이거 너무 쉬운 단어 아냐?'라고 생각하는 분도 계시겠네요. 그럼 booking은 뭘까요? 문법적으로 따지면 booking은 book의 동사 '예약하다'에서 생겨난 명사형으로 '예약reservation'이란 의미거든요. 왜 이런 의미가 생겼는지 그 이유를 추적해 보죠.

❶ 원뜻 그대로 → 책

book은 사실 우리가 '책'이란 뜻으로 너무도 잘 알고 있는 단어이므로 따로 어원을 알아볼 필요도 없습니다. 그냥 '책'으로 알고 있으면 되는 거죠. 다만 여기서 생겨난 중요한 숙어가 하나 있는데, 바로 go by the book원칙대로 하다입니다. 책에 쓰여 있는 대로 하니까 원칙[규정]대로 하는 거죠.

- The shelves in my office are filled with many famous **books**.
  내 사무실 선반에는 많은 유명한 책들이 꽂혀 있다.

- That's one of the best **books** I've read in a long time.
  저 책은 내가 오랜 시간 읽었던 최고의 책들 중 하나다.

❷ 낱장의 종이를 책처럼 묶은 것 → (회계) 장부

'책'과 '장부'라는 의미는 크게 다르지 않습니다. 책도 마찬가지지만 낱장의 종이a piece of paper를 책처럼 묶어놓은 것이 바로 '장부'니까요. 그런데 book이 '(회계) 장부'라는 뜻으로 쓰일 때는 주로 복수형인 books로 쓰인다는 점을 기억해 두어야 합니다!

· An accountant will examine the company's **books**.
회계사가 그 회사의 회계 장부를 조사할 것이다.

❸ 장부에 이름을 기입해두다 → 예약하다

book이 동사로 쓰이면 '예약하다'란 뜻이 됩니다. 예전에는 식당이나 호텔에 예약을 할 때면 직접 예약 장부에 본인의 이름을 적어두었습니다. 여기서 유래하여 '장부에 이름을 적어두다'라는 데서 '예약하다'의 뜻이 생겨난 거죠. 따라서 booking이라고 하면 '예약하다'의 명사에 해당하기 때문에 '예약 reservation'이란 뜻이 됩니다. 일상생활에서도 빈번하게 쓰이는 뜻이니 꼭 알아두세요!

· I'm all **booked up** this weekend — can we get together Friday?
나 이번 주말에 엄청 바빠. 우리 금요일에 만날까?

· The real asset course quickly got **booked up**.
그 부동산 강좌는 조기 마감되었다.

get together (친한 사람끼리) 만나다, 뭉치다

---

book 명 1. 책 2. 《복수》(회계) 장부
　　　타동 예약하다 = reserve

· be fully booked 모두 예약되다(마감되다)
· book in advance 미리 예약해두다

booking 명 예약 = reservation

03 저자의 권한 authority 1. 권한, 권위 2. 《복수》당국, 관계 기관

authority는 기본적으로 author_{작가, 저자}라는 말에서 나왔습니다. author_{작가}에게는 당연히 copyright_{저작권}이라는 게 있고 그에 따르는 '저자의 권한'이 주어지죠. 여기서 authority의 두 가지 의미가 생겨났습니다.

❶ 작가에게 주어진 것 → 권한, 권위

앞에서 이야기했지만 author_{작가}에서 그대로 명사형 접미어 -ity가 붙어 생긴 말이 authority로서, '작가에게 주어진 것'이란 어원적 의미에서 '권한, 권위'를 뜻하게 되었습니다. 주의할 것은 authority가 곧바로 어떤 분야의 전문가_{expert}를 뜻하는 '권위자'의 의미가 된다는 것입니다. 이때는 전치사 on과 함께 쓰이는데 예를 들어 an authority on Italian food라고 하면 '이탈리아 음식의 권위자'란 뜻이 되죠.

· The boss has the **authority** to dismiss employees.
  사장은 직원들을 해고할 수 있는 권한을 갖고 있다.
· My father is an **authority** on international law. 우리 아버지는 국제법의 권위자이시다.

❷ 권한을 지닌 곳 → 당국, 관계 기관

위에서 authority의 '권한, 권위'라는 뜻을 공부했죠? 이어서 '권위를 갖고 있는 자'에서 '권위자, 전문가'라는 뜻까지 나온다고 했습니다. authority의 두 번째 뜻인 '당국'이란 뜻 역시 '권한을 지닌 곳(기관)'이란 의미에서 생겨난 뜻입니다. 다만 주의해야 할 점은 authority가 '당국'이란 뜻으로 쓰일 때는 여러 권한들이 집중되어 있다는 의미에서 복수형 authorities로 쓴다는 것입니다.

· I'm reporting the theft to the **authorities**. 난 경찰에게 도난 신고를 하려고 한다.
· Local traffic **authorities** are investigating the accident.
  지역 교통 당국이 그 사고를 조사중이다.
· The health **authorities** will reinforce the new regulation of smoking.
  보건 당국은 흡연에 관한 새 규정을 강화할 것이다.

> **authority** 몡 1. 권위, 권한 = power; 권위자, 전문가 2.《복수》당국, 관계 기관[자]
> **authoritative** 혱 권위 있는; 권위적인
> **authoritarian** 몡 권위주의자
> **authoritarianism** 몡 권위주의

04 명령하다, 지휘하다 command
1. 명령(하다) 2. (존경, 평가를) 받다 3. (전망을) 내려다보다 4. (언어의) 구사력

command는 어원분석을 해보면 「com-강조 + mand명령하다 → (확실히) 명령하다」가 됩니다. command는 단순히 '명령하다'의 의미로 그치지 않고 여러 가지 다른 의미가 있습니다. 하지만 모두 '명령하다'를 중심에 두고 생겨난 의미이니 원뜻을 기억하면서 살펴볼까요?

❶ 원뜻 그대로 → 명령하다, 지휘하다; 명령권

그림을 잘 보세요. 그러면 command를 한 눈에 이해할 수 있습니다. 한 장교officer가 위에서 내려다보며 병사들에게 이래라 저래라 명령하고 있습니다. 나름 멋지고 포스force 있어 보이죠? 중요한 건 병사들에게 어떻게 하라는 내용을 확실하게 말해주는 거죠. 즉, 원뜻 그대로 '명령하다'가 된 것입니다.

- The General **commanded** that the troops attack at once.
  장군은 병력에게 즉시 공격하도록 명령했다.
- troops under the **command** of General Gibbson 깁슨 장군의 지휘를 받는 병력

❷ 명령하는 위치에 있기 때문에 받다 → (존경, 평가를) 받다

명령이나 지휘를 하는 사람은 장군, 사장님, 선생님 등 쉽게 말해 윗사람입니다. 따라서 자연스럽게 '(아래 사람들에게) 존경, 평가를 받다'라는 의미가 생겨난 것이죠. '명령하다'에서 크게 벗어난 의미가 아니니 쉽게 이해될 거예요.

- David was an outstanding teacher, able to **command** attention.
  데이비드는 주목받을 수 있는 뛰어난 선생님이다.
- Which graduates **command** the highest salaries? 어떤 졸업생들이 최고의 연봉을 받는가?

❸ 명령하는 위치는 위에 있기 때문에 높은 곳에서 아래로 보다 → (전망을) 내려다보다

1번 그림에서 보다시피 명령하는 사람은 높은 곳에 있기 마련입니다. command의 또 다른 의미인 '(전망을) 내려다보다'라는 뜻을 이해하려면 실제로 산 정상에 올라 아래를 내려다보는 모습을 떠올리면 됩니다. 명령하는 위치에 있기 때문에 '아래를 내려다보다'란 뜻이 되는 거, 당연하죠?

- The highest room in the hotel **commands** a fantastic view of Seoul.
  그 호텔의 가장 높은 방에서는 환상적인 서울의 경관을 볼 수 있다.

❹ 사람을 자유롭게 부리듯 언어를 자유롭게 쓸 수 있는 능력 → (언어의) 구사력

명령하는 사람은 아랫사람들을 자유롭게 부릴 수 있잖아요? 이와 마찬가지로 언어language를 자유롭게 쓸 수 있는 상태가 바로 '(언어의) 구사력'이란 뜻으로 이어진 거죠. 그림 속 여성이 바로 외국어에 대한 command구사력이 훌륭한 동시통역사simultaneous interpreter랍니다. 한 가지 더! '(언어의) 구사력'은 「command of + 언어」의 형태로 쓰입니다.

- I like to have a good **command** of English. 영어를 자유자재로 구사했으면 좋겠다.
- She's studied in France and has a good **command** of French.
  그녀는 프랑스에서 공부했고 불어를 잘 구사한다(말한다).

---

command 자동 타동 1. 명령(하다) 2. (존경, 평가를) 받다 3. (전망을) 내려다보다
명 (언어의) 구사력

- chain of command 지휘계통
- have a good command of English 영어를 잘 구사하다
- command a fine view 전망이 좋다

commander 명 사령관, 지휘관
commanding 형 지휘하는, 당당한

확인하고 넘어가자

A | 다음 표시된 말에 해당하는 단어를 원형으로 써보세요.

01 그 대학은 **기숙학교** _____ 로 운영되고 있다.

02 난 친구를 만나러 부산행 기차에 **탑승했다** _____ .

03 그녀는 불어를 잘 **구사** _____ 한다.

04 그 펜션은 전망이 **좋다** _____ .

05 경찰 **당국** _____ 은 음주운전 단속을 강화하겠다고 발표했다.

06 난 이번 휴가 때 그 호텔에서 보내기로 **예약** _____ 해 놓았다.

B | 다음 표시된 단어의 동의어를 찾거나, 빈칸에 알맞은 단어를 고르세요.

07 A week later he _____ a ship bound for New York.
   ⓐ fixed   ⓑ got off   ⓒ boarded

08 He's studied in Germany and has a good **command** of German.
   ⓐ fluency   ⓑ affluence   ⓒ master

09 Several countries claim _____ over the islands.
   ⓐ authorization   ⓑ authority   ⓒ authorities

정답 A 01 boarding school   02 board   03 command   04 command   05 authorities   06 booking
B 07 ⓒ   08 ⓐ   09 ⓑ

02 부담이든 짐이든 요금이든 채우면 charge!

트럭에 짐을 싣습니다. 나쁜 일을 저지른 사람을 고발합니다. 핸드폰을 충전합니다. 총알을 장전합니다. 그리고 적을 공격합니다. 이 모든 상황에 공통적으로 charge란 동사가 쓰인다는 게 믿어지세요? charge 만큼 그 의미가 변화무쌍한 어휘가 또 있을까요? 중요한 건 charge가 아무리 여러 가지 뜻으로 쓰여도 '채우다'라는 '원뜻original meaning'에서 생겨났다는 거예요!

charge
(짐, 부담을) 채우다

- 금액의 부담을 지우다
  - ❶ (요금을) 청구하다
- 죄에 대해 짐을 지게 하다
  - ❷ 고발하다; 비난하다
- battery에 전기를 채우거나 rifle에 총알을 채우다
  - ❸ 충전하다; 장전하다
- 군사들이 들판을 채워 (덮어)가다
  - ❹ 공격하다
- charge의 동사적 의미에서 그대로 명사화된 의미
  - ❺ 요금; 책임; 고발

conduct
원뜻: 함께 이끌어 가다

- 사람이 어떤 일을 이끌어 가다
  - ❶ (일을) 수행하다
- 오케스트라 또는 여행객을 함께 이끌어 가다
  - ❷ 지휘하다; 안내하다
- 자기 자신을 이끌어가다
  - ❸ 행동[처신]하다
- 열, 전기를 이끌어 옮기다
  - ❹ (열·전기를) 전도하다

custom
원뜻: 완전히 익숙해진 것

- 많은 사람들에게 익숙해진 것 / 개인에게 익숙해진 것
  - ❶ 관습; 습관
- 관습적으로 상품에 부과했던 세금 / 외국에서 들여온 물건에 대한 검열
  - ❷ <-s> 세관; 관세

agent
원뜻: 행동하는 자(것)

- 어떤 일을 내리로 해주는 사람
  - ❶ 대리인, 중개인
- 윗사람의 지시를 받고 그대로 행동하는 사람
  - ❷ (정부) 요원
- 실제로 어떤 작용을 하는 것
  - ❸ 작용제; 요인

01 (짐, 부담을) 채우다 charge
1. (요금을) 청구하다 2. 고발하다; 비난하다 3. 충전[장전]하다 4. 요금; 책임; 고발 5. 공격하다

cargo화물, 짐이란 어휘에서 동사화된 charge는 '(짐, 부담을) 채우다'라는 원뜻을 갖고 있습니다. charge가 다양한 의미로 변화하지만 모두 '(짐, 부담을) 채우다'라는 의미에서 생겨난 것입니다. 먼저 원뜻을 정확히 이해하고 거기서 어떻게 여러 가지 의미들이 생겨났는지 연상해 보세요. charge는 실생활에 상당히 많이 쓰이는 어휘이므로 모든 뜻을 정확히 알고 활용할 줄 알아야 합니다!

❶ 금액의 부담을 채우다 → (요금을) 청구하다

어디서 물건을 사든 어떤 서비스를 이용하든 파는 쪽에서는 사는 사람에게 금액의 부담을 채우겠죠? 쉽게 말해 '돈 얼마 내시오!'라고 할 겁니다. 이 뜻을 조금 딱딱하게 표현하면 '(요금을) 청구하다'가 되겠죠? 한 가지 더! I'll charge the shoes.그 신발 신용카드로 계산할게요.란 표현인데, 실생활에서 아주 많이 쓰이는 말이므로 꼭 알아두어야 해요!

- Is there service **charge**? 봉사료가 있습니까?
- **Charge** it on my account. 외상으로 달아놓으세요.
- The restaurant **charged** me $300 for the wine.
  그 레스토랑에서는 내게 와인 값으로 300달러를 청구했다.

❷ 죄에 대해 짐을 지게 하다 → 고발[비난]하다

세상엔 좋은 일을 하는 사람도 많지만 범죄crime와 같은 나쁜 일을 저지르는 인간들도 많죠. 이런 경우 법에 의해 저지른 죄에 합당한 형벌(짐)을 지게 합니다.
한 가지 유의할 점은 범죄를 저지르고 경찰에 자수give oneself up to the police하는 사람도 있지만 대부분은 타인에 의해서 고발당하기 때문에 이 의미의 표현은 주로 **be charged with**~로 고발되다의 수동태로 쓴다는 것입니다.

- The suspect was **charged with** arson. 그 용의자는 방화죄로 고발되었다.
- Many people have **charged** that the police used excessive force.
  많은 사람들이 경찰의 과도한 폭력 사용을 비난했다.

arson 방화

❸ battery에 전기electricity를 채우거나 총rifle에 총알bullet을 채우다 → 충전[장전]하다

휴대폰cellular phone의 배터리가 다 되면 전기를 채우고, 총에 총알이 다 떨어지면 총알을 채워넣죠. charge의 원뜻이 '채우다'기 때문에 '충전[장전]하다'의 의미 또한 원뜻에 충실하면 충분히 이해할 수 있는 뜻입니다.

· This battery can be **charged** up. 이 배터리는 충전 가능합니다.
· My battery is dead. **Charge** it, please.
  배터리가 다 되었네요. 충전 좀 부탁할게요.

❹ charge의 동사적 의미에서 그대로 명사화된 뜻 → 요금; 책임; 고발

charge는 동사뿐만 아니라 명사로도 많이 쓰입니다. '요금을 청구하다'에서 '요금,' '고발하다'에서 '고발,' '일에 대한 임무를 채우는 것'에서 '책임'이란 뜻이 생겨나죠. 특히 '책임responsibility'이라는 뜻과 관련해 중요한 관용표현이 있어요. 바로 in charge of~에 책임이 있는, take charge of~에 대해 책임을 맡다라는 표현인데 상당히 많이 쓰이는 중요한 표현이랍니다!

· Who's in **charge**? 책임자가 누구예요?
· He was arrested on a **charge of** rape. 그는 강간죄로 고발되어 체포되었다.
· She's in **charge of** the new project. 그녀가 새로운 프로젝트의 책임자다.

❺ 군사들이 들판을 채워[덮어]가다 → 공격하다

charge의 의미 가운데 가장 어려운 뜻이 바로 '공격하다'일 거예요. 이 뜻은 옛날 전쟁의 모습에서 유래된 뜻인데, 옛날에는 소위 말해 육박전을 치뤘기 때문에 군인들이 적을 칠 때 일제히 들판을 채워[덮어]나가며 공격을 했던 데서 유래한 뜻이랍니다.

> **charge** [자동][타동] 1. (요금을) 청구하다 2. 고발하다; 비난하다 3. 충전[장전]하다 4. 공격하다
> [명] 요금; 책임; 고발
>
> · be charged with murder 살인죄로 고발되다
> · service charge 봉사료
> · free of charge 무료인
> · false charge 무고 : 거짓으로 꾸며서 하는 고발
> · in charge of ~에 책임이 있는
> · take charge of ~에 대해 책임을 맡다

02 함께 이끌어가다, conduct 1. 수행하다 2. 지휘하다; 안내하다 3. 행동하다 4. 전도하다

conduct는 어원분석을 해보면 「con-함께(together)+duct이끌다(lead) → 함께 이끌어가다」가 됩니다. 그 대상이 사람이든 일이든 이끌어가는 것엔 모두 conduct를 쓸 수 있습니다. 다시 말해 목적어가 어떤 것이 오느냐에 따라 conduct의 의미가 다양해지는 거죠! 절대 뜻만 외우려고 하지 마세요! 원뜻을 통해 머릿속에 자꾸 전체 그림을 그리려고 해보세요!

❶ 사람이 어떤 일을 이끌어가다 → (일을) 수행하다

우리말에서도 어떤 일이나 프로젝트를 이끌어간다고 하죠? 영어에서도 마찬가지입니다. 예를 들어 conduct a survey[an experiment]라고 하면 '조사[실험]하다'라는 뜻이 되는데 여기서 주의할 점은 굳이 '조사를[실험을] 수행하다'라고 해석하지 않는 것입니다. 그냥 '조사[실험]하다'로 깔끔하게 해석하죠.
좀 더 알아볼까요? conduct a campaign은 '캠페인을 벌이다,' conduct an interview는 '면접을 실시하다,' conduct a meeting은 '모임을 열다.' 이렇게 우리말에 맞게 해석해 주면 됩니다.

· The operation was **conducted** in secrecy. 그 수술은 비밀리에 행해졌다.
· All the students in the class have to **conduct** their own science experiment.
　그 수업의 모든 학생들은 자기 스스로 과학 실험을 해야 한다.

❷ 오케스트라나 여행객을 함께 이끌어가다 → 지휘하다; 안내하다

여러 악기가 어울려 멋진 음악의 화음harmony을 만들어내는 오케스트라orchestra. 이 오케스트라를 이끌어가는 사람을 conductor 지휘자라고 합니다. 바이올린, 첼로, 트럼펫, 바순, 플루트, 타악기 percussion 등 지휘자conductor는 그야말로 여러 악기들의 소리를 하나의 멋진 화음으로 이끌어가는 사람이죠. 또 여행객들을 여행지 이곳저곳으로 이끌어가는 사람을 tour conductor여행 인솔자라고 해요. 이 둘의 공통점은 바로 여러 사람들을 '이끌어간다'는 것이죠. 그래서 오케스트라를 이끌면 '지휘하다,' 여행객들을 이끌면 '안내 [인솔]하다'라는 뜻이 됩니다.

· The orchestra will be **conducted** by a world-famous conductor.
세계적으로 유명한 지휘자가 그 오케스트라를 지휘할 것이다.

· The police are **conducting** an investigation into last week's robbery.
경찰이 지난주에 발생한 절도 사건을 수사 중이다.

❸ 자기 자신을 이끌어가다 → 행동[처신]하다

conduct에서 '행동[처신]하다'의 의미는 conduct oneself의 형태로 쓰입니다. conduct oneself의 형태로 쓰인다는 것 자체가 '자신을 이끌어간다'는 것이겠죠? 내가 나 자신, 즉 나의 몸가짐을 이끌어나가니 곧 '행동[처신]하다'라는 의미가 된 것입니다. 참고로 conduct는 명사로도 함께 쓰이는데, '행동, 처신'의 의미로 압도적으로 많이 쓰이며 '(일의) 수행'이란 뜻으로도 종종 쓰입니다.

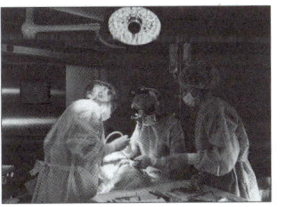

· Public figures should **conduct** themselves responsibly. 공인들은 책임 있게 행동해야 한다.

· standards of ethical **conduct** for doctors 의사들의 윤리적 행동 규범

ethical 도덕상의, 윤리적인

❹ 열, 전기를 이끌어 옮기다 → 전도하다

conduct는 '(일, 사람들, 자신을) 이끌어가다'에서 각각의 의미가 나왔는데 이번에는 열, 전기를 '이끌어 옮기다'에서 '전도하다'란 뜻이 나옵니다. '전도하다'라는 한자어가 어려운 것이지 conduct의 의미인 '(열, 전기를)

025

'이끌어 옮기다'라는 뜻이 어려운 것은 아니죠. conductor 하면 열, 전기를 옮기는 '전도체'란 뜻이 되는데 우리나라의 대표 수출 품목인 '반도체'를 semi-conductor라고 하죠.

· Plastic and rubber don't **conduct** electricity well. 플라스틱과 고무는 전기를 잘 전도하지 못한다.
· Aluminum is a metal that has **conductivity**. 알루미늄은 열전도성이 있는 금속이다.

> **conduct** 타동 1. 수행하다 2. 지휘[안내]하다 3. 행동하다 4. 전도하다
> 　　　　명 1. 행동, 처신 2. (일의) 수행
> · conduct an investigation 수사하다
> · conduct an orchestra 오케스트라를 지휘하다
> · conduct oneself with dignity 위엄 있게 행동하다
> · conduct tourists through a museum 관광객들에게 박물관 여기저기를 안내하다
> **conductor** 명 1. 지휘자 2. 인솔자 3. 전도체
> **conductivity** 명 (열, 전기의) 전도성

03 완전히 익숙해진 것 custom 1. 관습; 습관 2. 《복수》세관; 관세

custom은 「cu-강조 + stom익숙(accustomed) → 완전히 익숙해진 것」이라는 어원적 의미를 갖고 있습니다. 따라서 예전부터 늘 ~해와서 '익숙해진 것'이 custom의 원뜻이 되는 거죠. 그럼 실제로 어떤 의미들로 쓰이고 있는지 세부적으로 들어가 볼까요?

❶ 많은 사람들에게 익숙해진 것 → 관습 / 개인에게 익숙해진 것 → 습관

사회적으로 많은 사람들에게 익숙해져 있는 것이 곧 '관습'이죠. 물론 tradition전통이라고도 하구요. 사실 실제 문장에서 만나는 custom은 대부분 '관습'이라는 의미로 보면 정확합니다. custom에는 개인적으로 익숙해진 것이란 의미에서 '습관'이란 뜻도 있지만 이는 habit이란 단어보다 딱딱하고 격식을 차린 느낌을 줍니다. custom과 어원이 같은 어휘 중 costume이 있는데, 이는 '특정 나라나 특정 시대 때 관습적으로

이런 제사는 한국의 custom 이죠

입었던 의복, 복장'을 의미합니다. 예를 들어 national costume 하면 우리 나라의 '한복'이나 일본의 '기모노' 같은 '전통 의상'을 뜻하죠. 또 custom에 서 다시 'accustomed익숙해진'이라는 형용사도 생겨났습니다!

· **Custom** is second nature. 습관은 제 2의 천성이다.
· It is the old **custom** for the bride to wear a white dress on her wedding day.
  결혼식 날 신부가 흰 드레스를 입는 것은 오래된 관습이다.

❷ 관습적으로 상품에 부과했던 세금 → 관세
외국에서 들여온 물건에 대한 검열 → 세관

custom의 '관세; 세관'의 의미는 중세시대 Medieval Age 때 영주가 판매하기 전 상품에 대해 관습적으로 검열을 하고 세금을 부과했 던 데서 유래했습니다. 따라서 외국에서 사람이나 물건이 들어올 때 그 사람이 어떤 물건을 가져왔나 검열해보는 것이 '세관'의 뜻이 되었으며 들여온 수입품에 대해 매기는 세금에서 '관세'란 의미까 지 생겨난 거죠. 한 가지 유의할 점은 custom의 '세관; 관세'라는 의미는 주로 복수형 customs로 쓰인다는 것입니다.

· I filled out the **customs** declaration. 세관 신고서를 작성하였다.
· I failed to make it through **customs**. 세관에 걸렸다.
· We went through **customs** at the airport without any difficulty.
  우리는 별 어려움 없이 공항의 세관을 통과했다.

fill out (문서를) 작성하다

---

custom 명 1. 관습, 습관 2.《복수》세관, 관세
         형 주문 제작하는, 맞춤의 = custom-made

· the US customs service 미 관세청
· customs law 관세법
· go through[clear] customs 세관을 통과하다
· custom furniture 맞춤 가구
customize 타동 주문 제작하다

04 행동하는 자[것] agent 1. 대리인, 중개인 2. (정부) 요원 3. 작용제; 요인

agent의 어원을 분석해보면 「ag하다(do)+-ent사람[사물] → 행동하는 자[것]」이란 의미가 됩니다. 따라서 agent는 어떤 '행동(일)을 하는 사람이나 물질'이라는 원뜻을 갖는 셈입니다. 요즘 외래어로도 agent에이전트라는 말 참 많이 쓰죠? 우리가 주로 듣는 agent의 의미는 '대리인'의 의미로 쓰인다고 보면 맞습니다. 하지만 다른 여러 가지 의미들도 알아두어야 합니다.

❶ 어떤 일을 대리로 해주는 사람 → 대리인, 중개인

유명 스포츠맨이나 연예인은 대부분 자신의 agent를 두고 있죠. 워낙 유명하고 바쁜 사람들이다 보니 자신이 직접 모든 일을 맡아서 할 수가 없기 때문이죠. 그래서 이 agent대리인이 광고의 수주나 영화출연 섭외 등의 일을 대신 도맡아 해줍니다. 또 하나 중요한 것은 우리가 집을 사고팔 때 중간에 부동산 중개인이 거래 관련 업무를 도맡아서 해주죠. 물론 중간에서 중개 수수료brokerage commission를 받지만요. 이 '부동산 중개업자'를 real estate agent라고 합니다. 일상 회화에서 많이 쓰는 표현이니 꼭 알아두세요! 사진 속 왼쪽에 있는 여성이 바로 real estate agent부동산 중개업자랍니다.

· I'm acting as a real estate **agent** for Mr. Brown.
　나는 브라운 씨의 부동산 중개인으로 일하고 있다.

· A travel **agent** booked her hotel reservations. 여행사 직원은 그녀에게 호텔 예약을 해줬다.

❷ 윗사람의 지시를 받고 그대로 행동하는 사람 → (정부) 요원

agent의 원뜻이 '행동하는 사람'이라고 했죠? agent의 '(정부) 요원'이란 의미 역시 실제로 '행동하는 자'라는 뜻에서 나온 것인데, 예를 들어 범인을 붙잡기 위해선 검사prosecutor가 체포 영장을 발부issue a warrant for arrest해야 실제로 검찰에 속한 요원(형사)agent들이 그 지시대로 범인을 붙잡아오게 됩니다. 이처럼 윗사람의 지시를 받아 그대로 행동하는 사람이 바로 agent죠.

· He has worked as a secret **agent** of the enemy. 그는 적의 비밀요원(간첩)으로 활동해왔다.

· The UN **agency** is responsible for helping refugees.
　유엔 기구에서는 난민들을 돕는 업무를 맡고 있다.

❸ 실제로 어떤 작용을 하는 것 → 작용제, 요인

비누soap는 우리 몸을 깨끗하게 해주는 일종의 작용제입니다. 이 '작용제'란 뜻은 사실 우리말로 번역하기 껄끄러울 때가 많지만 그냥 '~하는 것' 정도로 해석하면 자연스러워집니다. 또 어떤 일이 발생하도록 실제로 작용한 것을 말할 때는 '요인'으로 해석될 때도 있습니다. 뜻이 바뀐 게 아니라, 문장의 문맥에 따라 agent를 우리말로 다르게 해석하는 것입니다. 식기를 깨끗이 해주는 식기 세제든 옷을 깨끗이 해주는 세탁 세제든, 깨끗이 해주는 건 바로 cleaning agent겠죠?

- Dishwashing detergent is a cleansing **agent**.
  식기 세제는 세척제다.(깨끗하게 해주는 것이다.)
- Technological advances are the chief **agents** of change.
  기술의 발전은 변화의 주요 요인들이 된다.

detergent 세제

---

agent 명 1. 대리인, 중개인 2. (정부) 요원 3. 작용제; 요인

- (real) estate agent 부동산 중개인
- an FBI agent FBI(미연방수사국) 요원
- an intelligence agent 정보부 요원
- a travel agent 여행사 직원 / a travel agency 여행사
- sales agent 판매 대행업자

agency 명 1. 대행사, 대리점 2. (정부) 기관, 부처

확인하고 넘어가자

A | 다음 표시된 말에 해당하는 단어를 원형으로 써보세요.

01 통신사에서 엄청난 전화요금을 **청구했다** _____.

02 그녀는 보험사기로 **고발되었다** _____.

03 그 과학자는 그 생물 실험을 계속해서 **해나갔다** _____.

04 **관습** _____ 이란 많은 사람들에게 익숙해져 있는 것이다.

05 우리는 무사히 **세관** _____ 을 통과했다.

06 저는 왓슨 씨의 **대리인** _____ 으로 활동하고 있습니다.

B | 다음 표시된 단어의 동의어를 찾거나, 빈칸에 알맞은 단어를 고르세요.

07 We won't _____ for delivery if you order now.
    ⓐ impose   ⓑ charge   ⓒ carry

08 Is it necessary to **conduct** experiments on animals?
    ⓐ carry on   ⓑ carry out   ⓒ carry off

09 The guide will offer information on local **customs**.
    ⓐ history   ⓑ culture   ⓒ traditions

정답 A 01 charge 02 charge(be charged with) 03 conduct 04 custom 05 customs 06 agent
      B 07 ⓑ 08 ⓑ 09 ⓒ

03 남녀든 일에든 맺어지면 engage!

이번에 배울 다의어들도 아주 중요한데, 예를 들어 engage의 의미들을 보면 '약속하다, 약혼시키다'까지는 알겠다 싶었는데 '고용하다,' '매력을 끌다'가 나오는가 싶더니 갑자기 '교전하다'란 의미까지 튀어나오네요! 알다가도 모를 engage죠? 하지만 괜찮습니다. 이 책이 여러분에게 올바른 영어 공부법을 알려드릴 테니까요! 그럼 오늘의 다의어에는 어떤 것들이 있는지 지금부터 알아볼까요?

engage
원뜻: ~을 맺어두다

- 사람이 어떤 일에 맺어지다 / 남녀가 결혼하겠다고 약속하다
  ❶ ~에 종사하다; 약혼시키다
- 돈을 주겠다고 약속하고 사람을 맺어두다
  ❷ 고용하다
- ~를 떨어지지 못하게 맺어두다
  ❸ 매력을 끌다
- 들판에서 적과 맺어지다 [만나다]
  ❹ 교전하다

regard
원뜻: ~을 지켜보다

- ~을 …로 보다
  ❶ 간주하다
- 관심을 갖고 지켜보다
  ❷ 주시[응시]하다
- 관심을 갖고 지켜보는 것
  ❸ 존중; 주의, 주목

check
원뜻: 외통수에 빠지게 하다

- chess에서 상대를 외통수에 빠지게 해 꼼짝 못하게 만들다
  ❶ 저지[억제](하다)
- chess에서 조심조심 수를 두다
  ❷ 조사[점검](하다)
- 현금의 도난이나 손실 방지를 확실히 해두기 위한 것
  ❸ 수표

accident
원뜻: ~에게 떨어진 것

- 누군가에게 우연히 발생된 일
  ❶ 사고
- (위에서) 떨어진 것
  ❷ 우연(한 일)

01 ~을 맺어두다 engage
1. ~에 종사하다; 약혼시키다 2. 고용하다 3. 매력을 끌다 4. 교전하다

독해를 하다보면 engage만큼 어려운 어휘도 없습니다. 워낙 뜻이 다양하고 의미변화가 심하기 때문이죠. 이런 어휘일수록 원뜻의 개념을 잡는 것이 더욱 중요합니다. engage는 어원분석을 해보면 「en-만들다(make)+gage서약(pledge) → (서약하여) 맺어두다」가 됩니다. A engage B 하면 머릿속에 A와 B 둘이 맺어지는 장면을 연상하면 됩니다.

❶ 사람이 어떤 일에 맺어지다 → ~에 종사하다, ~을 하고 있다
남녀가 맺어지기로 약속하다 → 약혼시키다

사람이 어떤 일에 맺어져 있으면 그 사람은 그 일을 하고 있는 것이죠. 예를 들어 engage in prayer 하면 '기도하다'가 되고, engage in business 하면 '사업에 종사하다'가 됩니다. 그냥 쉽게 이해하면 돼요. 「A engage in B A는 B(행위, 일) 안에 맺어져 있다 → 그 일을 하고 있다, 어떤 일에 종사하다」 형태로 말이죠.

두 번째, 남녀가 서로 맺어진다는 것은 곧 결혼해서 함께 살겠다는 의미이기 때문에 '약혼하다'라는 뜻이 생기는데 이 뜻은 주로 수동태로 쓰이므로 「A is engaged to B」의 형태로 'A가 B에게 맺어져 있다'가 되어 '약혼한 상태다'라는 뜻이 됩니다.

- Only 15% of Korean adults **engage in** regular exercise.
  한국 성인들 중 15%만이 정기적으로 운동을 한다.
- He thinks I'm **engaged**. 그는 내가 약혼한 줄 알아요.
- My brother is **engaged to** a beautiful woman. 내 동생은 어떤 아름다운 여자와 약혼한 상태다.

❷ 돈을 주겠다고 약속하고 사람을 맺어두다 → 고용하다

'고용하다' 하면 가장 먼저 떠오르는 단어가 employ죠? 그런데 engage는 영국에서 주로 쓰는 표현입니다. 단 engage는 특별한 일 a particular job에 개인적으로 '어떤 사람을 맺어두다'에서 '고용하다'라는 뜻이 된 것입니다. 예를 들어 engage a plumber 하면 '배관공을 고용하다'라는 뜻이 되는 것이죠.

- My mother **engaged** a tutor to improve my math.
  수학 실력 향상을 위해 우리 엄마가 가정교사를 고용했다.
- We're able to **engage** local people as volunteers.
  우리는 자원봉사자로 지역 주민들을 고용할 수 있다.

❸ ~를 떨어지지 못하게 맺어두다 → 매력을 끌다

engage의 '매력을 끌다'라는 의미 역시 「A engage B」 형태로 A가 B를 떨어지지 않게 맺어두는 것입니다. 예를 들어 그녀의 미소가 나를 떨어지지 않게(내 눈을 떼지 못하게) 맺어둔다면 그녀의 미소는 나에게 매력적인 미소가 되는 거죠. 여기서 파생된 형용사 engaging 매력적인은 아주 중요한 형용사이므로 놓치지 마세요!

- The new toy didn't **engage** his interest for long.
  그 새로운 장난감은 그 아이의 관심을 그리 오래 끌지 못했다.
- Her **engaging** personality has helped make her television's favorite talk-show hostess.
  매력적인 성격으로 인해 그녀는 TV에서 가장 인기 있는 토크쇼의 여자 진행자가 되었다.

❹ 들판에서 적과 맞어지다(만나다) → 교전하다

옛날엔 전투를 하면 너른 들판에서 적을 만나 한바탕 치고 박고 육박전을 치렀습니다. 다시 말해 아군과 적이 들판에서 딱 맞어지면, 즉 만나면 그것이 바로 '교전, 싸움'이 되는 거죠. 예를 들어 engage with the enemy라고 하면 '적과 교전하다'라는 뜻이 됩니다. '적과 한 판 붙다'라는 우리말과 별반 다르지 않은 표현입니다.

- The two armies **engaged** at dawn.
  두 군대가 새벽녘에 교전했다.
- The troops prepared to **engage** with the enemy.
  그 군대는 적과 싸울 준비가 되어 있었다.

engage [타동] 1. 약속하다; 약혼시키다 2. 고용하다 3. 매력을 끌다 4. 교전하다

· **engage in** ~에 종사하다, ~을 하고 있다
engaged [형] 약혼한; 통화 중인 = busy
· The line is engaged[busy]. 통화 중이다.
engaging [형] 매력적인 = attractive, inviting, fascinating
engagement [명] 약속; 약혼; 고용; 교전

02 지켜보다 regard 1. ~로 간주하다 2. 주시[응시]하다 3. 존중; 주의, 주목

regard는 어원을 분석하면 「re-강조+gard지켜보다(watch) → ~을 지켜보다」가 되죠. 어원이 같은 어휘로 guard가 있는데, '지켜보는 사람'에서 '경비, 경호원'이란 뜻이 되었습니다. 우리에겐 **bodyguard**보디가드로도 잘 알려진 단어죠. 그럼 이제 regard의 어원적 의미도 알았으니 각각의 뜻이 어떻게 생겨났는지 구체적으로 살펴볼까요?

❶ ~을 …로 보다 → 간주하다

'간주하다'는 regard의 의미 중 가장 중요한 뜻으로, 주로 「regard A as BA를 B로 보다, 간주하다」의 형태로 쓰입니다. 사실 우리말에서 '간주하다'의 '간'이란 글자가 한자로 '볼 간(看)'자라는 거 아세요? regard의 어근도 '보다watch'이니, 언어끼리 통하는 게 신기하죠?

· I don't **regard** him **as** a great scholar.
　나는 그를 위대한 학자라고 생각하지 않는다.

· He **regards** money **as** the most important thing in life.
　그는 돈을 인생에서 가장 중요한 것으로 여긴다.

❷ 관심을 갖고 지켜보다 → 주시[응시]하다

regard의 원뜻 자체가 '~을 지켜보다'이기 때문에 '~을 주시[응시]하다'라는 의미는 어렵지 않게 이해됩니다. '지켜보다'를 한자어로 바꾸면 바로 '주시[응시]하다'니까 말이죠.

- The police officer **regarded** the group of teenagers with suspicion.
  경찰관은 그 10대의 무리를 의심스러운 눈초리로 지켜봤다.

- She stood back and **regarded** him coldly.
  그녀는 뒤에 서서 그를 차갑게 쳐다봤다.

❸ 관심을 갖고 지켜보는 것 → 존중; 주의, 주목

regard는 동사뿐만 아니라 명사로도 많이 쓰입니다. 명사는 어차피 동사에서 파생된 품사이기 때문에 동사의 의미를 고스란히 담고 있죠. 그래서 2번 의미를 명사화한 '관심을 갖고 지켜보는 것'이란 어원적 의미에서 '존중'과 '주의, 주목'이란 뜻이 생겨난 것입니다. 'regard가 명사로도 쓰이는구나…' 정도만 알고 있어도 충분합니다. 단, 「with[in] regard to」는 '~에 관하여'라는 뜻의 관용표현이니 별도로 공부해 두어야 합니다. 마지막으로 regards라고 복수형으로 쓰면 '안부'의 뜻으로 send my regards to my parents라고 하면 '부모님께 나의 안부를 전하다'가 됩니다.

- We have high **regard** for our economics professor.
  우리는 경제학 교수님을 아주 존경한다.

- She has no **regard** for other people's feelings.
  그녀는 다른 사람들의 감정에 주의하지 않는다.

- Please **give my best regards to** your sister.
  네 언니한테 안부 좀 전해줘.

---

regard [자동][타동] 1. ~로 간주하다 2. 주시[응시]하다
[명] 존중; 주의, 주목

- regard A as B   A를 B로 간주하다
- with[in] regard to   ~에 관하여
- regardless of   ~에 관계없이
regarding [전] ~에 관하여, 대해서 = about, as regards

03 외통수에 빠지게 하다 check 1. 저지[억제](하다) 2. 조사[점검](하다) 3. 수표

check은 독특한unique 유래가 있는 어휘입니다. 여러분 chess서양장기(체스) 아시죠? 원래 check은 chess에서 '장군을 치다'라는 용어로, 내가 수를 써서 상대편 king(체스의) 킹을 꼼짝 못하도록 '외통수에 빠지게(꼼짝 못하게) 하다'라는 뜻입니다. 이 '외통수에 빠지게 하다'라는 의미에서 check의 다양한 뜻이 생겨나는데, 다시 말씀드리지만 check은 chess와 밀접한 연관성이 있다는 거 잊지 마세요!

❶ chess에서 상대를 외통수에 빠지게 해 꼼짝 못하게 만들다 → 저지[억제]하다

chess를 못 두더라도 동양의 장기는 아시죠? 동양의 대표적인 보드게임board game이죠. 서양의 chess나 동양의 장기나 모두 상대편의 왕을 꼼짝 못하도록 만들면 이기는 게임입니다. check의 첫 번째 뜻인 '저지[억제]하다'라는 의미는 chess에서 '상대방 king을 꼼짝 못하게 만들다'라는 어원적 의미 그대로 생겨난 뜻입니다. 특히 아이스하키에서 몸으로 상대 선수를 저지, 억제하는 것을 body check이라고 한답니다.

- The police have taken strong measures to **check** the growth in crime.
  경찰은 범죄 증가를 억제시키기 위해 강력한 조치를 취했다.

- High taxes will act as a **check** on economic development.
  높은 세금은 경제 발전의 억제 요인으로 작용할 것이다.(※ 여기서 check은 명사로 쓰임)

❷ chess에서 조심조심 수를 두다 → 조사[점검]하다

chess는 소위 '수 싸움'을 벌이는 두뇌brain 게임이죠. 여간 머리를 써야 하는 일이 아니랍니다. 자! chess에서 장군check을 쳐서 이기려면 한수한수 조심해서 두어야겠죠? 여기서 check의 두 번째 뜻 '조사[점검]하다'가 나옵니다. 우리가 일을 할 때에도 지금 처리된 일이 제대로 되었나 안 되었나를 살펴보는 것이 바로 '점검'하는 거 아니겠어요? 장기판에서 한 수한수 장기를 둘 때도 꼭 필요한 일이 어떻게 둘 것인지 여러 수를 '조사, 점검'해보는 일이죠. 또 이 뜻은 '체크하다'라는 외래어로도 많이들 쓰는 거 아시죠?

- My wife **checked** her makeup in the mirror. 내 아내는 거울 앞에서 화장을 점검했다.
- What can I do to **check out** this book? 이 책을 대출 받으려면 어떻게 해야 하나요?

- The patient should keep a careful **check** on his blood pressure.
  그 환자는 혈압을 주의 깊게 점검해봐야 한다.

❸ 현금의 도난이나 손실 방지를 확실히 해두기 위한 것 → 수표

물건을 사거나 서비스를 이용하기 위해서는 현금을 이용하죠? 그런데 이 현금은 늘 분실하거나 도난을 당할 우려가 있습니다. 요즘은 신용카드credit card가 있어 현금 대신 사용하지만 옛날엔 어디 그런 게 있었나요? 그래서 만들어낸 것이 바로 수표check입니다. 따라서 원래 수표의 용도는 현금의 분실 및 도난을 억제, 즉 막기 위한 것이죠. credit card 말고 check card체크카드라고 들어보셨죠? 이게 왜 생긴 건지도 이제 아시겠죠?

돌발 Quiz! 왼쪽 사진의 무늬pattern을 뭐라고 하나요? '체크check무늬'라고 하죠. 이 체크무늬라는 말은 서양장기 '체스chess' 판의 격자무늬 모양에서 유래되었답니다!

- Do you want to pay in cash, by **check**, or by credit card?
  현금, 수표, 신용카드 중 어떤 걸로 결재하시겠어요?
- I lost my traveler's **check** and need to order it again.
  여행자 수표를 분실해서 다시 재발급 신청하고 싶습니다.

traveler's check 여행자 수표(해외여행을 떠날 때 현금의 분실, 도난을 방지하기 위해 사용되는 수표)

---

check [타동] 1. 저지[억제]하다 2. 조사[점검]하다 [명] 수표

- check in/out (호텔에서) 체크인하다/체크아웃하다; 확인[점검]하다
- rain check 초대의 연기, 후일의 약속
- door check 도어체크(문이 천천히 닫히게 하는 장치)
- blood-pressure check 혈압 측정
- check over (면밀히) 점검[검토]하다

---

04   (예상할 수 없이) 떨어진 일 accident 1. 사고 2. 우연한 일

accident는 어원분석을 해보면 「ac-~에+cid떨어지다(fall) + -ent명접 → ~에 떨어진 것」이 됩니다. 이 원뜻을 조금 더 발전시켜 보면 '누군가에게 '(예상할 수 없이) 떨어진 것, 우연히 발생된 일'이란 말이죠. 이 원뜻을 토대로 어떤 실제 의미들이 나올지 지금부터 알아봅시다!

❶ 누군가에게 우연히 발생된 일 → 사고

그림을 보니 정말 엄청난 일이 벌어졌네요! 자동차 한 대가 사고로 망가져 버렸는걸요. 사고는 누구에게나 생길 수 있는 일이지만 사고라는 것이 언제 어떤 사람에게 생길지는 아무도 모릅니다. 정말 우연치 않게 생기는 것이 바로 사고 아니겠어요? '우연히 발생된 일' 그 것이 바로 accident의 첫 번째 뜻인 '사고'입니다.

- My close friend was injured in an **accident** at work.
  친한 친구가 직장에서 사고로 다쳤다.

- Seat belts reduce the risk of death or injury in an **accident**.
  안전벨트는 사고에서 사망이나 부상의 위험을 줄여준다.

❷ (위에서) 떨어진 것 → 우연(한 일)

시골길을 천천히 거닐고 있는데 갑자기 발밑으로 감 하나가 툭 하고 떨어집니다. 정말 우연한 일이죠? 또 돈이 궁할 때는 이런 얘기를 자주 하죠. "하늘에서 돈다발 좀 안 떨어지나?" 이 모두가 바로 accident의 두 번째 뜻인 '우연'을 바라는 말들이랍니다. '우연'이라는 것 역시 정해져 있는 것이 아니라 '누군가에게 툭 떨어지는 것[일]'이죠. 이렇게 이해하고 나니 accident의 '사고'와 '우연'이란 뜻이 서로 통한다고 느껴지지 않으세요?

- I met her by **accident** rather than by design.
  난 고의적으로라기보다는 우연히 그녀를 만났다.

- My third baby was an **accident**. 셋째 아이는 (계획 임신이 아니라) 우연히 갖게 되었죠.

---

accident 명 1. 사고 2. 우연(한 일)
- by accident 우연히
- traffic accident 교통사고
- tragic accident 비극적인 사고
- car accident 차사고
- fatal accident 치명적인 사고

accidental 형 우연한
- an accidental meeting with a friend 친구와의 우연한 만남

accidentally 부 우연히 ↔ deliberately 고의로

확인하고 넘어가자

A | 다음 표시된 말에 해당하는 단어를 원형으로 써보세요.

01 나는 운전기사 한 명을 **고용했다** _____.

02 그녀는 너무도 **매력적인** _____ 몸매를 갖고 있다.

03 나는 지금의 상황을 심각하다고 **본다** _____.

04 경찰이 축구장에서의 난동을 **저지시켰다** _____.

05 그 계산 결과가 맞는지 **점검해 보세요** _____.

06 그는 불의의 **사고** _____ 로 왼쪽 다리를 잃었다.

B | 다음 표시된 단어의 동의어를 찾거나, 빈칸에 알맞은 단어를 고르세요.

07 We're going to **engage** local people for the new factory.
ⓐ exploit   ⓑ employ   ⓒ deploy

08 People _____ him as an idiot.
ⓐ respect   ⓑ regard   ⓒ disregard

09 Their passports were _____ by immigration officers at the airport.
ⓐ observed   ⓑ searched   ⓒ checked

정답 A 01 engage 02 engaging 03 regard 04 check 05 check 06 accident
B 07 ⓑ 08 ⓑ 09 ⓒ

04 계산서든 법안이든 도장 찍힌 종이는 bill!

bill은 '계산서, 고지서; 지폐, 법안' 등의 여러 가지 뜻으로 쓰입니다. 이럴 때 단어의 뜻을 1번, 2번, 3번… 이렇게 무조건 외우기만 하려는 습관은 버려야 해요. 단어의 원뜻을 파악한 후 그냥 그 단어를 쭉 이해하고 느껴 보세요. 그리고 반복해 보는 것입니다. 그러면 자연스럽게 그 의미들이 익숙해져서 다의어가 한결 쉽게 편안하게 느껴질 거예요!

bill
원뜻: 도장이 찍힌 종이

- 돈 내라고 도장이 쾅 찍힌 종이
  ❶ 계산서, 고지서
- 돈이라는 직인이 쾅 찍힌 종이
  ❷ 지폐
- 중요 사안에 왕의 직인이 쾅 찍힌 종이
  ❸ 법안

commit
원뜻: 완전히 보내다

- 머릿속의 생각을 행동으로 완전히 보내다
  ❶ (나쁜 일을) 저지르다
- 자신을 어떤 일[사람]에게 완전히 보내다
  ❷ 헌신[전념]하다
- '완전히 보내다'란 원뜻에 너무도 충실하게
  ❸ ~로 보내다, 위탁하다

brand
원뜻: 낙인 찍다

- 동물의 엉덩이에 인두로 이름을 새기다
  ❶ 낙인 찍다
- 낙인 찍힌 자국, 표시
  ❷ 상표, 브랜드

blunt
원뜻: 눈이 멀어 감각이 무딘

- 날카로운 부분이 잘린
  ❶ 무딘
- 상대방 기분에 대한 배려가 무딘
  ❷ (딱 잘라 말해) 솔직한, 단도직입적인

01 도장이 찍힌 종이 bill 1. 계산서, 고지서 2. 지폐 3. 법안

계산서, 지폐, 종이… 뭔가 비슷한 점이 발견될 듯도 한 다의어가 bill입니다. bill은 어원적으로 '도장이 찍힌 공식적인 문서(종이)sealed document'를 의미합니다. 이러한 원뜻에서 차츰 뜻이 하나하나 생겨난 것이죠. 그럼 각각의 뜻과 그 쓰임을 좀 더 자세히 살펴볼까요?

❶ 돈 내라고 도장이 쾅 찍힌 종이 → 계산서, 고지서

수도, 전기, 가스 등의 공과금 고지서는 어제 낸 것 같은데 조금만 지나도 어김없이 날라오죠. 또 식당에서 밥을 시키면 무엇을 시켰는지 체크해놓은 계산서를 가져다주죠? 이 계산서, 고지서를 잘 살펴보면 어느 기관인지 혹은 어느 식당인지 확실하게 도장이 쾅쾅 찍혀 있습니다. 돈이 오가는 것인데 확실해야죠. bill의 첫 번째 뜻 '계산서, 고지서'는 역시 원뜻 '도장이 찍힌 종이'에서 나온 거였네요!

- Have you paid the electricity **bill**? 전기요금 냈어요?
- I'll pick up the **bill**. 내가 계산할게.

❷ 돈이라는 직인이 쾅 찍힌 종이 → 지폐

사진에 보이는 지폐는 미국의 달러 지폐입니다. 계산서, 고지서에 이어 지폐 역시 도장이 쾅! 찍혀 있습니다. 못 믿겠다구요? 그럼 당장 지갑wallet을 열어 확인해 보세요. 한국은행 총재의 직인이 선명하게 찍혀 있을테니까요. 찍혀 있지 않다면 위조지폐a counterfeit bill랍니다!

- The suspect was arrested for making a counterfeit **bill**.
  그 용의자는 위조지폐를 만든 혐의로 체포되었다.

counterfeit 가짜의, 위조의

❸ 중요 사안에 왕의 직인이 쾅 찍힌 종이 → 법안

사진을 보세요. 국회Congress에서 어떤 법안을 통과시키는 사진이네요. 국가의 중요한 사안을 법으로 만드는 법안이라면 얼마나 중요한 문서겠어요? 옛날엔 왕의 직인이, 지금은 대통령의 직인이 쾅 찍히면서 비로소 그 문서가 효력effect을 갖게 되죠.

- Congress passed the new **bill**. 국회는 그 새로운 법안을 통과시켰다.
- The congressman vetoed the pension reform **bill**.
  그 의원은 연금 개혁 법안에 거부권을 행사했다.

veto 뗑 거부권; 통 기각하다

이렇게 bill의 세 가지 의미를 다 살펴보니 역시 '도장이 쾅 찍힌 종이'라는 공통점이 있네요. 다의어는 한 뿌리에서 나온 어휘라는 점이 다시 한 번 여실히 드러나죠? 그런데 bill에는 지금 설명해드린 세 가지 의미와 아무 상관없이 (다른 어원에서 나온) '(새의) 부리'라는 뜻도 있다는 점 참고로 알아두세요.

---

bill 뗑 1. 계산서, 고지서 2. 지폐 = note 3. 법안
타동 청구서[고지서]를 보내다

- the phone bill 전화요금 고지서 / the electricity bill 전기요금 고지서
- a five-dollar bill 5달러짜리 지폐
- pass the bill 법안을 통과시키다
- pick up the bill 계산을 치르다

---

02 완전히 보내다 commit
1. (나쁜 일·범죄를) 저지르다, 범하다 2. 헌신[전념]하다 3. ~로 보내다, 위탁하다

commit은 크게 세 가지 의미를 갖고 있지만 그 의미 변화가 심해 많이들 어려워하는 어휘 가운데 하나입니다. 오늘은 제대로 한 번 파헤쳐보죠! commit은 어원을 분석해보면 「com-강조 + mit보내다(send) → 완전히 보내다」가 됩니다. 이 '완전히 보내다'라는 원뜻을 잊지 않고 있어야 commit이 쉽게 이해됩니다!

❶ 머릿속 생각을 행동으로 완전히 보내다 → (범죄, 나쁜 일을) 저지르다, 범하다

가지고 싶은 물건을 살까말까 고민하면 지름신이 강림descent하시죠? 어떤 신이라구요? 이 지름신이 바로 머릿속 생각을 행동으로 보내 마침내 비싼 물건값을 내도록 저질러 버리게 만드는 신입니다. 마찬가지로 범죄crime와 자살suicide도 머릿속 생각을 실제 행동으로 옮겨(보내) 버려 마침내 나쁜 일을 저지르게 되는 거랍니다. '완전히 보내다'라는 원뜻과 통하는 게 있죠?

- Women **commit** fewer crimes than men. 여자들은 남자들보다 범죄를 덜 저지른다.
- The flagrant murderer has **committed** a series of murders.
  그 극악한 살인마가 연쇄 살인을 저질러왔다.

flagrant 극악한 a series of murders 연쇄 살인

❷ 자신을 어떤 일[사람]에게 완전히 보내다 → 헌신[전념]하다

사랑하는 사람[일]이 있나요? 있다면 그 사람[일]에게 당신을 완전히[남김없이] 보낼 수 있나요? 그렇다면 당신은 그 사람(또는 그 일)에 헌신[전념]하는 것입니다. '헌신[전념]하다'라는 의미 역시 '자신을 ~에 완전히 보내다'라는 의미에서 생겨난 것으로 「commit oneself to 명사」의 형태로 쓰인다는 점에 주의하세요!

- He has **committed himself to** his wife and children.
  그는 아내와 아이들에게 헌신해왔다.
- The government had already **committed itself to** a wide range of reforms.
  정부는 이미 광범위한 개혁에 전념해왔다.

❸ (원뜻에 충실하게) 완전히 보내다 → ~로 보내다, 위탁하다

commit의 원뜻에 가장 충실한 의미가 '~로 보내다, 위탁하다'입니다. 이 뜻은 대개 「commit A to B A를 B로 보내다, 위탁하다」의 형태로 쓰이는데, 예를 들어 commit the decision to the committee라고 하면 '결정을 위원회에 위임하다'라는 뜻이 되죠. 이제 commit의 세 가지 뜻이 확실히 이해되죠?

- A lot of money has been **committed to** the construction.
  많은 돈이 그 건축에 투입되었다.
- The two suspects were **committed** for trial at Supreme Court.
  그 두 명의 용의자들이 대법원 재판으로 보내졌다.

---

commit [타동] 1. (범죄·나쁜 일을) 범하다, 저지르다 2. 헌신[전념]하다 3. ~로 보내다, 위탁하다
- commit a crime 범죄를 저지르다
- commit suicide 자살하다

- commit oneself to ~에 헌신[전념]하다
- commit A to B A를 B에 보내다, 위탁[위임]하다

commitment 명 (중대한) 약속; 헌신
committee 명 위원회
commission 명 위원회; 수수료

03 낙인찍다 brand 1. 낙인찍다 2. 상표

brand브랜드는 '상표'란 의미로 흔히 쓰이는 외래어죠. 그런데 brand에는 동사로 '낙인찍다'라는 의미가 있습니다. brand의 두 가지 뜻인 '상표'와 '낙인찍다'라는 의미는 완전히 동떨어진 의미 같아 보이는데 어떻게 한 단어 안에 이런 두 가지 의미가 생겼을까요?

❶ 동물의 엉덩이에 인두로 이름을 새기다 → 낙인찍다

옛날 시골에서 소나 말을 키울 때는 큰 목장ranch에서 소떼cattle를 방목graze하여 키웠죠. 드넓은 초원에 수많은 소나 말이 풀어져 있는 상황에서 도대체 어느 소가 누구 소유인지 불분명한 것은 당연했을 거예요. 그래서 각자의 주인들이 소나 말의 엉덩이 부분에 불에 달군 인두로 자신의 이름을 지져서 새겼답니다. 그로 인해 누구의 소인지 말인지가 구분이 되었고 또 '누구네 소가 좋다, 말이 좋다'라는 평판reputation까지 생겨나게 됐죠. 여기서 brand의 동사 '낙인찍다'라는 의미가 생겨났구요!

- Everybody **branded** him as a criminal. 모든 사람이 그를 범죄자로 낙인찍었다.
- He was **branded** a coward. 그는 겁쟁이로 낙인찍혔다.

❷ 낙인찍힌 자국, 표시 → 상표, 브랜드

사람들이 많이 찾고 즐겨 신는 운동화나 옷을 보면 그 제품이 어느 회사 제품인지 명확히 나타내기 위해 새겨넣은 문양을 볼 수 있습니다. 이것이 바로 이 상품이 어떤 회사의 것인지를 명확히 보여주는 표시,

즉 brand브랜드가 되는 것이죠! '소나 말의 엉덩이에 새긴 것'이란 원래 의미에서 생겨난 뜻이랍니다. 하나 더! brand-new란 표현도 꼭 알아야 해요. brand-new는 이전 것과는 전혀 다른 '완전히[아주] 새로운'이란 뜻입니다.

· Coca-Cola and Pepsi-Cola are the most popular **brands** of cola.
  코카콜라와 펩시콜라는 가장 인기 있는 콜라 상표들이다.

· What **brand** are those jeans you are wearing?
  당신이 입고 있는 그 청바지는 어느 브랜드죠?

---

brand [타동] 낙인찍다 [명] 상표
- brand A as B　A를 B로 낙인찍다[치부하다]
- brand their cattle　소들에게 낙인을 찍다
- brand him as a criminal　그를 범죄자로 낙인찍다

brand-new [형] 아주[전혀] 새로운

04　눈이 멀어 감각이 무딘 blunt 1. 무딘 2. 직설적인, 단도직입적인

❶ 날카로운 부분이 잘린 → 무딘, 뭉툭한

그림 속 망치의 아랫 부분을 보세요! 둥그스름하게 생겼죠? 뭉툭하고 무딘 부분입니다. blunt는 blind눈 먼에서 변화된 어휘로 원래 '눈이 멀어 감각이 무딘'이란 뜻을 갖고 있습니다. 그래서 생긴 뜻이 바로 '무딘, 뭉툭한'이란 뜻입니다. 예를 들어 a blunt pencil 하면 '몽당연필'이 되고, a blunt knife 하면 '(칼날이) 무딘 칼'을 뜻하죠.

· He sharpened all the **blunt** knives.
  그는 무뎌진 칼들을 전부 갈았다.

· The police said he had been hit with a **blunt** instrument.
  경찰은 그가 둔기에 얻어맞았다고 말했다.

❷ 상대방 기분에 대한 배려가 무딘 → 직설적인, 단도직입적인

남에 대한 배려가 '무딘' 사람들은 보통 말을 할 때 '(지나치게) 솔직하고 단도직입적'입니다. 그냥 머릿속 생각을 바로 내뱉어 버리거든요. 그 결과 그 얘기를 듣는 상대방은 기분이 나빠질 수도 있고 말이에요. 이렇게 앞뒤 말 다 자르고 본론만 딱 얘기하는 것이 바로 blunt의 2번 뜻 '직설적인, 단도직입적인'에 해당됩니다. bluntly speaking딱 잘라 말해, 솔직히 말해라는 관용표현도 함께 알아두세요!

- She replied to my polite offer with a blunt refusal.
  그녀는 나의 정중한 제안을 딱 잘라 거절했다.
- To be blunt, the candidate is not eligible for the office.
  솔직히 말해 그 후보는 그 직위에 적임자가 아니다.

eligible 적임의, 자격이 있는

---

blunt 휑 1. 무딘 ↔ sharp 날카로운 2. (지나치게) 솔직한, 단도직입적인
- To be blunt 딱 잘라 말해서, (앞뒤 안 가리고) 솔직히 말하면
- blunt instrument (사람을 때리는) 둔기

bluntly 凰 솔직히, 단도직입적으로

확인하고 넘어가자

A | 다음 표시된 말에 해당하는 단어를 원형으로 써보세요.

01 그는 충동적으로 **범죄를 저질렀다** _____.

02 그는 자신의 일에 **전념했다** _____.

03 난 전화요금 **고지서** _____를 보고 깜짝 놀랐다.

04 성범죄에 관한 새로운 **법안** _____이 통과되었다.

05 사람들은 그를 범죄자로 **낙인찍었다** _____.

06 **솔직히 말해** _____ 그는 부정직한 사람이다.

B | 다음 표시된 단어의 동의어를 찾거나, 빈칸에 알맞은 단어를 고르세요.

07 Burt _____ a series of brutal murders.
　　ⓐ committed　ⓑ submitted　ⓒ remitted

08 The _____ for the repairs came to $650.
　　ⓐ chill　ⓑ bill　ⓒ price

09 He was _____ as a liar.
　　ⓐ blended　ⓑ branded　ⓒ blanched

정답 A 01 commit a crime 02 commit oneself to 03 bill 04 bill 05 brand 06 Bluntly speaking
　　 B 07 ⓐ 08 ⓑ 09 ⓑ

05 배를 만들든 눈속임을 하든 손기술로 하는 건 craft!

물건 이름에 craft가 붙으면 어떤 기술로 공들여 만든 느낌이 듭니다. 흔히 볼 수 있는 크래프트 비어craft beer는 개성있는 수제 맥주를 뜻하죠. 이렇게 craft는 원래 '손기술'이란 뜻을 갖고 있어요. 이 '손기술'이란 뜻에서 '(전문) 직업,' '(작은) 배, 비행기, 우주선,' 심지어는 '속임수'라는 뜻까지 생겨났죠. 역시 다의어의 변화무쌍함을 보여주네요. 자, 오늘도 이 변화무쌍한 다의어들을 알아보러 떠나볼까요?

casual
원뜻: (예상치 못한 상황에서) 떨어지는

- 일이 계획되지 않은 채로 발생된
  ❶ 우연한, 무심결의
- 계획에 없었는데 필요하면 하는
  ❷ 그때그때의, 가끔씩의
- 옷을 계획하지 않고 편하게 입는
  ❸ 격식을 차리지 않는

craft
원뜻: 손기술

- 손기술 / 자신만의 기술을 갖춘 것
  ❶ (손)기술, 수공예(품); (전문) 직업
- 옛날에 수작업으로 만들어낸 배
  ❷ (작은) 배, 비행기, 우주선
- 손기술로 상대방의 눈을 속이는 것
  ❸ 속임수

character
원뜻: 새겨진 표시

- 다른 사람과 구별되는 어떤 사람의 특징
  ❶ 성격, 특성
- 영화나 소설에서 (독특한) 특징을 갖는 인물
  ❷ (등장)인물
- 보통 사람과 차별화되는 도덕적 특징
  ❸ 인격

term
원뜻: 끝

- 시간의 끝이 정해지면
  ❶ 기간
- 생각의 끝
  ❷ 말, 용어; 말하다
- 두 사람에 있어 서로간의 끝 (복수형 terms 로 쓰임)
  ❸ 《복수》 관계, 조건

01 (예상치 못한 상황에서) 떨어지는 casual
1. 우연한, 무심결의 2. 그때그때의, 가끔씩의 3. 격식을 차리지 않는

요즘 외래어로 '캐주얼'이란 말 참 많이 쓰죠? 주로 패션에 관련된 말로 쓰지만 사실 여러가지 의미를 가진 다의어랍니다. 우선 casual을 어원분석해 보면 「cas(u)떨어지다(fall) + -al형접 → (예상치 못한 상황에서) 떨어지는, 발생되는」에서 '우연한'이란 뜻이 되는데, 영어에서 '우연한'이란 개념은 '정해지지 않은 not planned' 상태를 말합니다. 그럼 실제로 casual에는 어떤 의미들이 들어 있는지 알아볼까요?

❶ 일이 계획되지 않은 채로 발생된 → 우연한, 무심결의

어떤 일이 발생될 때는 의도적인intentional 상황도 있지만 전혀 계획되지 않은 일이 발생되는 경우도 허다합니다. 사고accident가 바로 그러한 대표적인 경우typical case죠. 사고라는 건 전혀 예상치 못한 상황에서 '우연히 발생되는 일' 아니겠어요? 만약 고의적으로deliberately 사고를 냈다면 그건 사고가 아니라 보험사기insurance fraud일 거예요. casual의 첫 번째 의미는 '계획되지 않은 일이 발생된'이란 어원적 의미에서 '우연한, 무심결의, 의도하지 않은'이란 뜻이 된 것입니다.

- It was just a **casual** remark — I wasn't really serious.
  그건 그냥 무심코 한 말이었어. 정말 진심으로 한 말이 아니었어.

- She seemed to have a **casual** attitude toward her children.
  그녀는 아이들에 대해 별 신경을 쓰지 않는 것처럼 보였다.

❷ 계획에 없었는데 필요하면 하는 → 그때그때의, 가끔씩의

신문이나 잡지를 정기구독subscription해서 보는 분도 있겠지만 상황에 따라 관심 있는 기사가 있으면 그때그때 사서 보는 사람을 casual reader라고 합니다. 또 공사 현장 같은 데서 그때그때 필요해서 고용하는 노동자를 casual worker라고 하죠. 이처럼 사전에 계획에 없었는데 그때그때 필요해서 이루어지는 것도 casual한 일이 되는 거죠. 여전히 '예상치 못하게 발생되는'이란 원뜻에서 벗어나지 않죠?

- Owen has occasional **casual** work, but mostly he is unemployed.
  오웬은 일거리 있을 때마다 가끔씩 일을 하지만 거의 고용되어 일을 하지는 않는다.

- The museum is of great interest both to experts and to **casual** visitors.
  그 박물관은 전문가들에게나 가끔씩 찾아오는 방문객들에게나 큰 관심의 대상이다.

❸ 옷을 계획하지 않고 편하게 입는 → 격식을 차리지 않은, 캐주얼한

우리가 외래어로 쓰는 '캐주얼하다'라는 표현은 전부 이 뜻을 말합니다. '캐주얼'한 옷이라 함은 '별로 격식을 차리지 않고 편하게 입는 옷'을 뜻하죠. 대표적인 캐주얼 패션이 청바지와 티셔츠 그리고 운동화 아니겠어요? casual이란 말이 꼭 패션 쪽에만 쓰이는 것은 아니에요. 만약 분위기가 '캐주얼하다'라고 하면 '(굳이 격식을 차리지 않아) 편안한' 정도의 뜻이 된다는 것도 알아두세요!

- I like to wear **casual** clothes. 난 캐주얼한 옷을 즐겨 입는다.
- The atmosphere at the meeting was quite **casual**. 그 모임의 분위기는 아주 편했다.

atmosphere 공기, 대기; 분위기

> **casual** 형 1. 우연한, 무심결의 2. 그때그때의, 가끔씩의 3. 격식을 차리지 않는
> - a casual reader of the newspaper 그때그때 신문을 사보는 독자
> - a casual remark (고의가 아닌) 무심코 한 말
> - a casual worker (필요할 때마다 쓰는) 일용직 노동자
> - casual atmosphere (격식을 차리지 않는) 편안한 분위기
>
> **casualty** 명 (사고로 인한) 사상자, 피해자
> - road casualties 교통사고 사상자

02 손기술 craft 1. (손)기술, 수공예(품); (전문) 직업 2. (작은) 배, 비행기, 우주선 3. 속임수

이번에 배울 craft는 여러가지 뜻을 가진 다의어예요. 어원적으로는 '기술skill'이란 뜻을 갖고 있는데 이것이 점차 '손기술'이란 뜻으로 쓰이며 여러 가지 의미를 만들어냈죠. 그럼 차근차근 살펴볼까요?

❶ 손기술 → (손)기술, 수공예(품) / 자신만의 기술을 갖춘 것 → (전문) 직업

craft의 첫 번째 의미 '(손)기술, 수공예'라는 뜻은 원뜻 그대로 발전했다고 보면 되겠죠? 그리고 그 손기

술을 통해 뭔가를 예쁘게 만들어내는 것이 바로 '수공예'구요. 또 그런 '손기술'이나 '수공예' 능력을 가진 사람이 바로 자신만의 '전문 직업'을 가진 사람입니다. 옛날에는 거의 모든 물건을 사람의 손으로 만들어냈기 때문에 '손기술'이 곧 자신의 '전문 직업'이 되었답니다.

· The store sells the local crafts.
  그 상점은 지역 수공예품을 판매한다.

· Young people should develop their own crafts.
  젊은이들은 자신의 전문 직업을 개발해야 한다.

❷ 옛날에 수작업으로 만들어낸 배 → (작은) 배, 비행기, 우주선

지금이야 모든 걸 기계로 만들어내지만 옛날에는 일일이 사람의 손을 거쳐 배를 만들어냈습니다. 여기서 생겨난 뜻이 '수작업(손기술)으로 만들어 낸 것'에서 발전한 '범선(돛단배)'란 뜻입니다. 이렇게 해서 바다를 항해하는 '배'의 의미에서 하늘을 나는 '비행기,' 우주를 항해하는 '우주선'의 의미로까지 발전되었답니다. 일반적으로는 craft 하면 '작은 배'를 뜻하고 비행기는 aircraft, 우주선은 spacecraft라고 씁니다.

· The scientists of NASA manufactured a spacecraft.
  나사의 과학자들은 우주선을 제조했다.

· Search and rescue crafts reached the scene of the crash this morning.
  탐사 및 구조선들이 오늘 아침 사고 현장에 도착했다.

❸ 손기술로 상대방의 눈을 속이는 것 → 속임수

사진처럼 속임수deception로 상대를 헷갈리게 하는 사람들의 손은 아주 현란하고 빠릅니다. 거의 사기fraud에 가깝죠. 그래서 보고 있는 사람은 어디에 뭐가 있었는지 헷갈려 결국 돈을 잃게 되죠. 여기서 나오는 게 바로 craft의 세 번째 뜻으로 '손기술을 통해 속이는 것'에서 '속임수'란 뜻이 된 것을 설명해주는 가장 좋은 예가 되겠네요.

마지막으로 craft의 형용사가 crafty인데 이 역시 '손기술(속임수)을 쓰는'이란 의미에서 발전해 '교활한'이란 뜻이 되는데, 시험에도 자주 출제되는 어휘이므로 눈여겨 봐두세요!

- They used craft and guile to close the deal.
  그들은 거래를 성사시키기 위해 속임수를 쓰고 교활한 짓을 했다.
- The businessman used a craft way of avoiding paying tax.
  그 사업가는 탈세를 하기 위해 교활한 방법을 썼다.

> **craft** 명 1. (손)기술, 수공예(품); (전문) 직업 2. (작은) 배, 비행기, 우주선 3. 속임수
> - the carpenter's craft 그 목수의 손기술
> - crafts fair 수공예품 박람회
> - a craft to get across the river 강을 건너는 작은 배
> - any craft in the painting 그림 속에 있는 어떤 속임수
>
> **crafty** 형 교활한 = sly, cunning

03 새겨진 표시 character 1. 성격, 특성 2. (영화·소설에서의) 인물(person) 3. 인격

'캐릭터'란 말도 외래어로 많이 쓰는 말이죠? "걘 참 특이한 캐릭터야." 이런 말 많이 하잖아요. 여기서 캐릭터란 '~ 성격의 소유자' 정도의 의미예요. 그런데 같은 '사람, 인물'이라도 person과 character는 엄연한 차이undeniable difference가 있죠. person은 '어떤 특징을 가진 개개의 사람'을 뜻하지만 character는 주로 '영화, 소설에 등장하는 인물'을 뜻하죠. character는 어원적 의미를 살펴보면 '새겨진 표시 engraved mark, 상징symbol'이란 뜻에서 여러 다양한 의미가 생겨났습니다.

❶ 다른 사람과 구별되는 어떤 사람의 특징 → 성격, 특징

character의 원뜻이 '새겨진 표시'라고 했죠? 벽이든 바닥이든 어떤 모양을 새기게 되면 어떤 특징 또는 상징을 갖게 됩니다. 마찬가지로 어떤 사람에게 '새겨진 표시'란 곧 그 사람이 갖고 있는 독특한 '성격, 특징'이 되는 거죠. 한 가지 특이한 점은 character의 파생어인 characteristic이 형용사로는 '특징적인'의 뜻으로, 명사로는 '특징'이란 뜻으로 쓰여 두 가지 품사로 모두 쓰인다는 점입니다!

- My friend's character is opposite to mine. 내 친구는 나와 성격이 정반대다.
- The rural town has the unique character. 그 작은 시골 도시에는 독특한 특징이 있다.

❷ 영화나 소설에서 (독특한) 특징을 갖는 인물 → (등장)인물

앞에서도 언급했지만 character의 '인물'이란 뜻은 일반적으로 쓰는 person의 '(개개의) 인물'과는 달리 소설이나 영화 내의 '(등장)인물'을 뜻합니다. 옆의 그림이 바로 animation character^{만화 캐릭터}잖아요. 예를 들어 the main character in the novel이라고 하면 '그 소설의 주인공'이란 뜻입니다. 참고로 character가 일반적인 '인물'로 쓰일 땐 주로 '괴짜'나 '기인' 같은 특이한 인물이라는 점도 알아두세요!

- In the novel, the main **character** has left his wife and children.
  그 소설에서 주인공이 아내와 아이들을 버렸다.

- The original techniques of the Disney Studio led to the development of **character** animation. 디즈니 스튜디오의 독창적인 기술이 캐릭터 만화영화의 발달로 이어졌다.

❸ 보통 사람과 차별화되는 도덕적 특징 → 인격, 품성

character의 1번 뜻이 '다른 사람과 구별되는 어떤 사람의 특징'이었죠? character의 3번 뜻은 '보통 사람과 차별화되는 도덕적 특징'에서 나온 '인격, 품성'이란 뜻이에요. 공통점은 어쨌든 '남들과 구별되는 특징'이라는 거죠. 아마 여러분 주변에도 '저 사람은 참 법 없이도 살 정도로 좋은 사람이야.'라고 생각되는 사람이 있을 거예요. 그 사람을 떠올리면서 character의 '인격, 품성'이란 뜻을 마음속으로 새겨보면 금방 이해가 될 거예요.

- The campaign was accused of **character** assassination because of its negative ads. 그 선거운동 캠페인은 부정적인 광고를 통한 인신 공격 혐의로 고발되었다.

- I respect my mother because she is a woman of great **character**.
  우리 어머니는 위대한 인격의 소유자이시기 때문에 난 그분을 존경한다.

character assassination 인신 공격

---

character 명 1. 성격, 특징 2. (등장)인물 3. 인격, 품성
- character assassination 인신 공격
- a man of great character 대단한 인격을 가진 남자

characterized 형 특징적인(distinguished)
characteristic 명 형 특징, 특색(feature); 특징적인
characterize 동 ~의 특징을 묘사하다, ~의 특징이 되다

04 끝·한계 term 1. 기간 2. 말, 용어; 말하다 3. 《복수》관계, 조건

term을 배우기 전에 term이 들어가는 두 개의 재미있는 예를 먼저 살펴볼까요? 여러분 버스 터미널terminal 아시죠? 버스는 터미널에 도착하면 더 이상 가지 않습니다. 터미널은 바로 버스의 '종점, 종착역'입니다. 또 고전 명작으로 꼽히는 영화 중에 터미네이터terminator 란 영화가 있죠? terminate끝내다, 종결시키다라는 동사에서 나온 사람 명사로 '종결자'라는 뜻입니다. 이 두가지 다에 들어가는 단어 term 의 원뜻은 '끝end, 한계limit'입니다.

❶ 시간의 끝이 정해지면 → 기간, 학기

세상 모든 것엔 시작이 있으면 '끝'이 있게 마련이죠. 계절도 학창 시절도 사람의 수명도… 어떤 일이 시작되어 언제까지 '끝'났다면 그 시작부터 끝까지가 바로 '기간'이 되는 것입니다. 예를 들어, 교수님이 "이 보고서 다음 주 금요일까지 제출하세요!"라고 말씀하셨다면 오늘부터 다음 주 금요일까지라는 '기간'이 생기는 것이죠. 또 the term of a contract라고 하면 '계약 기간'이란 뜻이 됩니다.

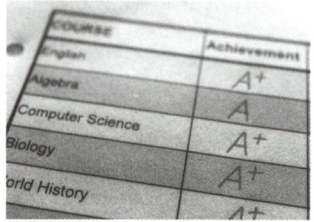

- I made fine records this **term**.
  이번 학기에는 성적이 좋았다.

- In the long **term**, alcohol causes high blood pressure.
  장기적으로 알콜(술)은 고혈압을 일으킨다.

❷ 생각의 끝 → 말, 용어; 말하다

우리는 늘 머릿속으로 많은 생각thought을 합니다. 물론 그 생각들을 글로도 표현하지만 머릿속의 생각이 최종적으로 표현되는 것은 바로 '말, 용어'입니다. 이 term의 '말, 용어'란 뜻은 medical term의학 용어, technical term전문 용어, economic term경제 용어 등과 같은 예로 많이 쓰인다는 게 중요합니다.

한편 term은 '~라고 말하다, 부르다'라는 뜻의 동사로도 쓰이는데, 예를 들어 term him a liberalist 하면 '그를 자유주의자라고 부르다'라는 뜻이 됩니다. (주로 수동태로 쓰이지만요!)

- Many legal **terms** have more than one meaning.
  많은 법률 용어들은 한 가지 이상의 의미들을 지니고 있다.

- His new policy is **termed** radical.
  그의 새로운 정책은 혁명적이라고 일컬어진다.

❸ 두 사람에 있어 서로간의 끝 → 관계, 조건(복수 terms로 쓰임)

두 사람간이든 두 나라간이든 서로간의 끝이 정해지면 서로간에 일정한 '관계, 조건'이 생깁니다. 그런데 중요한 것은 '관계, 조건'이 형성되기 위해서는 '둘'이 필요하다는 거죠. 나 혼자서는 '관계, 조건'이란 말이 성립될 수 없죠. 그래서 '관계, 조건'이란 뜻으로 쓰일 땐 반드시 terms라는 복수형으로 써야 합니다. 사실 term의 여러 의미 중에서는 이 3번 뜻이 가장 중요하므로 유의해서 공부해야 합니다!

- Under the **terms** of the contract, the debt would be repaid over 20 years.
  계약 조건 하에서 그 빚은 20년 동안 상환될 것이다.

- It is a mistake to think of Florida only in **terms** of its tourist attractions.
  플로리다를 관광 명소의 관점에서만 생각하면 오산이다.

tourist attraction 관광 명소

---

term 명 1. 기간, 학기 2. 말, 용어 3. 《복수》 관계, 조건
         타동 ~라고 말하다, 부르다

- medical[legal/economic] term 의학[법률/경제] 용어
- the term of a contract 계약 기간
- prison term 복역 기간
- the end of the summer term 여름 학기 말
- the terms of the contract 계약 조건
- be on good terms with ~와 좋은 관계에 있다 ※ terms는 '관계'

확인하고 넘어가자

A | 다음 표시된 말에 해당하는 단어를 원형으로 써보세요.

01 그는 공부와 학점에 **무관심한** _____ 태도를 보였다.

02 그의 **손기술** _____ 은 감탄을 자아낼 만하다.

03 난 그의 **속임수** _____ 를 눈치챘다.

04 그 교수님은 **인격** _____ 자다.

05 대출 상환 **기간** _____ 이 15년이다.

06 우리 둘의 **관계** _____ 는 좋다.

B | 다음 표시된 단어의 동의어를 찾거나, 빈칸에 알맞은 단어를 고르세요.

07 Mike has _____ work, but mostly he is unemployed.
    ⓐ alert   ⓑ casual   ⓒ constant

08 The criminal received the maximum **term** of imprisonment.
    ⓐ penalty   ⓑ punishment   ⓒ period

09 Their schemes to evade taxes were very **crafty**.
    ⓐ bright   ⓑ evil   ⓒ cunning

정답 A 01 casual 02 craft 03 craft 04 character 05 term 06 terms
       B 07 ⓑ 08 ⓒ 09 ⓒ

06 돈계산도 머릿속에 깔린 계산도 account!

accommodate나 account, address, figure. 이런 단어들에 대해 사전을 찾아보면 무려 몇 가지씩이나 되는 의미들이 쫙 나열되는데, 이럴 때 가장 중요한 해법 역시 '원뜻the original meaning'을 이해하는 것입니다. account가 '계좌, 설명, 이유, 중요성, 고려' 등의 여러 가지 뜻이 생겨난 건 바로 '계산'이라는 원뜻에서 출발한 거니까요!

account
원뜻: 셈, 계산

- 돈의 입출금이 계산되어 있는 것
  ❶ (은행) 계좌
- 어떤 사건에 대한 계산 결과
  ❷ 설명
- 머릿속에 깔린 계산
  ❸ 이유; 중요성
- 머릿속에 계산해두고 있는 것
  ❹ 고려

address
원뜻: ~로 (곧장) 향하게 하는 것

- (편지를) 어딘가로 향하게 하는 것
  ❶ 주소
- 자신의 생각을 청중에게 향하게 하는 것
  ❷ 연설
- 자신을 일로 향하게 하다
  ❸ (일에) 본격적으로 착수하다

accommodate
원뜻: ~에 완전히 맞춰주다

- 건물의 크기에 사람의 수를 맞추다
  ❶ (사람을) 수용하다, (숙박을) 제공하다
- 상대방의 의견·요구에 맞춰주다
  ❷ ~에 맞춰주다
- 새로운 환경에 자신을 맞추다
  ❸ 적응시키다

figure
원뜻: 만들어진 것

- 머릿속에 어느 정도인지 그 크기를 만들어주는 것
  ❶ 수치, 숫자
- 모습을 갖춘 형태
  ❷ (중요) 인물, 사람
- 만들어진 모양
  ❸ 몸매, 모양
- 머릿속에 그림(모양)을 만들다
  ❹ 생각하다

01 셈·계산 account 1. 계좌 2. 설명, 기사 3. 이유; 중요성 4. 고려

account는 뜻이 많은 다의어기 때문에 막상 문장에서 만나게 되면 해석하기가 상당히 난감한 어휘입니다. account는 count세다에서 나온 명사로 '~을 세는 것'에서 나온 '셈, 계산'이란 원뜻이 있습니다. 여기서 중요한 것이 바로 '계산'이란 뜻인데요, 우리말에서도 '계산'이란 말이 다양하게 쓰이죠. 그럼 account의 여러 가지 의미를 알아볼까요?

❶ 돈의 입출금이 계산되어 있는 것 → 계좌

누구나 은행에 계좌 하나쯤은 있으실 거예요. 그 안에 돈이 많든 적든 중요한 것은 내가 그 은행에 얼마를 입금deposit했고 얼마를 출금withdraw했느냐인데, 돈의 입출금이 계산되어 있는 곳이 바로 '계좌'입니다.

· I've opened an **account** with Hana Bank. 난 하나은행에 계좌를 개설했다.
· $200 credit was paid into my **account**. 내 계좌로 200달러가 입금되었다.

❷ 어떤 사건에 대한 계산 결과 → 설명, 기사

뉴스를 듣다 보면 큰 사고accident가 일어나 수십 명이 죽고 부상injury을 당했다는 소식을 간간히 접하게 됩니다. 그 사고가 큰 사고인지 작은 사고인지는 사망자 및 부상자의 숫자를 세어count보면 알게 되죠. 다시 말해 그 숫자의 집계(계산)가 곧 그 사고에 대한 '설명'이 된다고 할 수 있죠. 여기에 더해 '(신문의) 기사'라는 의미도 함께 생겨났습니다.

또 한 가지 알아두어야 할 것은 account가 동사로 쓰여 생긴 account for라는 구동사의 의미가 '1. 설명하다 2. 차지하다'라는 것입니다.

· He gave an **account** of the accident. 그는 그 사고에 대한 설명을 해주었다.
· Recent pressure at work may **account** for his behavior.
  직장에서의 최근 압박이 그의 행동을 설명해줄 수 있다.

❸ 머릿속에 깔린 계산 → 이유; 중요성

account의 '이유, 중요성'이란 의미는 우리말에서도 힌트를 찾을 수 있는데, "걔가 너한테 잘해주는 건 뭔가 계산이 깔려 있어!"라는 말에서는 계산이 곧 '이유'를 뜻합니다. 또 "그에게는 돈이 직업 선택의 이유가 되지 않아."라는 말에서 '이유'는 곧 '중요성'을 뜻한다고 볼 수 있습니다. '이유; 중요성'의 뜻과 관련된 「on account of~라는 이유로」와 「be of account 중요하다」라는 숙어도 중요하니 함께 알아두세요!

· The picnic was postponed **on account of** the rain.
  비 때문에 소풍이 연기되었다.

· Money **was of** great **account** to her.
  그녀에게 돈은 대단히 중요했다.

❹ 머릿속에 계산해 두고 있는 것 → 고려

'고려'라는 말 역시 우리말에서 힌트를 찾을 수 있는데, 예를 들어 "펀드를 고를 때 수익률을 계산에 넣고 선택해야 돼."라는 말에서 '계산'은 곧 '고려'라는 뜻으로 볼 수 있습니다. 여기서 생겨난 숙어가 바로 「take ~ into account ~을 고려하다」로 자주 등장하는 숙어이니 꼭 암기해 두어야 합니다!

· I will **take account of** your objections.
  여러분의 반대를 고려해 보겠습니다.

· He didn't **take** his family's wishes **into account** when deciding to change jobs.
  직업을 바꾸기로 결정할 때 그는 가족들의 바람을 고려하지 않았다.

---

account 명 1. 계산, 계좌 2. 설명, 기사 3. 이유; 중요성 4. 고려

· account for 1. 설명하다 2. 차지하다
· on account of ~라는 이유로
· be of account 중요하다
· take ~ into account ~을 고려하다

accountable 형 책임이 있는 = responsible
accounting 명 회계
accountant 명 회계사

02 ~로 (곧장) 향하게 하는 것 address 1. 주소 2. 연설 3. (본격적으로) 착수하다

address에서 접두어 ad-는 '~쪽으로'의 뜻이고 어근 dress는 '향하게 하다direct'의 뜻입니다. 어근 address는 '옷'과는 아무 상관이 없다는 거죠. 아무튼 address는 '~로 (곧장) 향하게 하는 것'이란 원뜻을 갖습니다. 이 원뜻을 알아야 address의 의미들이 한 눈에 들어옵니다! 예를 들어, 편지봉투 위에 address가 적혀 있습니다. 그래야 비로소 편지가 어디로 향하는지 알 수 있습니다.

❶ (편지를) 어딘가로 향하게 하는 것 → 주소

늦은 밤 사랑하는 그녀에 대한 감정이 넘쳐 love letter를 한 장 씁니다. 편지지에 구구절절 글을 적고 편지봉투envelope에 넣습니다. 그런 다음 그녀의 집 주소를 적죠. address의 첫 번째 의미 '주소'란 '편지를 ~로 향하게 하는 것'에서 생겨난 뜻입니다. 주소를 적어야 비로소 편지가 어딘가로 향하게 되겠죠?

· What's the best way to get to this **address**? 이 주소로 가려는데 어떻게 가야 가장 좋겠어요?
· Please notify us of any change of **address**. 주소가 변경되면 저희에게 알려주십시오.

❷ 자신의 생각을 청중에게 향하게 하는 것 → 연설

'연설' 하면 speech를 먼저 떠올리죠? 그런데 make an address라는 표현을 보면 순간 당황합니다. 이 make an address가 바로 '연설하다'라는 뜻입니다. address의 원뜻이 '~로 향하게 하는 것'이라고 했죠? '연설'은 '자신의 생각을 청중audience에게 향하게 하는 것'이라고 풀이할 수 있습니다. 이제 '연설' 하면 speech 말고 address도 떠올리세요!

· The new President delivered his inaugural **address**.
  신임 대통령이 취임 연설을 했다.
· We listened to the President's **address** on the radio.
  우리는 라디오로 대통령의 연설을 경청했다.

inaugural 취임의

❸ 자신을 일로 향하게 하다 → (일에) 본격적으로 착수하다

이번엔 address가 동사로 쓰일 때의 뜻을 알아볼까요? 우선 address가 동사로 쓰일 땐 「address oneself to + 일」이라는 재귀용법의 형태를 취합니다. 즉 '자신을 어떤 일로 곧장 향하게 하다'라는 어원적 의미에서 '(일에 본격적으로) 착수하다'라는 뜻이 나오게 된 거죠. 실제로 어떤 한 가지 일에 본격적으로 착수하게 되면 사소한 trivial 다른 일들은 다 제쳐놓고 오직 중요한 그 한 가지 일로 향하게 되잖아요?

· We'll soon have to **address ourselves to** the problem.
  우리는 곧 그 문제에 착수해야 할 것입니다.
· The policeman **addressed himself to** the task of investigating the crime.
  그 경찰관은 범죄 수사에 착수했다.

---

address 몡 1. 주소 2. 연설
타동 (본격적으로) 착수하다, 다루다 = start trying to solve it

· make an address 연설하다
· address oneself to ~에 본격적으로 착수하다
· address him as "Mr. President" 그를 "미스터 프레지던트"로 부르다

---

03 ~에 완전히 맞춰주다 accommodate 1. 수용하다 2. 맞춰주다 3. 적응시키다

우선 accommodate의 원뜻을 찾기 위해 어원분석을 해봐야 합니다. accommodate는 「ac-~에 + com-완전히 + mod맞추다(fit) + -ate동접 → ~에 완전히 맞춰주다」라는 어원적 의미로 풀이됩니다. 문장에서 「A accommodate B」의 표현이 나오면 B가 무엇이든 기본적으로는 A가 B에게 맞춰주는 것을 의미합니다.

❶ 건물의 크기에 사람의 수를 맞추다 → 수용하다, 숙박을 제공하다

친구들과 여행을 떠납니다. 어디로 가느냐도 중요하지만 리조트든 민박이든 어디서 묵느냐도 중요하겠죠? 인원수에 따라 4명이면 4인용, 8명이면 8인용 방에서 묵을 것입니다. 이렇게 건물의 크기에 사람의 수를 맞추면 곧 '(건물이 사람을) 수용하다, 숙박을 제공하다'라는 뜻이 됩니다.

- The main hall can **accommodate** 400 people.
  그 메인 홀은 400명을 수용할 수 있다.

- The cottages were used to **accommodate** refugees.
  그 시골집들은 피난민들을 수용하는 데 사용되었다.

❷ (원뜻 그대로) 상대방의 의견·요구에 맞춰주다 → ~에 맞춰주다

accommodate의 2번 뜻은 원뜻에 아주 충실한 의미입니다. 바로 상대방의 의견opinion이나 요구requirement에 그대로 '맞춰주다'라는 뜻입니다.

- She is always **accommodating**.
  그녀는 항상 남에게 잘 맞춰준다.

- The new bus is designed to **accommodate** disabled passengers.
  새로운 버스는 장애인 승객들에게 편의를 제공하도록 설계되어 있다.

❸ 새로운 환경에 자신을 맞추다 → 적응시키다

인생은 변화의 연속입니다. 언제든지 상황situation이나 환경environment이 바뀔 수 있죠. 이렇게 상황이나 환경이 변할 때는 그 변화된 상황이나 환경에 적절히 맞춰나가야 합니다. 이렇게 새로운 환경에 맞춰나가는 것에서 바로 '적응시키다'란 뜻이 나온 것입니다.

이 '적응시키다'의 의미는 주로 재귀용법을 사용해 쓰인다는 점에 주의하세요. 예를 들어 「accommodate oneself to the new surrounding새로운 환경에 적응하다」와 같은 형태로 말이죠.

- Tanya easily **accommodated herself to** the new environment.
  타냐는 새로운 환경에 쉽게 적응했다.

- Her eyes took a while to **accommodate to** the darkness.
  그녀의 눈은 얼마 후 어둠에 적응했다.

마지막으로 명사 accommodation은 '사람을 수용하는 곳'에서 '1. 숙박시설'이란 뜻이 생겨났고, '서로 맞춰진 의견'에서 '2. 합의'라는 뜻이 생겨나 두 가지 의미로 쓰인다는 것도 함께 알아두세요!

> **accommodate** [타동] 1. 수용하다, 숙박을 제공하다 2. 맞추다 3. 적응시키다 = adapt, adjust
> - accommodate to/accommodate oneself to ~에 적응하다
> **accommodation** [명] 1. 숙박시설 2. 합의 = agreement
> **accommodating** [형] 남에게 잘 맞춰주는, 친절한

04 만들어진 것 figure 1. 수치, 숫자 2. (중요) 인물, 사람 3. 몸매, 모양 4. 생각하다

우리나라를 전 세계에 알린 피셔figure 여왕 김연아 선수의 전성기는 언제였을까요? 어쩌면 아무도 못봤을지도 모릅니다.
위에 나오는 figure는 참 뜻이 많은데요. figure에서 어근 figur는 '모양shape, 만들다make'의 뜻이므로 figure는 '만들어진 것' 정도의 원뜻을 나타냅니다. 이 원뜻에서 figure의 다양한various 의미들이 갈라져 나옵니다.
figure skating 장면을 보세요! 정말 은반 위에서 아름다운 모양figure를 만들어내죠!

❶ 머릿속에 어느 정도인지 그 크기를 만들어 주는 것 → 수치, 숫자

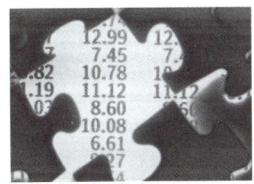

지금 머릿속에 10명이 모인 것과 10만 명이 모인 것을 한 번 떠올려 보세요. 느낌이 완전히 틀리죠? figure의 첫 번째 의미인 '수치, 숫자'는 '머릿속에 어느 정도인지 그 크기를 만들어주는 것'이란 뜻에서 나온 것입니다. '수치, 숫자'에 따라 그 크기가 만들어지게 되는 것이죠. figure의 '수치, 숫자'라는 의미는 주로 figures라는 복수형으로 많이 쓰인다는 점도 주의하세요!

- No precise **figures** are available yet. 아직은 정확한 수치를 구할 수 없습니다.
- Government **figures** show that unemployment is rising again.
  정부 수치는 실업이 다시 늘고 있음을 보여주고 있다.

❷ 모습을 갖춘 형태 → 인물, 사람

김연아 선수 뿐만 아니라 축구의 손흥민 선수도 우리나라를 대표하는 중요한 '인물'이죠. 이와 관련된 firgue의 두 번째 뜻은 '모습을 갖춘 형태'라는 어원적 의미에서 나온 '인물, 사람'이라는 뜻인데, **figure**

의 '인물'은 단순히 person이 아니라 '중요한 인물'을 나타낸다는 뉘앙스까지도 알아두어야 합니다!

· Yuna Kim is one of the great sports **figures** of this century. 김연아는 금세기의 위대한 스포츠 인사 중 한 사람이다.

· Several leading **figures** resigned from the party.
몇몇 중요 인물들이 탈당했다.

❸ (원뜻 그대로) 만들어진 모양 → 몸매, 모양

figure의 원뜻이 '만들어진 것'이다 보니 figure의 세 번째 뜻 '몸매, 모양'은 원뜻의 뉘앙스 그대로 이해하면 됩니다. '몸매'는 사람 몸이 만들어진 모양을 말하는 것이니까요. 바로 예문을 통해 확인해보죠.

· Silvia really has a terrific **figure**. 실비아는 정말 굉장한 몸매를 갖고 있어.

· The vase is decorated with **figures** of birds and fish.
그 꽃병은 새들과 물고기 모양으로 장식되어 있다.

❹ 머릿속에 그림(모양)을 만들다 → 생각하다

'머릿속에 그림을 그리다(모양을 만들다)'라는 말을 할 때가 있죠? 이는 곧 figure의 네 번째 의미인 '생각하다'로 연결됩니다. 여기서 중요한 것은 figure out이해하다라는 구동사예요. 시험에도 잘 나오는 중요한 표현이죠. 이렇게 figure의 동사 의미까지 확실히 알았으니 이제 어떤 문장에 figure가 나오더라도 바로 이해할 수 있겠죠?

· I can't **figure** out how to do it. 난 그걸 어떻게 하는 건지 이해가 안 돼.

· The debate over tax rates **figured** prominently in the last election.
세율에 관한 토론은 지난 선거에서 중요하게 여겨졌다.

prominently 중요하게

---

figure 명 1. 수치, 숫자 2. (중요) 인물, 사람 3. 몸매, 모양
        타동 생각하다

· unemployment figure 실업수치
· sales figures 판매수치
· figure out 이해하다 = understand

확인하고 넘어가자

A | 다음 표시된 말에 해당하는 단어를 원형으로 써보세요.

01 그 교실은 120명까지 **수용한다** _____.

02 선생님께서 그 문제의 풀이 과정을 **설명** _____ 해 주셨다.

03 신임 의장은 자신의 목표에 대해 **연설** _____ 했다.

04 난 그 문제에 본격적으로 **착수했다** _____.

05 그는 남자라는 **이유** _____ 로 울지 않았다.

06 이 **수치** _____ 는 실업률의 증가를 나타낸다.

B | 다음 표시된 단어의 동의어를 찾거나, 빈칸에 알맞은 단어를 고르세요.

07 He gave an **account** of his experience.
　　ⓐ calculation　　ⓑ explanation　　ⓒ prescription

08 We need to take the fact into _____.
　　ⓐ account　　ⓑ thought　　ⓒ counting

09 Can you **figure out** how to do it?
　　ⓐ dissolve　　ⓑ understand　　ⓒ apprise

정답 A 01 accommodate 02 account 03 address 04 address 05 account 06 figures
　　　　B 07 ⓑ 08 ⓐ 09 ⓑ

07 market에 가면 price 흥정을!
08 마시는 건 drink, 떨어지는 건 drop
09 바람은 wind, 흔들리는 건 swing
10 모두 아는 food, 가장 중요한 health
11 움푹 패인 동굴 cave, 어둠 속에서 빛나는 촛불 candle
12 빼앗는 rob, 부풀어 있는 ball
13 초대한 사람은 host, 혼자서는 못 사는 존재인 human
14 생명에 꼭 필요한 vitamin, 여러 가지를 하나로 섞은 blend
15 바람이 부는 건 blow, 새가 퍼덕거리는 건 flap
16 첫째 가는 prime, 머리에서 유래한 capital
17 밭을 갈듯 생겨나는 culture, city에서 유래한 civilization
18 바닥에 놓으니 found, 나무와 문제의 뿌리도 root

Part 2

발음 변화로 배우는 영단어

발음 변화? 조금 생소하죠. 이 파트에서는 영단어 하나가 여러 단어로 그 모습을 바꾸며 다른 영단어들을 만들어 냅니다. 이 파트에서 가장 중요한 점은 원래 단어의 느낌을 그대로 살려나가며 발음의 변화를 관대하게 받아들이는 것입니다. 이런식으로 원래 단어 하나만 알고 있으면 거기서 생겨난 단어들을 마치 한 가족을 모두 아는 것처럼 쉽게 친해질 수 있습니다.

07 market에 가면 price 흥정을!

어릴 때 엄마 손을 잡고 시장에 가본 적이 있나요? 시장에 가면 다양한various 물건들이 많습니다. 또 물건을 살 때는 어떻게든 값을 깎으려고 물건 파는 상인들과 흥정haggling을 하게 되죠. 이번에는 market시장과 price가격에서 유래된 어휘들을 알아보려고 합니다. market과 price는 가계나 생활과 연관된 주제이다 보니 우리 생활에 밀접한pertinent 어휘들이 많이 등장합니다.

market
시장

marketable
(물건이) 잘 팔리는

merchant
상인

commerce
상업

price
가격, 가치

priceless
매우 귀중한

appraise
평가하다

appreciate
진가를 인정하다

depreciate
가치를 떨어뜨리다

01 명사면 '시장,' 동사면 '출시하다'인 market 시장; (상품을) 출시하다, 홍보하다

사실 market시장이란 단어 자체를 모르는 경우는 별로 없죠? 그런데 market이 동사로도 쓰일 수 있다는 점에 주의attention하세요. 예를 들어 market a new car라고 하면 '신차를 출시하다'라는 뜻이 되거든요. market과 연관된 어휘도 많아요. street market노점상, property market부동산 시장, stock market주식 시장 등… 그러면 bull market, bear market은 뭘까요? 설마 황소시장, 곰시장은 아니겠죠? bull market은 주식의 '상승 장세', bear market은 '하락 장세'라는 뜻이랍니다. 마지막으로 market share시장 점유율란 표현도 놓치지 말고 알아두세요!

> **market** 명 시장 동 (상품을) 출시하다, 홍보하다
> - market a new car 신차를 출시하다
> - street market 노점상
> - property market 부동산 시장 / stock market 주식 시장
> - market share 시장 점유율

· Hyundai Motors is struggling to increase its **market share** in America.
  현대자동차는 미국 내 시장 점유율을 늘리기 위해 엄청난 노력을 하고 있다.

· In order to **market** a product well, you need to be aware of public demand.
  제품이 시장에서 잘 팔리게 하기 위해서는 대중의 수요에 주의를 기울여야 한다.

struggle to V ~하기 위해 엄청나게 노력하다

02 market의 형용사 marketable (물건이) 잘 팔리는

market이 동사로도 쓰인다는 거 배우셨죠? market의 동사 의미에서 파생된 형용사가 바로 marketable입니다. '(상품이) 잘 팔리는, (기술이) 시장성이 있는'이라는 뜻이죠. 예를 들어 marketable products라고 하면 '잘 팔리는 제품들'이 되고 marketable skills라고 하면 '시장성이 있는 기술'이 되죠.
한 가지 더! 미국 사람들은 잘 팔리는 제품을 묘사할 때 sell like hot

069

cakes불티나게[날개 돋친 듯] 팔리다라고 합니다. 미국 사람들이 hot cake을 좋아해서 만들어만 놓으면 바로바로 팔려나가는 데서 유래된 숙어죠. 어떤 물건이 소위 대박bonanza이 나서 막 팔려나갈 때 쓸 수 있는 표현입니다.

> **marketable** 형 잘 팔리는, 시장성이 있는
> · a highly marketable item 시장성이 대단히 높은 품목
> **marketability** 명 시장성
> **marketing** 명 마케팅

· Too many graduates lack **marketable** skills.
  너무나 많은 졸업생들이 시장성 있는 (현장에서 필요한) 기술들이 부족하다.

· These products are **marketable** because of their quality.
  이 제품들은 품질이 좋아 시장성이 높습니다.

03   market의 mark가 merch로 변화한 단어 merchant 상인

영어에서 k와 ch는 서로 혼용될 수 있습니다. 따라서 market의 mark 부분이 (모음 변화와 함께) merch로 변형되고 여기에 명사형 접미어 -ant사람가 붙어 생겨난 어휘가 바로 merchant상인입니다. 시장에서 물건을 파는 사람이 바로 merchant죠. 이 merchant들이 취급하는 물건이 merchandise상품이구요. 어때요? merchant 상인과 merchandise상품을 함께 외우니 쉽게 외워지죠?

> **merchant** 명 상인
> · a family of wealthy merchants 부유한 상인 가문
> **merchandise** 명 상품, 제품 = goods, commodity
> **merchandising** 명 판촉, 판매 활동

- I read *The Merchant of Venice* by Shakespeare. 나는 셰익스피어의 '베니스의 상인'을 읽었다.
- She was born in 1856, the daughter of a wealthy merchant.
  그녀는 1856년 부유한 상인의 딸로 태어났다.
- The electronic company sells a wide range of merchandise.
  그 전자회사는 광범위한 제품을 판매한다.

04 market에서 하는 상호간의 행위 commerce 상업, 교역

trade무역이란 단어 아시죠? trade와 commerce는 모두 물건을 '사고 파는 행위'라는 의미에서는 같지만 trade는 주로 '국가간 무역'을 뜻하고 commerce는 '일반적인 상업, 교역'이란 의미로 쓰입니다. '무역trade'과 '상업commerce'이라는 우리말의 뉘앙스에서도 역시 구분이 되죠. 요즘엔 인터넷을 기반으로 한 e-commerce 전자상거래란 용어term도 많이 쓰이죠? 재밌는 건 commercial이란 단어예요. '상업의'란 형용사의 뜻도 되지만 명사로는 TV와 radio에서 하는 '상업 광고'라는 의미죠. 광고에 삽입되는 노래를 흔히 'CM송'이라고 하죠? 여기서 CM은 바로 commercial message의 약자abbreviation랍니다.

> **commerce** 명 상업, 교역
> - e-commerce 전자상거래
>
> **commercial** 형 판촉, 판매 활동 명 상업 광고
> - TV commercial TV 광고
> - a very commercial movie 대단히 상업적인 영화

- America ranks first in the world for industry and commerce.
  미국은 공업과 상업에 있어 세계 제일이다.
- The animation film had a huge commercial success.
  그 애니매이션 영화는 엄청난 상업적인 성공을 거뒀다.
- What do you think of the commercials broadcast on Korean television?
  한국의 TV에서 방영하는 상업 광고에 대해 어떻게 생각하세요?

05 물건이 거래될 때의 가치 price 가치, 가격

물건이 시장market에서 거래될 때 가장 중요한 건 price가격이겠죠? 가격이 싼cheap 물건도 있지만 비싼expensive 물건도 있고, 또 (가격이 비싸지 않고) 합리적인resonable 것도 있고 (가격이) 알맞은 affordable 제품도 있죠. 또 상황에 따라서는 가격을 올릴raise prices 수도 있고 가격을 내릴lower prices 수도 있죠. 그런데 price를 포함한 중요한 숙어가 하나 있어요. 바로 at any price어떠한 대가[희생]를 치루더라도인데, 예를 들어 keep our freedom at any price라고 하면 '어떠한 대가를 치루더라도 우리의 자유를 지키다'라는 뜻이 됩니다.

> **price** 명 가치, 가격
> · cheap price 싼 가격 / expensive price 비싼 가격
> · reasonable price 합리적인 가격 / affordable price 알맞은 가격
> · raise[put up] prices 가격을 올리다 / lower[cut] prices 가격을 내리다
> · at any price 어떠한 대가[희생]를 치루더라도, 무슨 일이 있어도 = at all costs

· The shop is selling two bottles of beer for the **price** of one!
그 가게에서는 한 병 가격으로 두 병의 맥주를 판다. (1+1 행사 중)

· Our team must win the competition **at any price**.
우리 팀은 무슨 일이 있어도 이번 대회에서 우승해야 한다.

· I will accomplish my purpose **at any price**. 난 어떠한 대가를 치루더라도 나의 목표를 이룰 것이다.

competition 경쟁; (경연) 대회

06 price를 매길 수 없으니 priceless 매우 귀중한

price에 'having갖고 있는'의 뜻을 갖는 형용사 접미어 -ous를 붙이면 precious란 단어가 됩니다. precious는 어원적 의미가 '가치가 있는'이 되므로, '귀중한'이란 뜻이 되죠. 그렇다면 price에 '~이 없는'이란 뜻의 접미어 -less를 붙이면 어떤 뜻이 될까요? '가치가 없는'? 이렇게 생각하기 쉽지만 완전히 반대입니다. priceless는 오히려 '가치를 매길 수 없

는'이란 어원적 의미로 풀이되기 때문에 '매우 귀중한extremely valuable'이란 뜻이 되죠. 비슷한 뜻의 단어로 invaluable이 있죠. '가치 없는'이란 뜻의 형용사는 valueless입니다.

> **priceless** 형 매우 귀중한 = invaluable
> - priceless antiques 매우 귀중한 골동품들
> - a priceless piece of information 매우 귀중한 정보
>
> **precious** 형 귀중한 ※ priceless 매우 귀중한 > precious 귀중한

- What will you do with this **priceless** treasure?
  이 귀중한 보물을 어떻게 할 겁니까?
- The ability to motivate people is a **priceless** asset.
  사람들을 동기부여 하는 능력은 매우 귀중한 자산이다.

07 어떤 것의 price를 매기는 건 appraise 평가하다

price와 아주 밀접하게 연관된 어휘가 바로 appraise평가하다입니다. 주의해야 할 것은 appraise에서 어근 praise가 절대 '칭찬'의 뜻이 아니라는 거죠. 물론 praise도 price에서 나온 것이긴 합니다. 이를테면 아이의 행동behavior에 대해 '참 잘했어요'라고 price가치를 부여하는 것이 바로 칭찬이니까요. 결국 appraise에서 praise는 price에서 변형된 철자이므로, appraise는 그 어원적 의미인 '~의 값을 매기다'에서 '평가하다'란 의미가 된 것입니다.

> **appraise** 타동 평가하다 = evaluate, assess, estimate
> - appraise the damage 피해액을 산정하다
> - appraise the house and property 그 집과 부동산의 가치를 평가하다
>
> **appraisal** 명 평가, 감정

- The company will institute a new **appraisal** system next year.
  그 회사는 내년에 새로운 평가 시스템을 만들 것이다.

- At the end of each teaching practice, trainee teachers are asked to **appraise** their own performance.
  매번 수업 실습이 끝날 때마다 교생들은 자신이 한 수업에 대한 평가가 요구된다.

trainee teacher 교생

08 ~의 가치를 부여하는 건 appreciate ~의 진가를 인정하다; 감사해하다

appreciate는 appraise와 비슷하게 보이지만, 뜻은 조금 다릅니다. appraise가 '~의 가치를 매겨보다'라는 어원적 의미에서 '평가하다'라는 뜻이 된 경우라면, appreciate는 '~에 가치를 부여하다'라는 어원적 의미에서 '진가를 인정하다'라는 뜻이 된 거니까요. 또 내가 누군가의 도움aid에 대해 진가를 인정한다면 그건 곧 '감사해하다'란 뜻이 됩니다. appreciate에는 자동사로 '값이 오르다'의 뜻도 있습니다. 가치가 부여되면 값은 자연히naturally 오르게 마련이죠.

> **appreciate** 〔타동〕 1. ~의 진가를 인정하다 2. 감사해하다
> **appreciation** 〔명〕 1. (올바른) 평가, 인정 2. 감사 3. (가치) 상승
> **appreciative** 〔형〕 1. 감상할 줄 아는 2. 감사해하는
> **appreciable** 〔형〕 주목할 만한, 중요한 = significant

- I **appreciate** your concern. 관심 가져주셔서 감사드립니다.
- His abilities are not fully **appreciated** by his boss.
  그의 능력이 사장님에게 충분히 인정받지 못하고 있다.
- I really **appreciate** your coming. 와주신 거 정말 감사드립니다.
- The price was raised owing to the **appreciation** of raw materials.
  원료 가격의 상승으로 인해 물가가 올랐다.

raw material 원료

09 price를 떨어뜨리면 depreciate 가치를 떨어뜨리다

appreciate를 제대로 이해했다면 depreciate는 식은 죽 먹기It's a piece of cake.죠! depreciate는 접두어 de-down의 의미만 제대로 파악하면 바로 이해가 됩니다. 어원적 의미 자체가 '~의 가치를 떨어뜨리다'로 풀이되는 단어가 바로 depreciate니까요. 그런데 depreciate에는 기억해 두어야 할 중요한 의미가 있는데, 바로 '감가상각하다'라는 뜻입니다. 제품product을 구매purchase한 시점부터 시간이 지날수록 그 가치가 떨어지게depreciated 되잖아요. 그래서 생겨난 뜻인데, 주로 회계 용어accounting term로 널리 쓰입니다.

> **depreciate** 동 가치가 하락하다, 평가 절하하다 ↔ appreciate 진가를 인정하다
> · depreciate in value 가치가 하락하다
> · depreciate the value of the corporation 기업의 가치를 하락시키다
> **depreciation** 명 1. 가치 하락 2. 감가상각

· A new car **depreciates** more quickly than a second-hand one.
신차는 중고차보다 더 빠르게 가치가 떨어진다.

· Japan has suffered from the **depreciation** of the yen.
일본은 엔화의 가치 하락으로 어려움을 겪어왔다.

확인하고 넘어가자

A | 다음 표시된 말에 해당하는 단어를 원형으로 써보세요.

01 그 신제품은 **잘 팔릴** _____ 것 같다.

02 그 **상인** _____ 은 엄청난 돈을 벌었다.

03 **상업** _____ 의 활성화가 나라 경제의 관건이다.

04 석굴암은 매우 **귀중한** _____ 전통 문화유산이다.

05 그 회사 주식의 가치를 **평가하다** _____ .

06 나는 그의 능력의 진가를 **인정한다** _____ .

B | 다음 표시된 단어의 동의어를 찾거나, 빈칸에 알맞은 단어를 고르세요.

07 Our new car is _____ because of its engaging design.
ⓐ unpopular   ⓑ marketable   ⓒ merchandising

08 **Priceless** antiques were destroyed in the fire.
ⓐ Invaluable   ⓑ Valueless   ⓒ Expensive

09 Managers must _____ all staff.
ⓐ appeal   ⓑ appraise   ⓒ appreciate

정답 A 01 marketable 02 merchant 03 commerce 04 priceless 05 appraise 06 appreciate
B 07 ⓑ 08 ⓐ 09 ⓑ

08 마시는 건 drink, 떨어지는 건 drop

열심히 운동을 하고 나면 당연히 목이 마르죠thirsty? 그러면 마실 것을 찾게 되구요. 이번에는 drink마시다와 관련된 어휘들을 다루려고 합니다. 또 마시는 물이나 액체liquid는 그 성질상 위에서 아래로 떨어지게 되잖아요? 그래서 drink와 함께 drop(아래로) 떨어지다에 관련된 어휘들도 함께 다뤄보겠습니다.

drink 마시다
- **drunk** 술 취한
- **drench** 흠뻑 젖게 하다
- **drown** 익사시키다
- **beverage** 음료수

drop 떨어지다
- **drip** (한 방울씩) 똑똑 떨어지다
- **dribble** (액체를) 질질 흘리다; (농구에서) 드리블하다

01 술이든 물이든 마시는 건 drink 마시다

drink는 '마시다'입니다. 한 가지 주의할 점은 '술을 마시다'라고 할 때도 그냥 drink라고 쓴다는 것이죠. 다음 문장을 해석해 보세요. I don't drink. 세상에 아무 것도 마시지 않고 살 수 있는 사람은 없겠죠? 그러니 I don't drink.는 '난 술 안 마셔요.'라는 뜻이 됩니다.

drink와 더불어 swallow 삼키다, quaff 벌컥벌컥 마시다, sip 조금씩 마시다도 함께 외워두세요. 마지막으로 potable 마실 수 있는이란 단어도 놓치지 마시구요. 앞으로 등장할 어휘들은 모두 drink와 관련된 단어들입니다. drink를 생각하면 '줄줄이 딸려나오는' 어휘들이랍니다.

> **drink** 동 마시다, (술을) 마시다
> 명 음료, 마실 것; 술 (한 잔)
>
> · drink like a fish (주기적으로) 술을 엄청 많이 마시다, 술고래다

- **Drink** up your milk. 네 우유 다 마셔라.
- Anything to **drink**? 마실 것 드릴까요?
- He always **drinks** a lot. 그 사람은 늘 술을 많이 마셔.
- Let's go for a **drink** after a work. 일 끝나고 한 잔 하러 가자.

02 drink의 과거분사 drunk 술 취한

사실 drunk 술 취한는 drink 술을 마시다의 과거분사형(drink-drank-drunk)으로 '술 취한'이란 뜻으로 쓰입니다. drunken이라고 써도 되지만 drunk가 더 많이 쓰입니다. drunk의 반대말인 sober 술 취하지 않은, 제정신의라는 단어도 함께 알아두세요. 우리말의 '술고래'는 영어로 drunkard라고 합니다. 옆의 남자분 완전 drunkard로군요! 또 술 마시고 절대 해선 안 되는 '음주운전'은 drunk driving이라고 하죠. 무슨 일이 있어도 drunk driving은 안 돼요!

drunk 형 술 취한 명 술고래 = drunkard
- get drunk 술 취하다
- be drunk on beer 맥주 마시고 취하다
- drunk with happiness 행복에 취한

· I don't like being around **drunk** people. 난 술 취한 사람들 곁에 있는 것을 좋아하지 않는다.
· My girl friend was so **drunk** that she could barely walk.
  내 여자 친구는 너무 취해서 제대로 걸을 수 없었다.
· Driving while **drunk** is a serious offense. 음주 운전은 중대한 범죄다.

03 물을 실컷 마시게 하면 drench 흠뻑 젖게 하다

drink에서 모음 i가 e로 바뀌고 k가 ch로 변하면 drench흠뻑 젖게 하다가 됩니다. 연상을 해보자면, 옷이 물을 실컷 마신 상태를 생각하면 돼요. 특히 우산umbrella도 없는데 갑자기 소나기shower가 내려 비를 쫄딱 맞았을 때 이 표현을 쓰면 딱입니다. I'm totally drenched.나 비 쫄딱 맞았어. 꼭 알아두어야 할 표현이죠? 이렇게 영단어는 원래의 단어에서 발음변화로 새롭게 생겨나는 어휘들이 많습니다.

drench 타동 흠뻑 적시다 = saturate, soak
drenched 형 흠뻑 젖은
- be drenched with sweat 땀으로 흠뻑 젖다
- rain-drenched clothes 비에 흠뻑 젖은 옷

· I forgot my umbrella and got **drenched**.
  우산 가져가는 걸 잊어서 비 쫄딱 맞았어.
· We were **drenched** by the sudden rainstorm.
  우리는 갑작스런 폭우로 (옷이) 흠뻑 젖었다.

04 물에 빠져 물을 마시게 되면 drown 물에 빠지게 하다, 익사하다

혹시 수영장이나 해수욕장에서 물에 빠져 원치 않는 물을 실컷 마셔본 경험이 있나요? 이럴 때 까딱 잘못되면 죽을 수도 있죠. drink와 관련된 또 하나의 중요한 단어가 바로 drown 물에 빠지게 하다, 익사하다 입니다. drown은 자동사, 타동사 둘 다로 쓰이기 때문에 주의 caution 해야 합니다. 예를 들어 '그가 강에 빠져 죽었다'라는 말을 할 때 He drowned in a river.(자동사)와 He was drowned in a river.(타동사의 수동태) 둘 다 맞는 표현입니다.

---

drown [자동] [타동] 물에 빠지게 하다, 익사하다
- fall in the river and drown 강물에 빠져 익사하다
- drowned in debt 빚더미에 빠져 허우적대고 있는

- A **drowning** man will catch at a straw. 물에 빠진 사람은 지푸라기라도 잡는다.
- Many people **drowned** when the boat overturned.
  배가 뒤집혔을 때 많은 사람들이 물에 빠져 죽었다.
- The loud music **drowned** the sound of their conversation.
  커다란 음악 소리가 그들의 대화 소리를 들리지 않게 했다.

05 drink하는 건 beverage 마실 것, 음료

drink와 관련된 어휘를 다루는 김에 beverage 마실 것, 음료란 단어도 함께 알아두세요. 또 potable 하면 '마실 수 있는'이란 뜻의 형용사가 된다는 것도요. 여러 가지 beverage 가운데 콜라, 사이다 같은 탄산음료는 soda라고 합니다. juice 주스는 다 아는 단어인데, 형용사 juicy가 되면 '고기나 과일에 즙이 많은'이란 뜻이 됩니다. 가령, a juicy steak 하면 '육즙이 많은 스테이크'라는 뜻인 거죠. 한편 '술'은 alcohol이라고 하는데, 양주같이 '독한 술 strong alcohol'은 liquor라고 합니다.

beverage 명 마실 것, 음료

potable 형 마실 수 있는, 마시기에 적합한 = drinkable
juicy 형 즙이 많은 = succulent
alcohol 명 술
liquor 명 독한 술

- What kind of **beverage** do you drink? 어떤 종류의 음료 마셔요?
- **Beverages** are listed on the back of the menu. 메뉴판 뒤에 음료 목록이 적혀있습니다.

06 아래로 떨어지는 건 drop 떨어지다, 떨어뜨리다

drop은 뭔가가 아래로 떨어지거나 뭔가를 떨어뜨릴 때 쓰는 동사입니다. 명사로도 쓰여 '(떨어지는) 한 방울, 소량, 하락'의 뜻이 되죠. drop에서 생겨난 어휘들은 모두 아래로 내려가는 의미를 담고 있습니다.

drop에서 생겨난 두 가지 중요한 숙어를 살펴볼까요? drop off라고 하면 '(차에서) 사람을 내려주다'라는 뜻이고, drop by[in] 하면 '~에 들르다, 방문하다'라는 뜻이 됩니다. 둘 다 자주 쓰이는 숙어이니 꼭 알아두세요!

drop 자동 타동 떨어지다, 떨어뜨리다
　　　　명 한 방울; 소량; 하락

- drop off　(차에서) 사람을 내려주다
- drop by[in]　~에 들르다, 방문하다

- I'll **drop** you **off** at the department store. 내가 백화점에서 내려줄게.
- Why don't you **drop in** for a drink in the evening? 저녁에 한 잔 하러 들르지 않을래?
- My son **dropped** the vase, and it shattered into pieces.
  아들이 꽃병을 떨어뜨려서 산산조각 났다.
- His name was **dropped** from the list. 그의 이름이 명단에서 빠졌다.

- A **drop** of sweat ran down his forehead and into his eye.
  땀 한 방울이 그의 이마로 흘러내려 눈 속으로 들어갔다.

shatter 산산조각 나다[내다] forehead 이마

07 한 방울씩 떨어지는 건 drip (한 방울씩) 똑똑 떨어지다

drop에서 모음 o가 i로 바뀐 단어가 drip입니다. drop이 '떨어지다, 떨어뜨리다'라면 drip은 '(한 방울씩) 똑똑 떨어지다'라는 뜻입니다. 혹시 병원에서 링거 주사 맞아본 경험 있으세요? 주사액이 한 방울씩 똑똑 떨어지죠? 또 실험실laboratory에서 사용하는 기구instrument 중에 스포이트라고 있죠? 그 기구 역시 액체liquid를 한 방울씩 drip하는 데 씁니다. 이렇게 drop과 drip의 관계를 이해하면서 공부하면 단어 외우기가 훨씬 쉬워지겠죠?

drip 자동 (한 방울씩) 똑똑 떨어지다
명 (똑똑 떨어지는) 물방울

- drip through the ceiling 천장에서 물이 똑똑 떨어지다
- the bucket on the floor to catch the drips 떨어지는 물을 받기 위해 바닥에 있는 양동이

- The tap's **dripping**. 수도꼭지에서 물이 똑똑 떨어지고 있어.
- Constant **dripping** wears away the stone. 낙숫물이 돌을 뚫는다.
- The blood was still **dripping** from the cut on his arm.
  그의 팔에 베인 상처에서 아직 피가 뚝뚝 떨어지고 있었다.

08 drop에서 p가 b로 바뀐 단어 dribble (농구, 축구에서) 드리블하다

drip에서 p가 b로 바뀌어 생긴 어휘가 바로 dribble입니다. dribble드리블은 많이 들어본 어휘죠? 바로 축구나 농구에서 공을 '드리블하다'라고 할 때 쓰입니다. dribble 역시 공이 아래로 내려가잖아요? 머릿속에 drop을 놓지 않고 계신다면 전혀 어렵지 않죠. 그런데 dribble은 원래 '(액체를) 질질 흘리다, 줄줄 흐르다'라는 뜻이 기본이라는 거 기억하세요!

dribble 동 (액체를) 질질 흘리다, (액체가) 줄줄 흐르다; (농구·축구에서) 드리블하다

· dribble a little olive oil over a salad 샐러드 위에 약간의 올리브 오일을 살짝 붓다
· dribble cream in the coffee 커피에 크림을 얹다

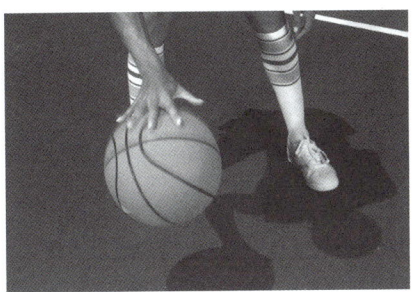

· Mullin **dribbled** the ball down the floor.
  멀린은 마루에 공을 드리블했다.

· The baby is **dribbling** on your shirt!
  아기가 당신 셔츠에 침을 질질 흘리고 있어요!

확인하고 넘어가자

A | 다음 표시된 말에 해당하는 단어를 원형으로 써보세요.

01 그는 **술에 취해** _____ 비틀거렸다.

02 우산을 가져가지 않은 나는 비를 **쫄딱 맞았다** _____.

03 술에 취해 수영을 하면 **익사한다** _____.

04 우리 가게는 갖가지 생과일로 만든 **음료수** _____ 를 판매한다.

05 나뭇잎에서 물이 한 방울씩 똑똑 **떨어진다** _____.

06 프라이팬 위에 기름을 살짝 **두르세요** _____.

B | 다음 표시된 단어의 동의어를 찾거나, 빈칸에 알맞은 단어를 고르세요.

07 My nephew was _____ in water.
   ⓐ dribbled   ⓑ drooped   ⓒ drowned

08 Non-alcoholic **beverages** will be on sale in the bar.
   ⓐ drink   ⓑ drunk   ⓒ drunkard

09 The rain **soaked** my clothes.
   ⓐ drenched   ⓑ drown   ⓒ dropped

정답 **A** **01** drunk **02** drench **03** drown **04** beverage **05** drip **06** dribble
B **07** ⓒ **08** ⓐ **09** ⓐ

09 바람은 wind, 흔들리는 건 swing

그림을 보세요. 국기가 바람에 이리저리 흔들립니다. 국경일a national holiday마다 창문 앞에 걸어두면 이리저리 펄럭이는 태극기가 생각나죠? 이번에는 wind바람과 swing 흔들리다에 관련된 어휘들을 알아보려 합니다. 간혹 어려운 어휘들이 등장하긴 하지만 그 유래를 알고 들어가면 훨씬 쉽고 재미있게 외울 수 있습니다.

wind 바람
- **windshield** (자동차의) 앞 유리
- **wander** (이리저리) 돌아다니다
- **vent** 배기구

swing 흔들다, 흔들리다
- **sway** 흔들리다
- **sweep** 쓸다, 닦다
- **swift** 빠른, 신속한

01 갖가지 바람에 쓰이는 단어 wind 바람

우리말 '바람'이 다양하게 쓰이는 것처럼 영어에도 wind에서 유래된 어휘들이 상당히 많습니다. 몇 가지 살펴볼까요? 사실 window(바람을 막아주는) 창문도 wind에서 나온 말입니다. 참고로 백화점에 가서 물건은 안 사고 눈으로만 즐기는 것을 eye shopping 이라고 하는데, 이 말은 틀린 거 아시죠? window shopping이라고 해야 맞습니다! 또한 windmill 풍차, windfall 뜻밖의 횡재 등이 wind 에서 생겨난 어휘들입니다.

wind 명 바람
- a sudden gust of wind 갑작스럽게 부는 돌풍
- window shopping (눈으로만 하는) 쇼핑

windmill 명 풍차
windfall 명 뜻밖의 횡재
- wind speed 풍속

- We have to wait till the **wind** drops before we put the tent up.
  우리는 텐트를 치기 전에 바람이 잦아들 때까지 기다려야 한다.

- The forecast is for strong **winds** and heavy rain.
  강풍이 불고 폭우가 내릴 것이라는 예보가 있다.

put the tent up 텐트를 치다

02 wind를 막아주는 방패는 windshield (자동차의) 앞 유리

사진에서 보이는 것처럼 운전할 때 앞에서 마구마구 불어오는 바람을 막아주는 자동차 앞유리를 windshield라고 합니다. 원래 shield 는 뭔가를 막아주는 '방패'라는 뜻이었는데 wind와 결합되어 '(자동차의) 앞 유리'라는 의미가 된 것이죠.

기왕에 자동차 얘기가 나왔으니 자동차에 관련된 표현 몇 가지 알아볼까요? hood 자동차의 앞덮개(미국식) 또는 bonnet 자동차의 앞덮개(영국식), turn signal방향 지시등, rear view mirror백미러, seat belt안전벨트, gas pedal가속페달(미국식) 또는 accelerator가속페달(영국식) 등은 자주 쓰이는 용어들이니 숙지해 두세요!

> **windshield** 명 (자동차의) 앞유리 = windscreen
> - hood(미국) 또는 bonnet(영국) 자동차의 앞덮개
> - turn signal 방향 지시등 / rear view mirror 백미러 / seat belt 안전벨트
> - gas pedal(미국) 또는 accelerator(영국) 가속페달

- The ball crashed through the **windshield** of an oncoming car.
  그 공이 다가오는 차의 앞 유리를 깨고(차 안으로) 들어가버렸다.
- My boyfriend pressed down hard on the **gas pedal**. 남자친구가 가속 페달을 세게 밟았다.

03 wind처럼 여기저기 다니면 wander(이리저리) 돌아다니다

정처없이 떠돌며 전국을 방랑하는 사람을 떠올려 보세요. 이렇게 '여기저기 돌아다니다'라는 뜻을 가진 동사가 바로 wander입니다. 그런데 wander에서 wand가 wind바람에서 나온 부분이기 때문에 '(바람처럼) 이리저리 돌아다니다'라는 어원적 의미에서 '(이리저리) 돌아다니다, 방랑[배회]하다'라는 뜻이 되었답니다. 우리말과도 그 어감이 통하지 않나요?

> **wander** 동 (이리저리) 돌아다니다, 방랑[배회]하다
> - wander down the street 거리를 여기저기 돌아다니다
> - a strange man wandering around the house 그 집 주변을 왔다갔다 하고 있는 수상한 남자

- The poet had **wandered** all over the country for his entire life.
  그 시인은 평생 동안 전국을 떠돌아다녔다.
- Juvenile delinquents **wander** the back streets of New York.
  불량 청소년들이 뉴욕의 뒷거리를 돌아다닌다.

juvenile delinquent 미성년 범죄자

04 wind에서 변형된 '바람 빠지는 곳' vent 배기구; (감정의) 표출

vent는 wind가 변형되어 생긴 어휘입니다. 영어에선 철자 w가 변해 v로 쓰이는 경우가 종종 있습니다. 바로 이런 경우인데 vent는 원래 '바람 빠지는 곳'이라는 어원적 의미에서 '배기구'가 되었죠. 그러다보니 제 2의 의미가 생겨 '(감정의) 분출, 배출'이란 뜻이 된 것이죠. 여기서 중요한 숙어 하나! give vent to 감정을 분출하다[나타내다]를 알아두어야 합니다. 좀 더 나아가 ventilation 환기, 통풍이란 명사까지 함께 공부해 두세요.

> **vent** 명 1. 배기구 2. (감정의) 표출
> 자동 (화·증오심을) 표출하다 = express
> · give vent to 감정을 분출하다[나타내다]
> **ventilation** 명 환기, 통풍
> · a ventilation system 환기 시스템

· The wind does not flow because the **air vent** was clogged.
배기구가 막혀 있어서 환기가 안 된다.

· Jane **vented** her anger to her mother. 제인은 엄마에게 화를 냈다.

· Children **give vent to** their anger in various ways.
아이들은 다양한 방법으로 그들의 화를 표출한다.

clog 막다, 막히다

05 흔들거나 흔들리는 건 swing 흔들다, 흔들리다

'그네'를 영어로 뭐라고 하는지 아세요? swing입니다. 또 야구 배트나 골프채를 휘두르는 데도 '스윙'이라는 외래어를 쓰는 거 들어보셨죠? swing은 동사로 '흔들다, 흔들리다'라는 뜻입니다. swing은 우선 동사로 많이 쓰이지만 명사의 의미인 '흔들기; (의견·방향 등의) 선회, 변화'라는 의미도 기억해야 합니다. 아울러 in full swing 한창때인, 최고조에 다다른이란 숙어도 중요한 표현이니 꼭 익혀두세요.

> **swing** 동 (앞뒤, 좌우로) 흔들다, 흔들리다
> 명 흔들기; 스윙; (의견·방향 등의) 선회, 변화
>
> · in full swing 한창 때인, 최고조에 다다른
> · swing the bag back and forth 가방을 앞뒤로 흔들다
> · kids playing on the swings 그네를 타고 노는 아이들

· Kelly sat on the edge of the chair, **swinging** her legs.
켈리는 의자 끝에 앉아 다리를 떨고 있었다.

· At midnight the party was in full **swing**. 자정에 파티가 최고조에 다다랐다.

06 swing에서 발음 축약된 단어 sway 흔들리다

swing과 sway는 일단 생김새가 비슷하죠? sway가 바로 swing에서 생겨난 단어니까요. 뜻을 살펴보면 사실 똑같습니다. 둘 다 '흔들리다' 예요. 아까 첫 장에서 본 sway 사진 기억나죠? sway는 기본적으로 '(물체가) 흔들리다'지만, 타동사 혹은 수동태로 쓰이면 '~의 마음을 흔들리게 하다, 동요시키다'란 의미로 쓰입니다. 이 점이 swing과 다른 점이죠. 명사로 쓰이는 '지배력'이란 의미도 놓치지 마세요.

> **sway** 자동 흔들리다 = swing
> 타동 (~의 마음을) 흔들리게 하다, 동요시키다
> 명 지배력 = power
>
> · be swayed by ~에 마음이 흔들리다, 동요되다

· The branches of the tree **swayed** violently in the storm.
나뭇가지들이 폭풍에 격렬하게 흔들렸다.

· She was **swayed** by his promise. 그의 약속으로 인해 그녀가 흔들렸다.

· He is now completely under her **sway**. 그는 이제 완전히 그녀에게 잡혀 산다.

07 swing의 행위에서 생겨난 단어 sweep (먼지를) 쓸다, 닦다

빗자루broom를 들고 바닥을 씁니다. 쓸고 닦을 때 빗자루나 대걸레 mop이 앞뒤나 좌우로 움직이게 되죠? 여기서 생겨난 단어가 바로 sweep(먼지를) 쓸다, 닦다입니다. 여기서 발전해 sweep은 '휩쓸다; (스포츠에서) 연승하다'라는 의미까지 생겨났습니다. 활용도가 높은 동사이니 잘 공부해 두세요!

> **sweep** [타동] 1. 쓸다, 닦다 = brush, wipe 2. 휩쓸다, 연승하다
> - sweep the dirt off the desk 책상에서 먼지를 털어내다
> - Fire swept through the forest. 화재가 숲을 휩쓸고 지나갔다.

- Bent **swept** the snow in front of his house.
  벤트는 집 앞의 눈을 치웠다.

- Orlando **swept** the LA Lakers to become NBA champions.
  올랜도가 LA 레이커스를 연파해 NBA 챔피언이 되었다.

08 swing의 속도에서 생겨난 단어 swift 빠른, 신속한

빗자루를 들고 휙휙 쓸 때 속도가 빠르겠죠? 여기서 연상되는 어휘가 바로 swift빠른, 신속한입니다. 영어에는 '빠른'이라는 뜻을 나타내는 형용사들이 많죠? fast, rapid, quick 그리고 swift까지… 뉘앙스의 차이는 있지만 우리말의 어감을 살려서 정리하면 쉽습니다. fast빠른, rapid급속한, quick재빠른, siwft신속한 이렇게요.

> **swift** 형 빠른, 신속한 = fast, quick, rapid
> - a swift decision 신속한 결정
> - a swift and accurate response 신속하고 정확한 응답
>
> **swiftness** 명 신속함

- Life is short, and time is swift.
  인생은 짧고 시간은 빠르다.

- My request received a swift reply.
  내가 한 요청에 대해 신속한 응답을 받았다.

- Punishment of the protesters was swift and severe.
  시위자들에 대한 처벌이 신속하고 가혹했다.

확인하고 넘어가자

A | 다음 표시된 말에 해당하는 단어를 원형으로 써보세요.

01 **차 앞유리** _____ 를 깨끗이 닦으세요.

02 그 방랑자는 정처 없이 **떠돌아다녔다** _____.

03 **배기구** _____ 에서 검은 연기가 새어 나온다.

04 거짓말로 그의 마음을 **흔들리게 했다** _____.

05 창틀에 쌓인 먼지를 **닦았다** _____.

06 시청자들로부터 **신속한** _____ 반응을 얻었다.

B | 다음 표시된 단어의 동의어를 찾거나, 빈칸에 알맞은 단어를 고르세요.

07 I'll **wander** in the department store for an hour.
ⓐ walk slowly   ⓑ walk fast   ⓒ run slowly

08 Ordinary people are often easily _____ by flattery.
ⓐ swung   ⓑ swatted   ⓒ swayed

09 The government took **swift** and efficient steps.
ⓐ sweeping   ⓑ quick   ⓒ quaint

정답 A 01 windshield 02 wander 03 vent 04 sway 05 sweep 06 swift
B 07 ⓐ 08 ⓒ 09 ⓑ

10 모두 아는 food, 가장 중요한 health

어릴 때 재미있게 보았던 만화 영화animation 중에서 '뽀빠이Popeye'라고 있었죠? 시금치spinach만 먹으면 힘이 불끈 솟아나 악당 브루토를 물리친다는 이야기였죠. 시금치가 몸에 좋은 음식이라는 건 모두가 아는 사실이죠. 결국 어떤 음식을 먹느냐가 곧 건강의 관건인 거죠! 따라서 food와 health는 뗄래야 뗄 수 없는 관계죠. 그래서 이번에는 food와 health에서 유래되는 어휘들을 알아보려고 해요.

food 음식

feed 먹을 것을 주다

foster 양육하다

health 건강

heal (병을) 고치다, 낫다

holy 신성한

hail 환호하다

wholesome 건강에 좋은

01 모두가 다 아는 '음식'이란 단어 food 음식, 식품

아무리 영어가 초보라고 해도 food가 '음식'인 건 다 알고 계실 거예요. 그러다 보니 food와 관련해서 알아두어야 할 표현들이 무궁무진합니다. 일단 종류kind부터 알아볼까요? 냉동 식품frozen food, 가공 식품processed food, 불량 식품junk food, 유기농 식품organic food, 패스트푸드fast food, 통조림에 든 음식canned food 등이 있습니다. 또한 맛taste이나 성질nature로 보면 매운 음식spicy food, 기름진 음식 fatty food, 짠 음식salty food 등이 있죠. 또 식품 착색제food coloring에 식품 첨가제food additives까지 많고 많은 음식의 종류만큼이나 다양한 어휘와 표현이 있습니다.

> **food** 명 음식
> · frozen food 냉동 식품 / processed food 가공 식품 / junk food 불량 식품 /
>   organic food 유기농 식품 / canned food 통조림 식품
> · spicy food 매운 음식 / fatty food 기름진 음식 / salty food 짠 음식
> · food coloring 식품 착색제 / food additives 식품 첨가제

· How about Italian **food** for a change? 기분 전환 겸 이탈리아 음식이 어때요?

· People are willing to pay more for **organic food**.
사람들은 유기농 식품에 좀 더 많은 돈을 기꺼이 지불한다.

· The restaurant serves good **food** at affordable prices.
그 레스토랑은 알맞은 가격에 좋은 음식을 제공한다.

be willing to V 기꺼이 ~하다   affordable (가격이) 알맞은, 비싸지 않은

02 food의 동사 feed 먹을 것을 주다

food의 동사가 바로 feed먹을 것을 주다입니다. 많이 쓰는 표현으로 feed a baby 하면 '아기에게 먹을 것을 주다'라는 뜻이고, feed a dog 하면 '개에게 먹이를 주다'라는 뜻이 됩니다. 또 feed에는 아주 중요한 숙어 하나가 있습니다. 바로 「be fed up with~에 질리다, 신물 나다」예요. 가끔 먹는 라면은 맛있지만 한 달 내내 하루 세 끼를 라면으로 먹어보세요. 완전히 질리겠

죠? 라면 냄새만 맡아도 구역질sickness이 날지도 몰라요. 이럴 때 쓰는 숙어가 바로 **be fed up with**입니다. 또 자주 쓰는 외래어로 **feed back**피드백이란 표현도 알아 두세요.

---

feed [타동] ~에게 먹을 것을 주다

well-fed [형] 영양 상태가 좋은
under-fed [형] 영양 상태가 나쁜 = poorly-fed
- be fed up with ~에 질리다, 신물 나다
- feed back (반응이) 되돌아오다

- Have you **fed** the dog this morning?
  오늘 아침에 개먹이 줬어요?

- I'm really **fed up with** your continual pretexts.
  너의 계속되는 변명에 정말 신물이 난다.

pretext 변명, 핑계

---

03 'food를 주다'라는 뜻의 동사 **foster** 기르다, 양육[육성]하다

foster는 '음식을 주다'라는 어원적 의미에서 생겨난 단어로 '기르다, 양육[육성]하다'라는 뜻으로 쓰입니다. 실제로 영자 신문을 읽다 보면 이 foster란 어휘가 상당히considerably 많이 등장합니다. 이를테면 **foster the new growth industry**신성장 산업을 육성하다와 같은 표현이 있죠. foster는 또 '아이를 맡아 기르다'라는 뜻도 있습니다. 가령, 언니가 중병serious disease에 걸려 아이를 키울 수 없을 때 몇 년간 여동생이 조카niece들을 데려다 키운다면 이런 경우에 foster를 씁니다. '(아이를) 입양하다adopt'와는 조금 차이가 있네요.

---

foster [타동] 기르다, 양육[육성]하다 = encourage, promote

- foster parents 양부모
- foster child 양자
- foster the spread of the disease 병을 확산시키다

- **Fostering** a teenager is obviously different from fostering a small child.
  십대를 양육하는 것은 어린 아이를 키우는 것과 명백히 다르다.

- The government made a plan to **foster** tourism.
  정부는 관광산업을 육성하기 위한 계획을 수립했다.

tourism 관광 산업

04 세상에서 가장 중요한 것 health 건강

세상에서 가장 중요한 게 뭐라고 생각하세요? 아무리 돈이 중요하다고 하지만 health만큼 중요한 것은 없겠죠? 건강이 안 좋은 상태 ill health에 계신 분들은 어서 빨리 건강관리health care를 통해 건강을 개선improve the health해야겠죠? 그런데 건강 하면 일반적으로 육체적인 건강physical health만을 떠올리는데, 이에 못지않게 정신적인 건강mental health도 아주 중요하다는 점 잊지 마시구요. 한 가지 더! 여러분, WHO국제보건기구라고 들어보셨죠? 이런 것을 두문자어acronym라고 하는데 풀어 쓰면 World Health Organization이 됩니다.

---

health 명 건강
- ill health 건강이 안 좋은 상태 / health care 건강 관리
- improve the health 건강을 개선하다
- physical health 육체적 건강 / mental health 정신적 건강
- WHO = World Health Organization 국제보건기구

healthy 형 건강한
healthful 형 건강에 좋은

- Excessive drinking can seriously damage your **health**.
  과도한 음주는 건강에 심각한 해를 줄 수 있다.

- A low-fat diet is better for your **health**. 저지방 식단이 건강에 더 좋다.

- The healthy know not of their **health**, but only the sick.
  건강한 사람은 자신의 건강을 모른다. 오직 병자만이 그것을 안다.

diet 1. 식단 2. 다이어트

05 health의 원래 동사 heal (병을) 고치다, 낫다

health의 원래 동사가 바로 heal이라는 거 아세요? 그러고 보니 heal(병이) 낫다와 health건강의 생김새도 비슷하죠? 몸에 병disease이 있다가 낫는heal의 상태가 되면 다시 건강health해지게 되잖아요.
heal은 기본적으로 '건강해지다, (다시) 건강하게 만들다'의 어원적 의미에서 '(병이) 낫다, (병을) 고치다'라는 뜻이 된 것입니다. 비슷한 표현 중 cure는 조금 더 의학적인medical 뉘앙스를 풍기며 '(병을) 치료하다'라는 의미이고, treat치료하다 역시 cure와 큰 차이가 없습니다.

> **heal** [자동] (병이) 낫다
> [타동] (병을) 고치다 = cure, treat
>
> - heal the sick 아픈 사람을 낫게 해주다
>
> **healing** [명] 치료, 치유 = treatment
> - faith healing (기도를 통한) 치유

- Time **heals** all wounds. 시간은 모든 것을 치유한다.
- It took four months for my broken left leg to **heal** up.
  부러진 왼쪽 다리가 다 낫는데 넉 달이 걸렸다.
- The trauma of divorce can often be **healed** by successful remarriage.
  이혼으로 인한 정신적 충격은 종종 성공적인 재혼으로 치유될 수 있다.

trauma (정신적) 충격

06 heal과 어원이 같은 단어 holy 신성한, 경건한

이제 heal낫다과 holy신성한를 살펴볼까요? 모두 whole전체의, 완전한이라는 단어에서 생겨난 단어입니다. 크리스마스 캐롤 가운데 'Silent night... Holy night...'이라는 가사lyrics가 들어가는 노래가 있죠? 네, '고요한 밤 거룩한 밤'입니다. 원래 holy는 '전혀 손상 없이 완전히 보존된'이란 어원적 의미에서 생겨나 차츰 '신성한, 경건한'이란 뜻으로 정착되었습니다. 같은 의미의 좀 더 어려운 어휘 sacred도

함께 외워두면 좋습니다. 실제 시험에서는 holy보다는 sacred가 더 많이 출제되니까요. sacred를 알면 consecrate신성하게 하다라는 어휘도 이해할 수 있게 됩니다!

> **holy** 형 신성한, 경건한 = sacred, religious
> - Holy Grail 성배(聖杯), 최후의 목표
> - a holy man 독실한 남자

- Jerusalem is a holy city for Christians. 예루살렘은 기독교인들에게 신성한 도시다.
- As a nun, she led a holy life attending on the sick.
  수녀로서 그녀는 병든 사람들을 돌보며 경건한 삶을 살았다.
- The cure for cancer will be the Holy Grail of modern medicine.
  암 치료제는 현대 의학의 성배(최후의 목표)가 될 것이다.

lead a life 삶을 살아가다

07 heal에서 모음 변화된 동사 hail 환호하다; (손을 들어) 차를 부르다

heal에서 모음이 변화되어 생긴 어휘가 바로 hail입니다. 즉, hail은 '건강한(좋은) 반응을 하다'라는 어원적 의미에서 발전해 '환호하다'라는 뜻이 된 것이죠. 이렇게 철자의 변화과정을 거치면서 다른 어휘들이 생겨납니다.
hail의 '환호하다'란 뜻 말고 또 하나 알아두어야 할 의미는 '(손을 들어) 차를 부르다'란 뜻이에요. 또한 hail은 '환호하다'란 의미와 별도로 명사로 '우박'이란 뜻도 있습니다. 그래서 a hail of bullets를 우리말로 옮기면 '빗발치는 총알들'이 되고 a hail of criticism 하면 '빗발치는 비난'이 되죠.

> **hail** 타동 1. 환호하다 = acclaim 2. (손을 들어) 차를 부르다
>   명 우박
> - hail a taxi 손을 들어 택시를 부르다
> - hail a hero 영웅에게 환호를 보내다

- The director's first film was immediately **hailed** as a masterpiece.
  그 감독의 첫 영화는 즉시 걸작으로 환호를 받았다.
- The hotel usher will **hail** a taxi for you.
  호텔 안내인이 귀하를 위해 택시를 잡아드릴 거예요.

masterpiece 걸작 usher 안내인

08 몸이 전체적으로 완전한 상태이면 wholesome 건강에 좋은

whole전체의와 wholesome건강에 좋은은 의미가 전혀 다르다는 거 아세요? health의 어원이 원래 whole이라는 것은 이미 얘기했죠? whole은 지금은 '전체의, 완전한'이라는 의미로 쓰이지만, 옛날엔 실제로 '건강한'의 의미로도 쓰였습니다. 사실 몸이 전체적으로 완전한 상태에 있는 것이 곧 '건강한' 상태인 거니까요. 그 흔적vestige이 고스란히 남아 있는 단어가 바로 wholesome건강에 좋은이랍니다.

> **whole** 형 전체의; 완전한
>
> **wholesome** 형 건강에 좋은 = healthful
> - fresh, wholesome food 신선하고 건강에 좋은 음식
> - a wholesome dish made with vegetables 야채로 만들어진 몸에 좋은 음식

- The restaurant serves only **wholesome** food.
  그 레스토랑은 건강에 좋은 음식만을 제공한다.
- The food is both **wholesome** and tasty.
  그 음식은 건강에도 좋고 맛도 좋다.

확인하고 넘어가자

A | 다음 표시된 말에 해당하는 단어를 원형으로 써보세요.

01 아기들한테는 제 시간에 **먹을 것을 주어야** _____ 한다.

02 아이를 잘 **키우는** _____ 것은 부모의 의무다.

03 그 병을 **고치는** _____ 데는 오랜 시간이 걸릴 것이다.

04 그 반지는 **신성한** _____ 것으로 여겨진다.

05 올림픽 금메달리스트에게 **환호를 보냈다** _____ .

06 마늘은 **건강에 좋은** _____ 대표적인 음식이다.

B | 다음 표시된 단어의 동의어를 찾거나, 빈칸에 알맞은 단어를 고르세요.

07 Anna **got fed up with** endless waiting.
   ⓐ was sick and tired of   ⓑ got her back up   ⓒ sit on the fence

08 Induction cooking has been **hailed** by many as the cooking revolution.
   ⓐ proclaimed   ⓑ disclaimed   ⓒ acclaimed

09 We should eat well-balanced **wholesome** meals.
   ⓐ healthy   ⓑ healthful   ⓒ healing

정답 A 01 feed 02 foster 03 heal 04 holy 05 hail 06 wholesome
B 07 ⓐ 08 ⓒ 09 ⓑ

11. 움푹 패인 동굴 cave, 어둠 속에서 빛나는 촛불 candle

어두운 동굴cave 속에 그 어둠을 밝게 비추는 촛불candle이 있네요. 움푹 패여 들어간 동굴 속은 칠흙같이 어두울 거예요. 그런데 그 안에 촛불 하나가 밝혀져 있다면 그 주위는 환해질 것입니다. 이번에는 cave동굴 속의 candle촛불이라는 주제를 갖고 여러 어휘들을 만나보겠습니다.

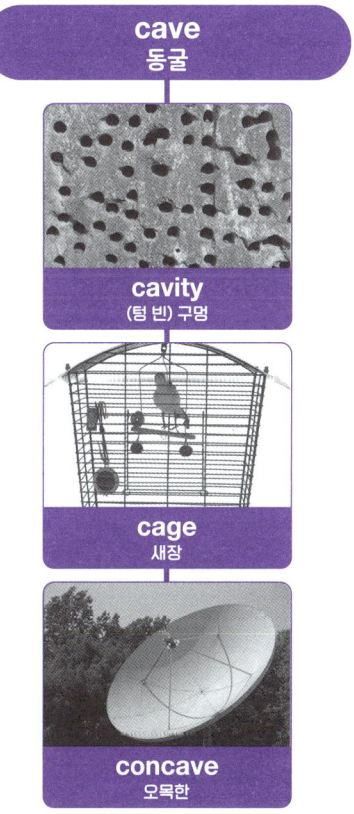

cave 동굴
- **cavity** (텅 빈) 구멍
- **cage** 새장
- **concave** 오목한

candle 촛불
- **candid** 솔직한
- **candidate** 후보
- **kindle** 불을 붙이다

101

01 움푹 패여 있는 곳은 cave 동굴

잠깐 눈을 감고 동굴의 모습이 어떨지 한 번 생각해 보세요! 일단 동굴 안이 어떻죠? 움푹 패여 있죠? cave의 어근 cav가 바로 '움푹 패인'이란 뜻인 hollow란 의미의 어근이에요. cave는 너무 쉽다구요? 그럼 excavate를 배워볼까요? excavate는 어원분석을 해보면 「ex-밖 + cav움푹 패인 + -ate동접」가 되는데, 그 뜻은 '구멍을 파다, 발굴하다'가 됩니다. 하나 더! cave동굴과는 또 다른 cave in to~에 지다, 굴복하다라는 표현도 함께 익혀두세요!

cave 명 동굴
- cave in to ~에 지다, 굴복하다

excavate 타동 구멍을 파다, 발굴하다
- excavate the ancient city 고대 도시를 발굴하다

- We arrived at the entrance of the **cave**. 우리는 그 동굴의 입구에 도착했다.
- The chairman is expected to **cave in to** pressure from shareholders.
  회장은 주주들의 압력에 굴복할 것으로 예상된다.
- The turtle **excavates** a hole in the sand and then lays its eggs in it.
  바다거북은 모래에 구멍을 판 다음 그 안에 알을 낳는다.

lay one's eggs 알을 낳다

02 동굴처럼 속이 텅 빈 상태 cavity (텅 빈) 구멍

어원을 살펴보면 cavity는 그저 '텅 빈 상태'를 의미합니다. 재미있게도 실제로도 '텅 빈 공간이나 구멍'을 뜻합니다. 그런데 한 가지 재미있는 것이 있어요. 여러분도 대부분 충치tooth decay가 생겼던 경험이 있을 거예요. 충치가 생기면 썩은 이빨이 점점 패여 들어가 치아에 구멍이 생기게 되죠? 이렇게 썩은 이에 생긴 구멍 역시 cavity라고 합니다. 여러분의 치아에 이렇게 패인 부분이 있다면 그게 바로 cavity예요! 치아에 구멍이 생기면 메워야겠죠? 그래서 have the cavity filled 하면 바로 '충치 치료하다'란 뜻이 되는 것입니다!

> **cavity** 명 텅 빈 공간, 구멍; 충치 = decayed tooth
> - I have no cavities. 난 충치 없어.

- I think I need to have my **cavity** filled in.
  제 충치를 때워야 할 것 같아요.
- Some birds nest in tree **cavities**.
  몇몇 새들은 나무의 빈 공간 안에 둥지를 튼다.

03 동굴처럼 안이 텅 비어 있는 것은 cage 새장, 우리

cage는 비교적 쉬운 단어죠. cage 역시 안이 텅 비어 있다는 점에서 cave랑 어원이 같습니다. 한 가지 주의할 점은 cage는 명사 '새장' 외에 동사로서 '새장[우리]에 가두다'라는 뜻으로도 쓰인다는 점입니다. 영어에선 명사로 쓰이다가 동사의 의미가 필요하면 그대로 동사로도 쓰이는 예가 적지 않습니다. 예를 들어 skin피부, 껍질도 '껍질을 벗기다'라는 동사로도 쓰입니다. 반대로 suspect~이 아닐까 의심하다라는 동사는 '의심받는 사람'이라는 뜻의 '용의자'라는 명사로 쓰이게 되었죠.

> **cage** 명 새장, 우리
> 　　　 타동 새장[우리]에 가두다
> - escape from the cage 새장에서 도망치다
> - put a bear in the cage 곰을 우리 안에 가두다

- The two birds were caught and placed inside a **cage**.
  두 마리의 새가 붙잡혀 새장 안에 갇혔다.
- They managed to **cage** the savage animal.
  그들은 사나운 동물을 가까스로 우리 안에 넣었다.

savage 사나운

04 속이 동굴처럼 푹 패여 있으니 concave 오목한

cave에 con-이란 접두어가 붙어 생긴 어휘가 concave입니다. concave는 어휘를 분석하면 「con-강조 + cave움푹 패인」이 되므로 '완전히 움푹 패인'이란 어원적 의미에서 '오목한, 옴폭한'이란 뜻이 된 것입니다. concave오목한가 있으면 '볼록한'도 있겠죠? convex가 바로 '볼록한'입니다.

> **concave** 형 오목한 = hollow ↔ convex 볼록한
> - a concave lens 오목 렌즈
> - a concave mirror 오목 거울

- The inside of these eyeglasses is **concave**. 이 안경의 안쪽은 오목하다.
- There are basically two basic types of lenses, **concave**, and convex.
  렌즈의 종류에는 기본적으로 오목 렌즈와 볼록 렌즈가 있다.

05 어둠 속에서 빛나는 것은 candle 촛불

candle촛불은 참 멋있죠? 자신을 태워 어둠을 밝히는 그야말로 이타적인altruistic 모습의 전형paragon입니다. 단어로서도 candle 하나만 알면 몇 개의 어휘를 줄줄이 외울 수 있으니 고마운 단어죠. 일단 candle에서 cand란 어근이 '빛나다shine, glow'의 뜻이라는 것을 알아두세요. 그럼 이제부터 다루게 될 영단어들이 술술 이해될 거예요.

> **candle** 명 촛불
> - hold a candle to ~을 위해 촛불을 들다, ~를 돕다
> - burn the candle at both ends 과로하다, 지나치게 무리하다
> - candle in the wind 풍전등화(바람 앞의 촛불(매우 위험한 상태))

- Be sure not to leave any **candles** burning before you go to bed.
  잠자리에 들기 전에 모든 촛불들이 다 꺼졌는지 확인해.

- I don't want to **burn the candle at both ends** with such a trivial matter.
  난 그렇게 사소한 문제로 쓸데없이 무리하고 싶지 않아.

06 촛불처럼 마음 속이 환하게 밝혀져 있으니 candid 솔직한

candle촛불과 candid솔직한는 어떤 상호 연관성correlation이 있을까요? candid는 어원분석을 해보면 「cand빛나다 + -id ~된」가 되므로 '(마음 속이) 환하게 밝혀진'으로 풀이되어 '솔직한'이란 뜻이 됩니다. 우리가 흔히 음흉한sly 사람을 표현할 때 '속이 시커멓다'고 하죠? 그 반대로 속에 있는 이야기를 다할 때 '솔직하게 밝힌다'고 하잖아요. 영어에서도 마찬가지입니다. '속마음을 환하게 밝히는' 것은 곧 '솔직한' 것이 되죠. 명사 candor솔직함과 함께 꼭 알아두세요!

> **candid** 형 솔직한 — frank, outspoken, straightforward
> - to be candid with you 솔직히 말하면
> - give one a candid opinion ~에게 솔직한 의견을 말하다
>
> **candor** 명 솔직함

- Lena is remarkably **candid** when she talks about the men.
  레나는 남자들에 대해서 이야기할 때 아주 솔직하다.

- He spoke with **candor** about his past.
  그는 자신의 과거를 솔직하게 말했다.

07 흰 옷을 입은 자는 candidate 후보

candid와 비슷하게 생긴 candidate는 사실 '솔직한'이란 뜻과 전혀 상관이 없어 보이는 '후보'라는 뜻입니다. 이런 의미가 어디서 나왔냐구요? candidate에서 어근 cand는 '빛나다shine'란 의미 외에 '흰white'이란 의미도 있습니다. 어두운dark 것이 black을 연상시키는 반면 환한, 밝은bright 것은 white와 통하기 때문에 생겨난 의미죠.

그렇다면 white와 candidate는 어떤 관련이 있을까요? 옛 로마시대 때는 선거election에 출마한 후보들이 모두 흰 겉옷white robe을 입고 대중 앞에서 연설oration을 했다고 합니다. 아무래도 흰 옷의 이미지인 '깨끗함, 순수함, 솔직함'을 대중에게 전해줄 수 있기 때문이 아니었을까요? candidate는 이렇게 '흰 겉옷을 입은 사람'이란 어원에서 유래해 '후보자'의 의미로 고착된 단어입니다. 알고 보니 candidate에 참 재미있는 유래가 있었네요.

> **candidate** 명 후보, 지원자, 신청자 = applicant
> · candidate for ~에 대한 후보
> · a presidential candidate 대선 후보
> · a candidate for governor 주지사 후보
> · candidate registration 후보등록
>
> **candidacy** 명 입후보
> · presidential candidacy 대통령 입후보

· Eight **candidates** are expected to run for this presidential election.
여덟 명의 후보가 이번 대선에 출마할 것으로 예상된다.

· The **candidate** failed to get across his message to the public.
그 후보는 대중들에게 자신의 메시지를 전달하지 못했다.

· We support her **candidacy** for the post of chairman.
우리는 그녀가 의장직에 입후보하는 것을 지지한다.

run for (선거에) 출마하다, 후보로 나서다

08 촛불에 '불을 붙이다'에서 유래한 단어 kindle 불을 붙이다

candle[캔들]과 kindle[킨들]은 발음만 놓고 보면 별로 다르지 않습니다. candle에서 동사로 변형된 어휘가 바로 kindle 이거든요. '~에 불을 붙이다, (열정이) 타오르게 하다'라는 뜻입니다.
아마존에서 만들었던 전자책e-book 단말기의 이름이 Kindle 이었죠. candle의 동사로 쓰이는 kindle 꼭 알아두세요!

---

kindle 통 1. ~에 불을 붙이다, 불이 붙다 = ignite 2. (열정이) 타오르게 하다
- kindle a candle 촛불에 불을 붙이다
- kindle him with interest[passion] 그에게 관심[열정]을 마구 불러일으키다

- He used paper to **kindle** a fire in the stove.
  그는 종이를 써서 난로에 불을 붙였다.

- A love of music was **kindled** in him by his father.
  그의 음악에 대한 애호는 그의 아버지에 의해 생겨났다.

- Her teacher's praise **kindled** a spark of hope inside her.
  선생님의 칭찬이 그녀 내부의 희망을 북돋았다.

확인하고 넘어가자

A | 다음 표시된 말에 해당하는 단어를 원형으로 써보세요.

01 내 이에 **충치** _____ 가 많이 생겼다.

02 고고학자들이 고대 유물들을 **발굴했다** _____.

03 **오목** _____ 거울에 비친 모습은 우습다.

04 난 너의 **솔직한** _____ 대답을 듣고 싶어.

05 나는 그 **후보의** _____ 태도가 마음에 들지않아.

06 케이크 위의 촛불에 **불을 붙였다** _____.

B | 다음 표시된 단어의 동의어를 찾거나, 빈칸에 알맞은 단어를 고르세요.

07 The dentist pulled relentlessly at my _____.
　　ⓐ cave　　ⓑ cavity　　ⓒ cavern

08 They **excavated** the remains of killed soldiers.
　　ⓐ dug up　　ⓑ discovered　　ⓒ expelled

09 I want to hear your **candid** answer.
　　ⓐ flank　　ⓑ frank　　ⓒ fluke

정답 A 01 cavity 02 excavate 03 concave 04 candid 05 candidate 06 kindle
　　　　B 07 ⓑ 08 ⓐ 09 ⓑ

12 빼앗는 rob, 부풀어 있는 ball

'축구'라고 할 때 football과 soccer를 혼동하는 일이 많죠? 먼저 football 하면 영국에서는 '축구'를 의미하고 미국에서는 그림과 같은 '미식 축구American football'을 의미합니다. 자꾸 헷갈리면 football을 '미식축구'로, soccer를 그냥 '축구'로 외워두는 게 낫구요. 본론으로 돌아가, 미식 축구 경기의 핵심은 상대팀의 공을 빼앗는 것rob a ball이죠. 이걸 연상하며 오늘의 주인공 rob빼앗다와 ball공에서 유래한 어휘들을 살펴볼게요.

rob 빼앗다
- **rape** 강간하다
- **rapture** 큰 기쁨, 환희
- **rapt** 열중한

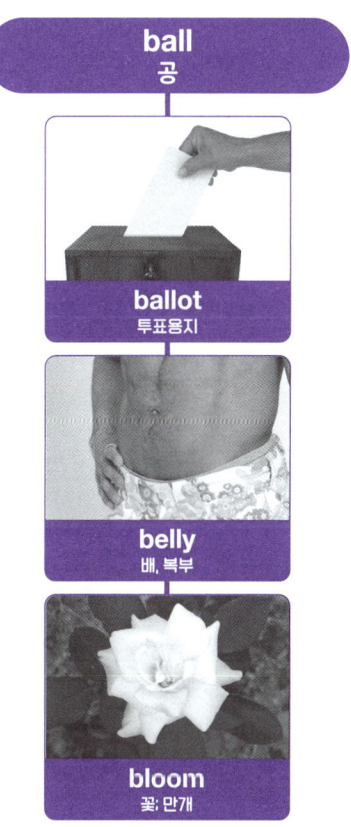

ball 공
- **ballot** 투표용지
- **belly** 배, 복부
- **bloom** 꽃; 만개

01 빼앗는 rob 빼앗다

rob 빼앗다, 강탈하다를 공부할 때 아주 중요한 어법이 있어요. 그 유명한 「rob A of B A에게서 B를 빼앗다」라는 표현이죠. 여기서 쓰는 전치사 of를 '제거·박탈의 of'라고 부른다는 거 들어보셨나요? 앞으로 등장할 단어들이 모두 rob과 같은 어원을 갖는 어휘들이고 기본적으로 basically '빼앗다'의 뉘앙스를 지닌 어휘들이라는 점 꼭 기억하면서 시작할까요?

> **rob** [타동] 빼앗다, 도둑질하다 = seize
> - rob A of B A에게서 B를 빼앗다
> - rob a bank 은행을 털다
>
> **robbery** [명] 강도(질)
> - armed robbery 무장 강도

- The illness **robbed** him of happiness with his wife.
  병으로 인해 그는 아내와의 행복한 삶을 잃게 되었다.

- He got five years in jail for **robbing** a gas station.
  그는 주유소를 턴 혐의로 5년간 감옥 생활을 했다.

- The police picked up five bank **robbers** last week.
  지난 주에 경찰은 5명의 은행 강도를 체포했다.

pick up 체포하다(= arrest)

02 다른 사람의 성(性)을 빼앗으니 rape 강간하다

rob 빼앗다와 rape 강간하다는 도대체 어떤 관계일까요? rape의 어근 rap는 rob의 발음이 강해져 생긴 철자고, 여기에 동사형 접미어 -e가 붙어 생긴 동사가 바로 rape 강간하다입니다. '강간'이란 말 자체가 성(性)을 '강제로 빼앗는 것'이니 의미 연결은 쉽죠? rapist라고 하면 '강간범'이 됩니다. 비슷한 말로는 molest 성추행하다가 있는데, 이 단어는 주로 child molestation 아동 성추행이란 표현으로 잘 쓰입니다.

sexual harassment 성희롱이란 말도 자주 쓰이는 표현이니 함께 알아두세요! rapid 빠른, 신속한도 rape에서 나왔다는군요. 남의 것을 빼앗을 때의 거친 모습을 상상하시면 됩니다.

> **rape** 몡 강간 타동 강간하다
> - be accused of raping his ex-girlfriend 전 여자 친구를 강간한 혐의로 고발되다
>
> **rapist** 몡 강간범
> - child molestation 아동 성추행
> - sexual harassment 성희롱

- He was recently charged with **rape**. 그는 최근 강간 혐의로 고발되었다.
- The woman was **raped** and then murdered by the robber.
  그 여자는 강도에 의해 강간을 당한 후 살해되었다.

03 정신을 완전히 빼앗긴 상태는 rapture 큰 기쁨, 환희

얼핏 보면 rob빼앗다와 rapture큰 기쁨은 전혀 연관성correlation이 없어 보이죠? 그런데 어떻게 해서 rapture가 rob에서 나온 단어가 될까요? 상상해 보세요. 수능을 치르고 원하는 대학에 합격했다는 소식을 접했을 때, 사랑하는 사람이 내 프러포즈를 받아줬을 때, 우리 팀이 우승했을 때 기분이 어떤가요? 입으론 Wow! 소리를 지르고 순간적으로 제정신이 아닌 채 열광하는 이런 상태가 바로 rapture입니다! rap 역시 rob의 변형인데, rapture는 어원적 의미가 '(너무 기뻐) 정신을 빼앗긴 상태'가 되므로 '큰 기쁨, 환희'의 뜻이 된 거죠.

> **rapture** 몡 큰 기쁨, 환희 = delight, felicity, bliss, ecstasy
> - go into raptures 환희에 빠져들다
> - shouts of rapture 기쁨의 외침
>
> **rupture** 몡 파열 ※rapture와 비교하여 철자 주의!

- Looking at a beautiful sunset gives me a feeling of **rapture**.
  아름다운 일몰을 보면 나는 희열을 느낀다.
- The last minute goal sent the fans into **raptures**.
  최후의 순간에 터진 그 골은 팬들을 열광의 도가니로 몰아넣었다.

04 뭔가에 정신을 빼앗기면 rapt 열중한, 몰두한

사실 rapture에서 접미어 -ure가 빠지면 바로 rapt가 남죠. 너무 기쁜 나머지 이성을 잃은 상태가 rapture라면, rapt는 '~에 정신을 빼앗긴'이란 어원적 의미에서 발전해 '열중한'의 뜻이 되었습니다. 컴퓨터 게임을 하거나 TV 드라마를 볼 때 옆에 누가 있는지도 모르고 있다면 거기에 완전 rapt된 거겠죠? 인생을 걸 수 있는 뭔가에 rapt된다는 건 참 rapture큰 기쁨이 되겠네요.

rapt 형 열중한, 몰두한 = engrossed, immersed
- listen with rapt attention 완전 몰입해서 경청하다
- the student's rapt expression 그 학생의 몰두한 표정

- He sat with a **rapt** expression reading her book.
  그는 열중한 표정으로 앉아 책을 읽고 있었다.
- The audience listened with **rapt** attention to the excellent speaker.
  청중들은 그 뛰어난 연설자에게 완전 몰입한 채로 경청했다.

05 부풀어 있는 ball 공

ball이 '공'이라는 걸 모르는 분은 없겠지만 여기서 ball의 어원적 의미를 잠깐 들여다 볼까요? 공을 잘 보세요. 공에 바람이 쫙 빠져 있다면 더 이상 공이 아니겠죠? 공은 부풀어 있어야 공입니다. ball의 어원이 swell부풀다인데, 이제 알고 보니 ball이 '부풀어 있는 것'의 뜻이네요.

이제 ball의 어원적 의미는 알았고, ball에 관련된 중요한 숙어를 두 가지만 짚고 넘어가죠. 첫 번째는 on the ball빈틈없는, 주의 깊은입니다. 이 숙어는 축구든 야구든 배구든 선수들이 항상 '공에 신경을 쓰고 있'이란 어원적 의미에서 생겨났어요. 또 하나는 have a ball즐거운 시간을 갖다라는 숙어예요. 여기서 ball은 '공'의 뜻이 아니고 '무도회, 댄스파티'라는 뜻입니다. ballet발레가 어원이 같은 어휘죠. 따라서 have a ball은 '무도회 시간(댄스파티)을 갖다'가 되므로 '신나게 (춤추며) 놀다'라는 의미에서 '즐거운 시간을 갖다'라는 뜻으로 쓰이게 된 표현입니다.

> **ball** 명 공; 무도회, 댄스파티
> - inflate a ball 공에 바람을 넣다
> - on the ball 빈틈없는, 주의 깊은 = alert, cautious
> - have a ball 즐거운 시간을 갖다, 신나게 놀다

- My sister is an assistant who's really on the ball. 내 여동생은 정말 빈틈없는 비서다.
- Last Sunday we had a ball on the beach. 지난 일요일에 우리는 해변에서 신나게 놀았다.

06 옛날 비밀투표에 사용했던 작은 공 ballot 1. 투표용지 2. 투표; 투표자수

ball의 어원이 swell부풀다이라고 했죠? 조금 더 알아볼까요? balloon은 '풍선; 열기구'라는 뜻입니다. ball에서 나왔다는 느낌이 팍 오죠? 그렇다면 ballot은 뭘까요? 원래 ballot은 어원적으로 '작은 공'이라는 뜻인데 '투표용지'라니 엉뚱하지 않나요? 종이가 없었던 옛 로마시대에는 손 안에 들어갈 수 있는 작은 공ballot을 만들어 그것을 항아리에 담아 비밀투표secret voting을 했답니다. 이런 유래로 인해 ballot이란 단어가 옛날부터 관습적으로customarily '투표용지'라는 뜻으로 쓰이게 된 것이고 '투표, 투표자수'라는 의미로까지 발전하게 된 거죠.

> **ballot** 명 1. 투표용지 2. 투표, 투표자수
> - secret ballot 비밀투표
> - cast one's ballot 표를 던지다, 투표하다

- The chairman is chosen by secret ballot.
  의장은 비밀 투표로 선출된다.
- Please fold the ballot paper twice and put it in the ballot box.
  투표용지는 두 번 접어서 투표함에 넣어주세요.
- It is the duty as well as the right of the people to cast their ballot on election day. 선거일에 투표하는 것은 국민의 권리이자 의무이기도 하다.

07 공처럼 부풀어 있는 부분은 belly 복부, 배

ball에서 모음 하나가 바뀐 게 bell이고 여기에 명사형 접미어 -y가 붙어 생긴 단어가 바로 belly복부, 배입니다. 사실 우리 몸에 살이 찌면 불룩하게 부풀게 되는 부분이 바로 '배'잖아요. 또 belly란 단어가 익숙한 이유는 belly dance밸리 댄스 때문이기도 하죠. 이 춤은 배 부위를 흔들며 추는 춤이기 때문에 이런 이름이 붙여졌죠. 뱃살 빼는 데 아주 탁월한 효과outstanding effect가 있다고 하죠.

> **belly** 명 배, 복부 = abdomen
> - belly dance 밸리 댄스
> - bellyache 복통 = stomachache
> - belly laugh 큰 웃음
> - beer belly (술을 많이 마셔) 불룩 나온 배, 똥배
> - go belly up 망하다, 도산하다

- My husband has a beer **belly**. 우리 남편은 배가 너무 나왔어.
- We had **belly** laughs at the sight. 우리는 그 광경에 배꼽 빠지게 웃었다.
- The **belly** has no ears. 배는 귀를 갖고 있지 않다. (배고프면 아무 소리도 들리지 않는다.)

08 꽃봉오리가 부풀어 피어난 것은 bloom 1. 꽃 2. 꽃의 만발, 만개

추운 겨울이 가고 봄이 오면 산에 들에 꽃이 만발합니다. 날씨가 따뜻해지면서 꽃이 활짝 피게 되죠. 자세히 들여다보면 꽃봉오리가 부풀었다가 활짝 피는 게 확연히apparently 눈에 들어오죠. bloom 역시 bl이란 부분이 'swell'이란 뜻의 어근에서 나온 어휘입니다. 결국 bloom은 '꽃의 만발, 만개(만발하는 꽃)'이란 두 가지 의미로 쓰이게 되었죠. 비슷한 단어로 철자마저도 비슷한 blossom이 있답니다.

bloom [명] 1. 꽃 = flowers 2. 꽃의 만발, 만개 = blossom
[자동] 꽃이 피다

- in full bloom[blossom] 꽃이 만발하여; 번창하여
- the roses in bloom 활짝 핀 장미들
- his business in full bloom 번창한 그의 사업

- The flowers in the garden are in full **bloom**.
  정원에 꽃들이 활짝 피었다.
- When spring comes, the flowers **bloom**.
  봄이 오면 꽃이 핀다.

확인하고 넘어가자

A | 다음 표시된 말에 해당하는 단어를 원형으로 써보세요.

01 그는 **강간** _____ 혐의로 처벌받았다.

02 그녀는 아들을 순산하고 **큰 기쁨** _____ 에 사로잡혔다.

03 그녀의 **열중한** _____ 표정

04 **투표** _____ 결과가 아직 발표되지 않았다.

05 나이가 먹으니 **똥배** _____ 가 나온다.

06 들판에 온갖 꽃들이 **만발** _____ 했다.

B | 다음 표시된 단어의 동의어를 찾거나, 빈칸에 알맞은 단어를 고르세요.

07 He gazed at the woman in **rapture**.
　　ⓐ bless　ⓑ bliss　ⓒ rupture

08 She cast her **ballot** in the presidential election.
　　ⓐ identification　ⓑ ballet　ⓒ vote

09 They _____ a jewelry store.
　　ⓐ robbed　ⓑ picked up　ⓒ folded

정답 A 01 rape 02 rapture 03 rapt 04 ballot 05 beer belly 06 bloom
　　　　B 07 ⓑ 08 ⓒ 09 ⓐ

13 초대한 사람은 host, 혼자서는 못 사는 존재인 human

새 집에 이사를 가면 사람들을 초대해서 집들이 파티house-warming party를 하죠. 그럼 초대한 사람은 당연히 host주인이 됩니다. 사람들이 하나 둘씩 집에 찾아오면 집은 북적북적해지고 맛있는 음식들로 손님들에게 hospitality환대를 합니다. human사람은 혼자는 못 삽니다. 이렇게 파티도 하며 다른 사람들과 어울리며 살아가는 거죠.

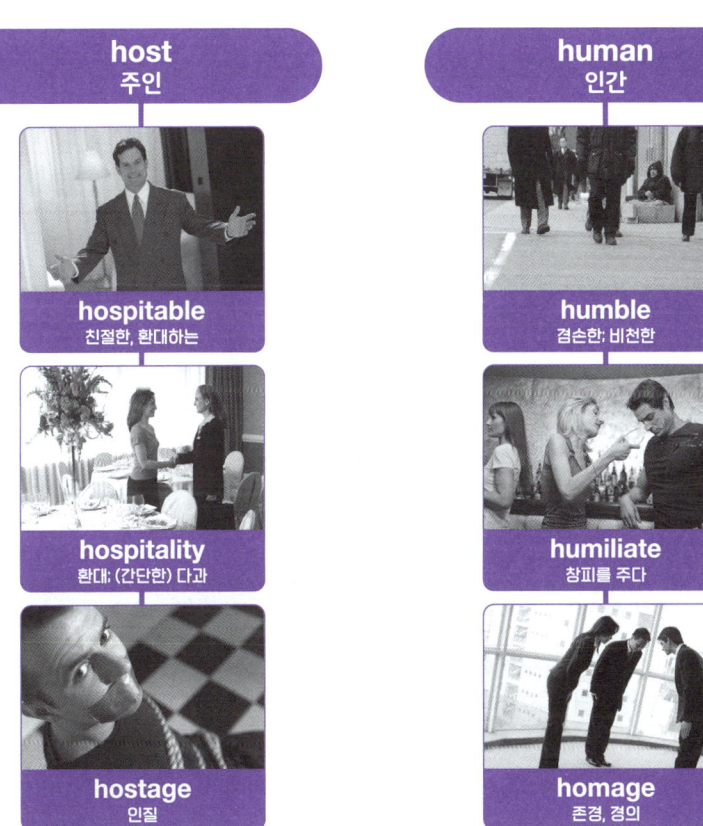

host 주인

- **hospitable** 친절한, 환대하는
- **hospitality** 환대; (간단한) 다과
- **hostage** 인질

human 인간

- **humble** 겸손한; 비천한
- **humiliate** 창피를 주다
- **homage** 존경, 경의

01 초대한 사람은 host 주인; 진행자; 개최하다

host가 '주인'이란 뜻인 건 다 아시죠? 여기에 여성형 접미어인 -ess를 붙이면 hostess여자 주인가 되죠. 비슷한 말로 madam마담이라는 여성을 부르는 존칭도 있습니다.
host는 명사로 알고 있지만 동사로도 얼마든지 쓰인답니다. 예를 들어, host the World Cup 하면 '월드컵 경기를 개최하다'란 뜻이고, hold a talk show는 '토크쇼를 진행하다'라는 뜻이 됩니다. 또 the host city for the Olympic Games라고 하면 '올림픽 개최 도시'가 된다는 것도 알아두세요!

> **host** 명 주인; 진행자 동 개최하다; 진행하다
> · host the World Cup 월드컵 경기를 개최하다
> · hold a talk show 토크쇼를 진행하다
> **hostess** 명 여주인

· Which country is going to **host** the next Olympic Games?
  다음 올림픽 대회 개최지는 어느 나라죠?

· In 2014, Jimmy Fallon replaced Jay Leno as **host** of "The Tonight Show".
  2014년에 Jimmy Fallon이 Jay Leno의 뒤를 이어 "The Tonight Show"의 진행자가 되었다.

02 host가 맞이하는 모습은 hospitable 친절한, 환대하는

바로 앞에서 host를 배웠으니 host a party가 무슨 뜻인지 아시겠죠? '파티를 열다'라는 뜻입니다. 파티를 열게 되면 사람들을 초대 invitation하고 맛있는 음식을 준비하겠죠? 그리고 손님들이 집에 도착하면 따뜻하게 맞이할 겁니다. 이럴 때 쓰는 단어가 hospitable 친절한, 환대하는입니다. 어때요? host와 연관 지어 외워야겠다는 생각이 들지 않으세요?

> **hospitable** 혱 1. 친절한, 환대하는 = welcoming 2. (기후·환경이) 쾌적한, 알맞은 = agreeable
> - a very hospitable girl   아주 친절한 소녀
> - his attitude hospitable to new ideas   새로운 생각에 호의적인 그의 태도
>
> **inhospitable** 혱 불친절한

- The country has a **hospitable** climate.
  그 나라의 기후는 쾌적하다.

- Korean people are very **hospitable** to foreigners.
  한국인들은 외국인들에게 아주 친절하다.

03 hospitable의 명사 hospitality 1. 환대 2. (무료로 제공되는) 간단한 식사, 다과

hospitable의 명사가 hospitality입니다. 앞에서 배운 hospitable에 대한 연상을 그대로 이어나가면 쉽게 이해될 거예요. 일단 초대한 사람들이 우리 집에 찾아오면 '1. 환대'를 하게 되겠죠? 그 다음엔 정성껏 준비한 음식을 당연히 무료로 드리겠죠? 그래서 '2. 간단한 식사, 다과'라는 의미가 생긴 것입니다. 단어의 의미가 생겨난 과정대로 배워나가니까 어렵지 않죠?

> **hospitality** 몡 1. 환대, 접대 2. (무료) 식사, 다과
> - the company's hospitality suite   그 회사의 귀빈실
> - the hospitality industry   접객업(호텔업, 식당업 등)
> - a cordial hospitality   진심에서 우러나오는 환대

- Thank you very much for your **hospitality** during my stay here.
  여기 있는 동안 환대를 베풀어 주셔서 정말 감사드립니다.

- We are pleased with the **hospitality** provided by the hotel.
  우리는 호텔에서 제공해준 간단한 식사에 기뻤다.

04 host에게 맡겨놓은 사람은 hostage 인질

'주인' 얘기하다가 hostage인질라니… 뭘까요? 원래 hostage는 '보증[담보]물로 주인에게 맡겨놓은 사람'이란 어원적 의미를 갖고 있어요. 즉, 돈을 안 내고 도망가는 것을 막기 위해 주인에게 담보mortgage로 사람을 한 명 맡겨두는 것을 의미했답니다. 이것이 '(주인에게) 붙잡혀 있는 사람'이란 어원적 의미에서 '인질'의 뜻으로 발전된 것이죠.

한 단계 더 나아가 볼까요? abduction이 '유괴,' hostage가 '인질,' ransom이 '몸값'

이거든요. 이 세 단어를 함께 묶어서 외우면 잘 외워진답니다. 아이를 abduction유괴해서 hostage인질로 붙잡아 놓고 ransom몸값을 요구하다. 어때요, 효과가 있죠?

---

hostage 명 인질
· The passengers were taken hostages. 승객들이 인질로 붙잡혔다.
abduction 명 유괴, 납치 = kidnapping
ransom 명 몸값

· The terrorists are holding two foreign tourists **hostage**.
그 테러리스트들은 두 명의 외국인 관광객들을 인질로 붙잡아 두고 있다.

· Taking a child **hostage** and asking for money is really mean.
아이를 인질로 붙잡아두고 돈을 요구하는 건 정말 비열한 짓이다.

05 흙으로 빚어진 존재인 human 인간, 사람

human인간의 어원이 뭔지 아세요? human에서 어근 hum은 '흙soil'이란 뜻이에요. 다시 말해 인간은 곧 '흙으로 빚어진 존재'라는 뜻이죠. 이 얘기는 성경의 창세기Genesis에 나옵니다.

human과 관련된 여러 가지 어휘들을 함께 알아두면 더욱 유용하겠죠? 우선, 형용사 humane은 '인간적인, 인정 있는'이란 뜻이고, humanism은 '휴머니즘, 인본주의'라는 뜻의 멋진 명사입니다. 또 humanity는 '인류; 인정'이란 뜻이 되죠.

human 명 인간, 사람

- human resources 인적 자원
- human race 인종 = mankind

humane 형 인간적인, 인정 있는
humanity 명 인류 = humankind; 인정
humanism 명 휴머니즘, 인본주의

· The war was a paradigm of the destructive side of **human** nature.
그 전쟁은 인간 본성의 파괴적인 측면을 보여주는 전형적인 예였다.

· Nuclear weapons may lead to the fall of the **human** race.
핵무기는 인류를 멸망시킬지도 모른다.

paradigm 전형적인 예

06 흙은 낮은 곳에 있으니 humble 겸손한; 비천한

이제 human의 어근 hum이 흙soil이라는 거 아시겠죠? 이 어근 hum이 고스란히 포함된 어휘가 humble입니다. 흙은 낮은 곳에 있습니다. 따라서 humble의 어원적 의미는 '낮은low'입니다. 여기서 humble의 의미가 발전해 '자신을 낮추는'에서 '겸손한'이란 뜻이 나왔고, '태어난 신분이 낮은'에서 '비천한'이란 뜻이 나오게 된 것입니다. 예를 들어 humble attitude라고 하면 '겸손한 태도'가 되고 humble origin이라고 하면 '보잘 것 없는 출신'이 되죠. 이처럼 humble이 어떤 명사와 만나느냐에 따라 그 의미를 유추하면 쉽습니다.

humble 형 1. 겸손한 = modest 2. 비천한
타동 (너무) 겸손하게 굴다 (※ humble oneself 형태로 쓰임)

- humble attitude 겸손한 태도 / humble origin 보잘 것 없는 출신
- eat humble pie 잘못을 인정하다, 굴욕을 참다

- She is a great athlete, but is humble about her accomplishments.
  그녀는 위대한 운동선수지만 자신의 업적에 대해서는 겸손하다.
- The girl of humble condition ascended to the throne. 미천한 신분의 소녀가 왕위에 올랐다.

07 상대를 비천하게 만들면 humiliate 창피를 주다, 망신을 주다

방금 전 humble의 의미 가운데 '보잘 것 없는'이란 뜻이 있다는 걸 배웠죠? humiliate 역시 hum이라는 어원이 같으니 의미도 크게 다르지 않습니다. humiliate는 '~를 보잘 것 없게 만들다'라는 어원적 의미에서 '창피를 주다'라는 뜻이 된 단어입니다. 여러 사람들 앞에서 혼을 내는 게 대표적인 humiliate의 예죠.

humiliate [타동] 창피를 주다 = mortify
- humiliate him in public 사람들 앞에서 그에게 창피를 주다

humiliation [명] 창피, 굴욕
humiliating [형] 창피를 주는, 치욕적인
humility [명] 겸손함

- The teacher humiliated her in front of her classmates.
  선생은 반 친구들 앞에서 그녀에게 창피를 줬다.
- I've never been so humiliated in my life!
  내 인생에서 그토록 창피했던 적은 없었어!

08 몸을 아래로 낮추는 것은 homage 존경, 경의

homage는 좀 어려운 어휘이기 때문에 어원분석부터 해보죠. 「hom낮추다(low) + -age명접 → (자신을) 낮추는 것」이란 어원적 의미에서 발전해 '존경(의 표시), 경의'란 뜻이 된 것입니다. 어른을 만나면 어떻게 하

세요? 몸을 아래로 낮춰 인사를 하죠? 절temple에 가서 부처님께 절bow할 때도 몸을 아래로 낮추죠? 이것이 바로 homage입니다. 주의할 점은 homage를 쓸 때는 꼭 「pay homage to ~에게 경의를 표하다」라는 관용표현으로 써야 한다는 점입니다!

> **homage** 몡 존경(의 표시), 경의
> · pay homage to ~에게 경의를 표하다

· The nobles **paid homage to** the king by bowing to him.
  귀족들은 왕에게 절하여 경의를 표했다.

· We **pay homage to** the genius of Mozart.
  우리는 모차르트의 천재성에 경의를 표한다.

확인하고 넘어가자

A | 다음 표시된 말에 해당하는 단어를 원형으로 써보세요.

01 우리 어머니는 인자하고 **친절한** _____ 분이다.

02 할머니께서 우리를 **환대** _____ 해 주셨다.

03 범인은 여자 한 명을 **인질** _____ 로 붙잡아두고 있다.

04 나는 그의 **겸손한** _____ 태도를 높이 평가한다.

05 그는 다른 사람들 앞에서 나에게 **창피를 주었다** _____.

06 우리는 그의 희생에 **경의** _____ 를 표한다.

B | 다음 표시된 단어의 동의어를 찾거나, 빈칸에 알맞은 단어를 고르세요.

07 I found his wife **hospitable**.
    ⓐ smooth   ⓑ unfriendly   ⓒ kind

08 The terrorists kept the _____ in an underground room.
    ⓐ hostage   ⓑ homage   ⓒ humanity

09 You don't have to _____ yourself too much.
    ⓐ mumble   ⓑ fumble   ⓒ humble

정답 A **01** hospitable **02** hospitality **03** hostage **04** humble **05** humiliate **06** homage
B **07** ⓒ **08** ⓐ **09** ⓒ

14 생명에 꼭 필요한 vitamin, 여러 가지를 하나로 섞은 blend

요즘 건강을 위해서 비타민을 챙겨 드시는 분들이 많더군요. 비타민은 야채, 과일을 통해서 섭취할 수도 있지만 요즘엔 건강보조식품supplement의 형태로 섭취하는 경우도 많죠. vitamin은 A, B, C, D, E 등 여러 종류가 있어서 여러 가지가 혼합된blended 종합비타민제가 많잖아요? 적절하게 blend해서 섭취하면 좋은 게 vitamin이죠. 그런 의미로 이번에는 vitamin비타민과 blend섞다에서 유래된 어휘들을 살펴볼 차례입니다.

vitamin 비타민
- **viable** 1. 생존 가능한 2. 실행 가능한
- **vivid** 생생한
- **survive** ~에서 살아남다

blend 섞다
- **blind** 눈 먼, 장님의
- **blonde** 금발인 (여자)

125

01 생명에 꼭 필요한 물질 vitamin 비타민

요즘 건강에 대한 관심이 높아진 덕분인지 이 vitamin이란 단어가 외래어로 참 많이 쓰이죠? 많이 쓰고 잘 아는 어휘지만 어원을 들여다보면 나름 재미있답니다! vitamin은 어원분석을 해보면 「vit생명(life) + amin아민(유기 화합물)」이 되어 '생명에 필요한 아민'으로 풀이되는데, 쉽게 말하면 '생명에 꼭 필요한 물질' 정도로 이해하면 됩니다. 여기서 중요한 건 어근 vit, viv이 '생명life'의 뜻이라는 거죠. vital은 '(생명 유지에) 필수적인, 꼭 필요한'의 뜻이고 viva는 감탄사로 '만세, 잘한다' 정도의 뜻입니다.

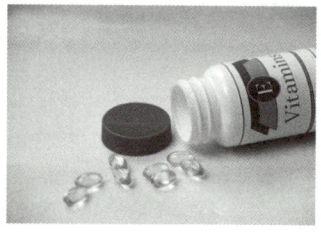

> **vitamin** 명 비타민
> · lack of vitamin C 비타민 C 부족
> **vital** 형 (생명 유지에) 필수적인, 꼭 필요한
> · exercise vital for health 건강에 필수적인 운동
> **viva** 감탄 만세, 잘한다

· Try to eat foods that are rich in **vitamins** and minerals.
  비타민과 미네랄이 풍부한 음식을 많이 드세요.

· These measures are **vital** to national security.
  이러한 조치는 국가 안전에 꼭 필수적입니다.

measure 측정; 《복수》 조치; 측정하다

02 살아갈 수 있으면 viable 생존 가능한; 실행 가능한

이번에 배울 viable은 시험에도 잘 나오는 중요한 어휘예요. viable은 어원을 분석하면 「vi(v)생명(life) + -able~할 수 있는」이 되어 '살아갈 수 있는'으로 풀이됩니다. 아기가 태어났는데 viable하다면 '생존 가능한' 것이고, 계획plan을 세웠는데 viable하다면 '실행 가능한'의 뜻이 되죠. 뒤에 어떤 명사가 나오느냐에 따라 viable의 의미가 결정된다는 거 잊지 마세요!

> **viable** 형 1. 생존 가능한 2. 실행 가능한 = feasible, practicable
> - a viable baby 생존 가능한 아기
> - a viable proposition[alternative] 실행 가능한 제안[대안]
>
> **viability** 명 생존 가능성; 실행 가능성

- Unfortunately, the baby was not **viable**. 불행히도 그 아기는 생존할 수 없었다.
- Do you think this is a **viable** proposition? 당신은 이게 실행 가능한 제안이라고 생각하나요?
- The committee will come up with a **viable** solution.
  위원회가 실행 가능한 해결책을 생각해낼 것이다.

come up with ~을 생각해내다

03 살아 있는 그 자체인 vivid 생생한

'생생한 기억,' '생생한 화면' 참 많이 쓰는 말이죠? 이럴 때 '생생한'에 해당하는 표현이 바로 vivid입니다. vivid는 어원분석을 하면 「viv생 명(life) + -id형접」이 되어 '살아 있는, 생생한'이란 뜻으로 풀이됩니다. '생생한'에서 '생'은 한자로도 '살 생(生)'이죠. 이렇게 영어에서의 어근과 한글에서의 한자어 느낌은 통할 때가 많습니다. 우리가 한자를 통해 한글의 어휘력을 확장시켜 나가듯 영어에서는 어근root을 통해 어휘력을 확장시켜 나갈 수 있는 것이죠.

> **vivid** 형 생생한, 선명한 = lively
> - vivid memories 생생한 기억들
>   a vivid picture 생생한 화면
>
> **vividness** 명 생생함

- My mother's image is still **vivid** in my mind. 내 어머니의 모습이 아직도 눈에 선하다.
- I still have **vivid** memories of the incident. 그 사건은 아직도 내 기억에 생생하다.

04 ~보다 오래 살면 survive ~에서 살아남다, ~보다 오래 살다

'서바이벌survival'은 많이 들어본 말이죠. 이 survival의 동사가 survive인데, 이 survive가 들어간 문장의 해석이 그다지 쉽지만은 않은 거 아세요? survive는 어원분석을 하면 「sur-아래로(beyond)+viv(e)살다(live)」가 되어 '~보다 더 오래 살다'라는 뜻이 됩니다. 예를 들어, survive the war 하면 '전쟁보다 더 오래 살다'가 되므로 '전쟁에서 살아남다, 생존하다'라는 뜻이 되고, survive her husband 하면 '남편보다 더 오래 살다(남편이 먼저 죽다)'라는 뜻이 되죠. survive는 자동사로서 '살아남다, 생존하다'로도 쓰인다는 점 알아두세요!

> **survive** [타동] ~에서 살아남다, ~보다 오래 살다
> [자동] 생존하다
>
> **survival** [명] 생존
> · a chance of survival 생존 가능성
> · survival rate 생존율
> **survivor** [명] 생존자

· More and more people are **surviving** cancer.
  점점 더 많은 사람들이 암을 이겨내고 있다.

· Only the companies with a competitive edge can **survive** in the world market.
  경쟁력을 갖춘 기업만이 세계시장에서 살아남을 수 있다.

· He is the only **survivor** of the plane crash.
  그는 그 비행기 충돌사고의 유일한 생존자다.

competitive edge 경쟁우위, 경쟁력

---

05 여러 가지를 하나로 섞으면 blend 섞다

여러분, 커피 좋아하세요? 뜨거운 물에 커피, 크림, 설탕을 넣고 티스푼으로 막 휘저으면 모두 섞이겠죠? 이렇게 여러 가지를 '하나로 섞는다'고 할 때 쓰는 동사가 바로 blend입니다. '블렌드 위스키blended whiskey'에서처럼 '블렌드'라는 외래어로도 많이 쓰이는데 이때는 '혼합(된 것)' 정도의 의미로 이해하시면 OK예요.

> **blend** 동 섞다, 혼합하다 = combine
> 명 혼합물, 블렌드
>
> · blend in with ~와 잘 조화되다, 잘 어울리다
> · blend flour and egg 밀가루와 달걀을 섞다

· She **blends** psychology and crime well in her new novel.
그녀는 자신의 신작 소설에서 심리와 범죄를 잘 조화시키고 있다.

· The old cottage **blends** in perfectly with the peaceful rural scene.
그 오래된 시골집은 평화로운 시골 풍경과 너무도 잘 어울린다.

06 이것저것 섞여 보이면 blind 눈 먼, 장님의; 맹목적인

blend섞다에서 blind눈 먼, 장님의가 나온다는 게 얼핏 이해가 안 되죠? 요즘엔 시력eyesight이 나빠지면 안경이나 렌즈로 안 좋은 시력을 보정correction해주면 되지만, 옛날엔 눈이 나빠지면 그대로 두는 수밖에 손 쓸 방법method이 없었어요. 그런데 눈이 점점 나빠지게 되면 육안naked eye으로 볼 때 사물이 섞여서 보이게 됩니다. 결론적으로 blend에서 모음이 하나 변해 생긴 blind는 '(사물이) 섞여 보이는'이라는 어원적 의미에서 발전해 결국 '눈 먼, 장님의'라는 뜻이 된 것입니다.
또 하나 놓칠 수 없는 표현이 있는데, 바로 blind date소개팅입니다. 거실 문에 다는 '햇볕가리개'도 이 blind블라인드란 단어를 쓰죠.

> **blind** 형 1. 눈 먼, 장님의 2. 맹목적인
> 타동 눈멀게 하다
> 명 블라인드, 햇볕가리개
>
> · blind loyalty to the king 왕에 대한 맹목적인 충성

- The **blind** man groped his way to the door.
  그 맹인은 손으로 더듬어 문으로 갔다.

- Don't turn a **blind** eye to the problem.
  그 문제에 대해 모르는 척하지 마세요.

- **Blind** loyalty sent thousands of people to a pointless war.
  맹목적인 충성으로 인해 수천 명의 사람들이 의미없는 전쟁을 치렀다.

grope one's way 손으로 더듬으며 길을 찾다　pointless 의미없는, 무의미한

07　희끗희끗해진 머리를 뜻한 데서 유래한 단어 blonde 금발인 (여자)

원래 blonde는 검은 머리에서 흰 머리가 나서 희끗희끗해진 머리칼gray-haired를 뜻하던 말이었어요. 그러다가 점차 머리에 '색깔이 있는'의 의미로 발전해, 언제부턴가는 주로 '금발인'이란 의미로 변화되어 쓰이게 된 겁니다. 우리나라에서도 인기를 끌었던 'Legally Blonde금발이 너무해'라는 영화도 있었죠?

---

blonde 형 명 금발인 (여자)

- his pretty blond sister　금발이면서 예쁜 그의 여동생
- go blonde　금발로 염색하다
- platinum blonde　머리가 은색인

- She has **blonde** hair and big blue eyes.
  그녀는 금발에다 커다란 파란 눈을 가졌다.

- She decided to go **blonde** for the summer.
  그녀는 여름을 맞아 금발로 염색하기로 했다.

확인하고 넘어가자

A | 다음 표시된 말에 해당하는 단어를 원형으로 써보세요.

01 우리 **실행 가능한** _____ 계획을 세워보자.

02 그 일은 나에게 **생생한** _____ 기억으로 남아있다.

03 그는 그 끔찍한 사고에서 어떻게 **살아남았을까** _____?

04 **맹목적인** _____ 믿음은 참담한 결과로 이어질 수 있다.

05 난 **금발인 여자** _____ 가 좋아.

B | 다음 표시된 단어의 동의어를 찾거나, 빈칸에 알맞은 단어를 고르세요.

06 His proposition is the only **viable** solution.
　　ⓐ feeble　　ⓑ feasible　　ⓒ frail

07 The traffic accident is _____ in my memory.
　　ⓐ vivid　　ⓑ viable　　ⓒ vivacious

08 He always pays _____ loyalty to his boss.
　　ⓐ bland　　ⓑ blind　　ⓒ blended

정답 A 01 viable　02 vivid　03 survive　04 blind　05 blonde
　　　 B 06 ⓑ　07 ⓐ　08 ⓑ

15 바람이 부는 건 blow, 새가 퍼덕거리는 건 flap

기러기 wild goose 한 마리가 물 위에 있다가 날아오르기 위해 날개를 퍼덕거리고 있네요. 새가 날개를 퍼덕거리면 옆으로는 바람이 일겠죠? 여기서 연상되는 flap 퍼덕거리다와 blow(바람이) 불다에서 생겨난 어휘들이 이번에 배울 주제입니다. 자, 어떤 어휘들이 등장하는지 함께 알아볼까요?

blow
(바람이) 불다

blast
1. 돌풍 2. 폭발

breeze
1. 산들바람 2. 쉬운 일

blizzard
1. 눈보라 2. 쇄도, 폭주

flap
(날개를) 퍼덕거리다

flag
기; 축 처지다

flip
(갑자기) 홱 움직이게 하다

flop
털썩 주저앉다, 벌렁 드러눕다

01 바람이 부는 건 blow (바람이) 불다, (입으로 바람을) 불다

숨을 크게 들이마신inhale 다음 후~ 하고 바람을 내뱉어 보세요. 여기서 연상되는 단어가 바로 blow입니다. blow the balloon 하면 '풍선을 불다'가 되고 blow in the wind 하면 '바람에 나부끼다'가 됩니다. 상황에 따라서 자동사, 타동사 둘 다로 쓰일 수 있죠.

특히 blow와 관련된 두 가지 표현을 알아두어야 합니다. 먼저 blow up폭파하다라는 표현이 있습니다. 사실 폭발explosion이 일어날 때 바람이 확~ 일게 되잖아요. 그래서 생겨난 구동사가 blow up이에요. 또 하나는 blow one's mind인데, 뜻이 '마음 속에 바람을 불어넣다'가 되므로 '몹시 흥분시키다'라는 의미로 쓰이게 된 것입니다. 마지막으로 blow는 명사로 '강타, 타격'이란 뜻이 있는데 이 뜻은 동사 '(바람이) 불다'란 의미와는 아무 연관이 없는 동음이의어입니다!

> **blow** [자동] [타동] (바람이) 불다, (입으로 바람을) 불어 넣다
> [명] 강타, 타격 = strike
> - blow up 1. 폭발하다 2. (몹시) 화내다
> - blow one's nose 코를 풀다
> - blow one's mind 정신이 멍해지다, 몹시 흥분시키다

- The terrorists are threatening to **blow up** the plane.
  테러리스트들이 비행기를 폭파하겠다고 협박하고 있다.
- Seeing her again really **blew my mind**. 그녀를 다시 보고 정신이 멍해졌다.
- Don't **blow** your own trumpet. 자화자찬하지 마세요.

02 강하게 부는 바람은 blast 돌풍; 폭발

blow와 blast, 발음이 어느 정도 비슷하죠? 그런데 분명히evidently blow보다 blast의 발음이 더 강합니다. 영어에서 단어의 발음이 강하다는 것은 그 단어의 의미도 강하다는 뜻입니다. 다시 말해 blow바람이 불다에서 '강하게 부는 바람'이란 의미로 생겨난 단어가 바로 blast돌풍이죠. 또한 폭발explosion이 일어날 때도 역시 강한 바람이 일기 때문에, 여기서 생겨난 blast의 두 번째 의미가 바로 '폭발'입니다.

> **blast** 명 1. 돌풍 = gust 2. 폭발 = explosion
> 동 폭파[발사]하다, 폭파되다 = burst, explode
>
> · at full blast 최대한도로
> · the blast of a huge epidemic 엄청난 전염병의 창궐

· The **blast** was heard three miles away. 그 폭발음은 3마일(4.8km) 떨어진 곳에서도 들렸다.

· The plane was **blasted** out of the sky by a terrorist bomb.
그 비행기는 테러리스트의 폭탄에 의해 하늘에서 폭파되었다.

· A bomb **blast** completely destroyed the government building.
폭탄의 폭발로 인해 정부 건물이 완전히 파괴되었다.

03 부드럽게 부는 바람은 breeze 산들바람, 미풍; 쉬운 일

blow(바람이) 불다와 관련된 단어로 또 하나 빠질 수 없는 어휘가 바로 breeze 산들바람, 미풍입니다. 산들바람은 부드럽게 부는 바람이죠? 이 느낌 그대로 살려서 breeze를 발음해보세요! (부드럽게) '브리~즈.' 방금 전 폭발 blast에서도 얘기했지만 영어 단어의 뜻과 발음의 느낌은 무관하지 않습니다. blast를 발음할 때는 확실히 센 소리가 나지만 breeze는 저절로 부드럽게 발음하게 됩니다. breeze는 「be a breeze 쉬운 일이다」의 형태로도 많이 쓰입니다!

> **breeze** 명 1. 산들바람, 미풍 2. 쉬운 일 = cinch
>
> · leaves waving in the breeze 산들바람에 흔들리는 나뭇잎들
> · be a breeze 쉬운 일이다
> · It is a breeze! 그거 쉬운 일이야! = It's a piece of cake.

· Her hair was gently swaying in the **breeze**. 그녀의 머리카락이 미풍에 부드럽게 흔들리고 있었다.

· Don't think that learning Dutch will be a **breeze**.
네덜란드어를 배우는 것이 쉬운 일일 거라고 생각하지 마.

· There is nothing to it. It'll be a **breeze**. 별거 아니야. 그건 쉬운 일이야.

04 거세게 부는 바람은 blizzard 눈보라; 쇄도, 폭주

blow와 연관된 마지막 어휘로 blizzard가 있습니다. blizzard눈보라는 폭설heavy snow이 내리고 바람은 거세게 부는 상황이죠. 여기서 비유적으로figuratively '쇄도, 폭주'란 뜻이 생겨납니다. 엄청난 '눈보라'가 휘몰아치듯 엄청난 '비난, 주문' 등이 휘몰아치는 상황이 연상되죠? 이런 뜻은 flood홍수, deluge폭우, avalanche눈사태에도 똑같이 적용됩니다.

> **blizzard** 명 1. 눈보라, 폭설 2. 쇄도, 폭주 = flood, deluge, avalanche
> · get stuck in a blizzard 눈보라 속에 갇히다
> · a blizzard of emails 이메일 폭주

· Two climbers are missing after yesterday's **blizzard**.
  어제 눈보라가 있은 후 두 명의 등산객이 실종되었다.

· The prestigious university received a **blizzard** of applications.
  그 명문대는 엄청나게 많은 입학 신청서를 받았다.

prestigious 명성이 있는, 명문인

05 새가 날개를 퍼덕거리는 건 flap (날개를) 퍼덕거리다

사실 우리말에서 '퍼덕거리다'라는 말이 들려오는 소리에서 만들어진 의성어란 사실을 아세요? 영어에도 우리말처럼 의성어가 많이 있습니다. 예를 들어, 고양이가 우는 소리는 meow meow, 소는 moo moo, 사자가 으르렁거리는 소리는 roar, 개가 짖는 소리는 bark로 씁니다. flap 역시 새가 날개를 퍼덕거리는 소리를 알파벳으로 표기한 게 바로 flap이 된 것입니다. 뜻은 당연히 '(날개를) 퍼덕거리다'구요. 굳이 외우려 하지 않아도 자연스럽게 외워지죠?

> **flap** 동 (날개를) 퍼덕거리다, (깃발이) 펄럭거리다
> 　　　명 (봉투나 호주머니 위에 달린 얇은) 덮개; (마음의 펄럭거림인) 동요, 흥분 = excitement
>
> - the flag flapping in the breeze 미풍에 펄럭이고 있는 깃발
> - flap arms to keep warm 따뜻함을 유지하기 위해 양팔을 흔들다

- The big ship's sails **flapped** in the wind.
  큰 배의 돛들이 바람에 펄럭였다.

- My sister is in a bit a **flap** over the wedding plans.
  내 여동생은 결혼 계획을 세우느라 약간 흥분되어 있다.

06 flap과 닮음꼴 단어 flag 기, 깃발; 축 처지다

flap에서 자음 'p'가 'g'로 바뀐 어휘가 flag입니다. 새의 날개가 퍼덕이듯 깃발도 역시 바람에 펄럭입니다. 우리말에서도 '퍼덕'과 '펄럭'이 별로 다르지 않은 것처럼, 영어에서 flap과 flag가 별반 다르지 않습니다. 그런데 flag에는 또 다른 동사의 의미가 있습니다. flag이 동사로 쓰이면 '축 처지다'라는 뜻이 되는데, 깃발이 바람에 펄럭이지 않을 때 축 처져 있는 모습을 떠올려보면 쉽게 연상이 됩니다!

> **flag** 명 기, 깃발 = ensign
> 　　　자동 축 처지다 = droop
>
> - a red flag 위험 신호, 적신호
> - a Korean flag 한국의 깃발(태극기)
>
> **flagging** 형 침체하는, 축 처지는 = flaccid

- The **flag** waves in the wind.
  깃발이 바람에 펄럭인다.

- The government has struggled to revive the **flagging** economy.
  정부는 침체하고 있는 경제를 되살리기 위해 엄청난 노력을 해왔다.

07 flap에서 모음변화된 동사 flip (갑자기) 홱 움직이(게 하)다

flap에서 모음 a가 i로 바뀌면 flip이 됩니다. 상당히 재미있는 어휘죠. 새가 날개를 퍼덕일 때 갑자기 홱 움직이는 모습에서 유래된 어휘가 바로 flip_{갑자기 홱 움직이다}입니다. flip에는 아주 유명한 표현이 있어요. 바로 flip a coin_{동전을 던져 결정하다}입니다. 왼쪽 그림을 보니까 뭔지 아시겠죠? 동전을 던져_{flip a coin} 뭔가를 결정_{decision}하잖아요. 특히 축구 경기에서 선공을 하는 팀을 결정할 때 이 방법을 씁니다. flip에서 생겨난 조금 더 어려운 어휘가 flippant_{경솔한}입니다. 신중하게 생각하지 않고 말이나 행동을 홱홱 해대는 모습이 바로 flippant죠. 이렇게 순차적으로 공부하니 어휘가 참 재미있죠?

---

flip 자동 타동 **(갑자기) 홱 움직이(게 하)다**
 명 **공중제비**

· flip a coin 동전을 던져 결정하다
flippant 형 경솔한 = rash
· a rather flippant remark 다소 경솔한 말

· She **flipped** the lid of the box open and looked inside.
  그녀가 갑자기 상자의 뚜껑을 홱 열어서 안을 들여다보았다.

· We **flipped** a coin to see who would go first.
  우리는 동전을 던져 누가 먼저 갈지를 결정했다.

06 털썩 주저앉을 때 나는 소리 flop 털썩 주저앉다, 풀썩 엎어지다

직장에서 하루 종일 바쁘게 일을 한 후 완전히 지쳐 집에 들어오자마자 거실 소파에 그대로 쓰러질 때의 모습을 떠올려 보세요. 몸이 저절로 '털썩' 하고 소파 위로 쓰러집니다. 우리말의 '털썩, 풀썩'에 해당하는 영단어가 바로 flop이에요. 그래서 flop은 '(의자에) 털썩 주저앉다, (침대에) 풀썩 엎어지다'의 의미로 쓰입니다. 마지막으로 flop에는 '실패_{failure}'라는 명사 의미도 있습니다! 시험 결과를 알고

땅바닥에 털썩 주저앉았다면 시험에서 실패한 거겠죠? flop털썩 주저앉다, 풀썩 엎어지다 역시 의성어라는 거 잊지 마세요!

> **flop** [자동] 털썩 주저앉다, 풀썩 엎어지다
> [명] 실패 = failure
> - flop down onto the bed 침대 위에 풀썩 엎어지다
> - a complete flop of the performance 완전히 실패한 공연

· He **flopped** down into a chair.
  그는 의자에 털썩 주저앉았다.

· I heard the movie is a **flop** at the box office.
  그 영화는 흥행에 있어서 완전히 실패작이라고 들었어요.

확인하고 넘어가자

A | 다음 표시된 말에 해당하는 단어를 원형으로 써보세요.

01 예기치 못한 **폭발** _____ 로 많은 사람들이 사망했다.

02 **산들바람** _____ 이 날 기분 좋게 한다.

03 우리는 **눈보라** _____ 를 헤치고 앞으로 나아갔다.

04 나뭇가지가 축 **처져 있다** _____ .

05 우리 **동전을 던져 결정하자** _____ !

06 난 너무 피곤해 의자에 **털썩 주저앉았다** _____ .

B | 다음 표시된 단어의 동의어를 찾거나, 빈칸에 알맞은 단어를 고르세요.

07 His new book is a complete **flop**.
　　ⓐ blunder　　ⓑ prosperity　　ⓒ failure

08 Fortunately, no one was wounded in the **blast**.
　　ⓐ expulsion　　ⓑ explosion　　ⓒ exhibition

09 Flags are waving in the **breeze**.
　　ⓐ soft wind　　ⓑ strong wind　　ⓒ violent wind

정답 A 01 blast 02 breeze 03 blizzard 04 flag 05 flip a coin 06 flop
　　　 B 07 ⓒ 08 ⓑ 09 ⓐ

16. 첫째 가는 prime, 머리에서 유래한 capital

그림 속 장소가 어딘지 아시겠어요? 바로 미국의 수도capital인 Washington D.C.에 있는 미국 국회 의사당Capitol 건물입니다. 또한 한국의 Seoul, 일본의 Tokyo, 중국의 Beijing은 각국의 첫째 가는prime 수도capital들이죠. 이번에는 prime과 capital에서 유래된 어휘들을 알아보겠습 니다. 과연 어떤 어휘들이 기다리고 있을까요?

prime 첫째 가는

primary 1. 첫째 가는, 주된 2. 초등 교육의

primitive 원시의, 원시적인

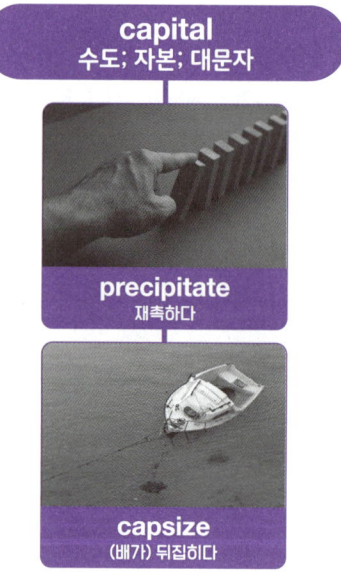

capital 수도; 자본; 대문자

precipitate 재촉하다

capsize (배가) 뒤집히다

01 첫째 가는 prime 제1의, 주된; (품질이) 최고인

영한사전을 들고 prime을 찾아보세요! 아마도 엄청나게 많은 뜻들이 나열되어 있을 거예요. 그 뜻을 다 외우려니 막막하죠? 그걸 다 외우는 건 영어를 잘하는 게 아니라 머리만 아프게 할 뿐이랍니다.

prime의 어원적 핵심 의미는 'first'예요. 우리말로 '첫째 가는'의 뜻인 거죠. 이 핵심 의미만 알면 prime 뿐만 아니라 앞으로 나오게 될 prime 관련 어휘들을 익히는 데 아무런 문제가 없습니다. 그래도 prime time_{황금 시간대}, prime minister_{총리}만큼은 한 단어처럼 암기해 두어야 합니다! 사진 속 인물은 영국의 유명한 prime minister였던 윈스턴 처칠입니다!

---

prime 〔형〕 1. 첫째 가는, 주된 2. (품질이) 최고인 = best

- prime time (TV 시청의) 황금 시간대
- prime minister 총리
- the prime suspect in the murder investigation 그 살인 사건의 가장 유력한 용의자

- The wine industry is of **prime** importance to the California economy.
  와인 산업은 캘리포니아 경제에 가장 중요하다.

- The house is very expensive because it's in a **prime** location.
  그 집은 중심지에 위치해 있기 때문에 아주 비싸다.

- He's past his **prime**. 걔는 한창때를 지났어.

02 prime에서 파생된 형용사 primary 첫째 가는, 주된; 초등 교육의

prime에 형용사 접미어가 붙어 생긴 어휘가 primary입니다. '첫째 가는, 주된'의 뜻은 prime과 다를 바가 없지만 primary school 하면 영국에선 '초등학교'를 의미합니다. 미국에선 elementary school이라고 부르죠. 또 조금 어려운 정치 용어_{political term}로 primary election 하면 '(당내) 경선'이라는 것도 알아두어야 합니다. 아울러 open primary라고 하면 그 당의 당원_{partisan} 뿐만 아니라 일반 국민도 참여할 수 있는 '국민 참여 경선'이라고 이해하면 된답니다!

> **primary** 형 1. 첫째 가는, 주된 = main 2. 초등 교육의 = elementary
> 명 예비 선거
>
> - primary school 초등학교
> - primary election (본선 후보를 선출하는 당내) 경선, 예비선거
> - open primary 공개 예비 선거(당원 및 일반 국민 모두 투표 참여 가능)

- The **primary** aim of this course is to improve your spoken English.
  이 강좌의 주된 목표는 영어 말하기를 향상시키는 것이다.
- My wife is a **primary** teacher. 내 아내는 초등학교 선생님이다.

03 처음 시대이니 primitive 원시의, 원시적인

현재 우리는 고도로 발달된highly advanced 시대에 살고 있지만, 인류human race가 탄생한 처음prim- 시대는 primitive원시의, 원시적인였습니다. 정말 동물을 잡아먹고 수렵·채집hunting and gathering 생활을 했던 그 먼 옛날이 바로 primitive age원시 시대라 할 수 있습니다. 원시 시대는 역사 기록 이전의 시대이기 때문에 prehistoric age선사 시대라고도 부릅니다!

> **primitive** 형 원시의, 원시적인; 원초적인
>
> - a primitive man 원시인
> - a primitive society 원시 사회
> - a primitive tribe 원시 부족
> - our primitive feelings of vengeance 우리의 원초적 감정인 복수심

- A spear is a **primitive** weapon. 창은 원시적인 무기다.
- **Primitive** people thought that the supernatural beings controlled their lives.
  원시 시대 사람들은 초자연적인 존재가 그들의 삶을 지배한다고 생각했다.

supernatural 초자연적인

04 머리가 되는 것은 capital 수도; 자본; 대문자

언뜻 보면 capital에는 서로 연관성이 없어 보이는 세 가지 의미가 있는 것 같죠? 이럴 때는 역시 어근의 의미를 파악하는 것이 무엇보다 중요합니다. capital에서 어근 capit은 '머리head'란 뜻입니다. 즉, capital은 어원적 의미로 '머리가 되는 것'이란 뜻이 되죠. 따라서 '도시들 중 우두머리'에서 '1. 수도', '옛날에 농부들이 소 머리를 세며 돈으로 여겼다는 유래'에서 '2. 자본', '크게 쓰는 머리글자'라는 의미에서 '3. 대문자'라는 세 가지 뜻이 생겨났습니다.

요즘 외래어로 많이 쓰이는 '캐피탈'은 모두 '자본, 돈'과 관련된 의미로 쓰입니다. capitalism자본주의라는 단어도 중요하니 꼭 알아두세요.

---

capital 명 1. 수도 2. 자본 3. 대문자 ↔ lower case letter 소문자

· make capital out of ~을 이용하다 = capitalize on
capitalism 명 자본주의
communism 명 공산주의
socialism 명 사회주의

· The government has strived to attract foreign **capital**.
정부는 외자를 유치하기 위해 안간힘을 써왔다.

· He had very little **capital** when he started. 그는 시작할 때 자본을 아주 조금 갖고 있었다.

· The principles of **capitalism** and socialism are diametrically opposed to each other. 자본주의와 사회주의의 원칙들은 서로 정반대다.

05 (떨어질 때) 머리를 앞으로 내밀면 precipitate 재촉하다; 촉발시키다

precipitate 역시 어원분석을 하면 「pre-앞으로 + cipit머리(head) + -ate동접 → (떨어질 때) 머리를 앞으로 내밀다」가 되어 '(추락을) 재촉하다'라는 뜻으로 쓰이게 된 것을 알 수 있습니다. 떨어질 때 머리를 앞으로 내밀게 되면 추락의 속도가 빨라지겠죠? 그런 연상에서 생겨난 어휘가 precipitate입니다. precipitate는 기본적으로 추락downfall에 바탕을 두고 생겨난 어휘이기 때문에 폭동riot, 범죄crime와 같은 주로 나쁜 일을 '재촉하다; 촉발시키다'란 의미로 쓰인다는 것도 알아두세요!

> **precipitate** 〖타동〗 1. 재촉하다 = hasten 2. 촉발시키다 = trigger
> 〖형〗 성급한 = hasty
>
> **precipitation** 〖명〗 강수량
> · an increase in annual precipitation 연간 강수량의 증가
> **precipice** 〖명〗 절벽 = cliff
> **precipitous** 〖형〗 험한, 가파른 = steep

- The riot was **precipitated** when three black men were beaten to death.
  세 명의 흑인들이 맞아 죽게 되자 그 폭동이 가속화되었다.

- Don't make such a **precipitate** decision.
  그렇게 성급하게 결정하지 마.

06 배의 머리 부분이 뒤집히면 capsize (배가) 뒤집히다, 전복시키다

capsize는 의외로 많이들 모르는 어휘입니다. 아마도 -size란 부분이 혼란을 주기 때문일지도 모르겠네요. 일단 capsize를 어원분석해보면 「cap머리(head) + -siz(e)다이빙하다(dive) → 뱃머리가 가라앉다」가 되어 '(배가) 뒤집히다'라는 뜻이 된 것입니다.
동의어로 subvert도 함께 알아두어야 하는데, subvert는 어원분석하면 「sub-아래로(under) + vert돌리다(turn) → 아래로 돌리다」가 되므로 '뒤집어 엎다'란 뜻이 된 것인데, subvert the government정부를 타도하다라는 표현과 같이 추상적인 개념에 주로 쓰입니다!

> **capsize** 〖동〗 (배가) 뒤집히다, 전복시키다
> · the capsized canoe 뒤집힌 카누
> **subvert** 〖동〗 (체제를) 전복시키다, 타도하다
> · subvert the government 정부를 타도하다

- The men righted the boat that had **capsized**. 남자들이 뒤집힌 배를 바로 잡았다.

- The boat **capsized** in rough waters, and three men were drowned.
  그 배는 거친 물살에 뒤집혀서 세 명이 익사했다.

확인하고 넘어가자

A | 다음 표시된 말에 해당하는 단어를 원형으로 써보세요.

01 이 책의 **주된** _____ 목표는 영단어를 제대로 공부하게 하는 것이다.

02 그렇게 **원시적인** _____ 방법으로는 어림없다.

03 우리는 **자본주의** _____ 의 문제점을 알고 있다.

04 **성급한** _____ 결정은 화를 부른다.

05 배가 **전복되어** _____ 많은 인명피해가 있었다.

B | 다음 표시된 단어의 동의어를 찾거나, 빈칸에 알맞은 단어를 고르세요.

06 Their **primary** objective is to make money.
   ⓐ prominent   ⓑ main   ⓒ important

07 Do not be _____ in this matter.
   ⓐ precipitation   ⓑ precipice   ⓒ precipitate

08 The boat was **capsized** by the storm.
   ⓐ converted   ⓑ reverted   ⓒ subverted

정답 A 01 primary   02 primitive   03 capitalism   04 precipitate   05 capsize
　　　 B 06 ⓑ   07 ⓒ   08 ⓒ

17 밭을 갈듯 생겨나는 culture, city에서 유래한 civilization

황하 문명, 메소포타미아 문명, 인더스 문명, 이집트 문명은 세계 4대 문명civilization의 발상지로 불립니다. 이 문명의 발상지를 통해 생겨난 여러 국가들 또한 각각의 문화culture를 발전시켰죠. 이렇게 civilization문명과 culture문화는 서로 떼래야 뗄 수 없는 불가분의inseparable 관계라고 할 수 있습니다. 그런데 어휘적인 측면에서도 이 두 어휘와 관련된 중요한 어휘들이 생겨납니다. 어휘력도 높이고 상식도 늘도록 일석이조killing two birds with one stone 하러 가볼까요?

culture
문화

- **cult** (집단적) 숭배
- **cultivate** 경작하다
- **agriculture** 농업
- **colony** 식민지

civilization
문명

- **civil** 시민의; 예의 바른
- **urban** 도시의
- **rural** 시골의

146

01 농부가 밭을 갈듯 자연스럽게 생겨나는 것은 culture 문화

어느 나라건 다 고유의 문화가 있죠. 문화란 그 나라의 정체성identity이 아닌가 싶습니다. 그런데 이 문화라는 것이 결코 하루 아침에 이루어지지 않습니다. culture문화란 단어의 어원을 보면 이런 점이 바로 이해되죠. culture에서 어근 cult는 '(밭을) 갈다till'란 뜻이에요. 농부가 밭을 갈듯 교육을 통해 사람들을 가르치고 교화해 나가며 자연스럽게 생겨나는 것이 바로 '문화'랍니다.

여기서 중요한 표현 한 가지 짚고 넘어갈게요. 바로 culture shock문화 충격입니다. 마지막으로 culture에는 '(미생물·세포 등을) 배양하다'라는 동사의 의미도 있다는 것 놓치지 마세요!

> **culture** 명 문화 타동 (미생물·세포 등을) 배양하다
>
> **culture shock** 명 문화 충격
> - respect different cultures 다른 문화를 존중하다
> - learn about other cultures 다른 문화를 배우다
> - suffer from culture shock 문화 충격을 받다

- I want to experience more **culture**. 나는 더 많은 문화 경험을 하고 싶다.
- The company's corporate **culture** is focused on increasing profits.
  그 기업의 문화는 이익을 증대시키는 것에 집중되어 있다.
- In our **culture**, it is rude to ask someone how much they earn.
  우리 문화에서 남의 연봉을 물어보는 것은 무례한 일이다.

02 관심을 갖고 쫓는 숭배 cultus에서 유래한 단어 cult
(집단적) 추종, 숭배; (특이한 것을 쫓는) 집단

영화를 좋아하는 분들은 소수 집단에 의해 광적으로 숭배를 받는 cult movie컬트무비라는 말 들어본 적이 있으실 거예요. cult는 원래 관심을 갖고 쫓는 '숭배worship'을 뜻하는 라틴어 cultus에서 유래된 말인데, cult movie가 뭔지 알면 cult의 의미가 확 와닿게 됩니다. 마지막으로 표현 하나 짚고 넘어갈까요? personality cult란 말이 있는데, 이 말은

주로 특정 정치 지도자political leader에 대한 '개인 숭배'란 뜻입니다.

> **cult** 명 (집단적) 추종, 숭배; (특이한 것을 쫓는) 집단
> **personality cult** 명 (정치 지도자에 대한) 개인 숭배
> · a cult band[figure] 소수의 팬들이 광적으로 좋아하는 밴드[인물]
> · dozens of religious cults 수십 개의 종교 집단들

· Long after it had gone off the air, the TV series continued to have a huge **cult**.
  방송이 종영된 후에도 오랫동안 그 TV 연속극은 엄청난 마니아층을 형성했다.
· The actor Johnny Depp acquired the status of a **cult** hero.
  배우 조니 뎁은 소수의 팬들에게 추앙받는 영웅이 되었다.

03 밭을 가는 건 cultivate 경작[재배]하다; 연마[함양]하다

어근 cult의 뜻이 '밭을 갈다till'입니다. 따라서 cultivate는 자연스럽게 '밭을 갈다, 경작하다'라는 뜻이 된 거죠. 그런데 한 가지 주의해야 할 점은 꼭 '땅'만 경작하는 것이 아니라 '기술, 인격' 등을 '갈고 닦다'라는 뜻에서 생겨난 '연마[함양]하다'라는 추상적인 의미로도 쓰인다는 점이죠. 그러고 보면 cultivate가 쓰이는 범위range가 상당히 넓어집니다. 하지만 '경작'이든 '연마'든 거칠고 모자란 면을 매끈하고 완벽하게 '갈고 닦는' 건 똑같답니다.

> **cultivate** 타동 경작[재배]하다; 연마[함양]하다
> · a highly cultivated man 대단히 교양 있는 남자
> · cultivate maize and watermelons 옥수수와 수박을 재배하다
> · cultivate new skill 새로운 기술을 연마하다
> **cultivation** 명 경작; 연마

· I will **cultivate** a habit of early rising. 아침에 일찍 일어나는 습관을 들여야겠다.

- Prehistoric peoples settled the area and began to **cultivate** the land.
  선사시대 사람들이 그 지역에 정착해 땅을 일구기 시작했다.

- The musician has spent years **cultivating** knowledge and talent of music.
  그 음악가는 음악적 지식과 재능을 갈고 닦는 데 몇 년의 시간을 보냈다.

prehistoric 선사시대의

04 땅을 경작하는 것은 agriculture 농업

농업은 인간에게 가장 근본적fundamental이고 중요한 산업이죠. 우선 agriculture농업의 어원적 의미부터 살펴보면 「agri들판(field) + cult밭을 갈다(till) + -ure명접 → 땅(들판)을 경작하는 것」이 됩니다. 재미있는 것은 agri가 '땅, 들판field'이란 뜻의 어근인데 원래는 agora라고 표기됩니다. 여러분, 인터넷 포털사이트portal site인 Daum의 토론광장 아고라agora 아시죠? 고대 그리스인들이 마을에 있는 넓은 공터에서 모여 토론을 벌인 데서 유래된 말입니다. agriculture는 '농업'으로, farming은 '농사'로 외워두면 정확하답니다.

> **agriculture** 명 농업
>
> **agricultural** 형 농업의
> · agricultural products 농작물
> · agricultural implements 농기구들
> **agriculturalist** 명 농업 전문가
> **farming** 명 농사

- More than 75% of the land in the area is used for **agriculture**.
  그 지역 토지의 75% 이상이 농업에 사용된다.

- The number of people employed in **agriculture** has fallen in the last decade.
  농업 종사자 수는 지난 십 년 동안 감소해 왔다.

05 (다른 나라를 우리나라의 일부로) 일군 땅은 colony 식민지; (동종의) 무리, 군락

인간이 땅을 일구어 먹거리를 만들어내는 것이 농업 agriculture이라면 다른 나라를 쳐들어가 자국의 영토로 만들어버리는 것은 colony식민지가 됩니다. colony 역시 어원분석을 해보면 「colo(cult)밭을 갈다 + -ny명접 → (다른 나라를 우리나라의 일부로) 일군 땅」이 되죠. 해가 지지 않는 나라로 유명했던 영국은 미국을 비롯해 엄청난 식민지를 거느리던 전성기heyday가 있었죠. colony에는 또 한 가지 중요한 뜻이 있는데, 같은 부류, 종류sort의 사람들이나 동식물들의 '무리, 군락(群落)'이란 뜻입니다. 바다표범seal들은 무리를 지어 모여 살죠. 이런 동물들의 무리를 바로 colony라고 한답니다!

---

colony 명 식민지; (동종의) 무리, 군락
- former British colonies 이전 영국의 식민지들
- an ant[seal] colony 개미[바다표범] 무리

colonial 형 식민(지)의
- achieve independence from colonial rule 식민 통치에서 벗어나 독립을 이루다

colonialism 명 식민주의, 식민지 건설

· The **colony** declared independence. 그 식민지는 독립을 선언했다.

· The United States was once a **colony** of Great Britain.
  미국은 한때 대영제국의 식민지였다.

· We visited Boulders Beach where there is a **colony** of African penguins.
  우리는 아프리카 펭귄의 서식지가 있는 볼더스 해변을 방문했다.

06 발전되고 세련된 city에서 유래한 단어 civilization 문명

인류가 이룩한 물질적, 기술적, 사회 구조적인 발전. 자연 그대로의 원시적 생활에서 벗어나 발전되고 세련된 삶의 양태. 이것이 바로 '문명'입니다. civilization문명은 어원을 거슬러 올라가보면 city도시에서 유래되었는데, 문명의 정의definition에서도 나타난 것처럼 '문명'이란, 원시생활primitive life에서 벗어나 사람들이 한 곳에 정착settlement해 모여 살게 되면서 자연스럽게 형성되는 것이 city도시였기 때문입니다. 따라서 '문명'의 형성은 곧 '도시'의 형성과 그 궤를 같이한다고 볼 수 있죠. 한 가지 더! 형용사 civilized에는 '(사람이) 교양 있는, (분위기가) 안락한, 멋진'의 뜻도 있다는 거 놓치지 말아야 합니다.

civilization 명 문명
- the ancient civilizations of Greece and Rome 그리스와 로마의 고대 문명들
- the dawn of civilization 문명의 시작

civilized 형 문명화된, 개화된; 교양 있는; 안락한
- a civilized conversation 교양 있는 대화

- The book explores the relationship between religion and **civilization**.
  그 책은 종교와 문명 사이의 관계를 탐구한다.
- Breakfast on the terrace — how **civilized**! 테라스에서의 아침 식사라, 정말 멋져!
- We spent a rather **civilized** evening. 우리는 상당히 멋진 저녁을 보냈다.

07 city에 뿌리를 둔 단어 civil 시민의; 예의 바른

civil과 비슷한 어휘로 civic시의, 시민의이란 단어가 있습니다. civil이든 civic이든 둘 다 city도시에 그 뿌리를 두고 있는 어휘이기 때문에 접미어의 철자가 약간 다를 뿐 의미는 크게 다르지 않습니다. 다만 civil은 '시민의'란 의미 외에 법law과 함께 어울려 쓰이면 '민사의'라는 뜻이 되며 사람의 태도attitude에 쓰이면 '예의 바른'이란 뜻이 됩니다. 아무래도 도시는 좀 더 많은 사람들이 모여 살기 때문에 좋으나 싫으나 예절manners를 갖춰야 해서 생긴 의미랄 수 있겠죠.

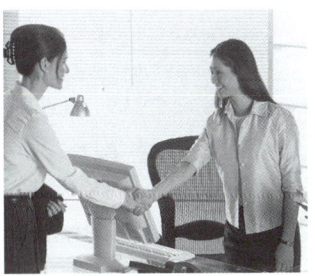

civil 형 시민의, 민간의; 민법의; 예의 바른
- civil law 민법 ↔ criminal[penal] law 형법
- civil unrest 시민 불안

- a civil war (한 나라 내에서 벌어지는) 내전
- a civil defense drill 민방위 훈련

civic 형 시의; 시민의

- For years the country was torn apart by **civil** conflict.
  여러 해 동안 그 나라는 국민들 간의 상호 충돌로 갈기갈기 찢겨졌다.
- Many **civil** cases can be settled out of court. 많은 민사사건들은 법정 밖에서 해결될 수 있다.
- It's a **civil** defense drill. 민방위 훈련을 하는 거예요.

08 city의 형용사 urban 도시의

도시는 city지만 '도시의'라는 형용사는 urban입니다. 여기서 어근 urb가 '도시city'라는 뜻의 어근이라는 걸 알아야 합니다. 그래야 suburb가 어원적으로 '도시의 주변 지역'이 되어 '교외, 근교'라는 뜻이 된 것도 쉽게 알 수 있죠.

그런데 urban에서 나온 어휘 중에 urbane이란 단어가 있어요. 물론 '도시urb'라는 어원에서 나왔죠. 그래서 '도시적인, 세련된'이란 뜻을 갖습니다. urban과 urbane은 어원은 같지만 엄연히 뜻이 다른 어휘이므로 혼동confusion하지 마세요!

urban 형 도시의 ↔ rural 시골의

- unemployment in urban areas 도시 지역의 실업
- an enormous growth in urban population 도시 인구의 엄청난 증가

urbane 형 도시적인, 세련된 = sophisticated
urbanity 명 세련됨, 우아함 = elegance

- Rapid **urban** growth has had a negative effect on birds and animals.
  급속한 도시의 성장은 새들과 동물들에게 부정적 영향을 끼쳤다.
- The problem of air pollution is especially serious in **urban** areas.
  대기 오염 문제는 도시 지역에서 특히 심각하다.

09 탁 트인 넓은 땅이니 rural 시골의

urban도시의를 배웠으니 이젠 반대말antonym인 '시골의'를 공부해야죠? rural은 「rur펼쳐진 땅(open land) + -al형접 → 탁 트인 넓은 땅(개활지)의」라는 어원적 의미에서 생겨난 단어입니다. 도시는 온갖 건물들로 빼곡하지만, 시골에 가면 넓디넓은 들판이 탁 트여 있잖아요. 그래서인지 시골에 가면 마음도 탁 트이구요.

한 발 더 나가보면 rustic이란 단어가 있는데 rural보다는 조금 더 어려운 어휘긴 하지만 뜻은 '시골의, 시골풍의'로 거의 같답니다.

> **rural** 형 시골의, 전원의 ↔ urban 도시의
> · a magazine about rural life 전원 생활에 관한 잡지
> · a rural development plan 시골 지역 개발 계획
>
> **rustic** 형 시골의, 시골풍의
> · a rustic charm 시골의 소박한 매력

- My grandparents preferred **rural** life rather than urban life.
  내 조부모님은 도시 생활보다 시골 생활을 더 좋아하셨다.

- The **rural** area will be developed on a large scale.
  그 시골 지방은 대규모로 개발될 것이다.

- Many people living in **rural** areas have lower incomes and fewer job opportunities than those in cities.
  시골 지역에 살고 있는 많은 사람들은 도시 지역 사람들보다 소득과 일자리를 얻을 수 있는 기회가 더 낮다.

on a large scale 대규모로

확인하고 넘어가자

A | 다음 표시된 말에 해당하는 단어를 원형으로 써보세요.

01 난 처음 여행한 그 나라에서 **문화 충격** _____을 받았다.

02 10대의 어린 팬들은 그 그룹을 맹목적으로 **숭배** _____한다.

03 그들은 불모지 같아 보이던 땅을 **경작하여** _____ 옥토로 만들었다.

04 모든 국가에서 **농업** _____은 가장 중요한 산업이다.

05 영국은 세계에서 가장 많은 **식민지** _____를 건설했다.

06 그 나라는 **내전** _____으로 몸살을 앓았다.

B | 다음 표시된 단어의 동의어를 찾거나, 빈칸에 알맞은 단어를 고르세요.

08 The land was too rocky to **cultivate**.
ⓐ sow   ⓑ till   ⓒ spawn

08 In 1607, England founded the first _____ at Jamestown in Virginia.
ⓐ colony   ⓑ citadel   ⓒ column

09 I expect a **civil** answer when I ask you a question.
ⓐ civilized   ⓑ urban   ⓒ polite

정답 A 01 culture shock 02 cult 03 cultivate 04 agriculture 05 colony 06 civil war
B 07 ⓑ 08 ⓐ 09 ⓒ

18 바닥에 놓으니 found, 나무와 문제의 뿌리는 root

뿌리가 튼튼하고 깊이 박혀야 나무가 곧고 높이 자랄 수 있습니다. 뿌리는 곧 나무가 바로 설 수 있는 밑바탕이 되는 것이죠. 영어로 '뿌리'는 root, '세우다'는 found입니다. root와 found, 서로 연관성이 있는 이 두 단어와 관련된 중요한 어휘들이 이제부터 줄줄이 등장합니다. 이 책의 매력은 아주 기본적인 어휘부터 수준 높은 고급 어휘까지 어렵지 않게 확장시켜 나가는 거랍니다.

found 설립하다

fund 자금

fundamental 근본[기초]적인

profound 심오한

bottom 바닥

root 뿌리

ray 광선

race 인종

radical 근본적인; 급진적인

01 바닥에 놓으니 found 설립하다

found를 공부하기 전에 어근 fund에 대해 살펴보면 원래 '바닥 bottom'이란 뜻이에요. 여기에 모음 'o'가 첨가되어 생긴 동사가 found로, '바닥에 놓다'라는 어근적 의미에서 '세우다, 설립하다'란 뜻이 되었습니다. 단, find찾다의 과거형 found찾았다와 철자가 같아 혼동할 수 있으니 조심하세요! found는 타동사로 주로 학교, 회사, 조직 등을 '세우다, 설립하다establish'라는 의미로 쓰입니다. 명사 foundation설립; 기초; 재단도 자주 쓰이니 함께 외워두시구요.

---

found [타동] 세우다, 설립하다 = establish
- be founded on the fact 사실에 기반을 두다
- found a new company 새로운 회사를 설립하다

foundation [명] 설립; 기초; 재단; (화장품 중) 파운데이션

- Eton College was **founded** by Henry VI in 1440.
  이튼 칼리지는 1440년 헨리 6세에 의해 설립되었다.

- Their marriage was **founded** on love and mutual respect.
  그들의 결혼 생활은 사랑과 상호 존경에 기반을 두고 있었다.

mutual 상호간의

02 밑바탕이 되는 돈은 fund 자금, 기금

학교를 세우든 회사를 설립하든 밑바탕이 되는 것이 바로 '돈'입니다. 돈이 있어야 뭔가를 할 수 있죠. 자, 어근 fund가 어원적으로 '바닥bottom'이라는 것은 이미 말씀드렸죠? 그 '바닥(밑바탕)'이란 어원적 의미에서 그대로 '자금, 기금'이란 뜻이 된 단어가 바로 fund입니다. fund는 요즘 '펀드'라는 외래어로도 많이 쓰이죠. fund와 비슷하면서도 약간 다른 어휘로 finance가 있는데, '재정, 재무'란 뜻이니 구분해서 알아두어야 합니다. 또 fund나 finance 둘 다 '~에 자금을 공급하다'라는 동사로도 쓰인다는 점도 꼭 알아두세요!

> **fund** 몡 자금, 기금 타동 ~에 자금을 공급하다
> - raise funds for the poor 불우이웃을 위해 기금을 모금하다
> - a charity funded by private donations 개인 기부로 후원되는 자선단체
>
> **finance** 몡 재정, 재무 타동 ~에 자금을 공급하다

- The politician claimed that ministers had misused public **funds**.
  그 정치인은 장관들이 공적 자금을 남용했다고 주장했다.

- The museum is **funded** by the local corporation.
  그 박물관은 그 지역의 기업에 의해 후원된다.

- It's tough to get **financing** nowadays.
  요즘 자금 구하는 일이 쉽지 않네요.

03 '바닥의'에서 생겨난 단어 fundamental 기초적인, 근본적인

온라인에서 경제 기사를 보면 이런 말을 흔히 볼 수 있습니다. '주가의 펀더멘털은 기업의 실적이다!' 여기서 외래어로 쓰이는 '펀더멘털'은 바로 fundamental 기초적인, 근본적인을 뜻합니다. 다시 말해 '주가는 기업의 실적을 기초로 해서 형성된다!'라는 뜻이죠. 주가 stock price 라는 것이 기업 실적이 좋으면 올라가는 것이고, 나쁘면 내려가게 마련이니까요. 아무튼 fundamental에서 어근 fund는 여전히 'bottom'이란 뜻이니 '바닥의'란 어원적 의미에서 '기초적인, 근본적인'이란 뜻이 된 것은 어렵지 않게 이해할 수 있습니다.

> **fundamental** 형 기초적인, 근본적인 = basic, rudimentary; 필수적인 = vital
> - fundamental science 기초 과학
> - a fundamental difference in opinion 의견 상의 근본적인 차이
> - Water is fundamental to survival. 물은 생존에 꼭 필요하다.
>
> **fundamentals** 몡 기본 원칙, (기초적인) 핵심
> **fundamentalist** 몡 근본주의자(특히 종교적으로 보수적인 원칙주의자)

- We have to tackle the **fundamental** cause of the problem.
  우리는 그 문제의 근본적인 원인을 찾아 해결해야 한다.
- There is a **fundamental** distinction between these two methods.
  이 두 가지 방법에는 근본적인 차이가 존재한다.

04 점점 바닥으로 내려가니 profound 심오한; 강한

profound를 어원분석해 보면 「pro-강조 + found바닥 → 점점 바닥으로 내려가는」이 됩니다. '여기서 바닥'은 곧 '아래쪽'을 의미하니 점점 아래쪽으로 내려가다 보면 깊어질 것이고 그것이 곧 '심오한'이란 뜻이 된 것이죠. 또한 profound가 effect효과, impact영향과 같은 단어와 결합하게 되면 '강한'이란 뜻으로 해석합니다. '뿌리 깊은 영향'이란 곧 '강한 영향'이란 말이 되니까요. profound가 조금 어려운 어휘이긴 하지만 필수 영단어이므로 반드시 알아두어야 합니다!

> **profound** 휑 깊은, 심오한 = deep, recondite; 강한 = strong
> - a profound question 심오한 질문
> - a profound thinker 심오한 사상가
> - a profound sense of guilt 강한 죄책감
>
> **profundity** 휑 깊이, 심오함; 강함

- Her books offer **profound** insights into the true nature of courage.
  그녀의 책들은 진정한 용기의 본질이 무엇인지에 관한 심오한 통찰력을 제공한다.
- The mother's behavior has a **profound** impact on the developing child.
  어머니의 행동은 자라나는 아이에게 강한 영향을 끼친다.

05 가장 아래쪽 부분은 bottom 바닥

앞에서 어근 fund의 의미가 '바닥bottom'이라고 배웠습니다. bottom은 '어떤 것의 가장 아래쪽 부분

the lowest part of something'을 뜻하죠. 이 bottom과 관련된 중요한 두 가지 표현이 있습니다. 술 마실 때 흔히 '원 샷!'이라고 하는 표현을 영어로는 'Bottom up!'이라고 합니다. '술이 담긴 술잔의 밑바닥bottom을 뒤집어 위로up 들어 올려라!'라는 뜻에서 '남김없이 다 마셔라!'라는 뜻이 되죠. 또 하나의 중요 표현이 the bottom line인데, 직역하면 '맨 밑줄'이란 뜻이지만, 이 뜻은 부기bookkeeping에서 나온 말로 수입, 지출을 모두 계산한 결과, 수익profit이 났든 손실loss이 났든 장부의 맨 밑줄bottom line에 그 결과를 쓰기 때문에 '최종 계산 결과' 또는 '가장 중요한 것'이란 뜻이 된 것입니다.

---

bottom 〘명〙 바닥, 맨 아래 부분
　　　　〘형〙 맨 아래쪽의, 밑바닥의

- the bottom line (수익이든 손실이든) 최종 계산 결과; 가장 중요한 것
- the bottom of the league 리그 최하위
- start work at the bottom 밑바닥(말단)에서 일을 시작하다
- Bottoms up! 다 마셔!, 원 샷!

- The company's new CEO started at the **bottom** and worked his way up.
그 회사의 새로운 CEO는 말단에서 시작해 사장 지위까지 올라왔다.

- The **bottom** line is that we have to make a decision today.
요점은 우리가 오늘 결정을 내려야 한다는 것입니다.

- Twenty dollars is our rock **bottom** price. 20달러가 저희의 가능한 최저가격입니다.

---

06 나무의 뿌리도 문제의 뿌리도 root 뿌리, 원인, 기원

root는 말 그대로 '뿌리'입니다. 더 이상의 설명explanation이 필요 없죠. 그런데 이 '뿌리'라는 말은 나무의 뿌리라는 뜻으로만 쓰이진 않습니다. 비유적으로 문제의 뿌리 하면 '원인cause'이라는 뜻이 되고 관습이나 제도의 뿌리라고 하면 '기원, 근원origin'이란 뜻이 됩니다.
또 root는 어근이 되면 radic으로 표기되어 radical근본적인; 급진적인이나 eradicate근절하다와 같은 중요한 어휘를 구성한다는 것도 함께 알아두세요!

> **root** 명 뿌리; (문제의) 원인; (제도·관습의) 기원, 근원; (어휘의) 어근
> 자동 타동 뿌리를 내리다 《be rooted in》 ~에 뿌리를 두고 있다
>
> · root for ~을 응원하다
> · the root of the problem 문제의 원인
> · the root of jazz 재즈의 기원
> **radical** 형 근본적인, 철저한; 급진적인 ↔ conservative 보수적인
> **eradicate** 타동 근절하다

· The love for money is the **root** of all evil. 돈에 대한 애착이 모든 악의 근원이다.

· Which team are you **rooting** for? 너는 어느 팀을 응원하니?

· The country's economic troubles are **rooted** in a string of global financial crises.
그 나라의 경제적인 어려움들은 일련의 세계 금융위기에 그 뿌리를 두고 있다.

07 뿌리처럼 사방팔방으로 뻗어나가는 것은 ray 광선

병원에서 건강검진을 받을 때 X-ray를 찍어본 경험은 대부분 있으실 거예요. 이때 ray가 '광선'이란 뜻인데 도대체 root뿌리와는 어떤 관계일까요? root뿌리가 땅 속에서 사방팔방으로 마구 뻗어나가는 것처럼, ray광선 역시 '사방팔방으로 뻗어나가는 것'이란 의미에서 생겨난 말이랍니다. 이 ray란 단어가 어근이 되면 radia로 표기되는데, 이 어근을 포함한 어휘에는 radiation방사선, radioactive방사능의, irradiate방사능 처리를 하다; 환하게 하다가 있습니다. 중요하니 모두 알아두세요!

> **ray** 명 광선
> · the rays of the sun 태양광선
> **radiation** 명 방사선
> **radioactive** 형 방사능의
> · radioactive contamination 방사능 오염
> **irradiate** 타동 (살균을 위해) 방사능 처리를 하다; 환하게 하다

- I had my **X-ray** taken. 엑스레이를 찍었다.
- The new medicine will offer a **ray** of hope for cancer sufferers.
  그 신약은 암 환자들에게 희망의 빛을 선사할 것이다.
- We are confronted with the problem of how to dispose of **radioactive** waste.
  우리는 방사성 폐기물을 어떻게 처리해야 할지의 문제에 직면해 있다.

be confronted ~에 직면하다 dispose of ~을 없애다, 처분하다

08 최초의 인간부터 각지로 뻗어나간 사람들은 race 인종

황인종 the yellow, 흑인 the black, 백인 the white, 갈색 인종 the brown… 세상에는 각각의 피부색을 지닌 인종들이 존재합니다. 사실 race 인종이라는 것도 최초의 인간으로부터 시작해서 세계 각지로 뻗어나가 각 지역의 환경 environment에 맞게 생존 survival하면서 차츰 생겨난 것이죠. 여기서 한 가지 짚고 넘어갈 게 있습니다. 혹시라도 race 가 '경주, 레이스' 아냐?라고 생각하는 분들이 계실 거예요. 두 단어가 철자는 같지만 전혀 다른 단어라는 걸 알아야 합니다. 마지막으로 race 인종의 형용사는 racial 인종의이 되는데, racial discrimination 인종차별은 특히 숭요한 표현이므로 암기해 두어야 합니다!

race 명 인종
- a person of mixed race 혼혈아

racial 형 인종의 = ethnic
- racial discrimination 인종차별
- racial prejudice 인종적 편견
- a victim of racial discrimination 인종차별의 희생자

racism 명 인종차별주의
racist 명 인종차별주의자

- The school welcomes children of all **races**.
  그 학교는 모든 인종의 아이들을 환영한다.
- The government has promised to continue the fight against **racism**.
  정부는 지속적으로 인종차별주의에 맞서 싸울 것을 약속했다.

09 '뿌리의'에서 생겨난 단어 radical 근본적인; 급진적인

radical에서 어근 radic은 '뿌리root'라는 뜻입니다. 그래서 radical은 어원적으로 '뿌리의'라는 의미가 되죠. 따라서 radical이 '근본적인'의 뜻을 갖는 것은 쉽게 이해가 되죠? 그런데 radical이 정치 용어political term로 쓰이면 '급진적인'이란 뜻이 됩니다. 어떤 이념ideology이 뿌리 깊은 상태를 말하는 거죠. 반대 어휘로는 conservative보수적인가 있습니다.
이념과 관계된 다른 표현으로 left wing좌익과 right wing우익이 있는데 '좌익'은 진보적인 경향을 뜻하고 '우익'은 보수적인 경향을 뜻합니다. radical과 conservative는 각각 '급진주의자,' '보수주의자'라는 명사 의미로도 쓰입니다!

> **radical** 형 근본적인, 철저한; 급진적인 ↔ conservative 보수적인
> 명 근본
> · a radical reform of the tax system 세제의 근본적인 개혁
> · put forward some very radical ideas 몇 가지 매우 급진적인 생각들을 내놓다
> **radicalism** 명 급진주의

· There are some radical differences between the two proposals.
그 두 제안에는 몇 가지 근본적인 차이점들이 존재한다.

· The new president has made some radical changes to the company.
신임 회장은 회사에 몇 가지 근본적인 변화들을 만들어냈다.

확인하고 넘어가자

A | 다음 표시된 말에 해당하는 단어를 원형으로 써보세요.

01 그 사업가는 **재단** _____ 을 설립하고 _____ 고아들을 후원했다.

02 한국은 정치 시스템의 **근본적인** _____ 개혁이 필요하다.

03 그의 철학은 대단히 **심오하다** _____ .

04 가장 **중요한 것** _____ 은 회사의 수익이다.

05 그 나라의 소수민족들은 심한 **인종차별** _____ 을 받아왔다.

06 **급진적인** _____ 개혁 정책이 나라의 내분을 가져왔다.

B | 다음 표시된 단어의 동의어를 찾거나, 빈칸에 알맞은 단어를 고르세요.

07 The Constitution ensures our **fundamental** rights.
    ⓐ credulous   ⓑ crude   ⓒ rudimentary

08 His knowledge of history is **profound**.
    ⓐ deep   ⓑ shallow   ⓒ prolific

09 We launched the campaign for _____ equality.
    ⓐ racial   ⓑ affable   ⓒ crucial

정답 A 01 foundation, found   02 fundamental   03 profound   04 bottom line
05 racial discrimination   06 radical
B 07 ⓒ   08 ⓐ   09 ⓐ

19 마구마구 부정하는 un-
20 부정하는 in-
21 안으로 들어가는 in-
22 밖으로 나오는 ex-
23 아래로 떨어지고 이탈되는 de-
24 이쪽에서 저쪽으로 옮기는 trans-
25 함께하고 강조되는 com-
26 떨어져나가 없어지는 dis-
27 미리 하고 앞서 하는 pre-
28 앞으로 나아가는 pro-
29 아래에 있는 sub-
30 분리되고 떨어져 나가는 ab-
31 접근하고 다가가는 ad-
32 뒤로 돌아가는 re-
33 돌아서 다시 가는 re-

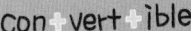

Part 3

접두어로 배우는 영단어

멸치, 꽁치, 고등어, 참치, 상어, 고래… 아니 왜 뜬금없이 물고기를 나열하냐고요? 이 물고기들의 머리 부분을 한 번 떠올려보세요. 우리가 물고기를 볼 때 다른 부분은 안 보고 머리만 봐도 '아! 어떤 생선이겠구나.'라고 감은 잡을 수 있게 되죠. 영단어들도 단어의 뜻을 유추할 수 있는 머리, 즉 '접두어'가 있습니다. 얘들만 이해하고 있어도 웬만한 단어들은 유추가 가능합니다.

19 마구마구 부정하는 un-

영어에서 부정 접두어는 크게 두 가지가 있습니다. 바로 in-과 un-이죠. in-부정은 뒤에서 배우기로 하고, 먼저 un-부정에 대해 알아보겠습니다. 부정 접두어 in-은 주로 형용사와 결합하는 경우가 많지만 부정 접두어 un-은 명사, 동사, 형용사를 가리지 않고 마구 결합하여 부정의 뜻을 만들어냅니다. 기존 단어에 un-만 갖다 붙이면 부정의 뜻으로 변해버리니 얼마나 편리한 접두어인지 아시겠죠?

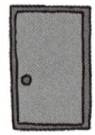 

un-은 not

un-부정(not) **+ employment** 고용
고용되지 못한 상태
unemployment 실업

un-부정(not) **+ likely** 일어날 것 같은
일어날 것 같지 않은
unlikely 가망 없는

un-부정(not) **+ lock** 잠그다
(잠긴 것을) 열다
unlock (잠긴 것을) 열다

un-부정(not) **+ usual** 보통의
보통과 같지 않은
unusual 흔치 않은, 이상한

un-부정(not) **+ willing** 기꺼이 하는
기꺼이 하려고 하지 않는
unwilling 하기 싫어하는

un-부정(not) **+ biased** 편견이 있는
편견이 없는
unbiased 편견 없는, 공정한

un-부정(not) **+ questionable** 의심할 수 있는
의심할 수 없는
unquestionable 의심할 여지가 없는, 확실한

un-부정(not) **+ rest** 안정
안정되지 못한 상태
unrest (사회, 정치의) 불안, 동요

un-부정(not) **+ rul(e)** 통치하다 **+ -y** 형접
통제할 수 없는
unruly 다루기 힘든, 제멋대로인

01 고용employment 되지 못한un- 상태는 unemployment 실업, 실직

어느 나라나 이 unemployment실업 문제는 대단히 심각한serious 문제가 아닐 수 없습니다. 정부에서는 주기적으로 실업 수치 unemployment figures를 발표하고 꾸준히 실업을 줄이기 위한 대책 measures을 내놓죠. unemployment는 employment고용란 명사에 not의 의미인 부정 접두어 un-이 붙어 '고용되지 못한 상태'라는 의미에서 '실업'이란 뜻이 된 것입니다.

unemployment 명 실업, 실직
- the unemployment rate 실업률
- unemployment figures[statistics] 실업 수치[통계]
- unemployment benefit 실업 수당

unemployed 형 실직한, 일이 없는

- Closure of the plant will mean **unemployment** for 500 workers.
  그 공장의 폐쇄로 500명의 노동자들이 일자리를 잃게 될 것이다.

- Youth **unemployment** is generally viewed as an important policy issue for many economies. 청년 실업은 많은 국가들에게 일반적으로 중요한 정책 문제로 여겨진다.

- Experts are predicting that **unemployment** will fall slowly next year.
  전문가들은 내년에 실업률이 서서히 떨어질 것이라고 예상하고 있다.

02 일어날 것 같지likely 않으니un- unlikely 일어날 것 같지 않은, 가망 없는

영어에서 like처럼 복잡한complicated 단어가 또 있을까요? 물론 동사로 '좋아하다'란 뜻이지만 전치사로 쓰이면 '~처럼'이 됩니다. 또 alike는 서술 형용사로 '아주 비슷한'이란 뜻이며 liking은 '좋아함, 애호'라는 뜻의 명사가 되고 likeness는 '좋아함'이 아니라 '닮음, 비슷함'이란 뜻입니다. 여기에 더해 likely가 '일어날 것 같은, 가능성이 있는'이란 뜻의 형용사가 되구요. 이 likely에 un-이 붙어 생긴 어휘가 바로 unlikely입니다. unlikely는 likely의 부정이 되어 '일어날 것 같지 않은, 가망 없는'이란 뜻이 되죠.

likely와 unlikely는 어법적인 쓰임 또한 아주 중요한 형용사라는 거 잊지 마세요!

> **unlikely** 형 일어날 것 같지 않는, 가망 없는 = impossible, improbable
> - be unlikely to V ~일 것 같지 않다
> - It is unlikely that 절 ~하는 것은 일어날 것 같지 않다
>
> **likely** 형 일어날 것 같은, 가능성이 있는 = possible, probable

- The weather is **unlikely** to improve over the next few days.
  날씨가 이후 며칠 동안 나아질 것 같지 않다.

- A small amount of the drug is **unlikely** to have any harmful effects.
  그 약의 소량은 어떤 해도 없을 것이다.

03 잠긴 것lock 을 여니un- unlock (잠긴 것을) 열다

untie, unfasten, unlock의 공통점은 무엇일까요? tie와 fasten은 모두 '묶다'라는 뜻이죠. 여기에 부정 접두어 un-이 붙어서 둘 다 '(묶인 것을) 풀다'라는 뜻의 단어가 되었습니다. unlock 역시 비슷한 맥락입니다. 기본적으로 lock은 '잠그다'란 뜻이죠. unlock은 반대의 의미로 '잠긴 것을 풀다'라는 뜻이 됩니다.

> **unlock** 타동 (잠긴 것을) 열다 = untie, unfasten
> - unlock the secrets[mysteries] 비밀을[미스터리를] 풀다

- Which of these keys **unlocks** the safe?
  금고를 여는 열쇠가 어떤 거죠?

- The divers hoped to **unlock** some of the secrets of the seabed.
  잠수부들은 해저의 비밀들 중 일부를 풀 수 있기를 희망했다.

  seabed 바다 밑, 해저

04 보통usual과 같지 않으니un- unusual 흔치 않은, 이상한

unusual을 이해하려면 먼저 usual이 뭔지를 알아야겠죠? usual은 '보통의, 평범한, 흔히 있는'의 뜻으로, 이와 반대 의미면 '보통과(평상시와) 같지 않은'의 의미에서 '이상한, 흔치 않은'의 뜻이 됩니다. 사실 형용사 unusual도 중요하지만 부사인 unusually도 자주 쓰입니다. unusually는 일단 강조부사로 '1. 대단히, 몹시 2. (평소와) 달리, 특이하게'라는 뜻입니다. 일상회화에서도 많이 쓰이는 부사이므로 꼭 알아두세요.

unusual 형 흔치 않은, 이상한 = strange

usual 형 평상시의, 보통의, 흔히 있는
- as usual 평상시처럼, 늘 그렇듯
- than usual 평상시보다, 여느 때보다

unusually 부 1. 대단히, 몹시 2. (평소와) 달리, 특이하게

- It's **unusual** for Dave be late. Dave가 늦는 것은 흔치 않은 일이다.
- **unusually** high levels of pollution 대단히 높은 오염 수준
- It's **unusually** warm for a winter day. 겨울치고는 이상하게 따뜻해요.

05 기꺼이 하려고willing 하지 않으니un- unwilling 하기 싫어하는, 마지못해 하는

unwilling을 제대로 알려면 먼저 명사 will이 '의지'라는 뜻인 걸 알아야 합니다. 여기서 생겨난 형용사 willing은 어원적 의미가 '~하려는 의지가 있는'이므로 '기꺼이 ~하려고 하는'의 뜻이 된 것입니다. 그런데 여기에 다시 부정 접두어 un-이 붙었으니 '~하려고 하는 의지가 없는'이 되어 '~하기 싫어하는, 마지못해 하는'이란 뜻이 된 거죠. 마지막으로 놓치지 말아야 할 점은 unwilling은 반드시 「be unwilling to V」의 어법으로 쓰인다는 것입니다!

> **unwilling** [형] ~하기 싫어하는, 마지못해 하는 = reluctant
>
> · be unwilling to   ~하기 싫어하다
> **willingness** [명] 기꺼이 하려는 태도
> **willing** [형] 기꺼이 ~하는
> **unwillingness** [명] 꺼려하는 태도

· He was **unwilling** to pay the fine. 그는 벌금을 내기 싫어했다.

· They are **unwilling** to invest any more money in the project.
그들은 그 사업에 조금의 돈이라도 더 투자하기를 꺼린다.

06 편견bias이 없으니un- unbiased 편견없는, 공정한

unbiased를 알려면 먼저 bias를 알아야겠죠? bias는 '편견'이라는 뜻입니다. 편견이란 '공정하지 못하고 한쪽으로 치우친 생각'을 말하죠. bias의 형용사 biased편견이 있는에 부정 접두어 un-이 붙어 생긴 단어가 바로 unbiased입니다. 결국 '편견이 없는'이 되므로 '공정한'의 뜻이 되는 것입니다.
그런데 이 unbiased와 똑같은 어휘가 있으니 바로 unprejudiced입니다. 먼저 prejudice부터 살펴보면 '미리 판단하는 것'이란 어원적 의미에서 '선입견'을 뜻하게 됐고, 여기에 부정 접두어 un-이 붙어 unprejudiced가 되어 '선입견이 없는'에서 '공정한'이란 뜻이 된 것입니다.

> **unbiased** [형] 편견 없는, 공정한 = impartial
>
> · unbiased advice 편견 없는 충고
> **unprejudiced** [형] 선입견 없는, 공정한 = fair
> · an unprejudiced point of view 공정한 견해

· We aim to provide a service that is balanced and **unbiased**.
우리의 목표는 균형 있고 공정한 서비스를 제공하는 것이다.

· A good critic should be **unprejudiced**. 훌륭한 비평가는 공정해야 한다.

07 의심 question 할 수 없으니 un- unquestionable 의심할 여지가 없는, 확실한

모두가 다 아는 단어 question! 그런데 사실 question의 의미는 '1. 의심 2. 질문'입니다. 마음속에 '이게 왜 이렇지?'라는 '의심'이 들기 때문에 '질문'을 하게 되는 것이죠. unquestionable에서 question은 '의심'이란 뜻으로 un-이 붙으니 '의심할 수 없는'이 되어 결국 '확실한'이란 뜻이 된 것입니다.

이와 비슷한 맥락의 동의어들이 있는데, indisputable은 dispute 논쟁에서 나오고, incontrovertible은 controvert 논박하다에서 나와, 둘 다 부정어가 붙어 '논쟁의 여지가 없는'이란 의미에서 '확실한'의 뜻으로 쓰이게 된 것입니다.

---

unquestionable 형 의심할 여지가 없는, 확실한

· unquestionable[indisputable/incontrovertible] truth 의심할 여지가 없는[논쟁의 여지가 없는] 진리
indisputable 형 논쟁의 여지가 없는, 확실한
incontrovertible 형 논쟁의 여지가 없는, 확실한

· Her competence as a secretary is **unquestionable**.
비서로서의 그녀의 능력은 의심의 여지가 없다.

· CCTV provided **incontrovertible** evidence that he was at the scene of the crime. CCTV는 그가 범죄 현장에 있었다는 확실한 증거를 제공했다.

competence 능력, 유능함

08 안정 rest 되지 못한 un- 상태는 unrest (사회·정치의) 불안, 동요

rest는 '휴식, 안정'이란 뜻의 단어죠. 여기에 부정 접두어 un-이 붙으면 unrest가 됩니다. 그런데 unrest는 심리적 '불안'을 나타내기보다는 '정치적, 사회적인 불안'을 나타냅니다. 그러면 '심리적 불안'에는 어떤 단어를 쓰면 좋을까요? nervousness나 uneasiness가 제격입니다. 특히 형용사 uneasy는 '쉽지 않은'에서 '어려운'이란 뜻이 될 것 같지만 그게 아니고, '(마음이) 편하지 않은'에서 '불안한'이란 뜻이 되었으므로 주의해야 합니다.

> **unrest** 뗑 (사회·정치의) 불안, 동요 = agitation, turmoil, tumult
> - social[political] unrest 사회 불안 / 정치적 불안
> **uneasiness** 뗑 (심리적) 불안 = nervousness
> - a sense of uneasiness 불안감

- There is growing **unrest** throughout the country. 나라 전역에 불안이 고조되고 있다.
- The government's attempts to quell serious popular **unrest** led to civil war.
  심각한 대중적인 불안을 억누르려는 정부의 시도는 시민전으로 이어졌다.

quell 억누르다, 진압하다

09 통제rule 할 수 없으니un- unruly 다루기 힘든, 제멋대로인

unruly child

여러분은 rule에 '규칙'이란 뜻만 있다고 알고 있었죠? 그런데 rule이 동사로 쓰이면 '통치하다, 다스리다'가 됩니다. 따라서 ruler 하면 '통치자'의 뜻이 되죠. 참고로 ruler에는 길이length를 측정하는 '자'라는 뜻도 있습니다. 또 ruling party 하면 '여당'이 되고 반대로 opposition party 하면 '야당'이 됩니다. 다시 본론으로 돌아와서 unruly 하면 '통치[통제]할 수 없는'이란 어원적 의미에서 '다루기 힘든, 제멋대로인'이란 뜻이 된 것입니다.

> **unruly** 형 다루기 힘든, 제멋대로인 = wayward, willful, uncontrollable
> - unruly childrenn 제멋대로인 아이들
> - unruly behavior 제멋대로 구는 행동
> **ruler** 뗑 1. 통치자 2. (길이를 측정하는) 자

- As a child he was **unruly** and undisciplined. 어릴 적 그는 버릇없고 제멋대로인 아이였다.
- His **unruly** behavior is getting worse and worse. 그의 제멋대로인 행동이 점점 더 심해지고 있다.
- The **unruly** child was expelled from school. 그 제멋대로인 아이는 학교에서 쫓겨났다.

확인하고 넘어가자

A | 다음 표시된 말에 해당하는 단어를 원형으로 써보세요.

01 **실업** _____ 수치는 중요한 경제 지표 중 하나다.

02 수리공이 자물쇠를 **풀었다** _____ .

03 그가 그렇게 화를 내는 것은 참 **이상한** _____ 일이다.

04 심판은 **공정한** _____ 판정을 내려야 한다.

05 우리는 **명백한** _____ 증거를 확보했다.

06 정부는 **사회 불안** _____ 을 잠재우려 했다.

B | 다음 표시된 단어의 동의어를 찾거나, 빈칸에 알맞은 단어를 고르세요.

07 His ideal is _____ to be realized.
　　ⓐ alike　　ⓑ unlikely　　ⓒ like

08 He was _____ to change his decision.
　　ⓐ unusual　　ⓑ unchanging　　ⓒ unwilling

09 Every effort is made to obtain an **unbiased** opinion.
　　ⓐ judged　　ⓑ undecided　　ⓒ unprejudiced

정답 **A** 01 unemployment　02 unlock　03 unusual　04 unbiased　05 unquestionable　06 unrest
　　　　B 07 ⓑ　08 ⓒ　09 ⓒ

20 부정하는 in-

앞에서 얘기한 것처럼 접두어 in-은 주로 형용사와 결합할 때 not, 즉 '부정'의 의미로 쓰입니다. 의미 파악은 어렵지 않은데, 발음에서는 '다음 자음을 따라 바뀐다!'라는 접두어의 발음 변화 원칙에 따라 il-, ir-로 바뀔 수 있습니다. 대표적인 단어로 illegal불법적인, irrelevant관련 없는이 있죠. 또 in-은 자음 'p'나 'b' 앞에서는 im-으로 바뀝니다. 이렇게 il-, ir-, im-으로 표기 되어도 여전히 접두어 in-부정(not)에서 왔다고 이해하면 됩니다.

in-은 not

im-부정(not) + **medi** 중간 + **-ate** 형접
중간에 어떤 시간도 없는
immediate 즉각적인

im-부정(not) + **polite** 예절바른
예절바르지 못한
impolite 무례한

in-부정(not) + **different** 다른
(이거든 저거든) 다르지 않은
indifferent 무관심한

in-부정(not) + **fa** 말하다 + **-nt** 명접
(아직) 말을 못하는 아이
infant 유아

in-부정(not) + **numer** 숫자 + **-able** 할 수 있는
(너무 많아) 셀 수 없는
innumerable 무수히 많은

il-부정(not) + **literate** 글을 읽고 쓸 줄 아는
글을 읽고 쓸 줄 모르는
illiterate 문맹의

im-부정(not) + **mens(e)** 측정하다(measure)
측정할 수 없을 정도인
immense 거대한, 엄청난

im-부정(not) + **partial** 편파적인
편파적이지 않은
impartial 공정한

in-부정(not) + **evit** 피하다(avoid) +**-able** 할 수 있는
피할 수 없는
inevitable 불가피한

01　중간에 medi 어떤 시간도 없으니 im- **immediate** 즉각적인

119 구조대에 경보alarm이 울립니다. 119 구조대원들이 헬멧을 들고 위험에 빠진 사람을 구조rescue하러 급히 뛰어 나갑니다. 119 구조대원들은 휴식중에도 옷을 다 입고 대기하고 있습니다. 항상 모든 준비를 갖추고 있어야 신고가 들어오면 즉각적으로 출동할 수가 있겠죠. 이렇게 중간에 어떤 준비시간도 없이 바로 하는 것이 immediate즉각적인, 즉시의입니다. 우리말의 '지체 없는'에 딱 들어맞는 말이죠. 부사 immediately즉시, 즉각적으로도 많이 쓰입니다!

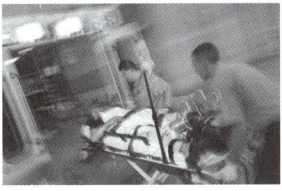

---

immediate 형 즉각적인, 즉시의 = instant, prompt
- immediate response　즉각적인 반응
- immediate effect　즉각적인 효과
- take immediate action 즉각적인 조치를 취하다
- in the immediate future　가까운 장래에

immediately 부 즉시, 즉각적으로
immediacy 명 신속성

- Earthquake victims have an **immediate** need for help.
  지진 피해자들은 즉각적인 도움을 필요로 한다.

- I can't remember what happened **immediately** before the crash.
  난 충돌사고 직전에 무슨 일이 있었는지 기억나지 않는다.

- Please calm down. Let me take care of the problem **immediately**.
  진정하세요. 즉시 이 문제를 해결해 드릴게요.

calm down (마음을) 진정시키다

02　예절바르지 polite 못하니 im- **impolite** 무례한, 예의 없는

polite예절바른이 polish닦다에서 유래된 어휘라는 거 아세요? 우리말에서도 '수양한다'고 할 때 몸과 마음을 닦는다고 하잖아요? 언어는 이렇게 통한답니다. 확실히 polite예절바른한 사람의 행동은 곧 '잘 닦인polished' 행동이라고 할 수 있죠! 이 polite에 부정 접두어 im-(not)이 붙어 생긴 말이 바로 impolite무례한, 예의 없는입니다.

한 가지 더! polish something up 하면 '(연습을 통해 실력을) 다듬다, 향상시키다'라는 숙어가 됩니다!

impolite 형 무례한, 예의 없는 = rude, discourteous
· an impolite remark[behavior] 무례한 말[행동]
polish up (실력을) 다듬다, 향상시키다 = improve

· That's an **impolite** question.
그 질문은 무례하네요.

· In Korea, it is **impolite** to smoke in front of your elders.
한국에서는 연장자 앞에서 담배를 피우는 것은 예의에 어긋난다.

· You should **polish up** your Spanish before you go to Chile.
칠레에 가기 전에 스페인어 실력을 쌓아놓아야 해.

03 이거든 저거든 다르지different 않다고in- 하니 indifferent 무관심한

얼핏 생각하면, indifferent의 어원적 의미는 '다르지 않은'인데 이게 왜 '무관심한'이란 뜻이 되었는지 이해가 안 가죠? 예를 하나 들게요. Let me give you an example. 정치politics에 무관심한 사람이 있습니다. "난 대통령이 A가 되든 B가 되든 다르지 않아."라고 말하죠. 이런 사람은 분명 투표도 안 할 거예요. 이렇게 '(이거든 저거든) 다르지 않은' 태도가 바로 '무관심한' 태도입니다.

indifferent 형 무관심한
· indifferent to ~에 무관심한
indifference 명 무관심
· a matter of indifference to somebody ~에게 무관심한 문제

· My wife is **indifferent** to cooking. 내 아내는 요리엔 관심이 없어.

· He is quite **indifferent** to his personal appearance. 그는 외모에 아주 무관심하다.

· Whether you stay or leave is a matter of total **indifference** to me.
네가 머물든 떠나든 난 전혀 관심 없어.

04 아직 말fa을 못하는in- 아이는 infant 유아

사람에 대해 여러 단계stage에 따른 명칭이 있죠. baby아기 → infant 유아 → child, kid아이 → adolescent청소년 → adult성인 → senior노인. 이렇게 말이죠. 이 가운데 infant는 '아직 말 못하는 어린 아이a baby or very young child'이므로 '유아'를 뜻합니다.

'말하다speak'라는 뜻인 어근 fa를 포함한 또 다른 단어로는 fable 우화가 있는데 '이솝 우화Aesop's Fables'가 유명하니 함께 알아두면 효과적이죠. fable에서 나온 형용사 fabulous는 '전설적인'이란 어원적 의미에서 발전해 '엄청난'이란 뜻이 된 단어로, 많이 쓰이는 어휘이니 함께 알아두세요!

infant 명 유아
- infantry (군대의) 보병대

fable 명 우화
- Aesop's Fables 이솝 우화

fabulous 형 엄청난, 놀라운 = incredible, remarkable

- An **infant's** skin is very sensitive. 어린 아이의 피부는 아주 민감하다.
- There are clear difference in speed of learning between **infants** at this early stage. 어린 시절 유아들 간에는 학습 속도에 분명한 차이가 있다.

05 너무 많아 셀numer 수 없으니in- innumerable 무수히 많은

함박눈, 해변의 모래알 등의 공통점은? 바로 셀 수 없이 많은 innumerable 것들이라 거죠. innumerable의 핵심은 어근 numer 숫자(number)에 있습니다. 잘 보세요. number에서 b만 빠지면 numer가 되죠? 그래서 innumerable은 '너무 많아 셀 수 없는'에서 '무수히 많은'이란 뜻이 된 거랍니다.

어근 numer를 포함한 또 다른 단어 numerous는 「numer숫자 + -ous가지고 있는 → 숫자를 갖고 있는」이란 어원적 의미에서 발전해 '많은'이란 뜻이 됩니다. 결론적으로 numerous는 many, innumerable은 very many의 뜻이 되죠.

> **innumerable** 형 무수히 많은 = countless, incalculable
> - innumerable stars in the night sky 밤하늘의 수많은 별들
> - innumerable examples for love 사랑의 수많은 예들
>
> **numerous** 형 많은 = many

- There are **innumerable** types of fish in the ocean.
  바다에는 헤아릴 수 없이 많은 종류의 물고기들이 있다.

- The individuals who have contributed to this book are far too **numerous** to say.
  이 책에 기여한 사람들이 너무 많아 일일이 언급하기 어렵다.

06 글을 읽고 쓸 줄 literate 모르니 il- illiterate 문맹의, 무식한

letter를 '편지'로만 알고 계시죠? letter는 원래 '글자'란 뜻입니다. 여기서 변형된 어근이 바로 liter글자입니다! 이 liter에서 여러 어휘가 생겨나죠. 우선 literature 하면 '문학,' literal은 '글자 그대로의'라는 뜻이 됩니다. 이번에 배울 illiterate은 literate글을 읽고 쓸 줄 아는의 반대말로 '글을 읽고 쓸 줄 모르는'에서 '문맹의'란 뜻이 된 것입니다. illegible(글씨를 너무 막 써서) 읽을 수 없는과 구분해야 합니다. illiterate은 꼭 글에만 쓰진 않습니다! 예를 들어 computer illiterate 하면 '컴맹'이 되죠!

> **illiterate** 형 문맹의, 무식한 = ignorant
> - computer illiterate 컴맹
>
> **illiteracy** 명 문맹, 무식
> **illegible** 형 (글씨를) 읽을 수 없는
> **literal** 형 글자 그대로의
> - literal meaning 글자 그대로의 의미
> - literal translation (글자 그대로 하는) 직역
>
> **literally** 부 글자 그대로

- I am a computer **illiterate**. 저 컴맹이에요.

- His father was an illiterate farm worker. 그의 아버지는 글을 모르는 농부였다.
- His handwriting was almost illegible. 그의 글씨는 거의 읽을 수 없었다.

07 측정할mense 수 없을im- 정도이니 immense 거대한, 엄청난

넓고 넓고 넓은 것 중에 우주universe만큼 넓은 것이 또 있을까요? 우주와 같이 측정할 수 없을 정도로 큰 것이 바로 immense거대한, 엄청난 것입니다. 그건 immense의 어원적 의미 「im-부정(not) + mens 측정하다(measure) → 측정할 수 없는」에도 잘 나타나 있죠. 동의어인 enormous라는 단어 아세요? 뜻은 비슷하지만 어원이 다른 어휘입니다. 어원을 알고 보면 immense는 '측정할 수 없을 정도로 큰'이고, enormous는 표준 크기에서 벗어나 '엄청난'입니다! 이제 둘의 차이를 아시겠죠?

---

immense 형 거대한, 엄청난 = huge, vast, enormous, gigantic

- an immense palace 거대한 궁전
- an immense desire for knowledge 엄청난 지식욕

immensity 명 어마어마한 크기[양]

- We looked around the immense palace. 우리는 그 어마어마한 궁전을 둘러보았다.
- People who travel by rail still read an immense amount.
  철도로 여행하는 사람들은 여전히 엄청난 양의 독서를 한다.

08 편파적이지partial 않으니im- Impartial 공정한

impartial에서 partial은 part부분의 형용사입니다. 사람이 한쪽 부분으로만 치우치는 것이 partial편파적인이죠. 비슷한 말로는 biased편견이 있는, prejudiced선입견이 있는이 있습니다. 이 partial에 부정 접두어 im-이 붙어 생긴 단어가 impartial공정한입니다. 만약 한·일전 축구 경기가 벌어지면 심판referee은 반드시 제 3국 사람이 봐야 합니다. 그래야만 어느 한 쪽으로 치우치지 않고 impartial judgment공정한 판정을 내릴 수 있겠죠?

impartial 〔형〕 공정한 = fair, unbiased, unprejudiced, detached
- impartial judgment 공정한 판정[판결]
- impartial inquiry 공정한 조사
- impartial advice 공정한 충고
- impartial taxation 공평한 과세

impartiality 〔명〕 공정함

- Our representative attended the peace negotiations as an **impartial** observer.
  우리 대표는 공정한 참관인으로 그 평화 회담에 참석했다.

- We carried out an **impartial** inquiry into the cause of the death.
  우리는 그 사망 원인에 대해 공정한 조사를 했다.

inquiry 조사; 연구, 탐구

09 피할evit 수 없으니 in- inevitable 피할 수 없는, 불가피한

inevitable의 암기 핵심은 어근 evit이 avoid피하다의 변형임을 아는 것입니다. avoid가 짧게 발음되면서 evit으로 바뀐 거죠. 그래서 생겨난 어휘가 바로 inevitable피할 수 없는, 불가피한입니다. inevitable의 동의어는 바로 unavoidable입니다. 한 가지 더 알아두셔야 할 것은 evitable피할 수 있는의 형태로는 쓰이지 않는다는 것입니다! 반드시 inevitable불가피한로 쓰인다는 거 잊지 마세요!

inevitable 〔형〕 피할 수 없는, 불가피한 = unavoidable 〔명〕 피할 수 없는 것, 불가피한 것
- an inevitable decision 불가피한 결정
- an inevitable reality 피할 수 없는 현실

inevitability 〔명〕 불가피성

- The **inevitable** has come. 올 것이 왔군.

- It is **inevitable** that doctors will make the occasional mistake.
  의사들이 가끔 실수를 하는 것은 불가피하다.

- Ecological disaster will be the **inevitable** result of global warming.
  지구 온난화의 피할 수 없는 결과가 생태학적 재난이 될 것이다.

확인하고 넘어가자

A | 다음 표시된 말에 해당하는 단어를 원형으로 써보세요.

01 우리는 그 사태에 **즉각적인** _____ 조치를 취해야 한다.

02 요즘 젊은이들은 정치에 너무 **무관심하다** _____ .

03 그 가수는 팬들로부터 **무수히 많은** _____ 편지들을 받았다.

04 난 컴퓨터에 관한 한 완전 **무식하다** _____ .

05 그 건설 사업에는 **막대한** _____ 예산이 들어간다.

06 그 심판은 양팀에 대해 **공정한** _____ 판정을 내렸다.

B | 다음 표시된 단어의 동의어를 찾거나, 빈칸에 알맞은 단어를 고르세요.

07 The government promised **immediate** action to help the unemployed.
ⓐ eminent   ⓑ prompt   ⓒ immense

08 Examples for love are **innumerable**.
ⓐ countless   ⓑ calculable   ⓒ endless

09 I'm a computer-_____ and still afraid to learn how to use computers.
ⓐ illegible   ⓑ illicit   ⓒ illiterate

정답 A 01 immediate 02 indifferent 03 innumerable 04 illiterate 05 immense 06 impartial
B 07 ⓑ 08 ⓐ 09 ⓒ

21 안으로 들어가는 in-

접두어 in-은 두 가지 의미를 갖습니다. 우선 전치사 in~안에서 유래되었기에 '안'이란 의미를 갖지만, 형용사 앞에 붙을 때는 주로 '부정'의 뜻인 not을 나타내죠. 예를 들어, input투입은 '안에 넣는 것'으로 풀이되고, 반대말로는 output산출(량)이 있죠. 그런데 impossible이란 단어는 possible가능한에 부정 접두어 in-의 변형 im-이 붙어 '불가능한'이 되죠. 여기선 '안'의 의미인 접두어 in-을 먼저 설명합니다!

in-는 in

im-안에(in) **+ prison** 감옥
~를 감옥 안에 넣다
imprison 투옥하다

im-안으로(in) **+ migrate** 이주하다
~안으로 이주해 들어오다
immigrate 이주하다

in-안(in) **+ sight** 보는 것
안(핵심)을 들여다보는 것
insight 통찰력

in-안(in) **+ gred** 가다(go) **+ -ent** 명접
~안에 들어가는 것
ingredient 재료, 성분

in-안(in) **+ stall** 세우다
~안에 세우다
install 설치하다

in-안(in) **+ gen** 출생(birth) **+ -(i)ous** 갖고 있는
(재능을) 안에 갖고 태어난
ingenious 영리한, 기발한

in-안(in) **+ vad(e)** 가다(go)
~안으로 들어가다
invade 침입하다

in-안으로(in) **+ hibit** 붙잡다(hold)
(밖으로 못 나가게) 안으로 붙잡고 있다
inhibit 막다, 억제하다

in-안(in) **+ volv** 구르다(roll)
~안에 말려들게 하다
involve 1. 수반하다 2. 연루시키다

in-안으로(in) **+ und** 물결(wave) **+ -ate** 동접
(물이 육지) 안으로 흘러들다
inundate 범람시키다

01 감옥prison 안에im- 넣으면 imprison 투옥하다

'죄'에는 두 가지가 있어요. 먼저 도덕상의 죄는 sin이라고 합니다. 그리고 소위 말하는 '범죄'는 crime이라고 하죠! 예를 들어 살인murder, 방화arson, 강간rape, 폭행assault, 유괴abduction, 사기fraud, 신용 사기scam 등이 여기에 해당되죠. 범죄 중에서도 이런 중범죄는 felon이라고 하고 가벼운 경범죄는 misdemeanor라고 합니다.

중범죄를 저지른 범죄자culprit들은 죄값을 치르기 위해 감옥에 들어가게 되죠. imprison은 어원분석을 해보면 「접두어 im-안+prison감옥 → 감옥 안에 넣다」가 되므로 '투옥하다'란 뜻이 된 것입니다. 아울러 sentence가 동사로 쓰이면 '형을 선고하다'라는 뜻이 된다는 것도 함께 알아두세요.

---

imprison [타동] 투옥하다 = put sb in jail
- imprison the thief 도둑을 감옥에 넣다

imprisonment [명] 투옥, 징역

sentence [명] 문장 [타동] 형을 선고하다
- be sentenced to three years in prison 3년의 징역형을 선고받다

- The dictator **imprisoned** an innocent man. 그 독재자는 죄 없는 사람을 투옥시켰다.
- The military government **imprisoned** all opposition leaders.
  군사 정부는 모든 야당 지도자들을 투옥시켰다.
- The judge **sentenced** the culprit to 16 years in prison.
  판사는 그 죄인에게 16년 형을 선고했다.

dictator 독재자 = despot, autocrat, tyrant culprit 죄인

02 핵심을 들여다in- 보는 것sight 은 insight 통찰력

'통찰'이라는 말은 '예리한 관찰력으로 사물을 정확히 꿰뚫어 보는 것'을 말하는데 영어로는 insight라고 합니다. 어원적 의미가 뭘지 느낌이 오죠? '안(핵심)을 들여다보는 것,' 이것이 바로 '통찰력'입니다.
insight는 어법적으로 뒤에 전치사 into가 온다는 것이 중요합니다. 안을 들여다보는 것이니만큼 into를 쓰는 것은 너무나 당연하겠죠? 예를

183

들어 '경제에 대한 통찰력' 하면 insight into the economy라고 합니다.

> **insight** 명 통찰력 = intuition
> · insight into ~에 대한 통찰력
> · a scientist of great insight 대단한 통찰력을 지닌 과학자
> · keen insight into the future 미래에 대한 날카로운 통찰력
> **insightful** 형 통찰력 있는

· The article gives us an **insight** into the cause of the present economic crisis.
  그 기사는 우리에게 현재의 경제 위기의 원인에 대한 통찰력을 준다.
· We can gain some **insight** into our own behavior from the study of wild animals.
  우리는 야생 동물의 연구를 통해 우리 자신의 행동에 대해 어느 정도 통찰력을 얻을 수 있다.

03 안에in- 세우면stall install 1. 설치하다 2. 취임시키다

컴퓨터를 쓰다 보면 install이란 단어를 많이 접하게 되죠. 프로그램을 설치할 때 install이 등장하는데 원래 install은 냉장고refrigerator나 세탁기washing machine 등의 가전제품appliance을 집 안 특정 장소에 두는 것입니다. install의 어원적 의미가 '~안에 세우다'이니, 물건이면 '설치하다'가 되고 사람이면 '취임시키다'가 되는 거죠.

install에서 두 가지 명사가 파생되는데 먼저 installation 하면 '설치'가 되지만 installment라고 하면 '할부'란 뜻이 됩니다! 가격이 나가는 물건은 일시불로 사기엔 부담이 되니까 대개 할부로by installments로 사게 되죠. 회화에서도 많이 쓰는 표현이니 꼭 알아두세요.

> **install** 타동 1. 설치하다 = put in 2. 취임시키다 = inaugurate
> · install a new computer system 새로운 컴퓨터 시스템을 설치하다
> **installation** 명 설치; 취임(식)
> **installment** 명 할부
> · pay for a new computer by installments 새 컴퓨터를 할부로 지불하다

- I installed a new program on the computer.
  컴퓨터에 새로운 프로그램을 설치했다.
- Security cameras have been installed in the city center.
  보안 카메라가 도심에 설치되었다.
- We pay for the washing machine by monthly installments.
  우리는 매월 할부로 세탁기 값을 지불하고 있다.

04 안으로in- 들어가면vade invade 침입하다, 침공하다

우리말에도 '쳐들어가다'라는 말이 있죠? 이와 똑같은 어감의 영단어가 바로 invade입니다. in은 '안'이고 vad(e)가 'go'의 뜻이니 '~안으로 들어가다'에서 '침입[침공]하다'란 뜻이 된 거죠.
여기서 어근 vad(e)를 알면 evade빠져나가다, 피하다라는 동사도 쉽게 알 수 있습니다. 여기에 쓰인 접두어 e-는 ex-밖으로(out)에서 x가 빠진 철자입니다. 또 invade의 명사 invasion침입, 침공의 동의어 중 incursion이 있습니다. 여기서 어근 curs는 '달리다run'인데 '(다른 나라를) 달려 들어가는 것' 역시 '침략, 침공'이 되겠죠?

> **invade** 타동 침입하다, 침공하다 = attack, assail, assault
> - invade her privacy   그녀의 사생활을 침해하다
> **invasion** 명 침입, 침공 = incursion

- Your question invaded his privacy.
  당신의 질문은 그의 프라이버시를 침해했어요.
- A virus has invaded most of their computers.
  바이러스가 그들 컴퓨터의 대부분에 침투했다.
- U.S. officials said they don't have any intention to invade North Korea.
  미국 관리들은 북한을 침공할 계획은 전혀 없다고 말했다.

05 안에in- 말려들게 하니vovl involve 1. 수반[포함]하다 2. 관련[연루]시키다

involve는 어원적 의미를 풀이하면 「in-안 + volv(e)구르다(roll) → ~안에 말려들게 하다」가 됩니다. 우리말에서도 '나 그 사건에 말려들었어!' 하면 '그 사건에 연루되었다'라는 뜻이죠. 이처럼 involve는 영어의 어원적 의미와 우리말이 똑같은 어휘입니다.

그런데 involve는 자신이 원치 않는 상황에서 어떤 사건에 연루되기 때문에 보통 수동태로 쓰입니다. 다만 '~을 안에 넣다'에서 비롯된 '수반[포함]하다'란 뜻으로 쓰일 때는 능동태로 쓰이게 되죠. 아래의 예문을 명확히 구분해서 공부해야 합니다.

---

involve [타동] 1. 수반[포함]하다 = include, entail 2. 관련[연루]시키다

- get[be] involved in   ~에 연루되다
- involve A in B   A를 B에 참여시키다
- involve many children in the game   많은 아이들을 게임에 참여시키다

involvement [명] 참여, 연루; 연애

- I didn't realize putting on a play **involved** so much work.
  연극을 상연하는 일이 그렇게나 많은 작업을 포함하는지 난 몰랐다.

- The politician got **involved** in the sex scandal. 그 정치인은 섹스 스캔들에 연루되었다.

- A good manager will try to **involve** all staff in the decision-making process.
  훌륭한 관리자는 모든 직원을 의사결정 과정에 참여시키려 할 것이다.

06 안으로im- 이주해migrate 들어오니 immigrate 이주하다

최근 우리나라에서 활동하는 외국인 유명인celebrity들의 수가 크게 증가하는 추세입니다. 이들은 외국에서 한국으로 이주해 들어온 분들, 즉 immigrant이주자입니다! 동사로 immigrate는 '(국내로) 이주해 들어오다'이고, 반대로 emigrate는 '(타국으로) 이주하다'란 뜻입니다. 원래는 migrate이주하다에 접두어 im-안과 e(x)-밖이 붙어 비로소 방향direction이 정해진 거죠. 접두어가 어휘의 의미에 절대적인

영향을 미친다는 게 다시 한 번 실감나죠?

기러기 wild goose는 먼 곳으로 migrate 이주하다 하는 대표적인 동물이죠. 이렇게 V자 형태로 날아가면 혼자 날아갈 때보다 무려 70%를 더 날아갈 수 있다고 하니 정말 대단하지 않나요?

> **immigrate** [타동] 이주하다 ↔ emigrate (타국으로) 이주하다
> - immigrate to ~로 이주하다
> **immigration** [명] 이주
> **immigrant** [명] (타국에서 들어온) 이민자
> - illegal immigrants 불법 이민자들

· Her father **immigrated** to America from Korea in 1967.
그녀의 아버지는 1967년 한국에서 미국으로 이주했다.

· The government will take measures to curb the illegal **immigrants**.
정부는 불법 이민자들을 억제하기 위한 조치를 취할 것이다.

---

07 안에 in- 들어가는 gred 것은 ingredient 재료, 성분

요리를 하려면 일단 요리에 들어가는 재료들이 필요하겠죠? 어떤 재료를 쓰느냐에 따라 음식의 맛이 좌우됩니다. 이때 '재료'에 해당하는 단어가 바로 ingredient예요. 어원적으로는 '(음식) 안에 들어가는 것'이란 의미에서 '재료'란 뜻이 된 단어입니다. 요즘 대형마트에 나가보면 외국산 식품이 많이 있는데 그 뒤에 보면 ingredient라고 적혀 있어 그 식품 안에 어떤 성분이 들어갔는지 보여주죠. ingredient는 '음식의 재료' 뿐만 아니라 '(사람이 갖춰야 할) 요소, 자질'의 의미로도 잘 쓰입니다!

> **ingredient** [명] 1. 재료, 성분 = component 2. 요소, 자질 = quality
> - natural ingredients 천연 재료
> - a list of ingredients (음식을 만드는 데 필요한) 재료 목록

- Olive oil is a usual **ingredient** in Mediterranean cooking.
  올리브유는 지중해식 요리에 흔히 쓰이는 재료다.

- Paul has all the **ingredients** of a great player.
  폴은 훌륭한 선수로서의 모든 요소들을 갖추고 있다.

08 재능을 안에in- 갖고 태어나니gen **ingenious** 영리한, 기발한

ingenious는 어원적으로 접근하는 것보다 우리가 익히 알고 있는 genius 천재를 활용하면 더 잘 외워집니다. 어차피 genius도 어근 gen(birth)에서 나온 어휘로 '타고난 사람'에서 '천재'란 뜻이 된 거니까요. 그 천재성을 '안에 지니고 있는'이란 뜻의 단어가 바로 ingenious영리한, 기발한입니다.

그런데 이 ingenious와 자꾸 혼동하는 단어가 있습니다. 바로 ingenuous 순진한, 정직한인데, 어원분석을 하면 「in-안 + gen(birth) + -(u)ous갖고 있는 → 탄생의 모습을 지니고 있는」으로 풀이되죠. 또 하나 중요한 것은 명사 ingenuity가 ingenious의 명사로 '영리함, 재능'이란 뜻이라는 것입니다. 명확히 구분해서 알아두세요.

---

ingenious 휑 영리한, 기발한 = clever, astute, shrewd
- come up with an ingenious idea 기발한 생각을 떠올리다

ingenuity 명 영리함, 재능

ingenuous 휑 순진한, 정직한 = naive, frank, honest
- an ingenuous little girl 순진한 어린 소녀

- Many animals have **ingenious** ways of protecting their babies from predators.
  많은 동물들이 기발한 방법을 통해 천적들로부터 새끼들을 보호한다.

- I like his **ingenuous** way of talking.
  나는 그의 솔직한 말투가 좋다.

09 밖으로 못 나가게 안에서in- 붙잡으니hibit **inhibit** 막다, 억제하다

어근 hibit은 '붙잡고 있다hold'라는 뜻으로, inhibit은 '안으로 붙잡고 있어 밖으로 못 나가게 하다'라는 뜻에서 '막다, 억제하다'라는 뜻이 된 단어입니다. '막다, 못하게 하다'라는 뜻의 어휘 prevent처럼 inhibit도 「inhibit A from ~ingA를 ~하지 못하게 하다」라는 어법으로 쓰입니다. 또 inhibit은 prohibit과 구분을 해야 하는데 inhibit은 '성장, 발달을 막다'란 의미로 쓰이지만, prohibit은 '법적으로 막다, 금지시키다'란 뜻으로 쓰입니다. 두 어휘는 동의어가 아닙니다. 주의하세요!

---

inhibit [타동] (성장·발달을) 막다, 방해하다 = prevent, impede, hamper

- inhibit A from ~ing A를 ~하지 못하게 하다
- **inhibition** [명] 억제, 방해
- **inhibited** [형] 수줍어하는, 내성적인 = shy
- **prohibit** [타동] (법적으로) 금지하다 = ban, proscribe

- An unhappy family life may **inhibit** children's learning.
  불행한 가정은 아이들의 학습을 저해할 수 있다.

- Recording the meeting may **inhibit** people from expressing their real views.
  토의 내용을 기록하게 되면 사람들이 진정한 의견을 표현하지 못하게 될 수도 있다.

10 물이 육지 안으로in- 흘러들어오면und **inundate** 범람[침수]시키다

inundate의 암기 핵심은 어근 und물결(wave)에 있습니다. 따라서 어원적 의미가 '물이 육지 안으로 흘러들어오다'가 되어 '범람[침수]시키다'란 뜻이 된 거죠. 흔히 여름에 폭우heavy rain이 내리면 강물이 불어 육지로 흘러들게 되죠. 이런 상황에 쓰는 동사가 바로 inundate입니다. 또한 inundate는 비유적인 의미로figuratively '물밀듯 몰려들다'에서 생겨난 '쇄도[폭주]하다'라는 뜻으로도 쓸 수 있습니다!

inundate [타동] 범람[침수]시키다

- be inundated with ~이 쇄도[폭주]하다
- be inundated with orders for the product 상품 주문이 쇄도하다

inundation [명] 범람, 침수; 쇄도, 폭주

· If the dam breaks, it will **inundate** large parts of the town.
만약 댐이 무너지면 그 마을의 대부분 지역이 물에 잠길 것이다.

· After the broadcast, we were **inundated** with requests for more information.
방송 후, 더 많은 정보에 대한 요구들이 우리에게로 쇄도했다.

확인하고 넘어가자

A | 다음 표시된 말에 해당하는 단어를 원형으로 써보세요.

01 경제에 대한 그의 **통찰력** _____은 놀랄 만하다.

02 우리는 부엌에 새 오븐을 **설치했다** _____.

03 약 2,000년 전 로마는 영국을 **침공했다** _____.

04 난 그 싸움에 **연루되고** _____ 싶지 않다.

05 이 음식은 신선한 **재료** _____들로 만들어졌다.

06 그는 가끔씩 **기발한** _____ 생각을 해낸다.

B | 다음 표시된 단어의 동의어를 찾거나, 빈칸에 알맞은 단어를 고르세요.

07 I don't want to _____ your privacy.
   ⓐ incur   ⓑ invade   ⓒ evade

08 Running your own business usually _____ working long hours.
   ⓐ evolves   ⓑ involves   ⓒ revolves

09 He made an **ingenious** device.
   ⓐ clever   ⓑ ingenuous   ⓒ genetic

정답 A 01 insight 02 install 03 invade 04 involve 05 ingredient 06 ingenious
B 07 ⓑ 08 ⓑ 09 ⓐ

22 밖으로 나오는 ex-

그림은 건물 내부에서 볼 수 있는 표지판입니다. 비상시 밖으로 나가는 탈출구를 알려주는 표시죠? exit출구는 접두어 ex-가 어떤 뜻인지 가장 잘 알려주는 단어입니다. ex-는 기본적으로 '밖out'의 의미를 나타냅니다. 간혹 '강조'의 의미로도 쓰이지만 대부분은 '밖'이란 의미로 쓰입니다. 접두어 ex-도 다음 자음에 따라 철자가 바뀌는 경우가 있고, 발음 편의상 ex-에서 x가 빠져 e-만으로도 쓰인다는 점 주의하세요!

ex-는 out

e(x)-밖으로(out) + **merge** 가라앉다(sink)
가라앉아 있다, 밖으로 나오다
emerge 나타나다

e(x)-밖으로(out) + **vid** 보다(see) + **-ent** 형접
밖으로 드러나 보이는
evident 명백한

e(x)-강조 + **agger** 쌓아올리다(heap up) + **-ate** 동접
(말의 의미를) 높이 쌓아올리다
exaggerate 과장하다

e(x)-밖으로(out) + **hau** 그리다(draw) + **-st** 동접
밖으로 다 끌어내다
exhaust 지치게 하다; 고갈시키다

e(x)-밖으로(out) + **hibit** 붙잡고 있다(hold)
밖으로 내놓다
exhibit 전시하다

e(x)-밖으로(out) + **labor** 힘든 일 + **-ate** 형접
힘들게 일해서 만들어낸
elaborate 정성들인

e(x)-밖으로(out) + **norm** 표준 + **-ous** 형접
표준 크기에서 벗어난
enormous 엄청난, 거대한

e(x)-밖으로(out) + **radic** 뿌리(root) + **-ate** 동접
뿌리를 뽑아내다
eradicate 근절하다, 근절시키다

extinguish 불 끄다의 과거분사형
불 꺼진 듯 활동하지 않는
extinct 불 꺼진; 멸종된

e(x)-밖으로(out) + **ploi(t)** 접다(fold)
(접혀 있는 것을) 펼쳐내다
exploit 1. 개발하다 2. 착취하다

01 가라앉아 merge 있다가 밖으로 e(x)- emerge 나타나다, (모습을) 드러내다

흔히들 '나타나다' 하면 appear를 떠올리지만 emerge 역시 '나타나다'란 뜻입니다. emerge의 어원적 의미를 살펴보면 '가라앉아 있다가 밖으로 나오다'가 되기 때문에 '(갑자기) 나타나다, (숨어 있다 모습을) 드러내다'라는 뜻으로 쓰이게 됩니다.
emerge는 파생어가 여러 개 생겨났는데 그 중 가장 중요한 것이 emergency비상사태입니다. 예기치 못하게unexpectedly 갑자기 생기는 일이나 사고accident가 바로 '비상사태'죠. 병원의 응급실이 emergency room이라는 건 아시죠? 또한 emerging market 하면 투자처로 새롭게 부상하고 있는 '신흥 시장'을 의미합니다. 경제 기사에 자주 등장하는 용어입니다.

> **emerge** [자동] 나타나다, (모습을) 드러내다
>
> **emergency** [명] 비상사태
> · emergency room 응급실
> **emergence** [명] 출현
> **emergent** [형] 신생의, 신흥의
> **emerging** [형] 신흥의
> · emerging market 신흥 시장, 이머징 마켓

· The sun **emerged** from behind the clouds. 태양이 구름 뒤에서 모습을 드러냈다.
· New evidence has **emerged** to contradict his earlier claims.
  그의 이전 주장에 모순되는 새로운 증거가 나왔다.
· The first tooth usually **emerges** when an infant is about six months old.
  첫 번째 이는 주로 아기가 약 생후 6개월 정도 되었을 때 난다.

contradict 반박하다, 모순되다

02 밖으로 e(x)- 드러나 vid 보이니 evident 명백한, 분명한

사실 evident만큼 어원적으로 딱 맞아 떨어지는 단어도 없습니다. 앞의 어원 풀이에서도 나왔지만 안에 숨어 있지 않고 '밖으로 드러나 보이니' 얼마나 명백하고 분명하겠어요. 이 evident의 명사가 바로

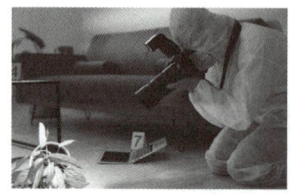

evidence증거입니다. '밖으로 드러나는 것'이란 어원적 의미에서 '증거'란 뜻이 된거죠. '증거'가 나왔으니 말인데 tangible evidence구체적 증거라는 말은 아주 유명하니 꼭 알아두세요! evident와 동의어인 obvious도 알아두시구요. evident 못지 않게 많이 쓰이는 어휘랍니다!

evident 형 명백한, 분명한 = clear, obvious

self-evident 형 자명한
· self-evident truths 자명한 사실들
evidence 명 증거 = proof
· tangible evidence 명백한 증거

· It became **evident** that the company was in financial difficulties.
  그 회사가 재정적으로 어려운 상황에 처해 있다는 사실이 분명해졌다.

· At present we have no **evidence** of life on other planets.
  현재 다른 행성들의 생명체에 대한 어떤 증거도 없다.

03 (말의 의미를) 높이ex- 쌓아올리니agger **exaggerate** 과장하다

exaggerate는 얼핏 보면 어려워 보이는 동사지만 실제로는 상당히 많이 쓰이는 말입니다. exaggerate의 암기 핵심은 바로 어근 agger에 있는데 이 어근의 뜻은 '쌓아올리다heap up'입니다. 그리고 또 하나 주의할 점이 여기서 접두어 ex-의 의미가 '강조'라는 것입니다. 따라서 exaggerate는 '(말의 의미를) 높이 쌓아올리다'라는 어원적 의미에서 '과장하다'라는 뜻이 됩니다. 공부해두면 꼭 써먹게 되는 중요한 동사랍니다!

exaggerate 타동 과장하다 = overstate

· his tendency to exaggerate 그의 과장하는 경향
· I'm not exaggerating. 과장하는 게 아닙니다.
exaggeration 명 과장
exaggerated 형 과장된

- It is impossible to **exaggerate** the importance of health.
  건강의 중요성은 아무리 강조해도 지나치지 않다.
- The danger of bungee jumping had been greatly **exaggerated**.
  번지 점프에 대한 위험성이 크게 과장되었다.

04 밖으로ex- 다 끌어내버리니hau exhaust 1. 지치게 하다 2. 고갈시키다

완전히 지쳤을 때 미국 사람들 입에선 이런 말이 나옵니다. I'm exhausted.나 완전히 지쳤어. exhaust는 어원적 의미가 '밖으로 다 끌어내다'입니다. 힘(체력)을 다 끌어내면 '1. 지치게 하다'라는 뜻이 되고 자원을 다 끌어내면 '2. 고갈시키다'란 뜻이 됩니다.
exhaust에서는 형용사 파생어의 구분이 아주 중요합니다. exhausted는 단지 '지친, 고갈된'이란 뜻이지만 exhaustive는 '사람을 지치게 할 정도인'이란 뜻에서 '철저한, 총망라한'이란 뜻이 되니까요. 일을 대충하는 것이 아니라 철저하게 하면 그만큼 힘이 드는 법이겠죠?

> **exhaust** [타동] 1. 지치게 하다 2. 고갈시키다
> [명] (가스) 배출구
> - exhaust pipe (자동차의) 배기 파이프
> **exhaustion** [명] (극도의) 피로; 고갈
> **exhausted** [형] 지친; 고갈된
> **exhausting** [형] 지치게 하는
> **exhaustive** [형] 철저한 = thorough
> - carry out an exhaustive investigation 철저히 조사하다

- A full day's working **exhausts** me.
  온종일의 일이 날 완전히 지치게 한다.
- We have **exhausted** our all resources.
  우리는 모든 자원을 고갈시켰다.
- The doctor did **exhaustive** tests on the patient.
  의사는 그 환자에게 철저한 검사를 시행했다.

05 밖으로ex- 내놓으니hibit exhibit 전시하다

예술작품이나 귀중한 문화재 등을 여러 사람들이 볼 수 있도록 하는 행사가 바로 exhibition전람회입니다. exhibit은 '밖으로 내놓다'라는 어원적 의미에서 '전시하다'라는 뜻이 된 단어입니다. 재밌는 것은 어근 hibit이 '붙잡고 있다hold'라는 뜻이란 것인데, 여기서 모음 하나만 바뀌면 habit습관이 됩니다. 습관이라는 게 뭘까요? 내가 '갖고 있는 것, 붙잡고 있는 것'이죠. 또 이 어근에서 inhabitant거주자, habitat(동·식물의) 서식지라는 어휘도 생겨납니다. 마지막으로, inhibit은 뭔가 하고 싶은 마음을 '안으로 붙잡고 있다'라는 어원적 의미에서 '억제하다'라는 뜻이 된 거랍니다.

---

exhibit [타동] 전시하다, 진열하다 = display, show
- exhibit contemporary sculpture 현대 조각 작품을 전시하다
- exhibit aggressive behavior 공격적인 행동을 보이다

exhibition [명] 전시회, 전람회
habit [명] 습관
inhabitant [명] 거주자
habitat [명] 서식지
inhibit [명] 억제하다

· His paintings have been **exhibited** all over the world.
그의 그림들이 전 세계에 전시되었다.

· The patient is **exhibiting** typical symptoms of mental illness.
그 환자는 전형적인 정신병 증세를 보이고 있다.

symptom 증세

06 힘들게 일해labor 만들어내니ex- elaborate 1. 공들인, 정성들인 2. 복잡한

elaborate는 쉬운 듯하지만 어려운 단어입니다. 일단 elaborate에서는 labor가 눈에 확 들어올 거예요. 원래 labor는 '힘든 일'이란 뜻입니다. 오죽 했으면 labor에 '아기 낳는 고통'에서 나온 '산고, 진통'이란 뜻이 있겠어요? She's in labor. 하면 '그녀가 노동하고 있다.'가 아니고 '그녀는 (아기 낳느라) 진통 중이다.'란 뜻이죠.

elaborate은 '힘들게 일해서 (밖으로) 만들어낸'이란 어원적 의미에서 '1. 공들인, 정성들인'이란 뜻이 되었습니다. 한 마디로 말해 뭔가를 보고 '와 이거 만드느라 정말 고생했겠다.'라고 생각되는 것은 모두 elaborate한 것이라고 생각하면 됩니다. 또 공들이고 정성을 들였으니 거기서 '2. 복잡한'의 의미도 나온 거죠. 마지막으로 「elaborate on + 명사」의 형태로 쓰면 '~에 대해 정성들여 말하다'라는 어원적 의미에서 '상세히 설명하다'란 뜻이 됩니다.

elaborate 형 1. 공들인, 정성들인 2. 복잡한 = complicated, knotty
자동 상세히 설명하다 = dilate, expand
- elaborate on+명사 ~에 대해 상세히 설명하다
- elaborate on the theory 그 이론에 대해 자세히 설명하다

- His **elaborate** film has enjoyed great success. 공들인 그의 영화는 큰 성공을 거뒀다.
- He said he was resigning but did not **elaborate** on his reasons.
  그는 사직할 것이라는 말은 했지만 이유에 대해서는 자세히 설명하지 않았다.

07 표준norm 크기에서 벗어나니e(x)- enormous 거대한, 엄청난

테이블 중앙에 놓인 음식을 보세요. 표준norm의 크기에서 완전히 벗어난 실로 enormous엄청난 크기입니다. enormous의 암기 핵심은 가운데 들어 있는 norm표준을 읽어내는 것입니다. 즉, enormous는 '표준 크기에서 벗어난'이란 어원적 의미에서 '엄청난, 거대한'이란 뜻이 된 거죠. norm표준, 기준의 형용사가 normal보통의, 정상적인이고, normal의 반대말이 abnormal비정상적인이란 것쯤은 이제 쉽게 이해되시죠?

enormous 형 엄청난, 거대한 = huge, vast, immense
- an enormous house 엄청나게 큰 집
- an enormous amount of money 엄청난 액수의 돈
enormity 명 엄청남, 거대함

- He has earned an **enormous** amount of money by his business.
  그는 사업을 통해 엄청난 액수의 돈을 벌었다.
- The team made an **enormous** effort to achieve the championship.
  그 팀은 우승하기 위해 엄청난 노력을 했다.

08 뿌리radic를 뽑아내니e(x)- eradicate 근절시키다

eradicate는 어원분석이 아주 효과적인 단어죠. eradicate에서 radic은 '뿌리 root'란 뜻의 어근으로 eradicate는 '뿌리를 밖으로 뽑아내다'라는 어원적 의미에서 '근절시키다'라는 뜻이 된 것입니다. eradicate가 원래는 '뿌리 뽑다'지만 실제로는 질병이나 범죄 등을 '완전히 없애다, 근절시키다'라는 뜻으로 쓰입니다. eradicate는 시험에도 자주 나오는 단어로 동의어 extirpate, exterminate와 함께 외워두면 더욱 좋습니다. 한 가지 덧붙이면 exterminate는 주로 해충을 '박멸하다'라는 의미로 쓰입니다.

eradicate [타동] 뿌리 뽑다, 근절시키다 =extirpate, exterminate, eliminate

- eradicate terrorism 테러 행위를 근절하다
- eradicate sex[age] discrimination 성[연령]차별을 근절하다

eradication [명] 근절
radical 근본적인; 급진적인, 과격한

- The President's aim is to **eradicate** poverty in the country within 10 years.
  대통령의 목표는 10년 내에 그 나라에서 가난을 완전히 없애는 것이다.
- We'll make an effort to **eradicate** crimes against children.
  우리는 아동에 대한 범죄를 근절시키기 위해 노력할 것이다.

09 불 꺼진 extinguish 듯 활동하지 않으니 extinct 1. 불 꺼진 2. 멸종된

어느 건물이나 화재에 대비해 fire extinguisher소화기를 비치해두게 마련이죠. extinguish를 어원분석해 보면 「ex-강조 + tingui끄다 (quench) + -sh동접 → (불을) 완전히 끄다」로 풀이되므로 '소화하다' 라는 뜻이 된 동사입니다.

이 extinguish에서 나온 형용사가 바로 extinct죠. 그래서 extinct는 '1. 불 꺼진, 활동하지 않는'이란 의미 외에도, 동물이 더 이상 활동하지 않는다는 의미에서 '2. 멸종된'의 뜻으로도 쓰이죠. 실제로 여러분은 extinct를 '멸종된'의 의미로 많이 접하게 될 거예요. extinct animals멸종된 동물들이란 표현도 아주 유명한 표현이랍니다!

---

extinct 형 1. 불 꺼진, 활동하지 않는 2. 멸종된, 소멸한 = nonexistent
- extinct animals   멸종된 동물들
- fossils of many extinct species   많은 멸종된 종들의 화석

extinction 명 멸종, 소멸

· Dinosaurs became **extinct** 65 million years ago.
  공룡은 6천 5백만 년 전에 멸종되었다.

· The tiger in Korea has been **extinct** for a long time.
  한국에서 호랑이는 오래 전에 멸종되었다.

· We must protect species in danger of **extinction**.
  우리는 멸종 위기에 있는 종들을 보호해야 한다.

---

10 접혀 있는 ploi(t) 것을 펼쳐내면 ex- exploit 1. 개발[이용]하다 2. 착취하다

exploit은 두 얼굴을 가진 동사라고 할 수 있습니다. 왜냐구요? 긍정적인 의미와 부정적인 의미 둘 다 갖고 있기 때문이죠. 우선 exploit의 어원적 의미를 보면 '(접혀져 있는 것을) 펼쳐내다'입니다. (자원을) 좋은 쪽으로 펼쳐내면 '1. 개발[이용]하다'란 뜻이 되고 (남의 능력을) 나쁜 쪽으로 펼쳐내면 '2. 착취하다'란 뜻이 되죠.

마지막으로 exploit은 명사로 '공, 업적'이란 뜻도 있는데, 이 의미는 '(능력을) 펼쳐낸 것'이란 어원적 의미에서 나온 것입니다.

> **exploit** [타동] 1. (자원을) 개발[이용]하다 = develop 2. (노동력을) 착취하다 = milk
> [명] 《복수》 공, 업적 = feat
>
> **exploitation** [명] 개발, 개척; 착취

- The company got permission to **exploit** natural gas in the country.
  그 회사는 그 나라에서 천연가스 채취 허가권을 얻었다.

- Many employers **exploit** and underpay part-time workers.
  많은 고용주들이 아르바이트 직원들을 착취하고 임금을 적게 지불한다.

- His legendary **exploits** were later made into a movie.
  그의 전설적인 업적은 훗날 영화로 만들어졌다.

legendary 전설적인

확인하고 넘어가자

A | 다음 표시된 말에 해당하는 단어를 원형으로 써보세요.

01 시간이 지나면 진실이 **드러날** _____ 것이다.

02 그는 항상 자기가 한 일을 **과장한다** _____.

03 오랜 기간 시험공부로 난 완전히 **지쳤다** _____.

04 난 그녀의 **정성들인** _____ 선물에 감동했다.

05 그 수박은 **엄청난** _____ 크기였다.

06 우리는 모든 테러 행위를 **근절시켜야** _____ 한다.

B | 다음 표시된 단어의 동의어를 찾거나, 빈칸에 알맞은 단어를 고르세요.

07 Insects **emerge** in the spring and start multiplying rapidly.
　ⓐ appear　ⓑ appeal　ⓒ vanish

08 Newspapers tend to **exaggerate** their influence on people.
　ⓐ overhang　ⓑ overstate　ⓒ overlook

09 Dinosaurs became _____ millions of years ago.
　ⓐ extinguished　ⓑ extinct　ⓒ emergent

정답 A 01 emerge 02 exaggerate 03 exhaust 04 elaborate 05 enormous 06 eradicate
　　　B 07 ⓐ 08 ⓑ 09 ⓑ

23 아래로 떨어지고 이탈되는 de-

접두어 de-는 기본적으로 '아래down'의 의미를 갖습니다. degrade등급을 낮추다, depress의기소침하게 하다 등에서 알 수 있죠. de-의 또 한 가지 의미는 '분리·이탈away'입니다. 감나무의 감이 익어서 떨어진다고 생각해 보세요! 아래로 'down'되면서 동시에 나무에 붙어 있던 감이 'away분리·이탈'되는 것입니다. detach란 단어는 '(붙어 있던 것을) 떼다, 떨어지게 하다'란 뜻으로 여기서 de-는 '분리·이탈'의 의미로 쓰였습니다.

de-는 down, away

- de-강조 + clare 명확한(clear)
명확하게 하다
declare 선언[선포]하다

- de-아래(down) + clin(e) 휘다(bend)
아래로 기울다
decline 쇠퇴하다

- de-아래(down) + fic 만들다(make) + -(i)ent 형접
(필요한 양보다) 아래에 있는
deficient 부족한

- de-분리(away) + priv(e) 개인 소유의(private)
개인 소유에서 분리시키다
deprive 빼앗다

- de-분리(away) + tach 닿다(touch)
(붙어있던 것을) 떨어지게 하다
detach 떼다

- de-아래(down) + cad 떨어지다(fall) + -ence 명접
(도덕이) 아래로 떨어짐
decadence 타락

- de-아래(down) + ple 채우다(fill) + -te 동접
채워진 양을 끌어내리다
deplete 고갈시키다

- de-아래(down) + preci 가격(price) + -ate 동접
가치를 내리게 하다
depreciate 가치를 떨어뜨리다

- de-아래(down) + scribe 글을 쓰다(write)
글을 써내려가다
describe 서술[묘사]하다

- de-분리(away) + ter 겁먹게 만들다(frighten)
겁줘서 못하게 하다
deter 막다, 방해하다

01 명확히 de- 밝히니 clare **declare** 1. 선언[선포]하다 2. (과세품·소득을) 신고하다

declare에서 clare는 clear명확한에서 변형된 부분으로 여기서 접두어 de-는 '강조'의 뜻이라는 걸 알아두어야 합니다. 중요한 거 하나 짚고 넘어갈까요? 주요 접두어들은 대부분 본래 의미 외에 추가로 '강조'의 뜻으로 쓰일 수 있습니다. 그래서 declare는 '명확히 밝히다'라는 어원적 의미에서 '선언[선포]하다state officially and publicly'라는 뜻이 되는데 declare war전쟁을 선포하다란 표현이 대표적인 표현이죠.

그런데 '(과세품·소득을) 신고하다'란 의미는 뭘까요? 얼핏 보면 생소하게 보이지만 '나 외국에서 이런 물건 사왔소!' 또는 '나 이만큼의 소득을 벌었소!'라고 명확히 밝히는 것이 바로 '(과세품·소득을) 신고하다'라는 뜻이 되는 거죠. 참고로 '세관'은 영어로 customs라고 한다는 것도 함께 알아두세요!

> **declare** [타동] 1. 선언[선포]하다 = announce, proclaim 2. (과세품·소득을) 신고하다
> · declare a strike 파업을 선언하다
> **declaration** [명] 선언; (세금) 신고서

· A state of emergency has been **declared**. 비상사태가 선포되었다.
· All income must be **declared**. 모든 소득은 반드시 신고해야 한다.
· Do you have anything to **declare**? 신고하실 물건 있으세요?(공항 세관에서 받는 질문)

02 아래로 de- 기울면 clin(e) **decline** 1. 쇠퇴[감소]하다 2. (정중히) 거절[사양]하다

오른쪽 그래프에서 보듯 기울기slope가 아래로 기우는 것이 decline 입니다. 자연히 '쇠퇴[감소]하다'라는 뜻이 되겠죠? decline은 '쇠퇴, 감소'라는 명사의 의미로도 쓰입니다. a decline in unemployment 라고 하면 '실업의 감소'란 뜻이죠.

그런데 decline에는 또 한 가지 중요한 뜻이 있습니다. 바로 '(정중히) 거절[사양]하다'란 뜻입니다. 상대방의 초대나 제의를 아래로 기울여 내린다는 건 곧 '거절'의 표시가 되겠죠. 비슷한 생각에서 나온 turn down 역시 '거절하다'의 뜻입니다.

decline 1. 통 쇠퇴[감소]하다 = decrease, run down 명 쇠퇴, 감소
2. (정중히) 거절[사양]하다 = refuse, reject, turn down

- on the decline 감소하고 있는
- decline to comment on the problem 그 문제에 대해 언급하기를 거절하다

- The population of the rural area has **declined**.
  시골 지역의 인구가 감소해왔다.

- The minister **declined** to answer the sensitive question.
  장관은 민감한 질문에 대답하기를 정중히 거절했다.

03 필요한 양 fic 보다 아래에 de- 있으니 deficient 부족한, 결핍된

deficient는 접두어 de-아래down의 의미를 제대로 느낄 수 있는 어휘죠. 필요량보다 아래에 있는(못 미치는) 상태가 바로 deficient부족한입니다. 가뭄drought는 바로 물이 부족한deficient 상태죠. 또 몸에 비타민이 deficient하면 여러가지 문제가 생기게 되구요. 반대말인 sufficient충분한도 함께 알아두세요!

deficient 형 부족한, 결핍된 = scanty, scarce, lacking

- deficient in vitamin 비타민이 부족한
- deficient in common sense 상식이 부족한

deficiency 명 부족, 결핍
deficit 형 부족액, 적자

- He is **deficient** in common sense. 그는 상식이 부족하다.
- I think of Cambell as **deficient** in cooperation. 난 캠벨이 협동심이 부족한 사람이라고 생각해.
- One of the symptoms of vitamin C **deficiency** is extreme tiredness.
  비타민 C 부족으로 인한 증세들 중 하나는 극도의 피로감이다.

04 개인 소유에서 priv(e) 분리시키니 de- **deprive** ~에게서 빼앗다, 박탈하다

deprive는 접두어 de-의 '분리·이탈away'의 의미가 제대로 적용된 어휘입니다. 만약 누군가의 개인 소유물priv을 분리시켜away내면 그것이 곧 '빼앗다, 박탈하다'라는 의미가 되는 거죠. deprive는 「deprive A of BA에게서 B를 빼앗다」라는 표현이 유명한데 여기서 전치사 of를 '제거·박탈의 of'라고 부른다는 것도 함께 알아두세요. 이런 어법에 해당되는 대표적인 표현이 바로 「rob A of BA에게서 B를 빼앗다」, 「get rid of~을 없애다, 제거하다」입니다!

---

deprive [타동] ~에게서 빼앗다, 박탈하다 = rob, divest
- deprive A of B A에게서 B를 빼앗다, 박탈하다
- deprive him of his money 그에게서 돈을 빼앗다

deprivation [명] 박탈, 탈취
deprived [형] 혜택 받지 못한, 불우한

- The military regime **deprived** the people of freedom.
  그 군사 정권은 국민들의 자유를 빼앗았다.

- **Deprived** children tend to do less well at school.
  불우한 가정의 아이들은 학교를 잘 다니지 못하게 되는 경향이 있다.

regime (통치하는) 정권

---

05 붙어 있던 tach 것을 떨어지게 de- 하니 **detach** 떼다

니… detached 되는 모자…

attach와 detach는 반대말 관계입니다. 여기서 어근 tach는 touch접촉하다가 발음 편의상 변형된 부분이죠. 그래서 attach는 '~에 붙이다,' detach는 '(붙어 있던 것을) 떼다, 분리하다'란 뜻이 된 것입니다. '포스트잇'을 떠올려 보시면 두 동사의 의미가 머릿속에 팍 들어올 거예요!
사실 detach에선 과거분사 형용사 detached가 중요합니다. detached는 단순히 '떨어진'의 의미 말고 '공정한, 초연한'의 뜻이 있거든요. 만약 어떤 일, 사건에 연루되어 있지 않고 not involved 관계가 떨어져 있다면 비로소 그 일에 공정해지게

된다는 의미입니다. 예를 들어 축구 경기를 할 때 심판referee은 반드시 제 3국 사람이 보게 되어 있죠. 양 국에 개인적으로 연루되어 있지 않아야 '공정한detached' 판정을 내릴 수 있기 때문이겠죠?

> **detach** [타동] 떼다, 분리하다 ↔ attach 붙이다, 부착하다
> · detach A from B   A를 B에서 떼다, 분리시키다
> · detach a coupon from the ad paper   광고지에서 쿠폰을 떼어내다
> **detached** [형] 1. 떨어진 2. 공정한, 초연한 = fair

· You can **detach** the hood from this winter jacket.
  이 겨울 재킷에서 모자를 떼어낼 수 있습니다.

· He described what had happened in a cold and **detached** manner.
  그는 냉정하고도 공정한 태도로 일어난 일에 대해 묘사했다.

06 도덕이 아래로 de 떨어진 cad 것은 decadence 타락, 퇴폐

요즘은 예술쪽에서만 볼 수 있는 '데카당스'라는 단어가 있습니다. 외래어 '데카당스decadence'는 무엇일까요? 사실 decadence만큼 어원적으로 딱 들어맞는 어휘가 또 있을까요? decadence는 '(도덕이) 아래로 떨어진 상태'라는 어원적 의미 그대로 '타락, 퇴폐'란 뜻이 된 단어입니다. 한자어 '타락(墮落)'에서도 '락'이 바로 '떨어질 락(落)'이니, 여기서도 영어와 한자어가 절묘하게 들어맞죠?

> **decadence** [명] 타락, 퇴폐
>   · the decadence of modern society   현대 사회의 부패
> **decay** [자동] 썩다, 부패하다

· The new film reflects the **decadence** of our society.
  그 새로운 영화는 우리 사회의 타락을 반영하고 있다.

· The collapse of the Roman Empire resulted from the **decadence** of the noble class.   로마제국의 멸망은 귀족들의 타락 때문이었다.

reflect 반사하다, 반영하다

07 채워진ple 양을 끌어내리니de- deplete 감소[고갈]시키다

deplete에서는 어근 ple채우다(fill)를 익히는 것이 우선입니다. 어근 ple-을 포함한 어휘는 정말 많습니다. 먼저 plentiful 하면 '가득 채워진'에서 '충분한'이 되고, complete는 '완전히 채워진'에서 '완전한'이며, replenish는 '다시 채우다'에서 '보충하다'란 뜻이 됩니다.

deplete는 '채워진 양을 끌어내리다'란 어원적 의미에서 '감소[고갈]시키다'란 뜻이 된 단어입니다. deplete는 동의어 reduce줄이다보다 좀 더 격식을 차린formal 어휘라는 것도 알아두세요!

deplete 타동 감소[고갈]시키다 = reduce, exhaust, consume
- deplete natural resources 자연 자원을 고갈시키다
- deplete one's ability 자신의 능력을 감소시키다

depletion 명 감소, 고갈

- Over the last few years, forests have been steadily **depleted**.
  지난 몇 년 동안 숲이 서서히 감소했다.
- These chemicals are thought to **deplete** the ozone layer.
  이 화학물질은 오존층을 감소시킨다고 여겨진다.

08 가치를preci 내리게de- 하니 depreciate 가치를 떨어뜨리다

앞에서 배운 attach와 detach의 관계처럼 appreciate과 depreciate 역시 반대말 관계입니다. 두 단어에서 어근 preci는 price가치에서 변형된 부분인데, appreciate는 '~에 가치를 부여하다'라는 어원적 의미에서 발전해 '1. 감상[이해]하다 2. 감사해하다 3. (값이) 오르다'라는 뜻이 된 반면, depreciate는 '~의 가치를 떨어뜨리다'라는 어원적 의미 그대로 실제 의미로 쓰입니다. 다만 depreciate는 전문적인technical 의미로 회계 accounting에서 '감가상각하다'라는 의미가 있는데, 이는 시간이 지나감에 따라 물건의 가치(값)을 떨어뜨려 계산하는 것을 말합니다.

> **depreciate** [자동][타동] 1. ~의 가치를 떨어뜨리다 2. 《회계》감가상각하다
> - depreciate share prices 주가를 떨어뜨리다
> **depreciation** [명] 가치 하락; 감가상각
> **appreciate** [자동][타동] 1. 감상[이해]하다 2. 감사해하다 3. (값이) 오르다
> - appreciate the significance of the situation 상황의 중요성을 이해하다
> **appreciation** [명] 감상; 감사; (가치) 상승

- A new car **depreciates** in value more quickly than a second-hand one.
  신차는 중고차보다 가치 면에서 더 빠르게 떨어진다.

- Company computers are **depreciated** at 50% per year.
  회사의 컴퓨터들은 매년 50%씩 감가상각된다.

09 글을 써scribe 내려가는 de- 건 describe 서술[묘사]하다

누구나 학교 다닐 때 글짓기essay를 해보았을 거예요. 어떤 주제를 놓고 서론, 본론에 이어 나름대로 결론을 내리게 되죠. 이렇게 '글을 써내려가다'란 뜻이 바로 describe서술[묘사]하다입니다. 여기서 나오는 어근 scribe글을 쓰다(write)도 상당히 중요합니다. 몇 가지 더 짚고 갈까요? ascribe 하면 '원인을 ~에 돌리다'라는 뜻이고, inscribe는 '~안에 쓰다'에서 '(글자를) 새기다'라는 뜻이 되며, prescribe는 '미리 써두다'이므로 '규정하다; 처방하다'란 뜻이 되고, proscribe는 '앞에 써두다'에서 '금지하다'란 뜻이 된 것입니다. 마지막으로 subscribe는 '(문서의) 아래에 (이름을) 쓰다'에서 '서명하다; 정기구독하다'라는 뜻이 된 거구요. 어근 scribe 정말 유용하죠? 이렇게 어휘의 절반 가량은 접두어와 어근의 조합으로 탄생한다는 것, 바로 '공개된 비밀'이랍니다!

> **describe** [타동] 서술[묘사]하다, 설명하다 = delineate, depict, portray
> - describe the criminal 범인의 인상착의를 설명하다
> **description** [명] 서술, 묘사
> - beyond description 형언할 수 없는

- Can you **describe** the man to me?
  나에게 그 남자에 대해 설명해 줄래요?

- The police asked the witness to **describe** the accident.
  경찰은 목격자에게 그 사고에 대해 자세히 설명해 달라고 요청했다.

- It's difficult to **describe** how I feel.
  내 감정이 어떤지 설명하기가 어렵다.

10 겁줘서ter 못하게 하는de- 건 deter 막다, 방해하다

여러분 terror테러라는 말 아시죠? 원래 terror라는 말의 어원은 '공포'입니다. 사람들을 마구 죽이고 건물이나 비행기를 폭파시키는 테러 행위는 엄청난 '공포'를 일으키죠. 과거 911 테러 사건으로 엄청난 충격에 빠진 미 행정부The U.S. Administration은 곧바로 테러와의 전쟁war on terror을 선포하기도 했습니다. terror와 어근이 같은 deter는 '(상대에게) 겁을 줘서 못하게 하다'라는 어원적 의미에서 '(어떤 일을 하지 못하게) 막다, 방해하다'란 뜻이 되었습니다. 고속도로의 과속 카메라는 벌금fine으로 운전자의 과속을 막는 대표적인 장치죠. 결론적으로 terror와 deter는 어원이 같으니 'terror를 deter하다! 테러를 막다!' 이렇게 외우면 쉽답니다.

---

deter 타동 막다, 방해하다 = prevent, discourage, inhibit
- deter A from ~ing   A를 ~하지 못하게 하다
- deter a thief from invading 도둑이 침입하는 것을 막다

deterrent 명 방해물 = obstacle

- The security camera was installed to **deter** people from stealing.
  사람들의 절도를 막기 위해 보안 카메라(CCTV)가 설치되었다.

- The company's financial difficulties have **deterred** potential investors.
  그 회사의 재정적 어려움이 잠재적 투자자들을 막았다.

확인하고 넘어가자

A | 다음 표시된 말에 해당하는 단어를 원형으로 써보세요.

01 일본은 중국에 대해 전쟁을 **선포했다** _____.

02 비타민이 **결핍된** _____ 사람들은 심각한 질병에 걸릴 수 있다.

03 그 사고가 그에게서 행복을 **빼앗았다** _____.

04 우리 사회의 **타락** _____ 이 심각한 수준에 이르렀다.

05 오존층을 **감소시키는** _____ 화학물질들을 규제해야 한다.

06 그는 나의 초대를 정중히 **거절했다** _____.

B | 다음 표시된 단어의 동의어를 찾거나, 빈칸에 알맞은 단어를 고르세요.

07 The government **deprived** him of his property.
   ⓐ rubbed   ⓑ robbed   ⓒ ripped

08 I can't fully **describe** the beauty of the view.
   ⓐ depict   ⓑ desert   ⓒ depreciate

09 That country has _____ its natural resources completely.
   ⓐ declared   ⓑ replenished   ⓒ depleted

정답 A 01 declare 02 deficient 03 deprive 04 decadence 05 deplete 06 decline
B 07 ⓑ 08 ⓐ 09 ⓒ

24 이쪽에서 저쪽으로 옮기는 trans-

접두어 trans-는 'across'의 뜻입니다. trans-가 나오면 항상 '이쪽에서 저쪽으로'라는 말을 떠올리세요! 접두어 trans-를 포함한 가장 좋은 예는 transport수송하다입니다. trans-는 '이쪽에서 저쪽으로'라는 뜻이고, 여기에 어근 port나르다(carry)가 붙어 어원적 의미가 '물건을 이쪽에서 저쪽으로 옮기다'가 되니 '수송하다'라는 뜻이 된 거죠. 접두어 trans-는 발음 편의상 tra-나 tres-로 변형되어 쓰이기도 합니다!

trans-는 across

tra(ns)-이쪽에서 저쪽으로(across) + **di** 주다 + **-tion** 명접 (조상들이) 건네주는 것
tradition 전통

trans-이쪽에서 저쪽으로(across) + **action** 활동, 일 이쪽에서 저쪽으로 옮겨지는 것
transaction 거래, 처리

trans-이쪽에서 저쪽으로(across) + **fer** 옮기다 이쪽에서 저쪽으로 옮기다
transfer 옮기다, 이동하다

trans-이쪽에서 저쪽으로(across) + **gress** 가다 (허용 범위를) 건너가다
transgress 위반하다

trans-이쪽에서 저쪽으로(across) + **form** 형성하다 (모양을) 다른 것으로 형성하다
transform 변형시키다

trans-이쪽에서 저쪽으로(across) + **it** 가다 + **-ory** 형접 (이쪽에서 저쪽으로 휙) 지나가 버리는
transitory 일시적인

trans-이쪽에서 저쪽으로(across) + **par** 보이다 + **-ent** 형접 건너서(통과해서) 보이는
transparent 투명한

trans-이쪽에서 저쪽으로(across) + **pass** 통과하다 (남의 땅을) 건너서 통과하다
trespass 침입[침해]하다

trans-이쪽에서 저쪽으로(across) + **plant** 심다 이쪽에서 저쪽으로 옮겨 심다
transplant 이식하다

01 조상들이 건네tra- 주는di 것-tion은 tradition 전통

설날이나 추석날 온 가족이 모여 차례를 지내는 풍습custom은 예로부터 조상들이 후세에게 건네주어 생긴 전통이죠. 접두어 trans-가 쓰인 첫 번째 어휘가 바로 tradition전통입니다. 이 단어는 접두어 trans-가 줄어서 tra-로 쓰이고, '주다give'를 뜻하는 어근 di가 붙고 명사형 접미어 -tion으로 마무리된 어휘로, '(조상들이 후손들에게) 건네주는 것'이란 어원적 의미에서 '전통'이란 뜻이 되었습니다.

tradition 명 전통 = convention, custom
- follow the tradition 전통을 따르다
- break with tradition 전통을 깨다

traditional 형 전통적인

- Both brothers followed the family **tradition** and became doctors.
  두 형제 다 가족의 전통을 따라 의사가 되었다.
- A lot of the old **traditions** are dying out. 많은 오래된 전통들이 사라져가고 있다.

die out 사라지다, 자취를 감추다

02 이쪽에서 저쪽으로trans- 옮기니fer transfer 옮기다, 이동하다

일단 transfer는 어근 fer가 '옮기다carry'의 의미이고, 여기에 '이쪽에서 저쪽으로'란 의미의 접두어 trans-가 붙어 '옮기다, 이동하다'라는 확실한 의미를 만들어줍니다. transfer의 활용 범위는 상당히 넓답니다. 단순히 '위치를 옮기다'에서 그치지 않고 '회사를 옮기다 → 이직하다,' '학교를 옮기다 → 전학하다,' '대학을 옮기다 → 편입하다,' '다른 계좌로 돈을 옮기다 → 이체하다,' '교통수단을 옮기다 → 갈아타다' 등과 같이 다양하게 쓰입니다. 회화나 영작에 꼭 필요한 중요한 단어이니 잘 알아두세요!

> **transfer** [자동][타동] 옮기다, 이동하다
> [명] 이전, 이직
>
> · transfer A to B A를 B로 옮기다
> · transfer fee 이적료
> · transfer to ~로 옮기다
> · transfer of power 권력 이동

· I'll **transfer** your call to my boss. 사장님께 전화 연결시켜 드릴게요.

· The pollen of one flower is **transferred to** another by bees and insects.
꽃가루는 벌과 곤충들에 의해 꽃에서 꽃으로 옮겨진다.

· How can I **transfer** money from my bank account to his?
제 계좌에서 그의 계좌로 이체하려면 어떻게 해야 되죠?

03 모양을 다른 것으로 trans- 형성하니 form transform 변형시키다

form은 명사로는 '형태,' 동사로는 '형성하다, (모양을) 만들다'라는 의미죠. 여기에 접두어 trans-가 붙어 생긴 동사가 바로 **transform**입니다. trans-는 '이것에서 저것으로'라는 의미이므로, 기존의 모양, 형태에서 다른 모양, 형태로 바꾸는 것이 transform이죠. 영화 '트랜스포머 Transformer' 역시 동사 transform에서 나온 명사입니다.

> **transform** [타동] (모습·형태를) 바꾸다, 변형시키다
>
> · transform A into B A를 B로 바꾸다, 변형시키다
> · an event that would transform my life 내 삶을 완전히 바꿔놓은 사건
> **transformation** [명] 변형, 변화

· A new color will **transform** your bedroom.
새로운 색으로 바꾸면 침실이 달라질 거예요.

· The movie **transformed** her from an unknown school girl into a top star.
그 영화는 그녀를 무명의 여학생에서 톱스타로 바꿔주었다.

04 통과해서 trans- 보이니 par transparent 투명한

창가에 서서 창밖을 바라봅니다. 창밖으로 나무도 보이고 풀도 보이고 멀리 강도 보이네요. 멋진 풍경scenery이죠? 유리창 너머로 풍경이 보이는 건 왜일까요? 바로 유리창이 투명하기 때문이죠. 이 '투명한'이 영어로 transparent입니다. 접두어 trans-는 '이쪽에서 저쪽으로across'의 의미이고, 어근 par는 '보이다appear'란 뜻이므로 '이쪽에서 저쪽으로 건너 보이는'이란 어원적 의미에서 '투명한'이란 뜻이 되었습니다. 투명한 유리나 비닐 같은 것을 연상association하면 됩니다. 이왕 transparent투명한을 배우는 김에 반대말인 opaque불투명한도 함께 외워두면 어휘력이 쑥쑥 자라겠죠?

> **transparent** 〔형〕 1. 투명한 = pellucid ↔ opaque 불투명한 2. 명료한, 이해하기 쉬운 = clear
> · a transparent plastic container 투명한 플라스틱 용기
> · as transparent as glass 유리처럼 투명한
> **transparency** 〔명〕 투명함

- This box has **transparent** plastic so you can see what's inside.
  이 상자는 투명한 플라스틱으로 되어 있어서 안에 무엇이 들어 있는지 볼 수 있다.

- The way the system works will be **transparent** to the user.
  그 시스템의 작동 방법은 사용자에게 쉽게 이해될 것이다.

05 이쪽에서 저쪽으로 trans- 옮겨 심으니 plant transplant 옮겨 심다, 이식하다

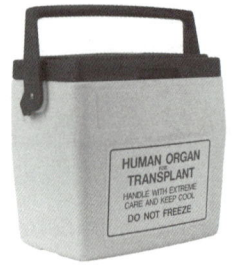

transplant는 어원적으로 비교적 쉬운 단어예요. 접두어 trans-와 plant심다라는 단어가 합쳐져, 어원적 의미 그대로 '옮겨 심다'에서 '이식하다'라는 뜻이 되었습니다. transplant는 원래 '식물을 다른 화분에 옮겨 심다'라는 의미로 쓰였지만 점차 그 의미가 확대되어 요즘에는 '심장heart, 신장kidney, 간liver, 피부skin와 같이 인체의 기관organ을 이식하다'라는 의미로도 자주 쓰입니다. 또 transplant가 동사와 명사 둘 다로 쓰이는 것도 알아두세요.

transplant [타동] 옮겨 심다, 이식하다 [명] 이식
- heart transplant surgery 심장 이식 수술
transplantation [명] 이식 (수술)
- stem cell transplantation 줄기 세포 이식

- Her kidney was **transplanted** in his daughter. 그녀의 신장은 딸에게 이식되었다.
- The patient must undergo a bone marrow **transplant** surgery.
  그 환자는 골수 이식 수술을 받아야 한다.

06 이쪽에서 저쪽으로 trans- 옮겨지는 것 action 은 transaction 거래, 처리

'거래(去來)'라는 말이 있죠. 돈이 가고(去) 물건이 오는(來) 것을 뜻합니다. 이런 장면을 연상해 보세요. 화살표가 쫙 그어지죠? 돈이 저쪽으로 보내지고(→), 물건이 이쪽으로 오겠네요(←). 이렇게 뭔가가 「trans-이쪽에서 저쪽으로 옮겨지는 + action활동, 일」되는 것이 바로 '거래'가 된 것입니다. transaction의 또 다른 의미로 '(업무의) 처리'라는 뜻도 있는데 이 역시 일의 '시작'부터 '끝'까지로 '옮겨가는 과정'이란 뜻입니다. 물론, transaction에서는 '거래'란 의미가 훨씬 중요합니다.

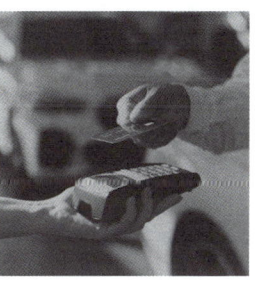

transaction [명] 거래, 처리 = deal, trade
- financial transactions between companies 기업 간 금융 거래
- the terms of the transaction 거래 조건
- the transaction of business 사무 처리

- The bank charges a fixed rate for each **transaction**.
  그 은행은 각각의 거래에 대해 일정한 요금(수수료)을 부과한다.
- Is a financial **transaction** possible with your firm? 귀사와 금융 거래가 가능합니까?
- If you want to return any product, make sure you keep the receipt for the initial sales **transaction**. 만약에 제품을 반품하고자 하신다면 최초의 판매 영수증을 보관해 두세요.

return a product 반품하다 receipt 영수증

07 허용 범위를 건너trans- 가는gress 건 transgress (한계를) 넘다, 위반하다

어근 gress는 '가다go'의 뜻으로 상당히 중요한 어근입니다. aggression공격, Congress의회, regress퇴보 등이 모두 이 어근에서 생겨난 단어죠. 이번에 배울 transgress는 '(허용 범위를) 넘다, 건너가다'라는 어원적 의미에서 발전해 '위반하다'라는 뜻으로 쓰이게 된 단어입니다. 또 하나 중요한 점은 transcend와의 비교입니다. transcend는 어원분석을 해보면 「trans-넘어서 + scend오르다(climb) → (한계를) 넘다」가 되어 '초월하다'라는 의미로 쓰입니다.
뱀의 유혹으로 금단의 열매를 따먹은 아담과 이브의 행동은 인간의 허용 범위를 최초로 transgress한 사건이죠.

---

transgress 타동 (허용 범위를) 넘다, 위반하다 = breach, infringe, contravene
· transgress accepted social norms 보편적으로 인정된 사회 규범을 위반하다
transgression 명 위반 = violation
transcend (한계를) 넘다, 초월하다 = exceed
· transcend the limits of thought 사고의 한계를 초월하다

· The terms of the treaty were **transgressed** almost immediately.
  조약 조건들이 곧바로 위반되었다.

· The desire for peace **transcended** political differences.
  평화에 대한 갈망은 정치적인 차이를 초월했다.

08 휙 하고trans- 지나가it 버리니 transitory 일시적인

사랑이 설레고 흥분되는 건 영원히 내 곁에 머물 수 있는 한 사람을 찾는 일이기 때문입니다. 그런데 내 곁에 잠시 머물다 휙 떠나버리는 사랑은 일시적이고 덧없는 사랑일 뿐이죠. 사랑뿐만 아니라, 돈이든 명예honor든 인기popularity든 머물지 않고 휙 지나가는 것들은 '일시적인' 거랍니다.
transitory의 암기 핵심은 어근 it가다(go)를 아는 거예요. 여기에 접

두어 trans-가 붙고 형용사형 접미어 -ory가 붙어 '지나가는'이란 어원적 의미 그대로 '일시적인, 덧없는'이란 뜻이 된거죠. transitory와 비슷하게 생긴 어휘로 transient가 있는데 완전히 똑같은 어휘랍니다.

> **transitory** [형] 일시적인, 덧없는 = temporary, passing, transient, fleeting
> - the transitory nature of fashion 패션의 일시적인 특징
> - a mere transitory sentiment 단순한 일시적 감정
>
> **transit** [명] 운송, 배송

- That was a mere **transitory** sentiment.
  그것은 일시적인 감정이었을 뿐이다.
- You should know about the **transitory** nature of earthly pleasures.
  세속적인 쾌락의 일시적인 속성에 대해서 알아야 해.

09 남의 땅을 건너서trans- 통과하는pass 건 trespass 침입[침해]하다

앞에서 배운 transgress위반하다와 개념적으로 크게 다르지 않은 어휘가 trespass입니다. 접두어 tres-는 trans-가 발음의 편의상 변한 것이고 pass는 '지나다, 통과하다'라는 뜻의 동사입니다. 이 두 말이 합쳐졌으니 어원적 의미가 '(남의 땅·권리를) 건너서 통과하다'가 되어, 이 뜻 그대로 '침입[침해]하다'라는 뜻이 된 것이죠.

예를 들어, 민간인 출입이 통제되는 군사보호구역 안으로 들어갔다면 그 사람은 분명히 trespass한 것이 됩니다. 주의할 점은 trespass는 전치사 on과 함께 쓰이는 자동사라는 것입니다!

> **trespass** [자동] 침입[침해]하다 = infringe, encroach [명] (불법) 침입, 침해
> - trespass on private land 사유지를 불법 침입하다
> - trespass on his privacy 그의 프라이버시를 침해하다
> - No trespassing 출입 금지

- He was arrested for **trespassing** on the military zone.
  그는 군사 지역에 (불법) 침입한 혐의로 체포되었다.
- She is **trespassing** on my private life. 그녀가 내 사생활을 침해하고 있어.

확인하고 넘어가자

A | 다음 표시된 말에 해당하는 단어를 원형으로 써보세요.

01 **전통** _____ 을 지키는 것은 중요한 문제다.

02 그 유리창은 있는 듯 없는 듯 **투명했다** _____ .

03 우리 어머니는 조만간 간 **이식** _____ 수술을 받으셔야 한다.

04 온라인상의 금융 **거래** _____ 는 늘 조심해야 한다.

05 그들은 법이 정한 한계를 **위반했다** _____ .

06 더 이상 **일시적인** _____ 사랑에 마음 쓰지 마.

B | 다음 표시된 단어의 동의어를 찾거나, 빈칸에 알맞은 단어를 고르세요.

07 Most **transactions** are processed by computer.
ⓐ deals   ⓑ reactions   ⓒ transgressions

08 I hope this sorrow will be _____ .
ⓐ permanent   ⓑ constant   ⓒ transitory

09 Farmers have barricaded their fields to prevent strangers from _____ on their land.
ⓐ trespassing   ⓑ surpassing   ⓒ transgressing

정답 A **01** tradition **02** transparent **03** transplantation **04** transaction **05** transgress
  06 transitory
B **07** ⓐ   **08** ⓒ   **09** ⓐ

25. 함께 하고 강조되는 com-

접두어 com-은 '함께together'라는 의미를 갖습니다. 백지장도 맞들면 낫듯, 함께 하면 강해지죠. 그래서 com-은 '강조intensive'라는 의미도 있습니다. 줄다리기tug of war를 연상하면 com-의 '1. 함께 2. 강조'라는 의미가 쉽게 와닿을 거예요. 예를 들어, collaborate는 '협력하다'라는 동사로 접두어 col-(com-의 변형)이 '함께'의 뜻인 걸 알 수 있지만, conspicuous는 '눈에 잘 띄는'의 뜻으로 여기서 con-(com-의 변형)은 '강조'의 뜻으로 쓰였죠?

com-은 together

col-함께 + **labor**일 + **-ate**하다
함께 일하다
collaborate 협력하다

com-강조 + **motion**움직임
거센 움직임
commotion 혼란, 소란

com-강조 + **pel**밀다
세게 밀어붙이다
compel 강요하다

com-강조 + **pens**무게를 달다 + **-ate**동접
무게를 달아 이쪽저쪽 균형을 맞추다
compensate 변상하다

com-함께 + **pet(e)**애쓰다
~을 얻기 위해 서로 애쓰다
compete 경쟁하다

com-강조 + **prehend**붙잡다
뜻을 완전히 붙잡다
comprehend 이해하다

con-함께 + **fus(e)**붓다
여러 가지를 함께 들이붓다
confuse 혼란스럽게 하다

con-강조 + **spic**보이다 + **-ous**형접
잘 보이는
conspicuous 눈에 잘 띄는

con-강조 + **templ(e)**사원 + **-ate**하다
사원에 차분히 있다
contemplate 숙고하다

con-강조 + **summ**정상 + **-ate**형접
완전히 정상에 다다른
consummate 완성된

01 함께 col- 일 labor 하면 collaborate 협력[협동]하다

집안에서든 회사에서든 혼자만 잘한다고 되는 일은 없습니다. 공동의 목표 goal을 갖고 힘을 합쳐야만 좋은 결과 result가 나올 수 있죠. collaborate 의 암기 포인트는 labor입니다. 일은 혼자 하는 게 아니라 '함께 col- 일 labor하는' 것이기에, 어원적 의미 그대로 '협력[협동]하다'의 뜻이 된거죠. collaborate는 자동사이므로 뒤에 전치사가 와야 한다는 점에 주의해야 합니다.

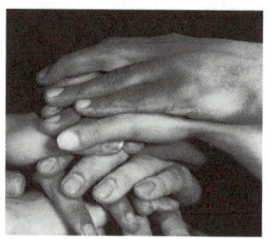

collaborate 자동 협력[협동]하다 = cooperate
- collaborate with ~와 협력하다
- collaborate on ~에 대해 협력하다
- collaborate in ~에 있어서 협력하다
- collaborate with a computer company 컴퓨터 회사와 협력하다
- collaborate in preparing the project 프로젝트를 준비하는 데 협력하다

collaboration 명 협력, 협동
collaborative 형 협력[협동]하는

- Researchers are **collaborating** to develop the vaccine for the disease.
  연구원들은 그 질병에 대한 백신을 개발하기 위해 협력하고 있다.

- He was imprisoned for **collaborating** with the enemy.
  그는 적과 협력한 것 때문에 투옥되었다.

02 세게 com- 밀어붙이면 pel compel 강요하다

'공부해!' 우리나라 엄마들이 제일 많이 하는 이야기 중 하나죠. 하기 싫은 걸 하라고 하니 이게 바로 '강요'죠. compel은 '~를 …하도록 세게 밀어붙이다'라는 어원적 의미 그대로 '강요하다'란 뜻이 된 것입니다. compel은 주로 「compel somebody to V ~에게 …하도록 강요하다」라는 어법으로 쓰입니다. 여기서 compulsory 강제적인과 compelling 강력한이라는 두 개의 형용사가 파생되는데, 특히 compelling에 주의해야 합

니다. compelling은 어원적 의미에 충실하게 '세게 밀어붙이는'이 되어 곧 '강력한'의 뜻이 된 거죠. 예를 들어, compelling evidence 하면 '강력한 증거'라는 뜻입니다.

compel [타동] 강요하다, 억지로 ~시키다 = force
- compel somebody to V ~에게 …하도록 강요하다
- compel one's son to study hard 아들에게 열심히 공부하라고 강요하다

compulsion [명] 강요; 충동
compulsory [형] 강제적인 = obligatory, mandatory
compelling [형] 강력한 = powerful

- The law will **compel** all drivers to take out insurance.
  그 법은 모든 운전자들에게 강제적으로 보험에 들도록 할 것이다.
- You must present **compelling** evidence for your innocence.
  당신은 결백을 위해 강력한 증거를 제출해야만 합니다.
- Albert felt a **compulsion** to smoke. 앨버트는 담배를 피우고 싶은 충동을 느꼈다.

03 (뭔가를 얻기 위해) 서로com- 애쓰는pete 건 compete 경쟁하다

올림픽과 월드컵의 공통점은? 모두 우승하기 위해 치열한 경쟁이 벌어지는 대회들이죠. 여기에 딱 들어맞는 어휘가 바로 compete입니다. compete는 '뭔가를 얻기 위해 서로 애쓰다'라는 어원적 의미에서 '경쟁하다'란 뜻이 된 단어니까요.
compete에서 나온 명사는 두 가지가 있습니다. competition경쟁과 competence능력으로, competence는 '경쟁력'이란 의미에서 발전해 '능력'이란 뜻이 된 것입니다. 서로 의미가 다르기 때문에 주의해야 하죠. competence의 형용사 competent유능한, 적임의도 시험에 자주 출제되는 어휘랍니다!

compete [자동] 경쟁하다, 겨루다 = contend
- compete with other countries 다른 나라들과 경쟁하다
- compete for the world championship 세계 선수권 대회에서 경합하다

competition [명] 경쟁

competitive 형 경쟁하는
competitor 명 경쟁자
competence / competency 명 능력, 유능함
competent 형 유능한, 적임의 ↔ incompetent 형 무능한

- The company is **competing** with foreign companies for a share of the market.
그 회사는 시장 점유율을 위해 외국 회사들과 경쟁하고 있다.

- I found him to be a very **competent** and reliable worker.
그는 매우 유능하고 믿을 수 있는 직원입니다.

- No one doubts her **competence** as a teacher.
그녀의 교사로서의 능력을 의심하는 사람은 아무도 없다.

04 여러 가지를 함께 com- 들이부으면 fus confuse 혼란스럽게 하다

팔레트 pallet에 파란색, 빨간색, 노란색, 흰색을 함께 짜서 막 섞으면 어떻게 될까요? 원래 무슨 색이었는지 알 수가 없게 되겠죠? confuse는 어원적으로 여러 가지를 함께 들이부어서 뭐가 뭔지 모르게 만드는 상황을 의미합니다. 머릿속에 여러 가지 생각들이 막 들어와서 이건지 저건지 헷갈리는 상황을 뜻하죠. 전화번호가 헷갈릴 수도 있고 이름이 헷갈릴 수도 있고 말이에요. 「confuse A with B A를 B와 혼동하다」의 형태로 많이 쓰인다는 거 꼭 알아두세요.

confuse 타동 혼란스럽게 하다, 혼동시키다

- confuse A with B A를 B와 혼동하다
- confuse the ideal with the real 이상과 현실을 혼동하다

confusion 명 혼동, 혼란
confused 형 혼란스러운
confusing 형 혼란스럽게 하는

- I always **confuse** you with your sister — you look so alike.
  난 항상 너랑 네 동생이랑 헷갈려 - 너희 둘은 아주 비슷해.
- I found some of the questions really **confusing**. 몇 가지 질문들은 정말 혼란스러웠다.

05 사원temple에 차분히con- 있으니 contemplate 숙고하다

temple stay는 이제 국내뿐만 아니라 해외에서 온 관광객들에게도 큰 인기를 얻고 있습니다. 절에 가면 아무래도 조용하게 자신을 되돌아볼 수 있는 좋은 계기가 되겠죠? contemplate는 '절(사원)에 차분하게 머물러 있다'라는 어원적 의미에서 '숙고하다'라는 뜻이 된 단어입니다. contemplate에서 '절, 사원'이란 뜻의 temple이 눈에 잘 띄기 때문에, 이것만 파악하면 의외로 쉽게 이해되는 어휘랍니다.

contemplate [타동] 숙고하다 = consider
- contemplate retirement 은퇴를 고려해보다
contemplation [명] 숙고
contemplative [형] 숙고하는

- Jack went on vacation to **contemplate** his future.
  잭은 자신의 미래를 깊이 생각해보기 위해 휴가를 떠났다.
- I have never **contemplated** suicide. 난 자살을 생각해본 적이 없다.

06 거센com 움직임motion은 commotion 혼란, 소란

여러분 훌리건hooligan들이 누군지 아세요? 영국의 hooligan들이 유명한데, 만약 자신이 응원하는 팀이 경기에 패하면 그 울분을 참지 못하고 때려 부수고 싸우면서 큰 소란, 혼란commotion을 일으키는 것으로 유명하답니다. 거리의 시위운동demonstration 과정에서도 경찰과의 충돌clash이 생기면 당연히 commotion 혼란, 소란이 일어납니다.

commotion은 비교적 쉬운 단어긴 하지만, 여기서 접두어 com-이 '강조(거센)'의 뜻이라는 걸 놓치지 않도록 하세요!

> **commotion** 명 혼란, 소란 = agitation, hurly-burly
> - create a commotion 소란을 일으키다
> - the state of commotion 혼란 상태
> - hear a commotion outside 밖에서 시끄러운 소리를 듣다

- Why is there such **commotion** about such a trivial thing?
  별것도 아닌데 왜 그렇게 야단이니?
- The whole unit was thrown into **commotion** when one of the soldiers ran away.
  부대원 한 명이 탈영하자 온 부대가 발칵 뒤집혔다.

trivial 하찮은, 사소한

07 무게를 달아 pens 이쪽저쪽 com- 균형을 맞추니 compensate 변상하다

어휘를 공부하다 보면 어원적 의미와 실제 의미가 잘 연결되지 않는 경우가 있습니다. 이 compensate가 그런 어휘가 아닐까 싶어요. compensate는 '양팔 저울에 상대방이 손실(-)이 난 부분만큼 보상(+)해 주어 균형을 맞춰주다'라는 어원적 의미에서 발전해 '변상[보상]하다'라는 뜻이 되었습니다. 이것이 바로 compensate의 개념인데, 타동사와 자동사의 의미를 잘 구분해 두어야 합니다!

> **compensate** 타동 변상[보상]하다 = recompense, make up for
> 자동 보완하다, 메워주다
> - compensate for ~에 대해 보완하다
> - compensate A for B A에게 B에 대해 변상하다
> **compensation** 명 보상(금); 보수, 보완

- The corporation will **compensate** workers for their loss of earnings.
  그 기업은 직원들에게 그들의 소득 손실분을 보상해줄 것이다.
- His intelligence will **compensate** for his lack of experience.
  그의 지능이 경험 부족을 보완해줄 것이다.

08 뜻을 완전히 com- 붙잡는 prehend 건 comprehend 이해하다, 파악하다

TOEIC, TEPS, TOEFL과 같은 시험을 준비하는 분들은 L/C, R/C라는 말 들어보셨죠? L/C는 Listening Comprehension의 약자이고, R/C는 Reading Comprehension의 약자입니다. 여기서 comprehension의 뜻은 '파악, 이해'죠.
comprehend는 '강조'의 접두어 com-과 '붙잡다 seize'의 뜻인 어근 prehend가 합쳐져, '~의 의미를 완전히 붙잡다'란 어원적 의미 그대로 '이해[파악]하다'란 뜻이 됩니다. '여러 가지를 함께 붙잡고 있다'라는 의미에서 '포함[포괄]하다'란 뜻도 갖고 있긴 하지만, 현대 영어에선 잘 쓰이지 않습니다. 그러나 이 '포괄하다'의 뜻에서 comprehensive 포괄적인이라는 중요한 형용사가 나왔다는 것을 알아두어야 해요.

> **comprehend** [타동] 이해[파악]하다 = understand, figure out
> · comprehend the significance of the situation 상황의 중요성을 파악하다
> **comprehension** [명] 이해, 파악
> **comprehensive** [형] 광범위한, 포괄적인

- Even scientists do not **comprehend** theses phenomena.
  과학자들조차 이러한 현상들을 이해하지 못한다.
- We offer our customers a **comprehensive** range of financial products.
  저희는 고객들에게 광범위한 금융 상품들을 제공합니다.

phenomena 현상들(phenomenon의 복수)

09 잘con- 보이면spic conspicuous 눈에 잘 띄는

conspicuous는 접두어 con-(com-)이 '강조'의 뜻으로 쓰인 전형적인 어휘입니다. 생각해 보세요! '함께 보이는'으로 접근하면 '눈에 잘 띄는'이란 의미가 전혀 와닿지 않잖아요? con-을 '강조'로 생각해야 '눈에 잘 보이는'이란 어원적 의미 그대로 '눈에 잘 띄는'의 뜻이 된 것으로 이해가 됩니다. 접두어를 제대로 이해하지 않고선 어휘를 외울 수가 없다는 사실, 다시 한 번 명심하자구요!

conspicuous 형 눈에 잘 띄는 = prominent ↔ inconspicuous 형 눈에 잘 띄지 않는

- a conspicuous building 눈에 잘 띄는 건물

- The notice must be displayed in a **conspicuous** place.
  그 공지는 눈에 잘 띄는 곳에 게시되어야 한다.

- Anne's red hair always made her **conspicuous**.
  앤은 빨간 머리 때문에 늘 눈에 잘 띄었다.

- The scar on his forehead is **conspicuous**.
  그의 이마에 난 상처는 눈에 띈다.

10 완전히con- 정상summ에 다다르면 consummate 완성된, 완벽한

summit이란 단어는 '정상'과 '정상회담'이란 두 가지 뜻을 갖고 있습니다. hold a summit 정상회담을 개최하다라는 표현은 신문에도 자주 등장하는 표현이죠. summit을 포함하고 있는 consummate는 '강조'의 접두어 con-(com-)에 summit의 형용사형 summate이 붙어 생겨난 어휘로, '완전히 정상에 다다른'이란 어원적 의미에서 '완성된'이란 뜻이 되었죠. 동사로 '완성[성취]하다'란 뜻도 있습니다.

consummate은 두 품사 중 주로 형용사로 쓰입니다. 산 정상mountain summit에 오른 모습을 연상해 보면 consummate의 의미가 쉽게 이해되죠?

> **consummate** [형] 완성된, 완벽한 = complete, accomplished
> [타동] 완성[성취]하다 = achieve, accomplish
>
> · a consummate actor 완벽한 배우
> · with consummate skill 완벽한 기술로

- He won the game with **consummate** ease.
  그는 너무나 쉽게 경기를 이겼다.

- The latter part of the agreement has not yet been **consummated**.
  계약서의 뒷부분이 아직 완성되지 않았다.

확인하고 넘어가자

A | 다음 표시된 말에 해당하는 단어를 원형으로 써보세요.

01 경제 발전을 위해 정부와 기업들이 **협력해야** _____ 한다.

02 네 설명이 날 더 **혼란스럽게 해** _____ .

03 이제 너의 미래에 대해 **숙고해 봐야** _____ 할 때가 되었다.

04 축구 경기 후 경기장 밖에서는 **큰 소란** _____ 이 있었다.

05 당신은 그 사고에 대해 피해자에게 **변상해야** _____ 합니다.

06 난 그 문제의 내용을 **이해할** _____ 수가 없다.

B | 다음 표시된 단어의 동의어를 찾거나, 빈칸에 알맞은 단어를 고르세요.

07 Several local companies now **collaborate** with environmental groups.
    ⓐ corporate   ⓑ cooperate   ⓒ incorporate

08 We heard a **commotion** downstairs and ran down to see what was happening.
    ⓐ rustle   ⓑ hurly-burly   ⓒ upside-down

09 No amount of money can _____ for my father's death.
    ⓐ make   ⓑ compose   ⓒ compensate

정답 A 01 collaborate   02 confuse   03 contemplate   04 commotion   05 compensate
        06 comprehend
      B 07 ⓑ   08 ⓑ   09 ⓒ

26. 떨어져나가 없어지는 dis-

접두어 dis-는 원래 '~에서 떨어져'라는 '분리·이탈away'의 의미를 갖습니다. 또한 있다가(有) 떨어져나가면 없어지므로 '반대'라는 의미도 자연스럽게 생겨난 것입니다. 접두어 dis-도 뒤에 나오는 자음에 따라 철자가 달라집니다. diffident가 바로 그 예인데, dis-가 다음 자음인 'f'를 따라 dif-로 바뀐 거죠. 발음이 불편할 경우엔 dis-에서 's'가 탈락하는 경우도 있어요. diminish가 바로 그 예죠.

dis-는 away

dis-분리·이탈(away) + **aster** 별(star)
(행운의) 별이 멀리 떨어짐
disaster 재난, 재해

dis-반대 + **close** 닫다
'닫다'의 반대
disclose 밝히다, 공개하다

dis-분리·이탈(away) + **solve** 풀다(make loose)
느슨하게 풀어지다
dissolve 녹이다, 용해시키다

dis-분리·이탈(away) + **suade** 설득하다(urge)
~하지 말라고 재촉하다
dissuade 단념시키다

dis-강조 + **turb** 무질서(disorder)
완전히 무질서하게 만들다
disturb 방해하다

di(s)-분리·이탈(away) + **mini** 작은 + **-sh** 동접
(덩어리에서) 점점 떨어져나가 작아지다
diminish 줄어들다

dis-분리·이탈(away) + **creet** 분리된(separate)
구별하는, 가릴 줄 아는
discreet 신중한

dis-분리·이탈(away) + **may** ~할지 모른다
~할 가능성이 없어지다
dismay 당황(하게) 하다, 낙담(시키다)

dis-분리·이탈(away) + **perse** 드문드문한(sparse)
드문드문 흩어지게 하다
disperse 흩어지다, 해산시키다

dis-분리·이탈(away) + **sect** 자르다(cut)
잘라서 가르다
dissect 해부하다; 분석하다

01 별aster이 멀리 떨어지면dis- 일어나는 것은 disaster 재난, 재해

홍수flood, 지진earthquake, 산사태landslide, 눈사태avalanche 등은 인간의 힘으로 어찌할 수 없는 끔찍한 재해terrible disaster라고 할 수 있죠.

disaster는 흥미로운 어원을 갖고 있는 어휘예요. 고대 로마시대에는 점성술astrology이 널리 퍼져 천체celestial body의 움직임을 통해 인간의 길흉을 점치곤 했습니다. 그리하여 인간을 보호해주는 행운의 별aster의 위치가 멀리 떨어지게dis- 되면 그것이 곧 '재난, 재해'로 이어진다고 믿었죠. 이런 연유로 disaster는 '(행운의) 별이 멀리 떨어짐'에서 비롯되어 '재난, 재해'라는 의미를 갖게 되었답니다. 최근에 나온 '콘크리트 유토피아'는 우리 나라의 대표적인 disaster movie재난 영화죠.

> **disaster** 명 1. 재난, 재해 = calamity, catastrophe 2. 큰 실패 = fiasco
> · disaster area 재난 지역
> · disaster recovery 재해 복구
> **disastrous** 형 비참한

- The earthquake was the worst natural **disaster** in history.
  그 지진은 역사상 최악의 자연 재해였다.
- Because of the weather, the parade was a total **disaster**.
  안 좋은 날씨로 인해 그 퍼레이드는 완전 엉망이 되었다.
- San Francisco was officially declared a **disaster** area yesterday.
  샌프란시스코는 어제 재해 지역으로 공식 선포되었다.

02 '닫다close-'의 반대dis-는 disclose 밝히다, 공개하다

disclose는 비교적 쉽게 이해할 수 있는 어휘죠. 동사 close가 '닫다'라는 것은 다 아시죠? 여기에 '반대'의 의미를 지닌 접두어 dis-가 붙어서 생긴 어휘가 바로 disclose입니다. 따라서 disclose는 '열다'라는 어원적 의미에서 '공개하다'라는 뜻이 된 것입니다.

dis-가 '반대'의 의미로 쓰인 어휘들을 더 알아볼까요? disorder는 '질서의 반대'에서 '무질서'가 되고, disadvantage는 '유리함의 반대'이므로 '불리함,' disappear는 '나타나다의 반대'이므로 '사라지다'가

되며, disgrace는 '우아함의 반대'이므로 '수치, 창피'라는 뜻이 된 것입니다. 이렇게 접두어 dis- 하나만 제대로 알아놔도 기존 단어의 반대 어휘를 쉽게 외울 수 있답니다.

disclose [타동] 밝히다, 공개하다 = reveal, divulge
- disclose the identity of the criminal 범인의 신원을 공개하다
- disclose investment information 투자 정보를 공개하다

disclosure [명] 공개, 폭로

- The police authorities decided to **disclose** the names of the rapists.
  경찰 당국은 강간범들의 명단을 공개하기로 결정했다.

- Journalists often refuse to **disclose** the sources of their information.
  기자들은 가끔 정보의 출처를 밝히기를 거부한다.

rapist 강간범

03 느슨하게dis- 풀어지니solve dissolve 녹이다, 용해시키다

dissolve는 '다방 커피를 탈 때'를 연상하면 딱이에요. 뜨거운 물에 커피를 넣고 크림과 설탕을 넣습니다. 그리고 티스푼으로 막 휘젓죠. 그러면 커피, 크림, 설탕이 뜨거운 물에 풀어져 녹게 됩니다. dissolve는 바로 덩어리lump나 가루powder였던 것이 물에 풀어져 녹게 되는 것을 의미합니다.

사실 학생들이 혼란스러워하는 점은 바로 solve풀다, 해결하다의 의미 때문인데 원래 solve에는 '느슨하게 하다'에서 나온 '녹이다'의 뜻이 있습니다. 마지막으로 dissolve를 resolve1. 해결하다 2. 결심하다와 혼동하지 말고 의미를 구분하세요!

dissolve [타동] 녹이다, 용해시키다

dissolution [명] 용해; 와해

> **dissolute** 형 방탕한(← 생활이 '풀어진'의 뜻)
> **resolve** 타동 1. 해결하다 2. 결심하다
> **resolution** 명 결심, 결의(서); 해결(책)
> **resolute** 형 단호한, 결심한 ↔ irresolute 우유부단한

- Stir until the sugar cube **dissolves**. 각설탕이 녹을 때까지 저으세요.
- His enthusiasm as an actor **dissolved** his mother's opposition.
  배우로서의 그의 열정이 어머니의 반대를 점차 약화시켰다.

04 하지 말라고 dis- 재촉하면 suade **dissuade** 단념시키다

dissuade를 외우려면 먼저 persuade를 알아야 해요. persuade 는 어원분석을 해보면 「per-강하게(stronly) + suade재촉하다(urge) → ~하라고 강하게 재촉하다」에서 '설득하다'라는 뜻이 된 단어예요. 「persuade somebody to V~에게 ~하도록 설득하다」라는 형태로 쓰이구요. 이와 정반대 어휘가 바로 dissuade입니다. 어법적으로도 dissuade는 「dissuade somebody from ~ing~를 …하지 못하도록 단념시키다」의 형태로, persuade와는 정반대의 의미와 어법으로 사용되죠. 이런 persuade와 dissuade를 함께 외워두면 더욱 효과적이겠죠?

> **dissuade** 타동 (설득하여) 단념시키다
> - dissuade A from ~ing A를 ~하지 못하도록 단념시키다
> **dissuasion** 명 만류
> **persuade** 타동 설득하다
> - persuade A to V ~하도록 설득하다
> - persuade A into ~ing A를 ~하도록 설득하다
> **persuasive** 형 설득력 있는

- He tried to **dissuade** me from giving up my job.
  그는 나에게 일을 그만두지 않도록 설득하려 애를 썼다.
- I **persuaded** her to go out for a movie with me. 나는 그녀에게 함께 영화를 보러 가자고 설득했다.

05 완전히 dis- 무질서하게 turb 만들어 버리니 disturb 방해하다

disturb가 쓰인 아주 재밌는 표현이 있어요. 호텔에서 복도를 지나다 보면 옆의 사진처럼 문에 Do Not Disturb!방해하지 마세요!라고 쓰인 푯말이 걸린 것을 볼 수 있습니다. 호텔 방에서 늦잠을 자고 싶거나 조용히 쉬고 싶을 때 문 밖에 이 푯말sign을 걸어두면, 방청소housekeeping하는 분이 보고 청소를 안하게 되죠.

disturb는 어원적 의미로 풀면 '완전히 무질서하게 만들다'가 되어 '방해하다'라는 뜻이 된 단어예요. 또 disturb는 '평온한 마음을 방해하다'라는 의미에서 생겨난 '불안하게 하다, 걱정시키다'라는 뜻도 있답니다.

---

disturb [타동] 1. 방해하다 = hinder 2. (마음을) 불안하게 하다 = upset

disturbance [명] 방해, 장애; 소란

disturbed [형] 불안한; (정신적으로) 장애가 있는
· a disturbed night 잠 못드는 밤

· If she's asleep, don't **disturb** her. 그녀가 잠들었으면 깨우지 마세요.

· Sorry to **disturb** you, but I have an urgent message.
방해해서 죄송하지만 긴급하게 전해드릴 전갈이 있습니다.

· The government has introduced special new measures to deal with prison **disturbances**. 정부는 교도소 내 소란 행위들에 대처하기 위한 새로운 특별 조치를 도입했다.

06 점점 mini 떨어져나가면 di- diminish 줄이다, 줄어들다

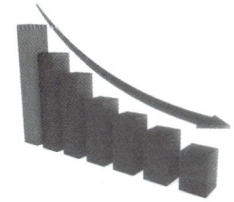

왼쪽에 chart가 보이죠? 그런데 오른쪽으로 갈수록 그 수치가 점점 줄어들고 있네요. 이렇게 '점점 줄어들다'라고 할 때 쓰는 동사가 diminish입니다. diminish의 암기 핵심은 어근 mini작은를 아는 거예요. 앞의 접두어 di-는 원래 dis-에서 발음 편의상 s가 탈락해 di-가 된 것입니다. 결국 '원래 상태에서 점점 떨어져나가 결국 작아지다'가 바로 diminish의 어원적 의미입니다. diminish가 자동사, 타동사로 둘 다 쓰이는 것도 알아두세요. 러시아 전통 인형 마트료시카 Matryoshka는 점점 diminish되어 가는 인형이죠.

diminish 자동 타동 줄이다, 줄어들다 = reduce, dwindle
- diminish the supply of oil 석유 공급을 줄이다
- diminishing profit 줄어들고 있는 수익

diminutive 형 작은
diminution 명 감소

- The population has significantly **diminished** because of the war.
  전쟁으로 인해 인구가 크게 줄었다.
- The company has tried to **diminish** noxious emissions.
  그 회사는 유독가스 배출량을 줄이기 위해 노력해왔다.

noxious 유독한

07 구별하고 가릴creet 줄 아니 discreet 신중한, 분별력 있는

영단어 공부를 하다 보면 비슷해서 헷갈리는 경우가 적지 않습니다. 그 가운데 하나가 바로 discreet과 discrete인데, 둘 다 어원이 같으니 철자가 비슷할 수 밖에요. 먼저 discreet은 사람이 이건 이거고 저건 저거라고 '구별할 줄 아는'이란 어원적 의미에서 '신중한, 분별력 있는'의 뜻이 된 단어이고, discrete은 물건이나 사건이 '따로따로인'에서 '분리된, 구별되는'이란 뜻이 된 단어입니다. 이 두 단어는 상당히 헷갈리기 때문에 e하고 e가 떨어져 있는 discrete이 '분리된'이라고 외우면 한결 쉽게 느껴지실 거예요!

discreet 형 신중한, 분별력 있는 = prudent, judicious
discretion 명 신중함, 분별력
discrete 형 분리된, 각각의 = separate, distinct
discreteness 명 분리성

- Though he is young, he is **discreet**. 비록 나이는 어리지만 그는 신중하다.
- The universe is composed of **discrete** bodies. 우주는 분리된 각각의 천체들로 이루어져 있다.
- Use your **discretion** in this mater and do not discuss it with anyone.
  이 문제에 있어서 신중을 기하고 누구와도 그것을 의논하지 마세요.

08 가능성may이 없어지면dis- dismay 당황하게 하다, 낙담시키다

알고 보면 dismay는 참 재밌는 단어입니다. 우선 may라는 단어 아시죠? '~할지 모른다'라는 조동사잖아요. 될 수 있는 가능성possibility이 50대 50쯤 될 때 may를 쓰죠. 그런데 그런 절반의 가능성조차 없어지는 상태가 바로 dismay예요. 절반의 가능성조차 없어진다고 생각해 보세요. 얼마나 실망이 크겠어요? 이게 바로 dismay입니다. dismay는 동사는 물론, 명사로서 '당황, 실망'의 의미로도 쓰인다는 것도 함께 알아두세요!

> **dismay** [타동] 당황하게 하다, 낙담시키다 = embarrass, disappoint
> [명] 당황, 실망 = bewilderment
>
> · to one's dismay   실망스럽게도
> · stare in dismay   실망 속에서 바라보다
> · dismayed at the cost of the repairs   수리비에 당황한

· The poor election turnout **dismayed** politicians.
저조한 투표자수가 정치인들을 당황하게 했다.

· Much to his **dismay**, he failed to pass the exam.
너무 실망스럽게도 그는 시험에 떨어졌다.

turnout 참가자수, 투표자수

09 드문드문perse 흩어지게dis- 하면 disperse 흩어지다, 해산시키다

형용사 기운데 dense밀집한의 반대말이 sparse드문드문이죠. 이 sparse에 접두어 dis-분리·이탈이 붙어 생겨난 어휘가 바로 disperse입니다. 그래서 disperse는 어원적 의미인 '(모여 있던 것을) 흩어지게 하다'에서 '해산시키다'라는 뜻이 된 거예요. 이 disperse는 아주 친한 동의어가 있는데, 바로 dissipate랍니다. 둘 다 접두어 dis-로 시작하는 어휘이므로 '분리·이탈'로만 보아도 쉽게 '흩어지게 하다'라는 의미임을 감 잡을 수 있겠죠?

> **disperse** 동 흩어지다, 해산시키다 = scatter, dissipate
> - disperse the crowd 군중을 해산시키다
> - the leaves dispersed by the wind 바람에 흩어진 나뭇잎들
> **dispersion** 명 분산

- Police used tear gas to **disperse** the demonstrators.
  경찰을 시위자들을 해산시키기 위해 최루 가스를 사용했다.
- Once the ambulance had left, the crowd began to **disperse**.
  앰뷸런스가 떠나자 사람들이 흩어지기 시작했다.

10 잘라서 sect 가르니 dis- **dissect** 해부하다; 분석하다

dissect는 '잘라서 가르다'라는 어원적 의미 그대로 '해부하다'란 뜻이 된 단어입니다. 사실 '자르다 cut'의 의미인 어근 sect는 아주 중요한 어근이에요. 예를 들어볼까요? section은 '자른 것'이라는 어원적 의미에서 '분할, 구역'의 뜻이 된 단어이고, bisect는 '둘로 자르다'에서 '양분하다'란 뜻이 된 단어이며, insect는 몸이 세 등분(두부, 흉부, 복부)으로 구분된다는 어원적 의미에서 '곤충'이란 뜻이 된 단어랍니다.

dissect는 '해부하다'라는 의미에서 발전해 '분석하다'라는 의미로도 잘 쓰입니다. 예를 들어 '선거 결과를 해부하다'라고 하면 '자세히 파헤쳐 분석하다'라는 뜻이 되는 거죠.

> **dissect** 타동 1. 해부하다 = anatomize 2. 분석하다 = analyze, break down
> - dissect a frog 개구리를 해부하다
> - dissect the result of the election 선거 결과를 분석하다
> **dissection** 명 해부; 분석
> **section** 명 분할; 구역
> **bisect** 동 양분하다
> **insect** 명 곤충

- The specimen was carefully **dissected** and examined under a microscope.
  그 견본은 주의 깊게 해부되어 현미경으로 검사되었다.
- The book **dissects** historical data to show how Napoleon ran his army.
  그 책은 나폴레옹의 군대 운영 방식 보여주기 위해 역사적 자료들을 분석해놓고 있다.

specimen 견본, 샘플

확인하고 넘어가자

A | 다음 표시된 말에 해당하는 단어를 원형으로 써보세요.

01 우리는 닥쳐올 **재난** _____ 에 대비해야 한다.

02 흉악범들의 얼굴과 명단을 **공개했다** _____ .

03 내가 책을 읽는 동안에는 날 **방해하지** _____ 마.

04 그 회사의 수익이 점점 **줄어들고 있다** _____ .

05 그는 공과 사를 구분할 줄 아는 **신중한** _____ 사람이다.

06 **실망** _____ 스럽게도 난 그녀에게 차였다.

B | 다음 표시된 단어의 동의어를 찾거나, 빈칸에 알맞은 단어를 고르세요.

07 The thief fled when he was **disturbed** by a neighbor.
　ⓐ dispersed　ⓑ hindered　ⓒ perturbed

08 _____ the tablet in water.
　ⓐ Solve　ⓑ Dissolve　ⓒ Resolve

09 These drugs **diminish** blood flow to the brain.
　ⓐ reduce　ⓑ dwindle　ⓒ induce

정답 A 01 disaster　02 disclose　03 disturb　04 diminish　05 discreet　06 dismay
　　　 B 07 ⓑ　08 ⓑ　09 ⓐ

27 미리 하고 앞서 하는 pre-

접두어 pre-는 시간적으로 '이전의before'란 뜻으로 주로 '미리, 앞의'라고 해석합니다. 접두어 pre-는 '이전의before'란 뜻밖에 없기 때문에 이해하기가 쉽습니다. 단지 다음에 나올 접두어 pro-와 비슷하게 생겨 혼동하는 경우가 있는데, pro-는 공간적으로 '앞에forth'를 의미합니다. pre-는 시간적으로 '전' pro-는 공간적으로 '앞'이라고 보면 됩니다. 접두어 pre-는 철자 변화가 없어 한눈에 알아볼 수 있답니다!

pre-는 before

pre-이전의(before) + **caution** 조심
미리 조심하는 것
precaution 예방(책)

pre-이전의(before) + **cari** 걱정(care) + **-ous** 형접
걱정이 앞서는
precarious 불안정한

pre-이전의(before) + **jud** 판단(judge) + **-ice** 명접
미리 판단하는 것
prejudice 선입견

pre-이전의(before) + **ced** 가다(go) + **-ent** 명접
앞서 가서 존재하는 것, 앞서 있는 것
precedent 선례, 전례

pre-이전의(before) + **limin** 경계(limit) + **-ary** 형접
출발선 이전에 있는
preliminary 예비의

pre-이전의(before) + **mature** 익은
(제 시기보다) 먼저 익은
premature 너무 이른

pre-이전의(before) + **sum** 취하다(take) + **-e** 동접
(생각을) 미리 취하다
presume 추측하다

pre-이전의(before) + **stig** 묶다(bind) + **-e** 명접
(이름) 앞에 묶여(붙어) 있는 것
prestige 명성

pri-이전의(before) + **-or** 비교급 + **-ty** 명접
~보다 먼저임
priority 우선순위

01 미리pre- 조심하는 것caution 은 precaution 예방(책)

접두어 pre-의 첫 번째 어휘는 precaution입니다. 다른 설명이 필요 없이, caution이 '주의, 조심'이란 뜻이니까 여기에 pre-가 붙어 '미리 조심[주의]하는 것'이란 의미에서 '예방'이란 뜻이 된 것이죠. 어때요, 쉽죠?
여기서 한 가지 더 알아두어야 할 점은 caution이 동사로 쓰일 수 있다는 거예요! 「caution A against B」의 형태로 쓰이면 'A에게 B하지 말라고 주의시키다'란 뜻이 됩니다. 예를 들어 caution him against hasty action은 '그에게 성급하게 행동하지 말라고 주의시키다'가 되죠.

precaution 명 예방(책) = prevention
- precaution of accidents[crime/fire] 사고[범죄/화재] 예방
- take precautions 예방조치를 취하다

precautious 형 예방하는
caution 형 조심, 주의 타동 주의시키다
- caution A against B A에게 B하지 말라고 주의시키다

· Vets took **precautions** to prevent the spread of the epidemic.
수의사들은 전염병의 확산을 막기 위해 예방조치를 취했다.

· My mother always **cautions** me against hasty action.
엄마는 늘 내게 성급하게 행동하지 말라고 주의시킨다.

epidemic 전염병

02 미리pre- 판단하는jud 것은 prejudice 선입견, 편견

'여자들[남자들]은 다 그래,' '흑인들[백인들]은 다 그래.' 이렇게 특정 인종race, 종교religion, 성별sex 등에 대해 어떨 것이라고 미리 판단해 버리는 것이 바로 prejudice선입견입니다. prejudice와 비슷한 말로는 bias편견가 있습니다.
이 prejudice에서 한 단계 level up 해볼까요? 바로 unprejudiced는 '선입견[편견]이 없는'이란 뜻으로, 그래서 '공정한'이란 뜻이 되

는 어휘입니다. 이렇게 부정 접두어 un-이 붙어 생기는 형용사까지 함께 외워두면 더욱 효과적입니다. unprejudiced와 함께 unbiased편견 없는 역시 '공정한impartial'의 의미로 쓰입니다. 사진 속 아기들에겐 racial prejudice인종적 편견 같은 건 없겠죠?

> **prejudice** 명 선입견, 편견 = bias
> 타동 ~에 편견을 갖게 하다
>
> · racial prejudice 인종적 편견
> · sexual prejudice 성별에 대한 편견
> **prejudiced** 형 선입견[편견] 있는
> **unprejudiced / unbiased** 형 선입견[편견] 없는 = impartial

· Asian students complained of racial prejudice in the school.
아시아권 학생들은 교내의 인종적 편견에 대해 불만을 표했다.

· My own schooldays prejudiced me against all formal education.
나의 학창 시절 경험 때문에 나는 모든 정규 교육에 편견을 갖게 되었다.

03 출발선limin 이전pre- 에 있으면 preliminary 예비의, 준비의

preliminary에서 어근 limin은 '경계, 한계limit'란 뜻으로, 육상 athletics에서의 '출발선'을 연상하면 됩니다. 곧 있으면 경기가 시작될 거라서 선수들이 모두 track에 나와 있습니다. 모두들 저마다의 방법으로 stretching을 하고 살짝살짝 뛰어보기도hopping 합니다. 일종의 준비운동warm-up을 하는 거죠. 이렇게 뭔가를 시작하기 전에 하는 '준비의, 예비의'에 해당되는 말이 바로 preliminary입니다. formal한 의미이기 때문에 기사에 많이 등장하는 어휘입니다. 달리기를 하기 전에 하는 stretching은 preliminary exercise준비운동이라고 할 수 있겠죠?

> **preliminary** 형 예비[준비]의, 사전의 = preparatory, previous
> 형 사전 작업, 준비 활동
>
> · the preliminary stage 예비 단계
> · a preliminary test 예비 시험
> · the preliminary rounds of the contest 콘테스트의 예선전

- The government's plan is still in the **preliminary** stage.
  정부 계획은 아직 예비 단계에 있다.
- **Preliminary** tests showed that pollution was very high in the river.
  예비 테스트에서 그 강의 오염도가 대단히 높게 나타났다.
- What time is the **preliminary**? 예심이 몇 시에 있지요?

04 생각을 미리 pre- 취하면 sum **presume** 1. 추측[추정]하다 2. 감히 ~하다

사실 presume은 까다로운 어휘예요. 1번 뜻과 2번 뜻이 전혀 연결되지 않기 때문이죠. 이럴 땐 어원적 의미를 분석해봐야 제대로 풀립니다. presume의 두 가지 의미를 풀어보면 '생각을 미리 취해보다'에서 '추측[추정]하다'란 뜻이 생겨나고, '(아직 때도 안 된 놈이) 행동을 미리 취하다'에서 '감히[건방지게] ~하다'란 뜻이 생겨납니다. 갓 입대한 이등병 private이 곧 전역을 앞두고 있는 병장 sergeant처럼 행동하는 모습을 상상하시면 됩니다.

presume은 생각과 행동이라는 두 가지 측면의 뜻을 다 갖고 있으니 의미에 주의해야 하고, 파생어도 각각 다르니 잘 구분하세요!

> **presume** [타동] 1. 추측[추정]하다 = surmise, conjecture, suppose
> 2. 감히[건방지게] ~하다 = dare to V
>
> - presume to V 감히[건방지게] ~하다
> **presumption** [명] 추측, 가정
> **presumptive** [형] 추정[가정]의
> **presumptuous** [형] 건방진

- Police **presume** that the computer battery exploded.
  경찰은 컴퓨터 배터리가 폭발했을 것이라고 추측하고 있다.
- I would never **presume** to tell you what to do.
  제가 감히 당신께 무엇을 하셔야 할지를 말씀드리지 않겠습니다.
- It may be **presumptuous** of me to say so, but what you're saying is illogical.
  외람된 말씀이지만 당신의 주장은 이치에 맞지 않습니다.

05 어떤 것보다-or 먼저인pri- 것은 priority ~보다 먼저임, 우선순위

선택과 집중choice and concentration이란 말이 있습니다. 성공하기 위해선 필수적인 요소an indispensable part죠. 이는 다시 말해 내 인생에 무엇을 우선순위priority에 둘 것이냐 하는 문제와도 같은 맥락입니다. 예를 들어 고시를 준비하는 수험생에게 '공부'가 다른 어떤 일보다도 우선순위priority에 있는 건 당연한 natural 일입니다. 형용사 prior에서 접미어 -or은 비교급을 나타내어 prior to는 '~보다 이전의, 먼저인'이란 뜻이 됩니다. 이 prior의 명사가 바로 priority입니다. 결국 '다른 어떤 것보다도 먼저인 상태'에서 '우선순위'라는 뜻이 나온 거죠.

> **prior** 형 1. ~보다 이전의, 먼저인 2. 사전의, 이전의 = previous
> · prior to ~보다 이전의, 먼저인
> **priority** 명 ~보다 먼저임, 우선순위
> · top priority 최우선순위, 가장 먼저 해야 할 일

· All the arrangements should be completed **prior** to your departure.
  모든 준비가 출발 전에 끝나야 한다.

· The children in my life is top **priority**. 내 인생에 있어 아이들은 최우선순위에 있다.

06 걱정cari이 앞서면pre- precarious 불안정한, 위태로운

아이가 혼자 물가에 있다면 얼마나 걱정되겠어요? 정말 불안불안하겠죠? 이렇게 걱정부터 앞서는 상황이 바로 precarious입니다. precarious에서 어근 cari가 care걱정에서 변형된 철자라는 것만 알면 비교적 쉽게 이해할 수 있는 어휘죠. precarious는 situation상황이란 단어와 아주 찰떡궁합이랍니다. 예를 들어, the precarious situation 하면 '불안정한 상황'이라는 뜻이 됩니다.

> **precarious** 휑 불안정한, 위태로운 = unstable, insecure
> - the precarious situation 불안정한 상황
> - a precarious mountain trail 위험한 산길
>
> **precariousness** 명 불안정한 상태

- His political position has become extremely **precarious**.
  그의 정치적 입지가 대단히 위태로워졌다.

- The large company fell into the **precarious** financial position.
  그 대기업은 재정적으로 불안정한 상황에 빠졌다.

07 앞서 pre- 가서 ced 존재하는 것은 precedent 선례, 전례

precedent를 공부하기 전에 동사 precede를 먼저 알아야 합니다. precede는 어원분석을 해보면 「pre-앞에 + ced가다 → 앞서 가다」가 되어 '~에 앞서다, 선행하다'란 뜻이 되었습니다. 여기서 생긴 명사가 바로 precedent선례, 전례죠. 동의어 antecedent가 있는데 여기서 접두어 ante- 역시 '이전의'란 뜻으로 pre-와 같습니다! 역시 동의어답죠?

이번에는 부정어를 알아볼까요? unprecedented라고 하면 '전례 없는'이란 뜻인데 이 역시 상당히 많이 쓰이는 어휘입니다. unprecedented event 하면 '전례 없는 사건'이란 뜻이죠.

> **precede** 타동 ~보다 앞서다, 선행하다
>
> **precedent** 명 전례, 선례
> - set a precedent 선례를 남기다
> - without precedent 전례 없는
>
> **unprecedented** 휑 전례 없는

- Government intervention in the university's affairs set a dangerous **precedent**.
  그 대학의 일에 대한 정부의 개입은 위험한 선례를 남겼다.

- Crime has increased on an **unprecedented** scale. 범죄가 전례 없는 규모로 증가했다.

08 제 시기보다 먼저 pre- 익으면 mature **premature** 시기상조의, 너무 이른

premature는 접두어 pre-와 단어 mature익은이 합쳐진 어휘입니다. 이 단어를 '조숙한'으로 외우는 분들이 있는데, '조숙한'은 precocious가 따로 있고 premature는 '(제 시기보다) 먼저 익은'이란 어원적 의미에서 '(시기가) 너무 이른, 시기상조의'의 뜻으로 쓰이는 게 맞습니다. 예를 들어, 태아fetus가 엄마 뱃속에서 열 달은 있어야 하는데 너무 일찍 세상으로 나오면, 이것을 premature birth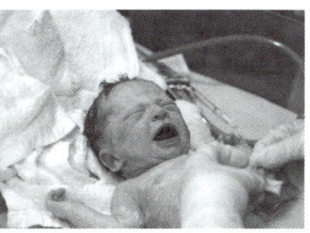
즉 '너무 이른 탄생' '조산'이라고 하고, premature death 하면 '너무 이른 죽음'을 뜻합니다. 하나 더 해볼까요? immature는 '미숙한'이란 뜻입니다. 여기서 im-은 부정 접두어 in-의 변형이죠.

premature 혱 시기상조의, 너무 이른 = too early
· premature birth 조산
· premature death 너무 이른 죽음, 요절
immature 혱 미숙한 = unfledged

· Alcoholism is one of the major causes of **premature** death.
  알콜 중독은 일찍 죽게 되는 주요 원인들 중 하나다.

· Nowadays a **premature** baby has a very good chance of survival.
  요즘에는 미숙아가 생존할 가능성이 아주 높다.

09 이름 앞에pre- (수식어가) 붙어stig 있는 것은 **prestige** 명성, 평판

피겨 스케이팅의 김연아, 배구의 김연경, 골프의 박세리… 이들의 공통점이 뭔줄 아세요? 이들의 이름을 얘기할 때 그냥 이름만 말하지 않습니다. 꼭 이름 앞에 황제, 여왕 등의 수식어가 붙죠. 이런 수식어는 아무한테나 붙이는 게 아닙니다. 반드시 그 분야에서 최고의 '명성'이 있는 사람에게 붙이게 돼 있죠. 다시 말해 이름 앞에 수식어가 붙는 사람들이야말로 '명성'이 있는 사람들입니다. 그래서 prestige가 바로 '이름 앞에 수식어가 붙는 것'이란 어원적 의미에서 '명성'이란 뜻이 된 것입니다.

prestige 명 명성, 평판 = reputation, renown, fame, celebrity
- gain prestige 명성을 얻다
- enhance one's prestige 자신의 명성을 드높이다

prestigious 형 명성이 있는

- The general has now gained considerable **prestige** through the war.
  그 장군은 전쟁을 통해 지금 상당한 명성을 얻었다.

- His followers worried that the current scandal could damage the mayor's **prestige**.
  시장의 추종자들은 현재의 스캔들이 그의 명성에 해를 끼칠 수 있다는 것을 우려했다.

- The architect boasted that he had received a **prestigious** award.
  그 건축가는 권위 있는 상을 수상한 것을 자랑했다.

확인하고 넘어가자

A | 다음 표시된 말에 해당하는 단어를 원형으로 써보세요.

01 화재 **예방** _____ 을 위해 모두가 조심해야 한다.

02 **선입견** _____ 은 올바른 판단에 방해가 된다.

03 정부는 북한과의 **예비** _____ 접촉을 시도했다.

04 그 나라는 **불안정한** _____ 정치 상황에 놓여 있다.

05 이번 판결은 위험한 **선례** _____ 를 남길 것이다.

06 그녀는 남편의 **너무 이른** _____ 죽음에 망연자실했다.

B | 다음 표시된 단어의 동의어를 찾거나, 빈칸에 알맞은 단어를 고르세요.

07 All safety **precautions** must be followed.
    ⓐ prejudices   ⓑ predictions   ⓒ prevention

08 Almost all immigrant groups have faced racial _____ in their new countries.
    ⓐ judgment   ⓑ consideration   ⓒ prejudice

09 His health remains **precarious** despite the treatment.
    ⓐ insecure   ⓑ careless   ⓒ preliminary

정답 A 01 precaution 02 prejudice 03 preliminary 04 precarious 05 precedent 06 premature
      B 07 ⓒ 08 ⓒ 09 ⓐ

28 앞으로 나아가는 pro-

접두어 pro-는 앞에서 배운 pre-와 비교해, 공간적으로 '앞으로forth'라는 의미를 나타냅니다. 앞에서도 얘기했지만 pre-미리, 먼저와 pro-앞으로의 의미를 구분할 수 있어야 합니다. 그런데 pro-는 발음 편의상 pur-로 바뀌는 경우가 있습니다. 이 변화가 생소해 보일지 모르지만 purpose목적, 의도, purport취지, purview범위, 분야, pursue추적하다에서의 pur-은 모두 접두어 pro-에서 변형된 철자랍니다!

pro-는 forth

pro-앞으로(forth) + **mot(e)** 움직이다(move)
앞으로 나아가게 하다
promote 촉진시키다; 승진시키다

pro-앞으로(forth) + **mis** 보내다(send) + **~ing** ~하는
앞서 보내지는, (미래가) 약속되어 있는
promising 유망한, 장래성 있는

pro-앞으로(forth) + **sper** 성공하다(succeed)
앞으로 쭉쭉 성공해나가다
prosper 번영[번창]하다

pur-앞으로(forth) + **pose** 놓다
(앞으로) 내놓은 뜻
purpose 목적, 의도

pur-앞으로(forth) + **sue** 쫓아가다(follow)
~쪽으로 쫓아가다
pursue ~를 뒤쫓다, 추적하다

pro-앞으로(forth) + **fic** 만들다(make) + **-(i)ent** 형접
앞으로 척척 만들어내는
proficient 능숙한

pro-앞으로(forth) + **min** 튀어나오다(protrude) + **-ent** 형접
앞으로 튀어나와 눈에 잘 띄는
prominent 눈에 띄는, 중요한

pro-앞으로(forth) + **phe** 말하다 + **-t** 사람
앞일을 말하는 자
prophet 예언자

pur-앞으로(forth) + **port** 나르다(carry)
(뜻을) 앞으로 옮긴 것
purport 취지, 요지

01 앞으로pro- 나아가게mot 하니 promote
1. 촉진시키다, 장려하다 2. 승진시키다, 홍보하다

promote의 어원적 의미는 '앞으로 나아가게 하다'에서 나온 것입니다. 뒤로 물러나는 것은 좋지 않지만 앞으로 나아가게 하는 것은 좋죠? 그리하여 promote는 '제품, 경제 등을 앞으로 나아가게 하다'에서 '촉진시키다, 장려하다,' '사람을 직책상 앞으로 나아가게 하다'에서 '승진시키다,' '상품의 판매를 촉진시키는'에서 '홍보하다'라는 세 가지 뜻이 생겨났습니다. 뜻이 세 가지긴 하지만 모두 '앞으로 나아가게 하다'라는 어원적 의미에서 벗어나지 않죠.

promote [타동][자동] 1. 촉진시키다, 장려하다 = encourage 2. 승진시키다, 홍보하다
- promote tree growth 나무의 성장을 촉진시키다
- policies to promote economic growth 경제 성장 촉진 정책

promotion [명] 승진; 홍보; 장려

- The President held a meeting to promote trade between Korea and China.
  대통령은 한중간 무역을 촉진시키기 위한 모임을 개최했다.
- Judy was promoted to senior manager 주디는 총괄 매니저로 승진되었다.
- The famous actress visited Korea to promote her new movie.
  그 유명한 여배우는 새로운 영화 홍보 차 한국에 방문했다.

02 미래pro- 가 약속되어mis 있으니 promising (미래가) 유망한, 장래성 있는

promise가 '약속하다'인 건 다 아시죠? 그러면 promising은? '약속하는'이라고 대답하면 바로 '땡'입니다! 원래 promise는 '~하려는 뜻을 앞으로 보내다'에서 '약속하다'라는 뜻이 되었지만, promising은 '미래가 약속[보장]되어 있는'이란 어원적 의미에서 '유망한, 장래성 있는'의 뜻이 되거든요. promising이 promise에서 나왔지만 의미는 어원을 따져 구분해야 합니다.

> **promise** 명 약속 동 약속하다
>
> **promising** 형 (미래가) 유망한, 장래성 있는 = hopeful, auspicious, up-and-coming
> - a promising young singer 장래성 있는 젊은 가수
> - the promising future 밝은 미래

- Jonathan is one of our most **promising** employees.
  조나단은 우리 회사의 가장 유망한 직원들 중 한 명이다.

- My grandfather gave up a **promising** career in law to fight for his country.
  우리 할아버지는 나라를 위해 싸우기 위해 법조계의 유망한 직업을 포기하셨다.

03 앞서 pro- 성공해나가니 sper **prosper** 번영[번창]하다

회사를 운영하는 run a company 모든 CEO들의 공통점은 바로 자신의 회사를 prosper시키기 위해 뛴다는 것이죠. prosper에서 어근 sper의 의미는 succeed 성공하다로 '앞으로 쭉쭉 성공해나가다'라는 어원적 의미에서 '번영하다'라는 뜻이 된 것입니다. 한 가지 재밌는 건 우리말에서도 '번영하다, 번창하다, 번성하다'라는 세 어휘가 다 똑같듯, 영어에서도 prosper, thrive, flourish가 다 동의어랍니다. 특히 flourish는 flower꽃에서 변형된 동사로 '꽃이 활짝 피다 bloom'라는 어원적 의미에서 나온 단어죠.

> **prosper** 자동 번영[번창]하다 = thrive, flourish
>
> **prosperity** 명 번영
> - a time of economic prosperity 경제적 번영기
>
> **prosperous** 형 번영하는
> - a prosperous businessman 잘 나가는 사업가

- India's software companies have **prospered** by keeping costs to bare minimum.
  인도의 소프트웨어 회사들은 비용을 최소한도로 줄여 번창해왔다.

- These groups keep their unique cultural identities but also live and **prosper** next to each other. 이 그룹들은 그들의 독특한 문화적 정체성을 지키면서도 서로 함께 살며 번영한다.

identity 신원, 정체(성)

04 앞으로pro- 내놓은pose 뜻은 purpose 목적, 의도

purpose는 상당히 많이 쓰는 어휘입니다. 그런데 purpose에서 접두어 pur-이 pro-앞으로에서 변형된 철자라는 걸 아는 분은 그리 많지 않더군요. 사실 접두어 pro-를 쓴 어휘 중에 propose제안하다, 프로포즈하다가 있잖아요? 그런데 이 propose와 purpose가 어원만 놓고 보자면 같답니다! 둘 다 자신의 뜻을 앞으로 내놓는 것이니까요. purpose는 보통 어떤 일의 '목적, 의도'라는 뜻입니다. 예를 들어볼까요? 양궁archery의 purpose는 바로 과녁의 정중앙을 적중시키는 것 아니겠어요? 또 purpose에는 on purpose고의로, 의도적으로라는 중요한 숙어가 있으니 함께 기억해 두어야 합니다.

> **purpose** 명 목적, 의도 = aim, objective, intention
> · on purpose 고의로, 의도적으로 = deliberately, intentionally
> · for the purpose of ~을 목적으로, ~을 위해
> **purposeful** 형 목적이 분명한

- What's the **purpose** of your visit? 방문한 목적이 무엇입니까?
- The **purpose** of this meeting is to elect a new chairman.
  이번 회의의 목적은 새 의장을 선출하는 것이다.
- Whether on **purpose** or by mistake, you must apologize to your sister.
  고의든 실수든 간에 넌 언니한테 사과해야 돼.

05 ~쪽으로pur- 쫓아가니sue pursue ~을 뒤쫓다, 추적[추구]하다

접두어 pur-이 pro-에서 발음 변화되었다는 사실은 방금 전 purpose에서 말씀드렸죠? 그렇다면 어근 sue의 의미를 짚어볼까요? 어근 sue는 '쫓아가다follow'라는 뜻입니다. 따라서 pursue는 '~의 뒤를 쫓다'라는 어원적 의미에서 '추적하다, 추구하다'란 뜻이 됩니다. 같은 어근을 포함한 어휘로 ensue가 있습니다. 주로 ensue from~에 뒤를 잇다, ~로부터 뒤따르다로 쓰이는데 역시 어근 sue의 'follow'란 의미에 충실한 단어죠.

> **pursue** [타동] ~를 뒤쫓다, 추적[추구]하다
>
> **pursuit** [명] 추적, 추구
> **ensue** [자동] ~에 뒤를 잇다, 뒤따르다
> · ensue from ~에 뒤따르다, ~로 생기다
> **ensuing** [형] 뒤를 잇는, 잇따라 일어나는

· All students should **pursue** their own interests.
  모든 학생들은 자신들의 관심 분야들을 추구해야 한다.

· There are many problems that **ensue** from food and medical shortages.
  음식과 의료진 부족으로 인해 생기는 많은 문제들이 있다.

06 앞으로 pro- 척척 만들어 fic 내니 proficient 능숙한, 숙달된

아침 일찍 동네 베이커리에 빵을 사러 가면 가끔 빵을 만드는 모습을 보곤 합니다. 스냅snap을 이용해 모양을 만들어 주면 어느새 빵 반죽이 완성되는 정말 능숙한proficient 모습이죠. 이렇듯 뭔가를 앞으로 척척 만들어내는 모습이 바로 proficient능숙한, 숙달된입니다. 여러분은 어떤 분야에서 proficient하신가요?

> **proficient** [형] 능숙한, 숙달된 = adept, adroit, deft, dextrous
>
> · proficient in[at] ~에 능숙한   · a proficient typist 능숙한 타이피스트
> **proficiency** [명] 능숙함, 숙달됨
> · a high level of proficiency in English 높은 수준의 영어 실력

· The politician is very **proficient** in dealing with the public.
  그 정치인은 대중을 다루는 데 아주 능숙하다.

· The professor has a high level of **proficiency** in English. 그 교수님의 영어 실력은 아주 높다.

· The lawyer is **proficient** in both French and Italian, and is an expert in international affairs. 그 변호사는 불어, 이탈리아어에 모두 능하고 국제 업무에 있어 전문가다.

07 앞으로 pro- 튀어나와 min 눈에 잘 띄니 prominent 1. 중요한 2. 눈에 띄는, 두드러진

한강 올림픽대로를 달리다 잠실 부근에 오면 위로 쭉 뻗어 올라 눈에 잘 띄는 건물이 하나 있습니다. 바로 롯데월드타워입니다. 서울에는 이런 초고층 건물 skyscraper들이 많이 있죠. prominent는 '앞으로 튀어나온'이란 어원적 의미에서 생겨나 '눈에 잘 띄는'이란 뜻으로 쓰입니다.

비슷한 어휘로 eminent가 있는데, 어원분석을 해보면 「e(x)-밖 + min튀어나오다 + -ent형접 → 밖으로 튀어나온」이 되어 '저명한, 중요한'이란 뜻이 되었습니다. 중요한 것은 밖ex-이나 앞pro-이란 위치가 아니라 튀어나와 있는minent이죠. 튀어나와 있으면 눈에 잘 띄게 마련이겠죠?

> **prominent** 형 1. 중요한 = important, significant, crucial
> 　　　　　　　2. 눈에 띄는, 두드러진 = outstanding, noticeable, conspicuous
> **prominence** 명 명성 = eminence, prestige
> **eminent** 형 유명한, 저명한 = famous, celebrated
> · an eminent lawyer 저명한 변호사

· Is there a **prominent** building nearby? 근처에 눈에 잘 띄는 건물이 있나요?
· The statue was in a **prominent** position outside the train station.
　그 조각상은 기차역 외부의 눈에 잘 띄는 위치에 있었다.
· She first came to **prominence** as a writer in 2024.
　그녀는 2024년 처음으로 작가로서의 명성을 얻었다.

08 앞 pro- 일을 말하는 phe 자는 prophet 예언자

프랑스 철학자 노스트라다무스Nostradamus는 세계 최고의 예언자prophet로 그 명성renown이 자자했습니다. 1566년 사망한 그는 향후 전세계에 불어닥칠 여러 재앙disaster들을 예언하고 적중시킨 것으로 대예언자의 반열에 올랐죠. 물론 논란controversy의 소지는 다분하지만요. Nostradamus와 같은 예언자를 prophet이라고 합니다. 단순히 '운명을 말하는 자'에서 생겨난 '점쟁이'란 뜻의 fortune-teller와는 구분해야 합니다. prophet의 동사는 prophesy예언하다,

명사는 prophecy예언입니다. 참고로 the Prophet이라고 쓰면 이슬람Muslim 종교의 창시자 마호메트 Muhammad를 말합니다.

---

prophet 명 예언자

· a prophet of doom 재앙의 예언자
prophesy 타동 예언하다 = predict, foretell
prophecy 명 예언

· The **prophecy** that David would become king was fulfilled.
다윗이 왕이 될 것이라는 예언이 실현되었다.

· Some people believe that Nostradamus is the special **prophet**, and that his ideas about the future are correct.
어떤 사람들은 노스트라다무스가 특별한 예언자이며 미래에 대한 그의 생각들이 옳다고 믿는다.

---

09 뜻을 앞으로pro-옮긴port 것은 **purport** 취지, 요지; 주장하다

접두어 pur-와 관련된 어휘가 벌써 세 번째네요. purport가 생소하다면 앞에서 배운 purpose목적, 의도를 떠올리면 쉽습니다. 어원과 의미가 비슷하니까요. purport는 '(뜻을) 앞으로 옮긴 것'이란 어원적 의미에서 '취지, 요지'란 뜻의 명사로 쓰이고, '(뜻을) 앞으로 옮기다'란 의미에서 '주장하다'라는 동사로도 쓰입니다. 다시 한 번 강조하지만 pur-가 pro-에서 왔다는 게 무엇보다 중요합니다!

---

purport 명 취지, 요지 = meaning, intent, tenor 타동 (근거 없이) 주장하다 = allege

· the purport of the speech 연설의 취지
· the purport of my question 내 질문의 요지

· The **purport** of his speech was to promise freedom of religion.
그의 연설의 취지는 종교의 자유를 보장하자는 것이었다.

· This book **purports** that how we can sing easily and well.
이 책은 어떻게 하면 노래를 쉽게 그리고 잘 부를 수 있는지에 관한 취지로 쓰였다.

확인하고 넘어가자

A | 다음 표시된 말에 해당하는 단어를 원형으로 써보세요.

01 우리는 신제품을 **홍보하기** _____ 위한 방법을 찾고 있다.

02 그 선수는 미래가 **촉망된다** _____ .

03 자기가 하고 싶은 일을 **추구할** _____ 때 가장 행복하다.

04 그는 **능숙한** _____ 손놀림으로 피자를 만든다.

05 그 건물은 **눈에 잘 띄어** _____ 찾기 쉽다.

06 그는 많은 사람들을 긴장시키는 **예언자** _____ 였다.

B | 다음 표시된 단어의 동의어를 찾거나, 빈칸에 알맞은 단어를 고르세요.

07 Fertilizer _____ leaf growth.
    ⓐ pursues   ⓑ promotes   ⓒ promulgates

08 Matthew is a _____ young dancer with lots of stage experience.
    ⓐ promising   ⓑ progressing   ⓒ dismissing

09 Our manager is **proficient** in Japanese.
    ⓐ prosperous   ⓑ sufficient   ⓒ skillful

정답 A 01 promote 02 promising 03 pursue 04 proficient 05 prominent 06 prophet
B 07 ⓑ 08 ⓐ 09 ⓒ

29 아래에 있는 sub-

우리나라의 대표적인 대중교통 수단이 지하철subway이죠? subway는 지상의 길way 아래로sub- 다니기 때문에 말 그대로 '지하철'이 된 것입니다. subway는 접두어 sub-가 '~의 아래under'란 의미를 갖는다는 것을 잘 나타내주는 단어죠. 그런데 발음의 편의상 sub-는 다음 자음에 따라 철자가 변하기도 합니다. succumb, supplant가 바로 sub-가 suc-이나 sup-로 바뀐 좋은 예죠.

sub-는 under

sub-아래(under) + **due** 끌다
아래로 끌어내리다
subdue 진압하다; 억제하다

sub-아래(under) + **merge** 물에 잠기다
물 아래로 잠기다
submerge 잠수하다

sub-아래(under) + **tle** 짜인 천
짜인 천 아래에 있는
subtle 미묘한

sub-주위, 아래 + **urb** 도시
도시 주위에 있는 곳
suburb 교외, 근교

suc-아래(under) + **cumb** 눕다(lie)
~의 아래에 누워버리다
succumb 지다, 굴복하다

sus-아래(under) + **pend** 매달다
~의 아래에 매달아두다
suspend 매달다; (일시) 중단시키다

sus-아래(under) + **cept** 잡다 + **-ible** ~될 수 있는
(~의 아래에) 붙잡혀 있는
susceptible ~에 영향받기 쉬운

sup-아래(under) + **plant** 심다
~아래에 대신 심다
supplant 대신하다, 대체하다

01 아래로sub- 끌어내리니due subdue 1. 진압하다 2. (감정을) 억제하다

앞에서 훌리건hooligan에 대해 이야기한 적 있죠? 특히, 경기 후 난동commotion을 피우는 축구 광팬들을 말합니다. 이 훌리건들이 활개를 치면 경찰들이 출동해 곧바로 진압하는데, 우선 이 훌리건들의 기세를 끌어내려야 하죠. 이럴 때 쓰는 단어가 바로 subdue예요. subdue는 '끌어내리다'라는 어원적 의미에서 '(반란·폭동 따위를) 진압하다'라는 뜻이 된 것입니다. 또 '(감정을) 끌어내리다'에서 생겨난 '(감정을) 억제하다'라는 뜻으로도 쓰입니다.

subdue [타동] 1. (반란·폭동을) 진압하다 = suppress
　　　　　 2. (감정을) 억제하다 = repress

- subdue the rebellion[riot] 반란[폭동]을 진압하다
subdued [형] 억제된, 부드러워진, 차분해진

- Government forces have managed to **subdue** the rebels.
정부군은 반란군을 간신히 진압했다.

- She couldn't **subdue** her excitement.
그녀는 흥분을 억제할 수 없었다.

manage to V 간신히[가까스로] ~하다

02 물 아래로sub- 잠기니merge submerge 잠수하다, 물 속에 잠기다

merge는 사실 '합병하다'라는 뜻으로 알려진 어휘지만 원래 어원적으로는 '물 속에 뛰어들다dive'의 뜻입니다. 따라서 submerge는 '물 아래로 잠기다'가 되어 '잠수하다, 물 속에 잠기다'라는 뜻이 된 거죠. 여기서 submarine잠수함을 한 번 생각해 볼까요? marine이 '바다의'란 뜻이니까 submarine은 '바다 아래를 다니는 배'가 되어 당연히 '잠수함'이 되네요.

257

> **submerge** [자동][타동] 잠수하다, 물 속에 잠기다 = immerse
> - submerge oneself in ~에 빠져들다, ~에 몰두하다
>
> **submerged** [형] (물 속에) 잠긴, 가라앉은
> - submerged rocks 물 속에 잠긴 바위들
>
> **submarine** [명] 잠수함

- The tunnel entrance was **submerged** by rising sea water.
  터널 입구가 높아진 수위의 바닷물에 잠겼다.
- Alice **submerged** herself in work to forget about Tom.
  앨리스는 톰을 잊기 위해 일에 몰두했다.

03 짜인 천tle 아래에sub- 있으니 subtle미묘한

자, 그림 속 신부의 얼굴을 봐주세요. 그런데 얇은 천veil에 가려 보일 듯 안 보일 듯하죠? 이렇듯 크진 않지만 차이가 적으면서 묘하게 다른 상태가 바로 subtle미묘한입니다. subtle은 '짜인 얇은 천weaved thin fabric 아래의sub-'란 의미에서 '그 차이가 크지 않은 → 미묘한'이란 뜻이 되었습니다. 그런데 이 '미묘한'이란 뜻에서 또 하나 '교묘한, 절묘한'이란 의미가 나오는데, 확 드러내진 않지만 그 속에 어떤 의미를 담고 있는 것이 바로 '교묘한, 절묘한'의 뜻이 됩니다.

> **subtle** [형] 1. 미묘한, 포착하기 힘든 = delicate
> 　　　　 2. 교묘한, 절묘한 = clever
> - subtle difference[change] 미묘한 차이[변화]
> - a subtle hint[plan] 절묘한 힌트[계획]
>
> **subtlety** [명] 미묘함; 절묘함

- Did you pick up that **subtle** smile on her face?
  그 여자 얼굴의 묘한 미소를 눈치챘니?

- The two pictures are similar, but there are **subtle** differences between them.
  두 그림은 비슷하지만 미묘한 차이가 있다.

- I think we need a more **subtle** approach to the issue.
  우리가 좀 더 교묘한 방법으로 그 문제에 접근해야 할 것 같아.

04 도시urb 주위에sub- 있는 곳은 suburb 교외, 근교

주말이면 서울 밖으로 나들이excursion을 나가는 차들로 도로가 붐빕니다. 대부분 서울에서 2~3시간 거리에 있는 산 좋고 물 좋은 교외 지역으로 놀러가는 차량들이죠. 이번에 배울 suburb근교, 교외라는 단어에선 일단 어근 urb도시(city)가 눈에 확 들어옵니다. 왜냐하면 urban도시의라는 어휘를 알잖아요. 반대말 rural시골의도 떠오를 거예요. 그런데 suburb에서 접두어 sub-는 단순히 '아래'라는 의미보다는 '주위, 주변'의 의미에 가깝습니다. 어차피 '아래'에 있는 것도 크게 보면 '주변'에 있는 것이니까요.

suburb 명 교외, 근교
- a suburb of London[New York] 런던[뉴욕]의 교외
suburban 형 교외의, 근교의
urban 형 도시의 ↔ **rural** 형 시골의

- More and more people are moving to the **suburbs** every year.
  매년 점점 더 많은 사람들이 교외 지역으로 이사를 간다.

She lives with her twin daughters in the **suburb** of New York.
그녀는 뉴욕 외곽지역에서 그녀의 쌍둥이 딸들과 함께 살고 있다.

05 상대방의 아래에 suc- 누워버리면 cumb- succumb 지다, 굴복하다

권투에서 'KO당했다'라는 표현 들어보셨죠? 원래 KO는 '~를 때려눕히다, 나가떨어지게 하다'라는 뜻의 구동사 knock out의 줄임말입니다. 이 상황에서 연상되는 어휘가 바로 succumb입니다. succumb은 어원적으로 '~의 아래에 눕다'라는 의미에서 '지다, 굴복하다'란 뜻이 된 거니까요. 권투에서 한 선수가 강펀치를 얻어맞아 링 바닥에 누워버리면 결국 그 경기에서 지게 되는 거죠. succumb은 자동사로 반드시 전치사 to를 뒤에 동반한다는 것도 알아두세요!

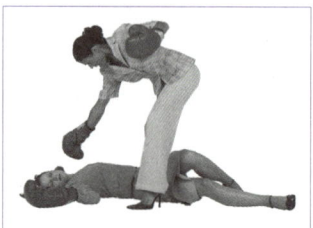

succumb [자동] 지다, 굴복하다 = give in
- succumb to   ~에 지다, 굴복하다
- succumb to temptation[pressure] 유혹에 지다[압력에 굴복하다]

- Jessy **succumbed** to temptation and had a piece of cake.
  제시는 유혹에 져서 케이크 한 조각을 먹었다.

- We are not going to **succumb** to any pressure from any other country.
  다른 나라들로부터의 압력에 굴복해서는 안 될 것입니다.

06 아래에 sus- 매달아두니 pend suspend 1. 매달다 2. (일시) 중단시키다

suspend는 어원적으로 딱 떨어지는 어휘예요. 어원분석을 해보면 「sus-아래 + pend매달다 → ~의 아래에 매달다」가 되어 '매달다'라는 의미가 나오죠. 뭔가를 매달아둔다는 것은 곧, 그 움직임을 '(일시적으로) 중단시키다'라는 의미가 됩니다. 옷을 옷걸이에 걸어두는 것을 연상하면 쉽죠. suspend의 2번 뜻 '(일시) 중단시키다'가 아주 중요한 의미라는 걸 알아두셔야 해요. 이 suspend는 또 파생어들이 참 다양하게 활용됩니다. 먼저 외래어로 자주 쓰이는 suspense서스펜스는 '긴장 상태, 흥분'을 의미하고 suspension은 '(일시) 중지, 정학, 정직'을 나타내며 suspender는 흘러내리지 않게 붙잡아주는 '멜빵'을 뜻합니다.

> **suspend** [타동] 1. (아래에) 매달다 2. (일시) 중단시키다
> - suspend a student[worker] 학생을 정학시키다[직원을 정직시키다]
> **suspense** [명] 긴장 상태, 흥분
> **suspension** [명] (일시) 중지, 정학, 정직
> **suspender** [명] 멜빵

- Talks between the two countries have now been **suspended**.
  양국 간의 회담이 현재 일시 중단된 상태다.
- Dave was **suspended** from school for two weeks. 데이브는 2주 동안 정학을 받았다.
- The **suspense** is killing me. 애간장이 다 타 들어가는 것 같다.

07 ~의 아래에sus- 붙잡혀cept 있으니 susceptible ~에 걸리기[영향 받기] 쉬운

susceptible에서 cept는 '잡다, 취하다take'라는 뜻의 어근입니다. 일단 어근이 눈에 들어오면 접두어 sus-아래와 접미어 -ible은 쉽죠. 따라서 susceptible은 '~의 아래에 붙집힐 수 있는'이린 어원적 의미에서 '~에 걸리기[영향 받기] 쉬운'의 뜻이 된 것입니다. 아래에 붙잡혀 있으면 위에서 흔드는 대로 휘둘려야 하기 때문에 곧바로 '~의 영향을 받는' 상태가 되는 것이죠. 그런데 이 susceptible과 관련해 「be susceptible to+명사」라는 중요한 어법이 있으니 꼭 기억해야 합니다!

> **susceptible** [형] ~에 걸리기[영향 받기] 쉬운 = liable, subject
> - be susceptible to+명사 ~에 영향 받기 쉽다
> - be susceptible to disease 병에 걸리기 쉽다
> - be susceptible to temptation 유혹에 빠지기 쉽다
> **susceptibility** [명] 걸리기 쉬움, 민감함

- Older people are more **susceptible** to infections. 노인들은 좀 더 쉽게 감염될 수 있다.
- She is very **susceptible** to flattery. 그녀는 칭찬에 아주 약하다.

flattery 아첨

08 아래에 sup- 대신 심으니 plant supplant 대신[대체]하다

영어에는 displace, replace를 비롯해 substitute, supersede까지 '대신[대체]하다'란 뜻의 동사가 꽤 많습니다. 이번에 배울 supplant 역시 같은 뜻입니다. 일단 supplant에서 접두어 sup-은 원래 sub-에서 발음의 편의상 b가 p로 바뀐 것이고 그 의미 역시 '~의 아래'에서 '~아래 대신'이란 의미로까지 발전되었습니다. 여기에 동사 plant의 의미인 '심다'가 합쳐져 비로소 supplant가 생겨나게 된 거죠. 접두어 sup-의 의미가 단순히 '아래'가 아니라 '대신'이란 의미로 쓰였다는 점에 주목하세요!

---

supplant [타동] 대신[대체]하다 = replace, displace, substitute, supersede

- be supplanted by ~로 대체되다
- supplant the old system 오래된 시스템을 대체하다

supplantation [명] 대체

- The old manager was **supplanted** by a younger man.
  그 나이든 관리자는 더 젊은 사람으로 대체되었다.

- Will online dictionaries ever **supplant** paper dictionaries?
  온라인 사전이 종이 사전을 대체하게 될 것인가?

확인하고 넘어가자

A | 다음 표시된 말에 해당하는 단어를 원형으로 써보세요.

01 경찰이 폭력을 휘두르던 용의자를 **진압했다** _____ .

02 두 단어 간에는 **미묘한** _____ 차이가 있다.

03 우리 할머니는 도시 **근교** _____ 에 사신다.

04 커닝한 학생을 학칙에 의거해 **정학시켰다** _____ .

05 우리는 노후한 시스템을 새 것으로 **대체해야** _____ 한다.

06 아기들은 어른들보다 질병에 **걸리기 쉽다** _____ .

B | 다음 표시된 단어의 동의어를 찾거나, 빈칸에 알맞은 단어를 고르세요.

07 Police managed to **subdue** the angry crowd.
   ⓐ depress   ⓑ compress   ⓒ suppress

08 He is **susceptible** to persuasion.
   ⓐ subject   ⓑ sensible   ⓒ dejected

09 Sales of the drug will be _____ until more tests are completed.
   ⓐ expended   ⓑ responded   ⓒ suspended

정답 A 01 subdue   02 subtle   03 suburb   04 suspend   05 supplant   06 susceptible
      B 07 ⓒ   08 ⓐ   09 ⓒ

30 분리되고 떨어져 나가는 ab-

접두어 ab-은 '분리·이탈'을 뜻하는 'away'의 의미를 갖습니다. 뭔가를 떨어뜨리는 장면, 가령 옷에서 단추가 떨어져 나가는 모습을 연상해 보세요! 접두어 ab-의 의미가 쉽게 다가올 거예요. ab-은 a-나 abs-로 변형되어 쓰이기도 합니다!

ab-은 away

- ab-떨어져(away) + normal 보통의
  정상에서 벗어난
  abnormal 비정상적인

- ab-떨어져(away) + solut 풀다(solve) + -e 형접
  (모든 제한에서) 벗어나 있는
  absolute 절대적인, 완전한

- ab-떨어져(away) + sorb 빨아들이다
  ~에서 떨어뜨려 쫙쫙 빨아들이다
  absorb 흡수하다

- ab-떨어져(away) + use 사용하다
  (본래 목적에서) 동떨어져 잘못 사용하다
  abuse 남용하다, 학대하다

- ab-떨어져(away) + und 넘치는 + -ant 형접
  흘러 넘치는
  abundant 풍부한

- ab-떨어져(away) + ol(d) 오래된 + -ish 동접
  오래된 것을 없애다
  abolish 폐지하다

- ab-떨어져(away) + hor 몸을 떨다
  ~에서 떨어져 몸서리치다
  abhor 혐오하다

- a-떨어져(away) + bor 태어나다 + -tion 명접
  태어나려는 것을 없애는 것
  abortion 낙태

- abs-떨어져(away) + tain 두다, 유지하다
  (~로부터 자신을) 떨어뜨려 두다
  abstain 삼가다, 절제하다

- ab-떨어져(away) + surd 귀가 먹은
  떨어져서 못 알아 듣는
  absurd 어리석은

264

01 정상 normal 에서 벗어난 ab- abnormal 비정상적인

abnormal비정상적인은 비교적 쉬운 단어죠. 일단 normal이 '정상적인'의 의미이기 때문에 그 앞에 접두어 ab-떨어져(away)이 붙어 '정상에서 벗어난, 보통과 다른'이라는 뜻의 '비정상적인'이 된 것입니다. normal과 관련해 자주 쓰이는 단어가 enormous인데, 이때 norm은 '기준, 표준'의 뜻으로 어원분석을 하면 「e(x)-밖으로(out) + norm 표준 + -ous형용사형 접미사 → 표준에서 벗어난」이 되므로 '거대한, 엄청난'이라는 뜻이 된 거죠.

> **abnormal** 형 비정상적인
> · abnormal behavior 비정상적인 행동
> **abnormality** 명 기형, 이상
> **enormous** 형 거대한, 엄청난

· Is he merely a brutal murderer or **abnormal** psycho?
  그는 단지 흉악한 살인범인가 아니면 비정상적인 정신병자인가?

· She showed **abnormal** behavior that may be a sign of mental illness.
  그녀는 정신병의 징후가 될 수 있는 비정상적인 행동을 보였다.

  brutal 악랄한, 잔인한 murderer 살인자 mental illness 정신병

02 모든 제한에서 풀려 solve 벗어나 ab- 있으니 absolute 절대적인, 완전한

진시 황제와 네로 황제, 알렉산더 대왕의 공통점이 뭘까요? 바로 절대적인 왕권을 휘둘렀던 황제emperor라는 것이죠. 원래 '절대적인'이란 말 자체가 '아무런 조건이나 제약이 붙지 않는' 상태를 의미합니다. 이것이 바로 '모든 제한에서 풀려 벗어나 있는'이라는 어원적 의미에서 생겨난 단어 absolute절대적인, 완전한이랍니다.
특히 회화에선 어떤 질문에 대해 "Absolutely!"라고 대답하면 '그럼, 물론이지!' 정도의 의미로 강한 긍정을 나타냅니다!

absolute 형 절대적인, 완전한 = complete

absolutely 부 절대적으로, 완전히; 그럼, 물론이지

- His office is an **absolute** mess. 그의 사무실은 완전 난장판이다.
- My answer to your proposal is an unequivocal and **absolute** "No."
  당신의 제안에 대한 나의 대답은 명백하고도 단호한 "아니요."입니다.
- It's **absolutely** out of the question. 그건 완전히 불가능해요.

mess 엉망, 난장판 unequivocal 모호하지 않은, 명백한 out of the question 불가능한(= impossible)

03 떨어져 있던 것을 ab- 빨아들이는 sorb 건 absorb 흡수하다

바닥에 물을 흘렸을 때 휴지를 갖다 대면 휴지가 물을 쫙 빨아들이죠? 또 갓난아기들의 필수품 necessaries 인 기저귀 diaper 는 아기의 오줌 urine 을 잘 흡수하는 것이 중요하구요. 여기서 연상되는 단어가 바로 absorb 흡수하다 입니다.

하지만 absorb를 단순히 '(물을) 흡수하다' 정도로 이해하고 끝내면 안 됩니다. absorb는 '(지식, 정보를) 흡수하다'의 의미로도 쓰이고 '(사람을 어떤 일에) 몰두하게 하다'라는 의미로도 쓰이거든요. 우리말에서도 '영화에 빨려 들어가다' 하면 영화에 완전히 몰두한 것을 의미하잖아요. 이처럼 absorb는 다양한 형태로 쓰일 수 있다는 점 알아두세요!

absorb 타동 1. 흡수하다 = soak up 2. 몰두하게 하다 = engross, immerse

- be absorbed in ~에 몰두해 있다
- absorb new information 새로운 정보를 흡수하다
- absorb shock 충격을 흡수하다

absorption 명 흡수, 몰두, 열중

absorbing 형 몰입하게 하는, 빠져들게 하는

- He was **absorbed** in the movie. 그는 그 영화에 빠져 있었다.
- His capacity to **absorb** new information is amazing.
  새로운 정보를 흡수하는 그의 능력은 놀랄만하다.

04 본래 목적과 동떨어져ab- 사용하면use abuse 1. 남용하다 2. 학대하다

abuse는 use라는 단어에 접두어 ab-이 붙어 생긴 어휘죠. 가령 치약은 이를 닦는 데 사용해야 하는데, 자는 친구 눈가에 발라버리면, 윽! 즉, 어떤 물건을 본래 목적에서 떨어져 잘못 사용하는 게 바로 abuse입니다. 그래서 '남용[오용]하다'라는 뜻이 생긴 것이구요.
또한 abuse를 사람에게 쓰면 '사람을 잘못 (나쁘게) 대하다'가 되어 '학대하다'라는 뜻으로도 쓰입니다. abuse는 명사와 동사 둘 다로 쓰일 수 있지만 의미는 같습니다. child abuse 아동 학대 같은 일은 절대로 있어선 안되겠죠?

---

abuse [타동] 1. 남용[오용]하다 = misuse 2. 학대하다 = maltreat
　　　　 [명] 1. 남용, 오용 2. 학대

- drug abuse 마약 남용
- child abuse 아동 학대
- verbal abuse 언어 폭력
- racial abuse 인종 학대
- abuse of power 권력 남용

abusive [형] 욕하는; 폭력적인

- Many children suffer racial **abuse** at school.
  많은 아이들이 학교에서 인종적 학대를 겪는다.
- He **abused** his position as principal by giving jobs to his friends.
  그는 자기 친구들에게 일자리를 줌으로써 학교장이란 지위를 남용했다.
- I can't understand why some people **abuse** animals.
  나는 왜 일부 사람들이 동물을 학대하는지 모르겠어.

principal 학교장, 총장; 주요한

05 흘러und 넘치니ab- abundant 풍부한

동사 abound풍부하다와 관련해 Fish abound in the sea.바다에는 물고기가 많다.라는 유명한 예문이 있습니다. 이 abound의 형용사가 바로 abundant입니다. abundant는 어근 und가 'water, wave'의 뜻을 갖기 때문에, abundant는 '흘러 넘치는'이라는 어원적 의미가 되어 '풍부한'이란 뜻이 된 것입니다. 자주 쓰이는 형용사이므로 꼭 알아두어야 할 단어랍니다. abundant풍부한을 공부할 땐 반대말인 scanty부족한을 함께 공부해 놓으면 좋습니다!

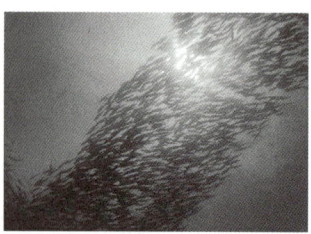

> **abundant** 형 풍부한 = plentiful, copious
>
> **abundance** 명 풍부
> · abound in ~에 풍부하다

· Latin America has an **abundant** labor force and natural resources.
  라틴 아메리카는 풍부한 노동력과 천연 자원들을 갖고 있다.

· We need an **abundant** supply of fresh water. 우리는 많은 양의 신선한 물이 필요하다.

labor force 노동력   natural resources (주로 복수로) 천연자원

06 오래된old 것을 없애는ab- 건 abolish 폐지하다

abolish의 어근 ol은 old오래된의 줄임말이에요. 여기에 접두어 ab-이 붙어 생긴 어휘가 바로 abolish죠. 특히 abolish는 주로 '오래된 법률, 제도를 없애다'라는 의미의 '폐지하다'의 뜻으로 쓰입니다. 같은 뜻의 abrogate라는 어려운 단어도 함께 알아두세요. 조금 딱딱한 뜻을 나타내는 단어지만 기사에 자주 등장합니다.

> **abolish** 타동 폐지[철폐]하다 = abrogate, repeal
>
> · abolish the treaty 조약을 폐지하다

- abolish racial discrimination law 인종 차별법을 철폐하다
abolition 몡 폐지

· Slavery was **abolished** in the US in the 19th century.
노예제도는 19세기 미국에서 폐지되었다.

· They have kept insisting on the **abolition** of death penalty.
그들은 계속해서 사형제도의 폐지를 주장해왔다.

slavery 몡 노예, 노예제도 keep -ing ~을 계속하다 death penalty 사형제도

07 몸서리치며hor 떨어지면ab- abhor (몹시) 싫어하다, 혐오하다

우리말에는 '몸서리치게 싫어하다' 또는 '치를 떨다'라는 말이 있습니다. 얼마나 싫어하면 '몸이나 치(치아)를 부들부들 떨다'라는 말이 나왔을까요? 영어에도 이와 비슷한 단어가 있으니 그 주인공이 바로 abhor(몹시) 싫어하다, 혐오하다입니다. abhor 역시 '~에서 떨어져ab- 몸을 부르르 떨다hor'라는 어원적 의미에서 생겨난 단어죠. 어근 hor-떨다를 포함하는 단어 중 우리

도 잘 아는 단어가 바로 horror로, '떨게 만드는 것'이라는 어원적 의미에서 '공포'라는 뜻이 된 거랍니다. horror movie공포 영화 아시죠? 무서워서 몸을 떠는 것이 바로 horror공포예요!

abhor 타동 (몹시) 싫어하다, 혐오하다 = abominate, detest
· abhor racism[sexism] 인종차별주의[성차별주의]를 혐오하다
abhorrence 몡 혐오
abhorrent 형 혐오하는

· The great majority of the Korean people have always **abhorred** violence.
한국 국민 대다수는 한결같이 폭력을 몹시 싫어했다.

· Many universities in Korea absolutely **abhor** government intervention.
많은 한국의 대학들은 정부의 개입을 아주 싫어한다.

majority 다수 violence 폭력 government 정부 intervention 개입

08 태어나려는 것 born을 없애는 ab- 것은 abortion 낙태

abortion은 '낙태'란 뜻입니다. 언제나 사회적으로 논란이 되는 주제 controversial issue죠. 우리말에도 '애를 떼다'라는 말이 있는데 이는 '낙태하다'라는 뜻으로 영어의 abortion과 맥락이 비슷합니다. 참고로 '유산'을 뜻하는 miscarriage와는 구분을 해야 합니다. 한 가지 더 알아두어야 할 것은 동사 abort인데, abort는 '낙태하다'란 의미와 함께 '중단시키다'라는 의미도 있어서, 형용사 abortive는 '실패한 unsuccessful'의 뜻으로 쓰입니다!

abortion 명 낙태 = termination
· have an abortion 낙태하다
abort 타동 1. 낙태하다 2. 중단시키다
abortive 형 실패한
· miscarriage 유산

· She decided to have an **abortion**. 그녀는 낙태하기로 결정했다.
· **Abortion** is always a controversial issue in our society.
  낙태는 늘 우리 사회에서 논란이 되는 문제다.
· We had to abandon our **abortive** attempts.
  우리는 결실 없는 시도들을 포기해야 했다.

controversial 논란이 많은, 논란이 되고 있는

06 떨어진 abs- 상태로 유지하면 tain abstain 1. 삼가다, 절제하다 2. 기권하다

중용(中庸)이란 말이 있죠? 지나치거나 모자라지 않으며 한쪽으로 치우치지 않음을 뜻하는 말이죠. 술이나 게임, 도박 같은 것은 중독성 addiction이 있어서 너무 빠지면 인생을 망치는 지름길 shortcut이 됩니다. 당연히 삼가고 절제해야겠죠. 그러려면 하고 싶어도 적절하게 참는 abstain의 미덕이 필요하죠.
abstain은 자동사로서 반드시 「abstain from ~을 삼가다, 절제하다」의 형태로 쓰인

다는 점에 주의해야 해요. 또 투표voting에서 abstain한다는 것은 '기권하다'를 의미한다는 것도 알아두세요!

---

abstain 자동 폐지[철폐]하다
- abstain from drinking[smoking] 음주[흡연]을 절제하다
- abstain voting 기권하다

abstinent 형 삼가는, 절제하는
abstinence 명 절제

- Pilots must **abstain** from alcohol for 24 hours before flying.
  파일럿들은 비행 전 24시간 동안 술을 마시지 말아야 한다.

- Six members voted for the agenda, five voted against, and two **abstained**.
  그 안건에 대해 여섯 명이 찬성, 다섯 명이 반대, 두 명은 기권했다.

  agenda 안건, 의제 for 찬성하는, ~을 위한 against 반대하는

---

06 떨어져 있어서 ab- 못 알아들으니 surd absurd 우스운, 어리석은

지금은 고전이 된 '날아라 슈퍼보드'에서 가장 인기를 끌었던 캐릭터는 사오정이었죠. 남의 말을 잘 못 알아듣는 캐릭터로 전국에 '사오정 신드롬'까지 일으키며 '귀가 어두운 사람'을 나타내는 대명사가 되었으니까요. absurd에서 어근 surd는 '귀머거리인 deaf'란 뜻으로, absurd는 실제 귀머거리를 뜻하는 말이 아니라 '남의 말을 잘 못 알아듣는(이해하지 못하는)'의 뜻에서 발전해 '어리석은'이라는 뜻으로 쓰이게 된 것입니다.

---

absurd 형 우스운, 어리석은 = ridiculous, ludicrous
- an absurd idea 어리석은 생각
- an absurd plot 어리석은 계획

absurdity 명 어리석음, 불합리

- Don't give **absurd** answers. 동문서답하지 마.

- It was **absurd** of you to suggest such a thing. 그런 제안을 하다니 네가 어리석었어.

- It was only later that she could see the **absurdity** of the situation.
  그녀는 나중에야 그 상황의 불합리성을 알 수 있었다.

확인하고 넘어가자

A | 다음 표시된 말에 해당하는 단어를 원형으로 써보세요.

01 그의 **비정상적인** _____ 행동은 사람들을 놀라게 했다.

02 **아동 학대** _____ 는 법률적으로 막아야 한다.

03 그 나라는 **풍부한** _____ 천연 자원을 갖고 있다.

04 성차별을 유발시키는 법을 **폐지했다** _____ .

05 나는 그의 비열한 태도를 **혐오한다** _____ .

06 **낙태** _____ 는 살인인가, 아니면 어쩔 수 없는 선택인가?

B | 다음 표시된 단어의 동의어를 찾거나, 빈칸에 알맞은 단어를 고르세요.

07 She was **absorbed** in her study.
   ⓐ enclosed   ⓑ engrossed   ⓒ entitled

08 The patient is supposed to _____ from meat.
   ⓐ absolve   ⓑ abolish   ⓒ abstain

09 The old tax system should be _____ .
   ⓐ abolished   ⓑ imposed   ⓒ disposed

정답 A 01 abnormal   02 child abuse   03 abundant   04 abolish   05 abhor   06 abortion
B 07 ⓑ   08 ⓒ   09 ⓐ

31 접근하고 다가가는 ad-

ab-이 '분리·이탈'을 뜻하는 접두어라면 ad-는 반대로 '~쪽으로 다가가는, 방향·접근to, toward'의 뜻을 갖습니다. 그런데 이 접두어 ad-는 발음의 편의상 철자가 바뀌는 경우가 많습니다. 하지만 '다음 자음을 따라서 철자가 바뀐다!'라는 기본원칙만 알고 있으면 어렵지 않죠. 예를 들어 acclaim환호하다은 원래 ad-에서 ac-로 바꾼 것입니다. 이렇게 ad-는 얼마든지 af-, al-, an-, ap-, ar-, as-, at- 등으로 바뀔 수 있습니다.

ad-는 to, toward

- **ac-**~와 + **company** 동행
  ~와 함께 가다
  accompany ~와 동행하다

- **ac-**~에게 + **cuse** 소송(lawsuit)
  ~에게 소송을 걸다
  accuse 고발[비난]하다

- **af-**~로 + **ford** 앞으로 나아가다(forward)
  뒤처지지 않고 나아가다
  afford ~할 여유가 있다

- **al-**~를 + **low** 칭찬하다(laud)
  ~하도록 격려하다
  allow 허락하다

- **as-**~을 + **sert** 단단하게 하다(firm)
  ~이 확실하다고 말하다
  assert (강하게) 주장하다

- **ac-**~에 + **cumul** 쌓아올리다(heap up) + **-ate** 동접
  ~에 쌓아올리다
  accumulate 축적[누적]하다

- **ac-**~를 + **quit** 그만두다
  ~를 (처벌받는 것에서) 그만두게 하다
  acquit 석방하다

- **ap-**~에게 + **plaud** 박수치다(clap)
  ~에게 박수쳐주다
  applaud 박수갈채하다

- **ap-**~를 + **prehend** 붙잡다(seize)
  ~를 붙잡다
  apprehend 체포하다; 이해하다

01 누군가와ac- 함께 가면company accompany ~와 동행하다

많은 분들이 company 하면 '회사'를 먼저 떠올리는데 사실 company는 '동행, 무리'라는 뜻이 먼저랍니다. company의 어원적 의미를 살펴보면 '함께 빵을 나누어 먹는 사이'로, 우리말의 '빵'이란 말도 어근 pan빵(bread)에서 유래되었다는 놀라운 사실! 또 함께 하는 '친구, 동반자'는 바로 companion입니다. 이 company동행에 접두어 ad-의 변형 ac-가 붙어 '~와 함께하다, 동행하다'라는 동사가 만들어진 것입니다. accompany는 타동사이므로 전치사 with를 붙이면 안 됩니다.

> **accompany** [타동] ~와 동행하다, 함께하다 ※타동사로 쓰임에 주의!
> **company** [명] 동행, 무리; 회사
> **companion** [명] 친구, 동반자
> **accompaniment** [명] (음악의) 반주
> · an accompaniment for beer 맥주 안주

- I'll **accompany** you. 내가 함께 가줄게.
- Children under 12 must be **accompanied** by an adult.
  12세 이하의 어린이들은 성인과 동행해야 한다.
- The disease is **accompanied** by sneezing and fever. 그 병은 재채기와 열이 동반된다.

sneeze 재채기(하다)

02 ~에게ac- 소송을 걸면cuse accuse 1. 고발하다 2. 비난하다

전 세계에서 미국만큼 소송이 흔한 나라는 없을 겁니다. 그만큼 소송 lawsuit 건수도 많지만 무엇보다 변호사의 숫자가 엄청나게 많습니다. 그래서 accuse고발하다란 단어가 자주 등장할 수밖에 없습니다. accuse는 '소송 걸다'라는 어원 그대로 '고발하다'란 뜻이 되고, '비난하다'의 뜻으로도 쓰일 수 있습니다. 어쨌피 고발하는 것 자체가 그 사람을 비난하는 것이니까요. 「accuse A of B A를 B의 혐의로 고발[비

난]하다」로 쓰이는 어법은 아주 중요하므로 꼭 기억해 두어야 합니다! 또 the accused는 주로 형사 재판 criminal trial에서의 '피고'라는 점도 함께 알아두세요!

> **accuse** [타동] 1. 고발하다 = charge 2. 비난하다 = criticize, blame
> - accuse A of B   A를 B의 혐의로 고발[비난]하다
> - accuse her of fraud   그녀를 사기 혐의로 고발하다
> - the accused   (형사) 피고
> - the defendant   (민사) 피고
>
> **accusation** [명] 혐의; 비난

- She **accused** him of murder[lying].
  그녀는 그를 살인 혐의로 고발했다[거짓말 한 것에 대해 비난했다].
- His administration now faces **accusations** of corruption.
  그의 행정부는 지금 여러 부패 혐의를 받고 있다.
- The **accused** is not guilty until he is convicted. 피고는 유죄 선고를 받을 때까지 죄인이 아니다.

administration 행정부; 관리, 경영

03 뒤처지지 않고 앞으로af- 나아가니ford afford ~할 여유가 있다

원래 afford는 '앞으로 나아가다, 전진하다advance'란 뜻이었는데 경제적인 면에서 뒤처지지 않고 '앞으로 나아간다'는 뜻은 돈을 모아간다는 말이라서 '~할 여유가 있다'라는 뜻으로 점차 변화된 것입니다. 아울러 afford는 「afford to V ~할 여유가 있다」라는 형태로 쓰이기 때문에 꼭 기억해야 합니다. 회화에서 아주 빈번하게 등장하는 동사이니 별표 5개 치고 공부하세요!

> **afford** [타동] 1. ~할 여유가 있다 2. 제공하다 = provide
> - afford to V ~할 여유가 있다
> - afford to buy a house[car] 집을[차를] 살 여유가 있다
>
> **affordable** [형] (가격이) 알맞은, (지나치게) 비싸지 않은
> - affordable housing 적당한 가격의 주택

- I can't **afford** to take a rest this weekend.
  난 이번 주말에 쉴 여유가 없다.

- The room of the hotel **affords** a beautiful view over the city.
  그 호텔의 방에서 도시의 아름다운 경관을 볼 수 있다.

04 ~하도록al- 격려하니low allow 허락[허용]하다

어릴 땐 어디를 가거나 뭘 사고 싶으면 부모님의 허락을 받곤 하죠. allow가 바로 '허락[허용]하다'란 의미의 단어입니다. 그런데 '허락[허용]하다'는 '~를 …하도록 허락하는' 것이니 주로 「allow + 목적어 + to V」의 어법으로 쓰입니다. 한편 allow의 명사 allowance는 '허락, 허용'이란 의미 외에 '용돈', '참작, 고려'라는 뜻도 있는데 '용돈'은 부모님이 '(이만큼 쓰라고) 허용해 주는 돈'에서 비롯된 뜻이고, '참작, 고려'는 '그럴 수밖에 없는 상황을 허용, 즉 봐주는 것'을 의미합니다.

allow [타동] 허락[허용]하다
- allow 목적어 to V ~에게 …하도록 허락[허용]하다
- allow him to use a computer 그에게 컴퓨터를 쓰도록 허락하다

allowance [명] 허락, 허용; 용돈; 참작, 고려
- make allowances for ~를 참작[고려]하다 = allow for

- My parents wouldn't **allow** me to go to the party.
  우리 부모님은 내가 그 파티에 가는 걸 허락해 주지 않으실 거야.

- My father gives me a monthly **allowance** of $200.
  우리 아빠는 나에게 한 달에 200달러의 용돈을 주신다.

- We should make **allowances** for his lack of experience.
  우리는 그가 경험이 부족하다는 것을 고려해야 합니다.

05 ~이as- 확실하다고sert 말하는 건 assert (강하게) 주장하다

'주장하다'라는 뜻을 가진 동사가 여러 개 있지만 그 중에서도 assert는 '확신을 갖고 강하게 주장하다state firmly that something is true'라는 뜻을 갖습니다. assert에는 두 가지 더 알아두어야 할 표현이 있는데 바로 assert oneself(단호하게) 자기주장을 하다와 assert one's rights자신의 권리를 주장하다입니다. 명사 assertion도 자주 등장하는 어휘이니 꼭 챙겨두시구요!

assert 타동 (강하게) 주장하다
- assert oneself (단호하게) 자기주장을 하다
- assert one's rights 자신의 권리를 주장하다

assertion 명 (강한) 주장

- I **assert** that Korean food is the best in the world. 난 한국 음식이 세계 최고라고 주장한다.
- I cast doubt to his **assertions** about the death of his father.
  난 그의 아버지 죽음에 대한 그의 주장에 의심을 품었다.

06 ~에 ac- 쌓아올리니cumul accumulate 축적[누적]하다

accumulate에서 어근 cumul은 '쌓아올리다heap up'라는 뜻입니다. 여기에 접두어, 접미어가 붙어 생긴 어휘가 accumulate죠. '축적'이란 말에서 '적'은 바로 '쌓을 적(積)'이니 여기서도 영어와 한자어가 통한다는 걸 알 수 있죠. 어근 cumul에서 생겨난 또 다른 어휘인 cumulative누적의, 누적되는라는 형용사도 함께 알아두면 좋습니다.

accumulate 자동 타동 축적[누적]하다 = amass, hoard, garner
accumulation 명 누적, 축적
accumulative 형 축적하는, 누적의

- It is unjust that a privileged few should continue to **accumulate** wealth.
특권을 갖은 소수가 계속해서 부를 축적해나가는 것은 공정하지 못한 일이다.
- Heavy metals that **accumulate** in the body are not easy to eliminate from the system. 체내에 축적되는 중금속은 잘 배출되지 않는다.

07 ~를 ac- 처벌받는 것에서 그만두게 quit 하니 acquit 석방하다, 무죄로 하다

acquit은 비교적 쉽게 이해할 수 있습니다. 바로 우리가 잘 아는 quit그만두다가 있기 때문이죠. 재판이나 조사 결과 죄가 없는 사람이라면 당연히 처벌받는 것을 그만두도록 무죄로 하여 석방시켜야겠죠? 앞에서 배웠던 accuse와 마찬가지로 acquit 역시 「acquit A of B A를 B에서 석방하다」라는 형태로 사용된다는 점에 주의하세요! 어휘의 어법을 익히는 게 독해와 영작의 기본이랍니다.

> **acquit** [타동] 석방하다, 무죄로 하다 = absolve
> · acquit A of B   A를 B에서 석방하다
> **acquittal** [명] 석방

- The jury **acquitted** Joe of murder.
배심원단은 죠의 살인 혐의에 대해 무죄 판결을 내렸다.
- To her relief she was **acquitted** of all the charges laid against her.
다행히도 그녀는 그녀에게 제기된 모든 고발들에서 무죄가 되었다.
- His **acquittal** by the jury surprised those who had thought him guilty.
배심원단에 의해 그가 무죄 방면된 것은 그가 유죄라고 생각했던 사람들을 놀라게 했다.

jury 배심원단

08 ~에게 ap- 박수를 쳐주니 plaud applaud 박수갈채하다, 성원하다

applaud는 어근 plaud가 '박수치다 clap'의 뜻이므로, 어원적 의미가 '~에게 박수쳐주다'가 되어 '박수갈채하다'란 뜻이 되었습니다. 명사 plaudit 역시 '박수갈채'입니다. applaud를 공부할 땐 acclaim 환호하다 와 함께 외우면 좋아요. acclaim에서 claim은 '외치다 cry'란 어근이므로, 풀이하면 '~에게 환호성을 지르다'가 되어 '환호하다'라는 뜻이 된 것입니다. 사람들이 applaud할 때 동시에 acclaim하기 때문에 두 어휘는 아주 친하다고 볼 수 있겠죠?

applaud [동] 박수갈채하다 = clap
applause [명] 박수갈채 = plaudit
acclaim [타동] 환호를 보내다, 호평하다

- A crowd of 500 supporters warmly **applauded** his speech.
  500명의 지지자들은 그의 연설에 따뜻한 박수갈채를 보내주었다.

- His new novel was **acclaimed** by literary critics.
  그의 새 소설은 문학 비평가들로부터 호평을 받았다.

09 ~을 ap- 붙잡으면 prehend apprehend 1. 체포하다 2. 이해하다

apprehend에서 어근 prehend는 '붙잡다 seize'란 뜻입니다. 먼저 어근의 의미를 외워야만 apprehend를 쉽게 익힐 수 있습니다. apprehend의 어원적 의미는 '~을 붙잡다'인데 우리말에서도 이 '잡다'라는 말은 두 가지 의미로 쓰입니다. '범인을 붙잡다'에서 '1. 체포하다,' '감 잡다'에서 '2. 이해하다'란 뜻으로 말이죠. apprehend가 바로 이 두 가지 의미를 그대로 갖는 동사입니다.

단, 명사 파생어 apprehension에서는 '체포'란 의미 외에 '걱정, 염려'라는 의미도 있는데, 이는 마음 속에 '걱정, 염려'가 생기면 다른 생각을 전혀 할 수 없을 정도로 내 마음이 그 '걱정, 염려'에 딱 '체포'된다는 생각에서 나온 뜻입니다.

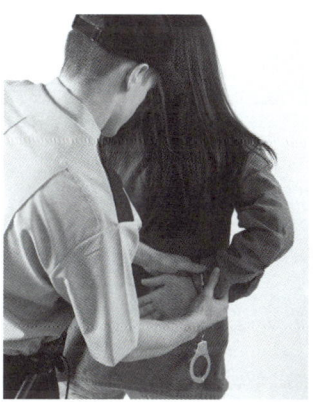

apprehend 타동 1. 체포[검거]하다 = arrest
2. 이해하다 = understand, grasp, figure out

· apprehend the criminal   범인을 체포하다
· apprehend the meaning   의미를 이해하다
apprehension 명 체포; 염려, 걱정 = anxiety
apprehensive 형 염려[걱정]하는 = concerned

· The police have failed to **apprehend** the culprits.
  경찰은 범인들의 검거에 실패했다.

· My mom has some **apprehensions** about having surgery.
  우리 엄마는 수술하는 것에 대해서 상당한 걱정을 하고 계신다.

· I am **apprehensive** of the problem.
  난 그 문제가 걱정이 돼.

확인하고 넘어가자

A | 다음 표시된 말에 해당하는 단어를 원형으로 써보세요.

01 내가 공항까지 너랑 **동행해 줄게** _____.

02 투자 수익금이 나서 새 차를 살 **여유가 있다** _____.

03 그는 자신이 만든 작품이 최고라고 **주장했다** _____.

04 그는 무죄로 판명되어 **석방되었다** _____.

05 우리는 그의 용기 있는 행동에 **박수를 쳐주었다** _____.

06 누가 그의 행동을 **비난할** _____ 수 있는가?

B | 다음 표시된 단어의 동의어를 찾거나, 빈칸에 알맞은 단어를 고르세요.

07 Jane has decided to _____ me on my journey to India.
ⓐ accumulate   ⓑ accommodate   ⓒ accompany

08 How can you **accuse** me without knowing all the facts?
ⓐ acquit   ⓑ hamper   ⓒ criticize

09 Fat tends to _____ around the hips and thighs.
ⓐ procure   ⓑ vanish   ⓒ accumulate

정답 A 01 accompany   02 afford   03 assert   04 acquit   05 applaud   06 accuse
B 07 ⓒ   08 ⓒ   09 ⓒ

32　뒤로 돌아가는 re-

접두어 re-는 '뒤로back'과 '다시again'의 의미 둘 다로 쓰입니다. 사실 back이란 의미에서 again의 의미가 나온 거죠. 앞으로 갔던 길을 '뒤로' 돌아가 보세요. 그럼 그 길을 다시 가게 되죠? 회화에서도 I'll call you back. 하면 '다시 전화 할게.'란 뜻이 됩니다. 이렇게 접두어 re-는 '뒤로back'의 의미였지만 '다시again'의 의미까지 생겨난 것입니다. 여기선 먼저 'back뒤로'의 의미를 중심으로 살펴볼게요.

re-는 back

re-뒤로(back) + **fus(e)** 붓다(pour)
뒤로 부어[던져]버리는 것
refuse 쓰레기; 거절하다

re-뒤로(back) + **lease** 느슨한(loose)
(뒤로) 느슨하게 해주다
release 풀어 주다

re-뒤로(back) + **luct** 몸부림치다(struggle) + **-ant** 형접
~에 반대해 몸부림치는
reluctant (~하기를) 꺼리는

re-뒤로(back) + **sign** 서명하다
(뒤로) 물러나겠다고 서명하다
resign 사임하다

re-뒤로(back) + **veal** 베일(veil)
베일을 뒤로 벗기다
reveal (사실, 실체를) 드러내다

re(ci)-뒤로(back) + **pro-** 앞으로 + **-cal** 형접
앞뒤로 주고받는
reciprocal 상호간의

re-뒤로(back) + **treat** 끌다
(군대를) 뒤로 끌다
retreat 후퇴하다

re-뒤로(back) + **linqu** 떠나다 + **-ish** 동접
뒤에 남기고 떠나가다
relinquish 포기하다

01 뒤로re- 부어버리면fus(e) refuse 쓰레기; 거절하다

영어엔 '쓰레기'를 뜻하는 어휘가 많습니다. waste, garbage, trash, rubbish, litter 모두 '쓰레기'란 뜻이죠. 여기 나온 refuse 역시 명사로 '쓰레기'란 뜻인데 이는 '다 쓰고 뒤로 부어버리거나 던져버리는 것'이란 어원적 의미에서 생겨난 뜻입니다. 이왕 공부하는 김에 '쓰레기통'까지 가볼까요? 영국에서는 '쓰레기통'을 dustbin이라고 하고 미국에선 garbage can이라고 부릅니다.

그런데 사실 refuse는 동사로서 '거절하다'란 뜻이 더 중요하죠. 상대가 나에게 어떤 제안proposal을 했을 때 그 제안을 뒤로 던져버린다는 것은 곧 '거절하다'란 뜻이 됩니다.

> **refuse** 명 쓰레기 = waste, garbage, trash, litter
> 동 거절[거부]하다 = reject, decline, turn down
>
> · refuse to V ~하기를 거절하다
> · refuse to answer the question 그 질문에 대답하기를 거절하다
> **refusal** 명 거절, 거부

· Millions of tons of urban **refuse** are burnt every year.
  매년 수백만 톤의 도시 쓰레기가 소각된다.
· I **refuse** to take part in anything illegal. 나는 불법적인 일에는 참여하기를 거부한다.
· The job offer seemed too good to **refuse**. 그 일자리는 너무 좋아서 거절하기 어려워 보였다.

02 뒤로re- 느슨하게lease 해주니 release
풀어 주다; (영화를) 개봉하다, (음반·소설을) 발매[발행]하다

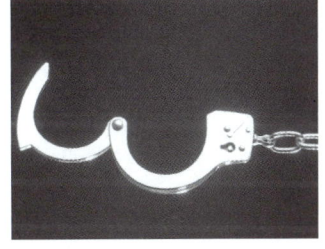

개 목에 끈을 묶어놓고 있다가 끈을 느슨하게 풀어주면 개는 앞으로 마구 달려나갑니다. release에서 어근 lease는 loose느슨한에서 변형된 철자로 release는 '조여 있던(묶여 있던) 것을 느슨하게 만들다'라는 어원적 의미 그대로 '풀어주다'란 뜻이 된 것입니다. 이 '풀어주다, 자유롭게 하다'란 뜻은 여러 방면에 적용됩니다. 영화면 '개봉하다,' 음반이면 '발매하다,' 소설·신문이면 '발행하다'란 뜻이 되죠. 사실 뜻

이 많아 보이지만 우리말 뜻이 많은 것이지 release 자체의 뜻이 많은 것이 아닙니다. 한 가지만 기억하세요. release는 원래 '묶여있던 것을 풀어주어 나가게 하는 것'입니다!

> **release** [타동] 1. 풀어주다 2. 개봉[발매]하다 3. 배출[발산]하다
> [명] 1. 석방 2. 개봉, 발매 3. (감정의) 분출, 발산
>
> · a newly released movie 신 개봉작
> · a sense of release after the exam 시험이 끝난 뒤의 해방감

· Police arrested several suspicious men, who were later **released**.
경찰은 몇몇 의심스러운 남자들을 체포했는데 (그 남자들은) 나중에 풀려났다.

· The next version of the computer game will be **released** next year.
그 컴퓨터 게임의 다음 버전이 내년에 출시될 예정이다.

· Sports can be a form of emotional **release**. 스포츠는 감정 배출의 한 가지 형태가 될 수 있다.

suspicious 의심스러운

03 반대하여 re- 몸부림 luct 치니 reluctant (~하기를) 꺼리는, 마지못해 하는

하기 싫어서 몸부림치면서도 해야 되는 것 중에 가장 대표적인 게 뭐가 있을까요? 바로 공부죠! 특히 학창시절엔 공부는 너무 하기 싫고 놀고만 싶죠. 아무튼 reluctant는 '~에 반대해 몸부림치는'이란 어원적 의미에서 '~하기 몹시 싫어하는, 꺼리는'이란 뜻이 된 거예요. 보통 「be reluctant to V ~하기 싫어하다, 꺼리다」의 형태로 많이 쓰이지만 그냥 명사를 수식하기도 합니다. a reluctant smile 마지못해 웃는 웃음 일명 '썩소'처럼 말이에요.

> **reluctant** [형] (~하기를) 꺼리는, 내키지 않는 = unwilling
>
> · be reluctant to V ~하기를 꺼리다, 마지못해 ~하다
> · be reluctant to accept my offer 내 제안을 받아들이기를 꺼려하다
> **reluctance** [명] 마지못해 함, 꺼림
> **reluctantly** [부] 마지못해

- My friend was **reluctant** to lend me money.
  내 친구는 나에게 돈 빌려주기를 꺼려했다.

- The store cut prices to attract **reluctant** shoppers.
  그 상점은 내키지 않아 하는 손님들의 관심을 끌기 위해 가격을 낮췄다.

04 뒤로re- 물러나겠다고 서명하면sign resign 사임하다

기업의 CEO가 실적이 안 좋거나 공직자official가 뇌물bribe을 받는 등 부정corruption을 저지르면 자리에서 물러나게 되죠. 이럴 때 쓰는 동사가 바로 resign입니다. resign에는 sign서명하다란 단어가 들어 있죠. 결국 자리에서 '뒤로 물러나겠다고 서명하다'란 어원적 의미에서 '사임하다'라는 뜻이 된 것을 알 수 있습니다. retire은퇴하다와는 분명히 구분할 수 있어야 합니다. 또 resign의 명사가 resignation인데 a letter of resignation이라고 하면 '사직서'가 됩니다. 마지막으로 숙어 resign oneself to(체념하여) ~을 받아들이다, 감수하다도 함께 알아두세요!

> **resign** 동 사임하다
> - resign oneself to (체념하여) ~을 받아들이다
> **resignation** 명 사임, 사직
> - a letter of resignation 사직서
> **resigned** 형 체념[단념]한

- Nixon was the first US President to **resign** before the end of his term of office.
  닉슨은 임기를 채우지 못하고 사임한 첫 번째 대통령이었다.

- She's **resigned** to spending Christmas on her own.
  그녀는 혼자서 크리스마스를 보내는 것으로 체념했다.

05 베일 veal 을 뒤로 re- 벗기면 reveal 드러내다, 나타내다

여러분 혹시 '베일에 싸여있다'라는 말을 들어본 적 있나요? 여기서 베일은 바로 veil이란 외래어를 말하는데 우리말로 옮기면 '면사포'에 가장 가깝습니다. reveal에서 어근 veal은 veil에서 발음 변화된 부분으로 어원적 의미가 '베일을 뒤로 벗기다'가 되어 '(실체를) 드러내다'란 뜻이 된 것입니다. 신차 발표회에 가보면 신차를 공개하기 전엔 veil을 덮어둡니다. 그 다음 서서히 veil을 뒤로 벗겨내면 비로소 그 차의 실체가 드러나죠. 이렇게 reveal은 숨겨져 있던 것을 '드러내다, 나타내다'라는 뜻으로 쓰입니다.

reveal [타동] 드러내다, 나타내다 = disclose, divulge, unveil
- reveal a secret 비밀을 공개하다
- reveal the name of the officer 그 관리의 이름을 공개하다

revelation [명] 폭로, 공개

- You're finally **revealing** your true colors. 이제 당신의 본모습을 드러내는군요.
- He was prosecuted for **revealing** secrets of the government.
  그는 정부 비밀을 공개한 혐의로 기소되었다.
- He resigned after **revelations** about his affair. 그는 자신의 일에 대해 폭로한 후 사임했다.

prosecute 기소하다

06 앞 pro- 뒤로 re(ci)- 주고받으니 reciprocal 상호간의

형태가 조금 생소하긴 하지만 reciprocal에서 앞부분 reci-가 '뒤'이고 pro-가 '앞'인 것을 알면 reciprocal이란 단어가 눈에 들어옵니다. reciprocal 하면 자연스럽게 상대방에게 뭔가를 받아들고, 보답으로 뭔가를 주려고 앞으로 내미는 모습이 연상됩니다. give and take 주고 받다 라는 표현을 생각해보면 아주 쉽게 이해가 될 거예요. '뒤로 받고 앞으로 주고' 이것이 바로 reciprocal 상호간의 이죠!

> **reciprocal** 형 상호간의 = mutual
> - a reciprocal relationship 상호관계
> - a reciprocal visit 상호방문
>
> **reciprocate** 자동 타동 주고받다, 교환하다 = exchange
> **reciprocity** 명 상호주의

- The American students come to our school, and then we make a **reciprocal** visit to theirs. 미국 학생들이 우리 학교에 온 다음엔 우리가 그들 학교를 상호 방문한다.
- I only hope you provide me with a chance to **reciprocate** some time soon. 제가 조만간 꼭 보답할 기회가 있기를 바랍니다.

07 뒤로 re- 끌면 treat retreat 후퇴하다

전쟁에서 군대를 이끄는 것은 장군general입니다. 돌격! 앞으로~ 먼저 공격할 때는 군대를 진군advance 시킬 수도 있지만 상황이 안 좋을 때는 후퇴retreat시키게 됩니다. re-는 '뒤로'의 뜻이고 treat는 '끌다'의 뜻으로 앞서 진군시켰던 군대를 '뒤로 끌다'라는 뜻으로 '후퇴하다'가 됩니다. retreat에서 주의할 것은 동사와 명사 둘 다 쓰일 수 있다는 점이예요. 이렇게 영어에서는 한 단어에 두 가지 품사가 함께 쓰일 수 있으니 이 점을 꼭 알아두세요.

> **retreat** 동 후퇴하다 = withdraw
> - retreat from the enemy's attack 적의 공격으로부터 후퇴하다
>
> **retreat** 명 후퇴, 퇴각
> - a retreat order 후퇴 명령

- The general commanded the troops to **retreat** hastily. 장군은 군대에 급히 후퇴하라고 명령했다.
- The troops made a hasty **retreat** from the battlefield. 그 군대는 전쟁터로부터 급히 후퇴했다.

08　뒤에re- 남기고 떠나면 linqu relinquish 포기[양도]하다

relinquish는 어원적 의미가 '뒤에 남기고 떠나다'로, 보통 자신의 지위, 권한 등을 '포기'하거나 다른 사람에게 '양도'할 때 쓰는 동사입니다. 어근 linqu 떠나다(leave)가 들어가는 또 다른 어휘로 delinquent가 있는데, '(자신의 본분을) 떠나간 자'라는 어원적 의미에서 '비행을 저지른 자'라는 뜻이 되었죠. 주로 juvenile delinquent 비행 청소년이란 말로 잘 쓰입니다.

> **relinquish** 자동 포기[양도]하다 = renounce, surrender, give up
> - relinquish A to B　A를 B에게 양도하다
>
> **delinquent** 명 비행을 저지른 자 = wrongdoer
> - juvenile delinquent　비행 청소년

- No one wants to **relinquish** power once they have it.
  일단 권력을 갖게 되면 누구도 그것을 포기하려 하지 않는다.

- The president **relinquished** control to his subordinate.
  회장은 지배권을 자기 부하에게 양도했다.

확인하고 넘어가자

A | 다음 표시된 말에 해당하는 단어를 원형으로 써보세요.

01 그의 부탁을 **거절하기** _____ 가 어렵다.

02 그 장관은 스캔들에 연루되어 **사임했다** _____ .

03 그는 자신이 전과자라는 **사실을 밝혔다** _____ .

04 이번 사업은 **상호간의** _____ 이익을 증진시킬 것입니다.

05 난 어쩔 수 없이 그 권리를 **포기해야** _____ 했다.

B | 다음 표시된 단어의 동의어를 찾거나, 빈칸에 알맞은 단어를 고르세요.

06 She was _____ to reveal her secret.
   ⓐ released   ⓑ reluctant   ⓒ willing

07 The psychiatrist encouraged her to **reveal** her true feelings.
   ⓐ conceal   ⓑ disprove   ⓒ disclose

08 Our foreign policy is based on **reciprocal** benefit.
   ⓐ mutual   ⓑ immutable   ⓒ commuting

정답 A 01 refuse 02 resign 03 reveal 04 reciprocal 05 relinquish
       B 06 ⓑ 07 ⓒ 08 ⓐ

33 돌아서 다시 가는 re-

이번에는 접두어 re-의 '다시again'의 의미에 대해 알아볼까요? 먼저 접두어 re-를 가장 잘 설명하는 두 단어를 예로 들게요. 지금은 골동품이 되어버린 카세트테이프 플레이어를 보면 rewind와 repeat라는 두 가지 버튼이 있었습니다. rewind는 테이프를 '뒤로 감다'의 뜻이고 repeat는 '반복하다'의 뜻입니다. 원래 back이란 단어가 '뒤로'와 '다시'의 의미를 동시에 갖고 있다는 걸 떠올리면서 re-의 '다시again' 의미를 공부해 볼게요.

re-는 again

re-다시(again) + **form** 형성하다
다시 구성하다
reform 개혁(하다)

re-강조 + **solve** 풀다
확실히 풀어내다
resolve 해결하다; 결심하다

re-다시(again) + **fund** 부어주다
(잃은 만큼) 다시 부어주는 것
refund 환불

re-다시(again) + **dress** 올바른
(잘못된 것을) 다시 올바르게 하다
redress 시정하다, 바로잡다

re-다시(again) + **in-** 안 + **force** 힘
다시 힘을 불어넣다
reinforce 강화하다

re-다시(again) + **nown** 이름
자꾸만 불리는 이름
renown 명성

re-다시(again) + **mind** 생각나게 하다
다시 생각나게 하다
remind 상기시키다

re-다시(again) + **triev(e)** 찾다
(잃어버린 것을) 다시 찾다
retrieve 되찾다, 만회하다

01 다시re- 구성하면form reform 개혁[개선]하다; 개혁, 개선

새로 대통령으로 당선되면 누구나 부르짖는 첫 번째 목표aim가 바로 개혁입니다. 과거를 청산하고 새로운 시대new era를 열기 위한 거겠죠? 이럴 때 쓰는 동사가 바로 reform입니다. reform에서 form은 '만들다, 형성하다'의 의미이고 여기에 접두어 re-다시(again)이 붙어 '다시 만들다, 다시 형성하다'란 어원적 의미가 되어 '개혁[개선]하다'란 뜻이 된 것입니다. reform은 명사, 동사를 넘나들며 잘 쓰이므로 문장 속에서 품사를 파악해야 합니다!

reform 동 개혁[개선]하다 = improve, revamp
명 개혁, 개선

- educational reform 교육 개혁 / political reform 정치 개혁
- a reform of the legal system 법률 체계의 개혁

- The government announced a program of economic **reform**.
  정부는 경제 개혁 프로그램을 발표했다.

- They **reformed** the voting system, and introduced a secret ballot.
  그들은 투표 제도를 개혁해 비밀 투표제를 도입했다.

01 잃은 만큼 다시re- 부어주는fund 것은 refund 환불

물건을 사고 난 후 마음에 들지 않아서 또는 불량품lemon이라서 반품return하는 경우가 있죠? 그렇게 되면 이미 지불한 제품 값은 당연히 refund환불받게 됩니다. refund는 어원적 의미가 '(잃은 만큼) 다시 부어주어 원래대로 해주는 것'으로, 여기서 '환불, 환급'이란 뜻이 나오게 된 거예요. 요즘에는 백화점이든 홈쇼핑이든 이 refund system환불 제도가 잘 정립되어 언제든 반품return하고 환불refund를 받을 수 있습니다. 한 가지 더! tax refund세금 환급이란 표현이 유명한데 이는 소득에 비해 너무 많은 세금을 냈다면 그만큼 다시 돌려받는 것을 의미합니다!

refund [명] 환불, 환급 [타동] 환불해주다

- tax refund 세금 환급
- a full refund 전액 환불
- give him a refund 그에게 환불해주다
- I'd like to get a refund on this. 환불받고 싶습니다.

- The store refused to give me a **refund**. 그 상점은 나에게 환불해 주지 않았다.
- We will **refund** your money to you in full if you are not entirely satisfied.
  전적으로 만족하지 않으신다면 돈을 전액 환불해 드립니다.

03 다시re- 힘force을 불어넣어in- 주니 reinforce 강화[보강]하다

reinforce는 어원 풀이가 절대적으로 필요한 어휘죠. reinforce는 re-다시와 in-안 두 가지 접두어가 쓰여 force힘이란 단어와 결합한 단어로, '다시 힘을 불어넣어 주다'라는 어원적 의미에서 '강화하다, 보강하다'란 뜻이 되었습니다.
reinforce와 좋은 비교가 되는 enforce도 공부해볼까요? enforce는 어원분석을 해보면 「en-만들다(make) + force힘 → 힘을 쓰게 만들어주다」가 되어 '1. (법을) 시행하다 2. 강요하다'의 의미로 쓰이게 된 거랍니다. reinforce와 비교해서 함께 알아두면 좋습니다. 예문을 통해 확인해보세요!

reinforce [타동] 강화[보강]하다 = strengthen, fortify, beef up

- reinforced glass[plastic] 강화 유리[플라스틱]

reinforcement [명] 강화, 보강
enforce [타동] 1. (법을) 시행하다 2. 강요하다 = compel
enforcement [명] 시행; 강요

- We need to **reinforce** foreign language education to meet the demands of globalization. 국제화 요구에 부응하여 외국어 교육을 강화해야 할 필요가 있다.
- Government enact laws and the police **enforce** them. 정부는 법을 제정하고 경찰은 시행한다.

04 다시re- 생각나게 하면mind remind 다시 생각나게 하다, 상기시키다

remind 자체로는 그리 어려운 단어가 아닙니다. 하지만 remind는 반드시 지켜야 하는 어법이 있습니다. 바로 「remind A of B A에게 B를 다시 생각나게 하다」라고 쓰이는 표현이죠. 영어에는 꼭 그렇게 써야 하는 어법이 있는데, 그 중 대표적인 예가 바로 remind입니다. 생각해보세요! 만약 She reminds me.라고 한다면 '그녀가 나로 하여금 다시 생각나게 해'라는 뜻이 되는데 도대체 뭘 생각나게 하는지 알 수가 없잖아요. 따라서 She reminds me of my dead mother.와 같이 말해야 비로소 '그녀를 보면 돌아가신 엄마가 생각나.'라는 완전한 의미 전달이 이루어지는 거죠. 한 가지 더! remind의 파생어 reminder는 '다시 생각나게 하는 것'이란 어원적 의미에서 발전해 '독촉장'이 되었다는 것도 꼭 기억해 두세요!

---

remind [타동] 다시 생각나게 하다, 상기시키다
- remind A of B A에게 B를 다시 생각나게 하다
- remind A to V A에게 ~하도록 상기시키다
- remind me to buy some batteries 건전지를 사오라고 다시 알려주다

reminder [명] 독촉장; 상기시켜 주는 것[사건]

- Don't **remind** me. 그 얘기 자꾸 꺼내지 마.
- That old song always **reminds** me of my childhood.
  그 오래된 노래를 들을 때면 난 늘 어린 시절이 생각난다.
- He paid his electric bill after receiving the second **reminder**.
  그는 두 번째 독촉장을 받고 나서 전기 요금을 냈다.

05 확실히re- 풀어내니slove resolve 1. 해결하나 2. 결심하다

여러분 중에 solve 풀다, 해결하다를 모르는 분은 거의 없으리라 확신 conviction합니다. 한 걸음 더 나아가 resolve까지 안다면 더욱 좋겠죠? 사실 여기서 접두어 re-는 '강조'의 의미로 solve 해결하다의 뜻을 더욱 강하게 만들어주는 역할을 합니다. 그래서 기존의 의미에 큰 변화가 없는 거구요. 그런데 resolve의 2번 뜻인 '결심하다'는 어떻게 나온 걸까요?

단순하게 생각하세요! '이렇게 할까 저렇게 할까' 망설이던hesitant 마음에 해결을 봤다는 것은 곧 '결심하다'란 뜻이 된다는 거죠. 특히 형용사 파생어 resolute결심한, 단호한이 중요합니다. 마지막으로 dissolve녹이다도 보너스 삼아 알아두세요!

> **resolve** [타동] 1. 해결하다 = solve 2. 결심하다 = decide
> **resolution** [명] 해결; 결심, 결의(서)
> **resolute** [형] 결심한, 단호한 ↔ irresolute 우유부단한

- Fortunately the crisis was **resolved** by negotiations.
  다행히도 위기는 협상을 통해 해결되었다.
- After the divorce she **resolved** never to marry again.
  이혼 후 그녀는 다시는 결혼하지 않겠다고 결심했다.
- What is your New Year's **resolution**? 새해 결심이 뭐예요?

New Year's resolution 새해 결심

06 다시금re- 올바르게dress 하는 건 redress 바로잡다, 시정하다; 보상금

redress는 주의caution해야 할 단어입니다. 아는 게 병이라고, redress에서 dress가 확 눈에 들어와 자꾸만 '옷'과 관련된 의미가 연상되죠. 하지만 redress에서 어근 dress는 'right올바른'의 뜻입니다. 이것만 알면 redress를 익히는 데 어려움이 없죠. 즉 redress는 '(잘못된 것을) 다시 올바르게 하다'라는 어원적 의미 그대로 '시정하다'라는 뜻이 되었고, 명사로는 '보상금'이란 뜻을 갖습니다. 함께 공부하면 좋은 어휘로 remedy가 있는데, 어원분석을 해보면 「re-다시 + med고치다(heal) + -y 명접」 → 다시 고치다」에서 '고치다, 바로잡다; 치료'란 뜻이 된 것입니다.

> **redress** [타동] 바로잡다, 시정하다 = correct, rectify
>   [명] 보상금 = compensation, reparations
>
> - redress injustices 불공정한 일들을 바로잡다
> **remedy** [타동] 고치다, 바로잡다 [명] 1. 치료 = therapy 2. 해결책, 개선책 = solution

- a remedy for colds 감기 치료
- a remedy for racial discrimination 인종차별에 대한 해결책

· Little could be done to **redress** the situation.
그 상황을 바로잡을 수 있는 것은 거의 없다.

· The only hope of **redress** is in a lawsuit.
보상금을 받을 수 있는 유일한 희망은 소송을 통해서다.

· **Remedy** the barn door after the horse is stolen.
소 잃고 외양간 고친다.

barn 헛간, 외양간

07 자꾸만re- 불리는 이름nown은 renown 명성

피겨 스케이팅의 '김연아', 배구의 '김연경', 축구의 '손흥민' 이 세 선수들이 자신의 종목에서 가장 renown(명성이 있는)한 선수들이라는 덴 누구도 이견이 없으실 거예요. renown에서 nown은 '이름name'이란 뜻의 어근이고, 여기에 접두어 re-(반복)이 붙어 어원적 의미가 '자꾸만 불리는 이름'이 되므로 '명성'이란 뜻이 된 것입니다. 여러분도 자신의 분야에서 남들 입에 자꾸만 이름이 불리게 된다면 바로 '명성'을 쌓은 거겠죠?

renown 명 명성 = prestige, reputation
- public renown 대중적 명성
- international renown 국제적 명성

renowned 형 명성이 있는 = famous, prestigious
- a renowned university 명문대

· The director won world **renown** for his films.
그 감독은 자신의 영화로 세계적인 명성을 얻었다.

· She graduated from a **renowned** university. 그녀는 명문대를 졸업했다.

08 잃어버린 것을 다시re- 찾으니trieve retrieve 되찾다; 만회[복구]하다

조금 생소하겠지만 retrieve에서 어근 triev(e)는 '찾다find'란 뜻입니다. 따라서 retrieve는 어원적 의미가 '(잃어버린 것을) 다시 찾다'가 되어 '되찾다, 만회[복구]하다'란 뜻이 된 거죠. 지금은 잊혀졌지만 오래 전 국민의 가슴을 아프게 했던 '태안 기름 유출old leakage 사건'. 잃어버린 자연과 생태계ecosystem을 다시 retrieve하기 위해 무려 백만 명이 넘는 자원봉사자volunteer들이 너도나도 태안으로 달려  가 복구가 불가능해 보였던 그 저주의 바다를 다시 되살려 놓았죠. 이분들이 계셨기에 우리는 다시 서해를 retrieve할 수 있었습니다. 개 품종의 하나인 골든 리트리버의 리트리버retriever도 사냥한 것들을 '회수해 오는 개'라는 뜻이죠.

---

retrieve [타동] 1. 되찾다, 만회[복구]하다 = recover, regain, bring back
2. (정보를) 검색하다 = find out

- retrieve the lost money 잃어버린 돈을 되찾다
- retrieve a deleted file 삭제된 파일을 복구하다

retrievable [형] 만회할 수 있는 ↔ **irretrievable** 돌이킬 수 없는

- Once lost, time cannot be **retrieved**.
  한 번 잃으면 시간은 회복할 수가 없다.

- It took five hours to **retrieve** all the bodies from the crash.
  충돌 사고 후 모든 시신을 수습하는 데는 5시간이 걸렸다.

- The new version of the software automatically **retrieves** digital information.
  그 새로운 버전의 소프트웨어는 디지털 정보를 자동으로 검색해준다.

확인하고 넘어가자

A | 다음 표시된 말에 해당하는 단어를 원형으로 써보세요.

01 신임 회장은 회사를 **개혁** _____ 하겠다고 공언했다.

02 난 그 제품을 반품하고 **환불** _____ 받았다.

03 우리 회사는 마케팅 분야를 좀 더 **강화시켜야** _____ 한다.

04 그는 그 일을 하기로 **결심했다** _____ .

05 잘못된 것을 **시정하세요** _____ .

06 그 배우는 전세계적인 **명성** _____ 을 얻었다.

B | 다음 표시된 단어의 동의어를 찾거나, 빈칸에 알맞은 단어를 고르세요.

07 Good books will **reinforce** your spirit.
    ⓐ enforce   ⓑ resolve   ⓒ fortify

08 That song always _____ me of our first date.
    ⓐ reminds   ⓑ apprises   ⓒ informs

09 He achieved some **renown** as a football player.
    ⓐ presage   ⓑ prestige   ⓒ vestige

정답 A 01 reform 02 refund 03 reinforce 04 resolve 05 redress 06 renown
B 07 ⓒ 08 ⓐ 09 ⓑ

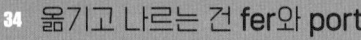

34 옮기고 나르는 건 fer와 port
35 말하는 건 dic(t), fa, loq
36 보는 건 spect와 vid
37 숨 쉬는 건 spir, 마음은 anim
38 깨지는 건 frag, 터지는 건 rupt
39 붓는 건 fus, 흐르는 건 flu
40 만지는 건 tag, 느끼는 건 sent
41 외치는 건 claim, 발표하는 건 nounce
42 던지는 건 ject, 보내는 건 mit
43 잡는 건 cap, 잡고 있는 건 tain
44 끝은 fin과 termin
45 아는 건 gno, not, sci
46 놓는 건 pos(e)

Part 4

같은 의미의 어근으로 배우는 영단어

이번에는 비슷한 뜻을 가진 어근을 배웁니다. 이 Part에서 소개하는 fer과 port라는 어근은 모두 '옮기고 나르는' 이라는 뜻을 갖고 있고, dic(t), fa, loq 또한 모두 '말하는' 이라는 뜻을 갖고 있습니다. 같은 의미인데 이렇게 다양하게 배워야 할지 의문을 가지시겠지만, 뉘앙스의 차이가 있어서 제대로 분리해서 이해해야만 제대로 이 단어를 쓸 수 있습니다. 하나하나 차분히 따라오며 익혀보세요.

34 옮기고 나르는 건 fer와 port

그림을 보세요. 한 남자가 책을 어디론가 옮기고 있죠? 우리말에서도 '옮기다'와 '나르다'가 크게 다르지 않죠? 어근 fer와 port는 둘 다 '옮기다carry' 혹은 '나르다bear'의 뜻으로 의미상 큰 차이가 없습니다. 이 두 어근은 철자가 변형되지 않고 그대로 쓰이기 때문에 단어 속에서 쉽게 알아볼 수가 있죠. 그럼 지금부터 어근 fer와 port가 포함된 어휘에 어떤 것들이 있는지 알아볼까요?

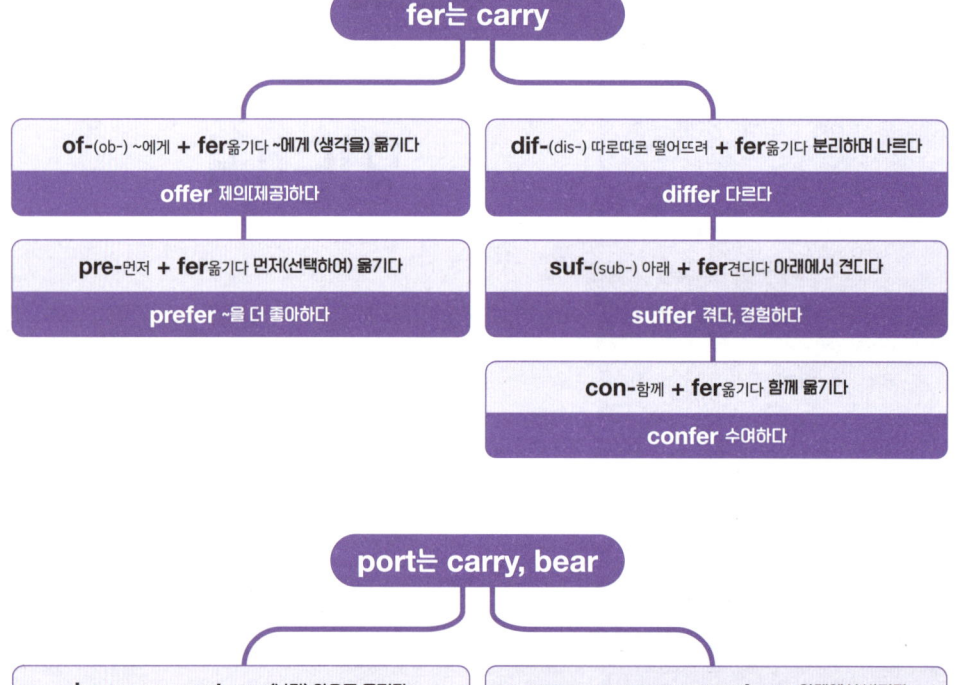

fer는 carry

- **of-**(ob-) ~에게 + **fer**옮기다 ~에게 (생각을) 옮기다
  offer 제의[제공]하다

- **pre-**먼저 + **fer**옮기다 먼저(선택하여) 옮기다
  prefer ~을 더 좋아하다

- **dif-**(dis-) 따로따로 떨어뜨려 + **fer**옮기다 분리하며 나르다
  differ 다르다

- **suf-**(sub-) 아래 + **fer**견디다 아래에서 견디다
  suffer 겪다, 경험하다

- **con-**함께 + **fer**옮기다 함께 옮기다
  confer 수여하다

port는 carry, bear

- **im-**안으로 + **port**옮기다 (나라) 안으로 옮기다
  import 수입하다

- **trans-**이쪽에서 저쪽으로 + **port**옮기다 이쪽에서 저쪽으로 옮기다
  transport 수송하다

- **sup-**(sub-) 아래에서 + **port**견디다 아래에서 버티다
  support 지탱[지지]하다

- **port**옮기다 + **-able**~할 수 있는 옮길 수 있는
  portable 휴대용의

01 누군가에게 of- 생각을 옮기니 fer offer 제의[제공]하다

만약 어느 회사에서 여러분에게 연봉 두 배에 승진promotion도 시켜주겠다는 특별한 제의special offer가 들어온다면 어떻게 하시겠어요? 바로 transfer옮기다하겠죠? 이렇게 누구에게 자신의 생각을 옮기는 것이 바로 offer랍니다. offer는 동사는 물론 명사로도 잘 쓰입니다. offer him a good job그에게 좋은 일자리를 제의하다에서는 동사로 쓰였지만 give offer of help도와주겠다는 제의를 하다에서는 명사로 쓰였죠. 일상생활에서는 물론 시험에서도 빈번하게frequently 출제되는 어휘니 꼭 알아두세요!

offer 〖타동〗 제의[제공]하다 〖명〗 제의, 제공
- job offer 일자리 제의
- make an offer 제의[제안]하다
- peace offering (다툰 후에 주는) 화해의 선물

- Can I **offer** you something to drink? 뭐 마실 것 좀 드릴까요?
- I won't accept his **offer**. 난 그의 제의를 받아들이지 않을 거야.
- I'm **offering** you a choice. 선택권을 당신에게 드리겠습니다.
- I **offered** my seat to an elderly person. 노인에게 자리를 양보했다.

02 먼저 pre- 선택하여 옮기니 prefer (둘 중) ~을 더 좋아하다

세상에는 많고 많은 직업occupation이 있죠. 교사teacher, 운동선수athlete, 기업가entrepreneur 등등. 이 직업들의 공통점이 뭘까요? 사람들이 preference선호하는 직업이라는 것입니다. 이 preference의 동사가 prefer인데, 가령 여러분 앞에 커피와 녹차가 있다면 어떤 걸 선택해 집으시겠어요? 커피? 녹차? 모두들 자기 입맛taste에 맞게 선택selection할 것입니다. 중요한 것은 먼저 집어(선택하여) 옮기는 것이 prefer하는 것이라는 사실입니다.

prefer는 「prefer A to B」의 형태로 'A를 B보다 더 좋아하다'라는 뜻으로 사용됩니다. 비교급 형태지만 than 대신에 to를 쓴다는 것에 주의하세요!

prefer [타동] ~을 더 좋아하다, 선호하다
- prefer coffee to green tea 녹차보다 커피를 더 좋아하다

preference [명] 더 좋아함, 선호
preferable [형] 더 나은, 바람직한
preferably [부] 되도록

- I **prefer** milk coffee to black. 전 블랙보다 밀크 커피를 더 좋아해요.
- Delay is **preferable** to error. 늦어지는 것이 실수하는 것보다 낫다.
- Would you **prefer** an aisle or a window seat?
  통로 옆의 좌석과 창문 좌석 중 어느 것을 원하세요?

aisle (좁은) 통로

03 분리하여dif- 나르니fer **differ** 다르다

앞에서 배운 동사가 prefer였죠? 그런데 영화만 보더라도 디즈니의 마블 시리즈와 같은 공상과학 영화science fiction movie(sci-fi movie)를 좋아하는 경우도 있지만 멜로 영화romantic film를 더 선호하는 분들도 있습니다. 이렇게 사람들은 각자가 좋아하는 것들이 다 differ하기 마련이죠.
differ는 자동사이므로 전치사와 함께 쓰여야 하는데 여기서 주의할 점은 '~와 다르다'라고 할 때 전치사 with가 아닌 from을 쓴다는 것이죠. differ from이라고 해야 비로소 '~와 다르다'란 표현이 되는 것입니다. differ의 형용사가 different다른라는 건 모두 아시죠? 여기서 한 마디 배워볼까요? I'm different from you.난 너랑 달라.

differ [자동] 다르다

difference [명] 차이
differentiate [자동][타동] 구별[차별]하다
different [형] 다른 ↔ same 같은
differential [형] 구별[차별]하는

- Korean culture **differs** from Japanese culture in many respects.
  한국 문화는 여러 면에서 일본 문화와 다르다.

- It's easy to **differentiate** the male birds from the female birds.
  수컷새와 암컷새를 구별하기는 쉽다.

04 아래에서 suf- 견디다 fer suffer
1. (안 좋은 일을) 겪다, 경험하다 2. ~로 고통을 겪다, 고생하다

suffer에서 어근 fer는 '옮기다'란 의미 외에 '견디다'의 뜻이 있어서 여기서 suffer가 '아래에서 견디다'란 어원적 의미로 풀이되는 것입니다. 옆의 그림을 보시면 suffer의 의미가 이해되실 거예요. 올림푸스 Olympus 신에게 대항해 싸우다가 패해 천계를 어지럽혔다는 죄로 천공(하늘)을 떠받치는 벌을 받게 된 아틀라스 Atlas. 자기를 짓누르고 있는 천공의 무게를 지탱하려고 그 아래에서 얼마나 suffering 고통을 받았을까요?

suffer의 쓰임을 좀 더 알아볼까요? suffer difficulty 어려움을 겪다에서는 타동사, suffer from headache 두통으로 고생하다에서는 자동사가 된답니다. 잘 익혀 두세요!

> **suffer** [타동] (어려움을) 겪다, 경험하다 = experience
> [자동] ~로 고통을 겪다, 고생하다
>
> · suffer from   ~로 고통을 겪다
> **suffering** [명] 고통, 고생

- She **suffered** head injuries in the car accident.
  그녀는 자동차 사고로 머리에 부상을 입었다.

- He is **suffering** from jet lag.
  그는 시차 때문에 고생하고 있다.

- Residents in the region were **suffering** from a water shortage.
  그 지역 주민들은 물 부족으로 고통을 겪고 있다.

jet lag 시차

05 함께 con- 움기니 fer confer 1. 수여하다 2. 협의하다

많은 어려움 suffering 을 이겨내고 올림픽에 나가 우승을 한 선수에게는 영광스런 glorious 금메달이 수여됩니다. 여기서 연상되는 어휘가 이번에 배울 confer랍니다. confer는 1. 타동사 「confer A on B」 형태로 'A를 B에게 수여하다'란 뜻이 되고, 2. 자동사 「confer with+사람」의 형태로 '~와 협의하다'라는 뜻이 됩니다. 자동사와 타동사가 어법으로 구분되는 동사이니 세심한 주의가 필수! confer의 명사인 conference 회의, 회담 은 요즘 '컨퍼런스'라는 외래어로도 많이 쓰이는 말이죠.

confer [타동] 수여하다 = bestow
 [자동] 협의하다 = consult with

- confer A on B A를 B에게 수여하다
- confer with 사람 ~와 협의하다

conference [명] 회의, 회담

- international conference 국제회의
- attend the conference 회의에 참석하다

- The university **conferred** an honorary degree on the former president.
 그 대학교는 전 대통령에게 명예 학위를 수여했다.

- I should **confer** with my lawyer about the contract.
 그 계약에 대해 내 변호사와 협의해야 합니다.

honorary degree 명예 학위

06 (나라) 안으로 im- 움기는 port 건 import 수입하다

어근 port 하면 제일 먼저 떠오르는 단어가 바로 import와 export죠. import는 '(외국에서 물건을) 들여오다'라는 어원적 의미 그대로 '수입하다'가 되고 export는 '(국내에서 물건을) 옮겨나가다'라는 어원적 의미 그대로 '수출하다'라는 뜻이 됩니다. 천연 자원 natural resources 이 부족한 우리나라는 석유 petroleum 를 전량 수입 import 하고 반도체 semiconductor 나 전자제품 consumer electronics 등은 수출 export 해서 외화 foreign currency 를 많이 벌어들이죠.

304

> **import** 명 수입 타동 수입하다
> · a ban on beef imports 소고기 수입 금지
> **export** 명 수출 타동 수출하다
> · the production of goods for export 수출을 위한 제품 생산

· The semiconductor is one of Korea's chief **exports**.
반도체는 한국의 주요 수출품 중 하나다.

· Korea exports more cars than it **imports**.
한국은 수입하는 차보다 수출하는 차가 더 많다.

07 이쪽에서 저쪽으로trans 옮기는port 건 transport (물건, 사람들을) 수송하다

시골에 있는 농산물produce이나 바다에서 잡힌 해산물seafood을 도시 사람들이 신선하게 먹을 수 있는 것은 다 수송 체계transportation system가 잘 갖추어진 덕분입니다. transport는 '(물건·사람들을) 이쪽에서 저쪽으로 옮기다'라는 어원적 의미에서 '수송하다'의 뜻이 된 단어입니다. air transport항공 수송, rail transport철도 수송 또는 means of transport수송 수단 등 정말 자주 등장하는 어휘죠!

다만, 명사와 동사의 형태가 같다는 점에 주의해야 하는데, 미국 사람들은 명사로 transportation을 더 즐겨 쓰는 경향tendency이 있습니다.

> **transport** 명 수송 타동 수송하다 = convey
> · public transport 대중교통   · transport system 수송 체계
> **transportation** 명 수송

· The mayor encouraged the Seoul citizens to switch from private cars to public **transport**. 시장은 서울 시민들이 자가용에서 대중 교통수단으로 전환하도록 장려했다.

· We have to enhance the efficiency of the **transportation** system.
우리는 수송 체계의 효율성을 향상시켜야 한다.

mayor 시장 switch A to B A를 B로 전환하다 enhance 향상시키다

08 아래에서 sup- 버티다 port **support** 지탱[지지]하다

사실 과거 우리 나라의 경제 발전economic development은 고속도로의 건설과 맞물려 있었다고 해도 과언은 아닙니다. 많은 물건들이 transport되고 있다는 것은 경제가 활성화되고 있다는 좋은 신호auspicious sign였죠. 다시 말해 무역trade의 활성화는 경제를 support해주는 가장 큰 밑거름이었습니다. 이렇게 support는 어원적 의미로 풀면 '아래에서 떠받쳐주다'가 되므로 '지탱[지지]하다'란 뜻이 된 것입니다.

support 역시 명사와 동사 둘 다로 쓰입니다. 기둥pillar처럼 건물을 지탱하는 데도 쓰이지만 누구의 의견opinion, 어떤 후보candidate를 '지지하다'라고 할 때도 많이 씁니다.

---

support 명 지지, 지원 타동 지탱[지지]하다

- win the support 지지를 얻다
- financial support 금융 지원
- child support (이혼 후 전부인에게 지급하는) 자녀 양육비

· Your **support** can make miracles happen.
  네가 지지해 주면 어떤 일이든 할 수 있어.

· The government will provide cheap houses and financial **support** to low-income citizens. 정부는 저소득층에 저렴한 주택과 금융 지원을 제공할 것이다.

· The bill was **supported** by a large majority in Congress.
  그 법안은 대다수 국회의원들에 의해 지지를 받았다.

low-income citizens 저소득층 majority 대다수

09 옮길port 수 있으면-able portable 휴대용의, 갖고 다닐 수 있는

휴대폰은 가지고 다닐 수 있는 전화죠. 여기서 등장하는 어휘가 바로 portable입니다. portable은 '갖고 다닐 수 있는'이라는 어원적 의미 그대로 '휴대용의, 가지고 다닐 수 있는'이라는 뜻이 된 어휘입니다. portable한 것들의 예를 들어볼까요? 스마트폰, 노트북 외장하드, TV 등등. 갈수록 많은 제품들이 portable해지고 있죠.

portable 형 휴대용의, 갖고 다닐 수 있는
- portable speaker 휴대용 스피커
- portable TV 휴대용 TV
- portable device 휴대용 기기

· How much should I expect to pay for a good **portable** external hard drive?
좋은 휴대용 하드 드라이브를 하나 사려면 얼마나 예상해야 하나요?

· Rechargeable batteries are mainly used in notebook computers, cell phones and other **portable** devices.
재충전 전지들은 주로 노트북 컴퓨터, 휴대폰과 다른 휴대 장치들에 사용된다.

확인하고 넘어가자

A | 다음 표시된 말에 해당하는 단어를 원형으로 써보세요.

01 난 록 음악보다 클래식을 **더 좋아한다** _____.

02 사람마다 자기의 생각이 **다르다** _____.

03 정부는 그 용감한 시민에게 훈장을 **수여했다** _____.

04 지하철은 매일 많은 서울 시민들을 **수송한다** _____.

05 많은 국민들이 우리의 정책을 **지지한다** _____.

06 휴대폰은 대표적인 **휴대용** _____ 기기다.

B | 다음 표시된 단어의 동의어를 찾거나, 빈칸에 알맞은 단어를 고르세요.

07 The two leaders will **confer** on North Korea.
　　ⓐ discuss　ⓑ debate　ⓒ defer

08 Children _____ their imaginary world to reality.
　　ⓐ proffer　ⓑ infer　ⓒ prefer

09 The company **transports** meat across the country.
　　ⓐ conveys　ⓑ convoys　ⓒ transfers

정답 A 01 prefer 02 differ 03 confer 04 transport 05 support 06 portable
　　　　B 07 ⓐ 08 ⓒ 09 ⓐ

35 말하는 건 dic(t), fa, loq

그림을 보니 한 남자가 뭔가를 열심히 말하고 있네요. 한 번 생각해 보세요! '말하다'와 관련된 어휘가 얼마나 될까요? 한자에도 '말하다'와 관련된 글자가 상당히 많습니다. 말씀 언(言), 말씀 어(語), 말씀 사(詞)… 그 결과 만들어지는 말도 자연스럽게 많아졌죠. 영어에서도 '말하다speak'를 의미하는 어근 dic(t), fa, log와 관련해서 많은 어휘가 생겨났답니다.

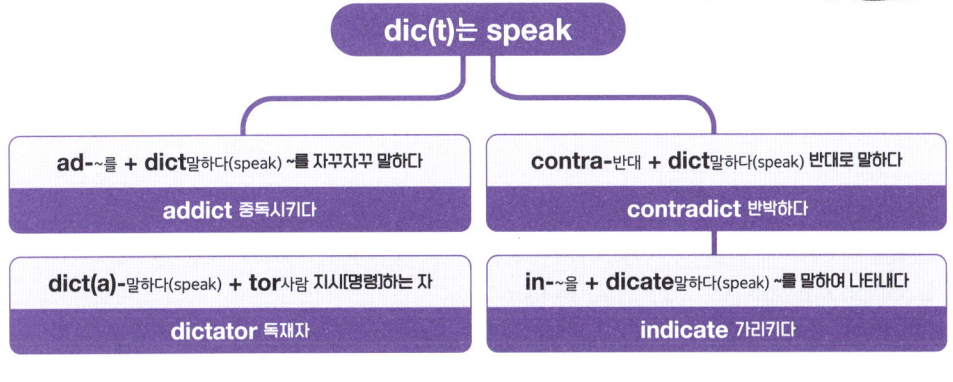

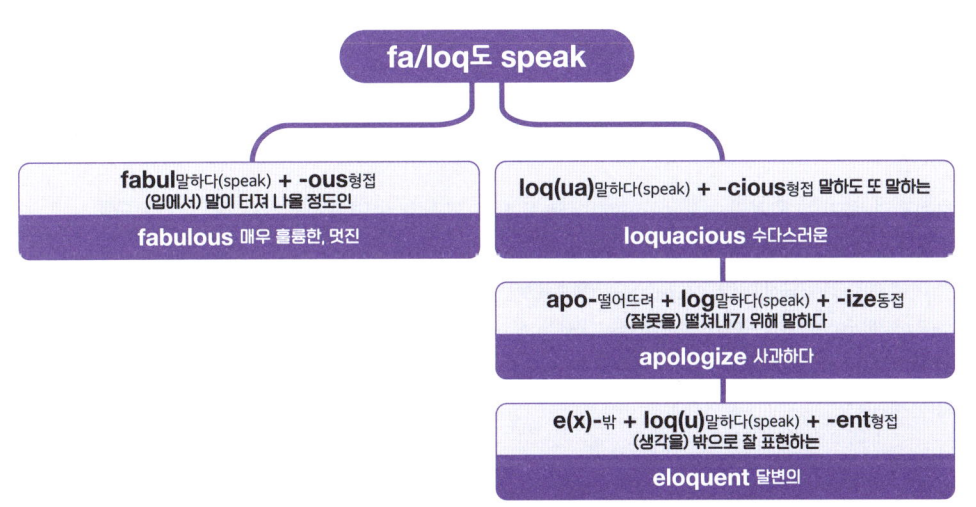

01 ~을 자꾸자꾸 ad- 말하니 dict addict 중독시키다; 중독자

온종일 커피만 찾는 분은 입에 커피를 달고 살겠죠? 이런 분들은 커피에 중독addiction되어 있는 분들입니다. addict는 '~을 자꾸 말하다'라는 뜻에서 발전해 '중독시키다'가 된 단어죠. 사람이 뭔가를 자꾸 말하면 곧 그것에 중독되어 있다는 소리겠죠? addict는 반드시 수동태 「be addicted to+명사~에 중독되어 있다」의 형태로 쓰인다는 것 명심하세요! 또 addict 자체가 명사로 '중독자'라는 뜻이 된다는 것도 중요해요!

> **addict** 타동 중독시키다 명 중독자
> - be addicted to+명사 ~에 중독되어 있다
> - be addicted to alcohol 알콜에 중독되어 있다
> - drug addict 마약 중독자

- 5 million Koreans are **addicted** to nicotine.
  5백만 명의 한국인이 니코틴에 중독되어 있다(흡연자들).

- There are many drug **addicts** who want to kick the habit.
  끊기를 원하는 마약 중독자들이 많이 있다.

  kick the habit (오랫동안 해 오던) 버릇[습관]을 끊다

02 지시하고 명령하는 dicta 자 -tor 는 dictator 독재자

통치자가 국가의 통치권sovereignty에 너무 욕심을 부리다 보면 곧 dictator가 되고 말죠. 대표적으로 악명 높은 독재자infamous dictator가 바로 히틀러Hitler입니다. dictator는 dictate말로 지시[명령]하다라는 동사에서 생겨난 명사로 '지시[명령]하는 자'라는 뜻에서 발전해 '독재자'란 뜻으로 쓰이게 되었습니다. '히틀러=dictator독재자'로 연상하면 좀 더 쉽겠죠?

dictator 명 독재자, 절대 권력자 = despot, autocrat, tyrant
· the downfall of the dictator 독재자의 몰락
dictatorship 명 독재 (정권)
· under the military dictatorship 군사 독재 하에서

· Pinochet was a military **dictator** who took power in a 1973 coup.
(칠레 독재자) 피노체트는 1973년 쿠데타로 집권한 군사 독재자였다.

· The country's 10 year military **dictatorship** came to an end.
그 나라의 10년 군사 독재가 끝났다.

coup 쿠데타(coup detat(쿠데타)의 약자)

03 반대하여 contra- 말하니 dict contradict 반박하다, ~와 모순되다

contradict는 '반대하여 말하다'라고 풀이되는 어원적 의미 그대로 '반박하다, ~와 모순되다'란 뜻이 되었습니다. 더 이상의 설명이 필요 없을 징도죠?

contradict 자동 타동 반박하다, (~와) 모순되다 = rebut, refute
· contradict his illogical assertion 그의 비논리적인 주장을 반박하다
contradiction 명 반박, 모순
contradictory 형 반대[모순]되는

· He flies into a passion if you **contradict** him. 그는 자기 말에 반박하면 벌컥 화를 낸다.

· Recent experiments seem to **contradict** earlier results.
최근의 실험들은 이전 결과들과 모순되는 것처럼 보인다.

· The policy seems **contradictory** to democracy. 그 정책은 민주주의에 모순되는 것처럼 보인다.

fly into a passion 버럭 화를 내다

04　~를 in- 말하여 dicate 나타내니 indicate ~을 가리키다, 나타내다

indicate는 '~를 말하다, 말하여 나타내다'라는 어원적 의미에서 발전해 '~을 가리키다, 나타내다'라는 뜻을 갖게 되었습니다. 예를 들어 우리말에서도 '그의 시poem에서 소나무는 지조와 절개를 말하고 있다'라고 하면 곧 그 소나무pine tree는 지조와 절개를 나타낸다는 뜻이 되죠.
명사 indicator지표의 의미도 중요하니 함께 알아두세요!

indicate [타동] ~을 가리키다, 나타내다 = represent
indication [명] 표시, 지표
indicator [명] 지표 = sign

· The latest data **indicate** that the property market is overheating.
  최근 데이터가 부동산 시장이 과열되고 있다는 것을 나타내고 있다.

· Dark green leaves are a good **indication** of healthy roots.
  짙은 녹색 잎들은 뿌리가 건강하다는 좋은 지표다.

· The result of the election is the **indicator** of public opinion.
  선거 결과는 여론의 지표다.

05　입에서 말이 터져 fabul 나올 정도이니 fabulous 매우 훌륭한, 멋진

여러분, 밤하늘을 화려하게 수놓는 fireworks불꽃놀이를 직접 본 적이 있나요? 아름다운 불꽃이 밤하늘을 하나둘씩 수놓을 때면 사람들의 입에서 일제히 와~ 하고 감탄사ejaculation가 터져나옵니다. 이럴 때 연상되는 형용사가 fabulous입니다. fabulous는 '(입에서) 말이 터져 나오는'이란 어원적 의미에서 생겨나 '매우 훌륭한, 멋진'이란 뜻이 된 것이죠. 입에서 감탄의 말이 터져 나올 정도란 건 곧 매우 훌륭하고 멋지다는 거 아니겠어요? 실생활에서도 대단히 많이 쓰이는 어휘 fabulous 잘 익혀두세요!

> **fabulous** 형 매우 훌륭한, 멋진 = wonderful, marvelous
> - a fabulous meal[movie] 아주 훌륭한 식사[영화]
> - You look fabulous! 당신 아주 멋진데!

- Isn't this movie **fabulous**?
  이 영화 끝내주지 않니?

- The hotel has **fabulous** views of the sea.
  그 호텔에서는 바다의 멋진 경관을 볼 수 있다.

- Korean cuisines are generally **fabulous**, and they are usually very healthy.
  한국 요리들은 대체로 훌륭하고 전반적으로 건강에 아주 좋다.

06 말하고 또 말하니 loqua **loquacious** 수다스러운, 말이 많은

돌발 퀴즈! She has a big mouth.가 무슨 뜻일까요? 단순히 '그녀는 입이 크다.'라면 퀴즈가 아니겠죠? 정답은 '그녀는 수다스럽다.'예요. 대개generally 입이 큰 사람들이 말이 많거든…

여기서 배운 loquacious는 '할 말을 많이 갖고 있는, 말하고 또 말하는'이란 어원적 의미에서 '수다스러운, 말이 많은'의 뜻이 된 다소 격식있는(딱딱한) 어휘입니다.

> **loquacious** 형 수다스러운, 말이 많은 = talkative, garrulous
> - loquacious person 수다스러운 사람
> - He has a big mouth! 그 남자 수다스러워!

- She was very **loquacious** about her experiences.
  그녀는 자신의 경험에 대해 너무 떠벌렸다.

- My wife is very **loquacious** and can speak on the telephone for hours.
  내 아내는 너무 수다스러워서 전화로도 몇 시간을 말할 수 있다니까.

07 (잘못을) 떨쳐내기 apo- 위해 말하는 log 건 apologize 사과하다

자신이 잘못했다고 느꼈다면 바로 apology_{사과}해야 그 잘못을 떨쳐 내고 마음이 가벼워질 수 있겠죠? 그때를 놓치면 하기 힘든 것이 바로 apology거든요. apology는 '잘못을 떨어뜨려 내기 위해 하는 말'이라는 어원적 의미 그대로 발전해 '사과'란 뜻이 되었고, 동사가 apologize인데, 자동사라는 것이 중요합니다. 따라서 「apologize to~에게 사과하다」 또는 「apologize for~에 대해 사과하다」의 형태로 써야 합니다!

apologize [자동] 사과하다
- apologize to a friend 친구에게 사과하다
- apologize for one's mistake 자신의 실수에 대해 사과하다

apology [명] 사과
- public apology 공개 사과

- Please accept my **apology**. 제 사과를 받아 주십시오.
- I think you should **apologize** to your brother. 내 생각엔 네가 형한테 사과해야 해.
- I must **apologize** for my son's rude behavior.
  제 아들의 무례한 행동에 대해서 사과드려야겠습니다.

08 생각을 밖으로 e- 잘 표현하니 logu eloquent 달변의, 설득력 있는

이번에 배울 eloquent는 '(생각을) 말로 잘 표현하는'이란 어원적 의미에서 생겨난 단어로 '달변의, 설득력 있는'의 뜻이에요. 과거 미국 대통령 Obama 가 바로 대표적인 eloquent speaker라고 할 수 있겠죠? 또 an eloquent photo라고 하면 '(작가의 생각을) 잘 표현하는 사진'이란 뜻이 됩니다!

eloquent 형 달변의, 설득력 있는, 잘 표현하는

- an eloquent speaker 달변의 연사
- an eloquent appeal for support 지원에 대한 설득력 있는 호소

eloquence 명 달변, 호소력

- Eyes are more **eloquent** than lips.
  눈은 입보다 감정을 더 잘 표현한다.

- US President Barack Obama gave an **eloquent** speech to the audience.
  미국 대통령 버락 오바마는 청중에게 설득력 있는 연설을 했다.

- The photographs are an **eloquent** reminder of the horrors of war.
  그 사진들은 전쟁의 공포를 잘 떠오르게 만든다.

확인하고 넘어가자

A | 다음 표시된 말에 해당하는 단어를 원형으로 써보세요.

01 그는 술과 도박에 **중독되었다** _____ .

02 새 정부는 그 **독재자** _____ 를 처형하기로 결정했다.

03 그는 나의 주장에 **반박했다** _____ .

04 그녀는 너무나도 **훌륭한** _____ 공연을 펼쳤다.

05 너무 **수다스러운** _____ 사람은 불편해.

06 그는 **달변의** _____ 연설가다.

B | 다음 표시된 단어의 동의어를 찾거나, 빈칸에 알맞은 단어를 고르세요.

07 It's difficult for most smokers to admit that they are _____ .
  ⓐ addicts   ⓑ additives   ⓒ prophets

08 They decided to execute the former **dictator**.
  ⓐ despot   ⓑ president   ⓒ commander

09 The articles **contradict** their claims.
  ⓐ defy   ⓑ deny   ⓒ contravene

정답 A 01 addict 02 dictator 03 contradict 04 fabulous 05 loquacious 06 eloquent
B 07 ⓐ 08 ⓐ 09 ⓑ

36 보는 건 spect와 vid

두 의사가 환자의 X-ray 사진을 열심히 보고 look 있네요. 영어에서 '보다 look, see'라는 뜻과 관련된 어근은 크게 spec(t)와 vid, vis가 있습니다. 보는 것이 인간의 가장 기본적인 행위 중 한 가지다 보니 여기서 생겨난 어휘도 많을 수밖에 없죠. 그 결과 어근 spect와 vid에는 중요한 어휘가 즐비하답니다.

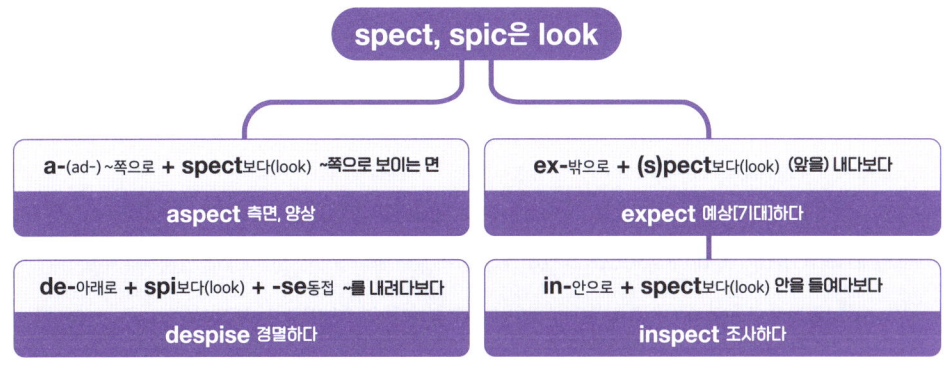

spect, spic은 look

- a-(ad-)~쪽으로 + spect보다(look) ~쪽으로 보이는 면
  aspect 측면, 양상
- ex-밖으로 + (s)pect보다(look) (앞을) 내다보다
  expect 예상[기대]하다
- de-아래로 + spi보다(look) + -se동접 ~를 내려다보다
  despise 경멸하다
- in-안으로 + spect보다(look) 안을 들여다보다
  inspect 조사하다

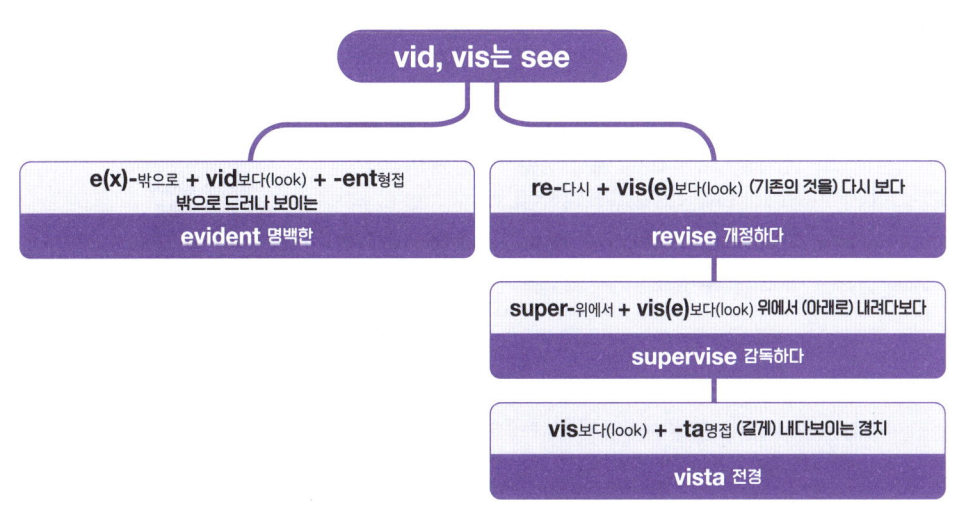

vid, vis는 see

- e(x)-밖으로 + vid보다(look) + -ent형접 밖으로 드러나 보이는
  evident 명백한
- re-다시 + vis(e)보다(look) (기존의 것을) 다시 보다
  revise 개정하다
- super-위에서 + vis(e)보다(look) 위에서 (아래로) 내려다보다
  supervise 감독하다
- vis보다(look) + -ta명접 (길게) 내다보이는 경치
  vista 전경

01　~쪽으로a- 보이는spect 면은 aspect 측면, 양상

사람을 볼 때나 사물을 볼 때 각각의 보이는 면이 있습니다. 예를 들어 어떤 건물을 보면 앞면, 옆면, 뒷면이 있고, 사람에게도 밝은 면, 어두운 면 등이 있습니다. 이렇게 우리 눈에 보이는 면이 바로 aspect 측면, 양상입니다. 어원적 의미로도 '~쪽으로 보이는 면'이란 뜻에서 생겨난 비교적 쉬운 단어죠. 영문 기사를 읽다보면 빈번하게frequently 등장하는 어휘니 꼭 알아두세요.

> **aspect** 명 측면, 양상 = facet
> - the positive[negative] aspect 긍정적인[부정적인] 면
> - the commercial aspect of World Cup 월드컵의 상업적 측면
> - the financial aspect of this project 이번 프로젝트의 재정적 측면

- Alcoholism affects all **aspects** of family life. 알콜 중독은 가정생활의 모든 면에 영향을 끼친다.
- The industrial revolution changed every **aspect** of human society.
  산업 혁명은 인간 사회의 모든 면을 변화시켰다.

02　~를 내려다de- 보는spi 건 despise 경멸하다, 멸시하다

살다 보면 어떤 사람이 싫은 정도를 넘어서 경멸하게 되는 경우도 생길 수 있죠. 이럴 때 쓸 수 있는 어휘가 despise입니다. despise는 어원적으로 '(상대를) 내려다보다'에서 '경멸하다'란 뜻이 되었는데 우리말의 '깔보다'와 뉘앙스가 비슷한 어휘입니다. 또 이와 비슷한 look down on이란 숙어도 있는데, 결국 despise의 어원적 의미를 그대로 풀어쓴 거라고 할 수 있죠.

> **despise** 타동 경멸하다, 멸시하다 = look down on, scorn
> - despise inherited wealth 상속받은 재산을 경멸하다
> - despise the decadent culture 퇴폐적인 문화를 경멸하다
>
> **despicable** 형 경멸할 만한 = contemptible

- Timbert was totally **despising** me.
  팀버트는 나를 완전히 깔보고 있었다.

- He tends to **despise** anyone who hasn't had a college education.
  그는 대학 교육을 받지 못한 사람을 멸시하는 경향이 있다.

- You should not **despise** a man because he is poor.
  가난하다고 해서 남을 멸시해서는 안 된다.

03 (앞을) 내다 ex- 보는 (s)pect 건 expect 예상[기대]하다

우리는 항상 미래의 일을 내다보고, 즉 예상하고 expect 삽니다. 사실 expect는 어원적 의미 그대로의 뜻으로 쓰이는 쉬운 어휘라 더 이상 특별한 설명이 필요없지만 문법적으로 grammatically 중요한 어법 usage이 있는데 바로 「expect to V ~일 거라고 예상하다」라는 형태로 쓰인다는 거죠.
한 가지 더! expect a baby는 무슨 뜻일까요? '아기를 기대하다'? 이 뜻은 '임신 중이다'라는 말입니다. Are you expecting? 하면 '(혹시) 임신 중이신가요?'라는 뜻이 됩니다. 꼭 알아두어야 할 필수 표현이랍니다.

---

expect [타동] 1. 예상[기대]하다 2. 《be expecting》 임신 중이다

expectation [명] 예상, 기대
expectancy [명] 기대감
- life expectancy 평균 수명

expectant [형] 기대하는
- expectant mother[father] 예비 엄마[아빠]

- The economist **expected** the market to rebound toward the end of the year.
  그 경제학자는 연말이 되면 시장이 다시 살아나리라고 예상했다.

- She is **expecting** her second baby.
  그녀는 둘째 아기를 임신 중이다.

rebound 다시 튀어나오다; (가격이) 반등하다

04 안을in- 들여다보는spect 건 inspect 조사하다

경찰이 다가옵니다. '당신 수상해!You're suspicious! 당신 가방 안 좀 봅시다!' 온갖 잡다한 짐으로 가득 차 있어 정리가 안 되어 있는데… 완전 창피한shameful 상황이네요.

inspect는 '안을 들여다보다'라는 어원적 의미에서 발전해 '조사하다'의 뜻으로 쓰이게 된 단어입니다. 가방 안을 들여다보든 책 안에 있는 내용을 들여다보든 모두 inspect죠.

---

inspect [타동] 조사[검사]하다 = look into, examine, investigate
- inspect the damage 피해를 조사하다
- inspect his wallet 그의 지갑을 조사하다

inspection [명] 조사
inspector [명] 조사관

- The police **inspected** the scene of the accident.
  경찰이 사건 현장을 조사했다.

- Excuse me. How soon can you **inspect** my car?
  실례지만 제 차는 언제쯤 검사받을 수 있나요?

- Where do I go through customs **inspection**?
  세관 검사는 어디서 하나요?

05 밖으로e- 드러나 보이니vid evident 분명한, 명백한

여러분, 영어로 '증거'를 뭐라고 하죠? evidence입니다. 이 evidence의 형용사가 바로 evident예요. evident는 '밖으로 드러나 보이는'이라는 어원적 의미에서 '분명한'이란 뜻이 된 것입니다. 어떤 사실fact이 일단 밖으로 드러나 보이면 분명해지고 명백해지죠. 이런 경우가 바로 evident입니다. 이 evident의 명사 evidence는 '밖으로 (명백히) 드러나 보이는 것'이란 어원적 의미에서 '증거'라는 뜻의 유명한 단어로 거듭났죠.

> **evident** 형 분명한, 명백한 = clear, obvious, distinct, manifest
>
> · It is evident that ~인 것이 분명하다
> **evidence** 명 증거
> **evidential** 형 증거의, 증거가 되는

· It was **evident** that Sandra told a lie.
산드라가 거짓말을 한 것이 분명해.

· It was clearly **evident** that the company was in financial difficulties.
그 회사가 재정적으로 어렵다는 것이 명백히 드러났다.

· The lawyer has obtained conclusive **evidence** of his innocence.
변호사는 그의 무죄에 대한 결정적인 증거를 얻었다.

06 기존의 것을 다시re- 보면vise **revise** 개정[수정]하다

계획을 세우고 추진하다 보면 상황이 변하거나 좀 더 좋은 생각이 떠올라 기존의 계획을 '수정해야' 할 때가 있습니다. 이럴 때 쓰는 동사가 바로 revise입니다. revise는 어원적 의미인 '(기존의 것을) 다시 보다'에서 '개정[수정]하다'라는 뜻이 된 단어입니다. 특히 책의 초판 the first edition을 내고 기존의 원고manuscript를 수정 보완해 출간한 '개정판'을 a revised edition이라고 한다는 거 꼭 알아두세요!

> **revise** 타동 개정[수정]하다 = amend
>
> · a revised edition[version] 개정판
> **revision** 명 개정, 수정

· The college has **revised** its plans because of local objections.
그 대학은 지역의 반대로 인해 계획을 수정했다.

· The author published a **revised** edition of his earlier book.
그 작가는 이전 책에 대한 개정판을 출간했다.

07 위에서 내려다super- 보는vise 건 supervise 관리[감독]하다

우리 모두 학교 다닐 때 시험 참 많이 봤죠? 열심히 문제를 풀고 선생님은 이리저리 돌아다니며 위에서 아래로 내려다 보시면서 cheating커닝(cunning은 '교활한'의 뜻으로 우리가 잘못 쓰고 있는 Konglish랍니다!) 방지를 위해 감독을 하고… 여기서 연상할 수 있는 단어가 supervise연상하다예요. supervise는 '위에서 (아래로) 내려다보다'라는 어원적 의미에서 발전해 '관리[감독]하다'란 뜻이 된 것입니다.

supervise 图 관리[감독]하다 = manage, oversee
- supervise the research 연구 활동을 감독하다
- supervise the staff 직원들을 관리하다

supervision 图 관리, 감독

- The team leader was appointed to **supervise** the project.
  팀장이 그 프로젝트를 관리하도록 임명되었다.

- We have to **supervise** the final phase of the construction.
  우리는 공사의 마무리 단계를 감독해야 한다.

- **Supervisor** Jerry Wallace nominated Lucy Moderatz for Employee of the Month.
  감독관 제리 월러스가 루시 마더라츠를 이 달의 사원으로 추천했다.

  nominate (후보자로) 지명[추천]하다

08 길게 내다보이는vis 경치는 vista 경치, 전경

혹시 철길railway 한가운데 서본 적이 있나요? 철길 한가운데 서서 반대편을 바라다보면 철길이 길게 내다보이겠죠? 이렇게 '길게 내다보이는 전경'을 바로 vista view라고 합니다. 산 정상에서 아래로 펼쳐지는 경치scenery도 마찬가지구요.

322

> **vista** 몡 (길게 내다보이는) 경치, 전경 = panorama
> - stunning vistas of the coast 해안의 절경
> - a vista of the autumn mountain 가을 산의 절경

- After a hard climb, we were rewarded by a spectacular **vista** of rolling hills.
  힘들게 산에 오른 후 우리는 굽이치는 언덕들의 장관으로 힘든 산행에 대한 보답을 받았다.
- Exchange programs will open up new **vistas** for students.
  (학생) 교환 프로그램들이 학생들에게 새로운 기회의 문을 열어줄 것이다.

spectacular 볼만한, 장관인

확인하고 넘어가자

A | 다음 표시된 말에 해당하는 단어를 원형으로 써보세요.

01 그 사건은 새로운 **국면** _____ 으로 접어들었다.

02 나와 다르다고 해서 다른 사람을 **경멸해서는** _____ 안된다.

03 홍수 피해를 **조사했다** _____ .

04 우리에게는 **명백한** _____ 증거가 필요하다.

05 우리는 계획을 **수정해야** _____ 했다.

06 매니저가 모든 직원들을 **감독하고 있다** _____ .

B | 다음 표시된 단어의 동의어를 찾거나, 빈칸에 알맞은 단어를 고르세요.

07 He **inspected** the car carefully.
　　ⓐ looked down　ⓑ examined　ⓒ avoided

08 She **despised** her neighbors.
　　ⓐ descended　ⓑ scorned　ⓒ scared

09 This discovery made them _____ their old ideas.
　　ⓐ devise　ⓑ revise　ⓒ supervise

정답 A 01 aspect　02 despise　03 inspect　04 evident　05 revise　06 supervise
　　　 B 07 ⓑ　08 ⓑ　09 ⓑ

37 숨 쉬는 건 spir, 마음은 anim

그림을 보세요. 신선한 공기를 한껏 들이마시며 숨쉬기 운동을 하고 있네요. 영어에서 spir(e)는 breathe 즉 '숨쉬다'라는 뜻을 가진 어근입니다. 숨 쉬고 있다는 것은 곧 '살아 있는' 것이고 살아 있는 존재만이 마음mind과 정신soul을 갖게 마련입니다. 어근 anim은 '숨쉬다'란 뜻에서 '마음, 정신'이란 의미로 발전되었어요. animation만화영화가 바로 이 anim이란 어근에서 나온 것입니다.

spir(e)는 breathe

- a-(ad-)~쪽으로 + spire숨쉬다 ~를 향해 숨쉬다
  aspire 열망하다

- in-안으로 + spire숨쉬다 안으로 숨(생명)을 불어넣다
  inspire 고무시키다

- con-함께 + spire숨쉬다 (나쁜 일에) 함께 호흡을 맞추다
  conspire 공모하다

- ex-밖으로 + (s)pire숨쉬다 숨(생명)이 밖으로 나가버리다
  expire 죽다; 만기되다

- re-반복하여 + spire숨쉬다 반복하여 숨을 쉬다
  respire 호흡하다

anim은 alive, mind

- anim생명 + -ate형접 살아 있는 상태인
  animate 살아 있는

- un(i)-하나 + anim마음 + -ous 가지고 있는 마음이 하나가 된
  unanimous 만장일치의

- magn-큰 + anim마음 + -ous갖고 있는 넓은 마음을 갖고 있는
  magnanimous 관대한

- equ(a)-똑같은 + anim마음 + -ity상태 균형 잡힌 마음 상태
  equanimity 침착, 평정

325

01   ~를 향해 a- 숨쉬니 spire aspire 열망하다

사람은 밥을 먹고 사는 게 아니라 꿈을 먹고 산답니다. 꿈을 꾸고 있다는 것은 무언가가 되고자 열망aspiration한다는 거죠. aspire는 어원분석을 해보면 「a-~쪽으로 + spire숨쉬다」가 되어 '열망하다'란 뜻으로 쓰이게 된 단어입니다. 사람이 뭔가를 향해 숨쉬고(살아가고) 있다는 것은 곧 '열망'하는 모습으로 볼 수 있으니까요.
주의할 점 한 가지! aspire는 문법적으로 자동사라는 것에 주의해야 합니다. 따라서 「aspire to V」의 어법으로 쓰인다는 것 꼭 기억하세요!

---

aspire [자동] 열망하다 = crave, long for

- aspire to V ~하기를 열망하다
- aspire to go to Rome 로마에 가는 것을 열망하다
- aspiring young singers 성공을 열망하는 젊은 가수들

aspiration [명] 열망
aspiring [형] (성공을) 열망하는

- My sister **aspires** to be an actress. 내 여동생은 배우가 되기를 열망한다.
- The candidate **aspires** to be a President. 그 후보는 대통령이 되기를 열망한다.
- She has a strong **aspiration** for success. 그녀는 성공에 대한 강한 열망을 품고 있다.

02   안으로 in- 숨을 불어넣으니 spire inspire 고무시키다; 영감을 불어넣다

칭찬praise는 사람을 고무시키는inspire 가장 큰 마력spell입니다. inspire를 어원분석하면 「in-안으로 + spire숨쉬다」로 '숨(생명)을 불어넣다'가 되어 '고무시키다; 영감을 불어넣다'라는 뜻이 된 것입니다. inspire는 어법적으로 「inspire A to V A를 ~하도록 고무시키다」로 써야 합니다. 또 작가나 영화감독director가 어떤 일로 작품의 영감을 받는다고 할 때도 inspire를 쓴다는 것도 알아두시구요.

> **inspire** [타동] 1. 고무[고취]시키다 = encourage   2. 영감을 불어넣다
> · inspire confidence 믿음을 주다
> **inspiration** [명] 영감; 고취
> · provide inspiration 영감을 주다
> **inspiring** [형] 고취시키는

· She has **inspired** many young people through music.
그녀는 음악을 통해 많은 젊은이들에게 영감을 줘왔다.

· I got a sudden flash of **inspiration**.
난 갑작스레 번뜩이는 영감을 얻었다.

· The sound of martial music is always **inspiring**.
군악 소리는 항상 자극적이다.

martial 전쟁의, 호전적인

03　나쁜 일에 함께 con- 호흡을 맞추면 spire　**conspire** 공모하다, 음모를 꾸미다

그림을 보세요! 뭔가 음모를 꾸미고 있는 모습이 연상되지 않으세요? 이렇게 두세 명에서 나쁜 일을 공모하고 있다면 바로 conspire하고 있는 거랍니다. conspire는 어원분석을 하면 「con-함께 + spire숨쉬다」로 '(나쁜 일에) 함께 호흡을 맞추다'가 되어 '공모하다, 음모를 꾸미다'란 뜻이 된 것입니다. conspire 의 명사는 conspiracy음모로 'Conspiracy Theory음모 이론'이란 영화도 있었답니다.

> **conspire** [자동] 공모하다, 음모를 꾸미다 = collude
> · conspire to steal a car 차를 훔칠 음모를 꾸미다
> **conspiracy** [명] 공모, 음모
> · a conspiracy against the boss 사장을 해치려는 음모

- The two men **conspired** to set fire to the building.
두 남자가 그 건물에 불 지르는 일을 공모했다.
- He was charged with **conspiracy** to the crime. 그는 범죄에 공모한 혐의로 고발되었다.

be charged with ~으로 고발되다

04 숨이(s)pire 밖으로ex- 나가버리면 expire 1. 죽다 2. (기한이) 만기[만료]되다

expire는 「ex-밖 + (s)pire숨쉬다」로서 '숨(생명)이 밖으로 나가다'라는 어원적 의미에서 '1. 죽다 2. (기한이) 만기[만료]되다'란 뜻이 된 것입니다.
그런데 expire는 '만기[만료]되다'라는 의미가 압도적overwhelmingly으로 많이 쓰인다는 것도 꼭 알아두세요. 명사 expiration만기, 만료 역시 시험에 자주 출제되는 어휘입니다!

expire [자동] 1. 죽다 2. 만기[만료]되다
- players whose contracts expire this winter 올 겨울 계약이 만료되는 선수들

expiration [명] 만기, 만료 = expiry
- the expiration of the contract 계약의 만료

- My driver's license **expires** next month. 내 운전면허가 다음달에 만료된다.
- the **expiration** of temporary tax reduction for new car purchases
신차 구입에 대한 일시적 세금 감면의 종료

05 반복하여re- 숨을 쉬는spire 건 respire 호흡하다

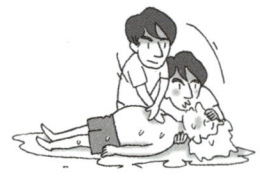

respire는 「re-반복하여 + spire숨쉬다」라는 어원분석 그대로 '호흡하다'라는 뜻이 된 단어입니다. breathe가 '숨쉬다'라는 쉬운 뉘앙스라면 respire는 '호흡하다'라는 뉘앙스의 조금 어려운 단어라고 할 수 있죠. 여기서 돌발 퀴즈! 물에 빠진drowned 사람을 건져냈

을 때 기절해 있다면 맨 먼저 뭘 해야 할까요? 당연히 인공 호흡을 해야겠죠? 이 '인공호흡'을 artificial respiration이라고 한답니다.

---

respire 자동 호흡하다

respiration 명 호흡
· respiration equipment 호흡 장비
respiratory 형 호흡의
· respiratory organs 호흡기 / respiratory disease 호흡기 질병

· Plants photosynthesize during the day more rapidly than they **respire** at night.
  식물은 밤에 호흡하는 것보다 낮 동안 더 빠르게 광합성을 한다.

· The patient has symptoms of a **respiratory** infection.
  그 환자는 호흡기 감염 증세가 있다.

photosynthesize (식물이) 광합성하다 infection 감염

---

06 살아 있는 anim 상태 -ate 는 animate 살아 있는; 생명력을 불어넣다

만화영화를 영어로 animation이라고 하죠? animation은 각각의 만화 그림들이 마치 살아 있는 것처럼 움직인다고 해서 만들어진 말입니다. 이 animation의 형용사가 animate예요. animate는 '살아 있는'으로 풀이되는 어원적 의미 그대로 '살아 있는; 생명력을 불어 넣다'의 의미로 쓰입니다. animate 앞에 접두어 in-부정(not)이 붙어 생긴 inanimate무생물의, 죽은(dead)이란 반대말도 함께 익혀두면 좋습니다. animate는 형용사와 동사 둘 다 쓰일 수 있다는 점에 주의하세요!

---

animate 형 살아 있는 = alive, living
         타동 생명력[활기]를 불어 넣다 = invigorate

· animate beings 살아있는 존재들(생물들)
animation 명 생기, 활기; 만화영화
animated 형 활기찬 = lively

- As I talked about her, his face became **animated**.
  내가 그녀에 대한 이야기를 하자 그의 얼굴에 활기가 돌았다.
- At this age, children are still unable to distinguish between **animate** and **inanimate** objects. 이 연령대의 아이들은 아직 생물과 무생물을 구별할 수 없다.

inanimate 생명이 없는, 무생물의

07 마음anim이 하나un가 되니 unanimous 만장일치의

친구들과 만나서 영화를 보러 가기로 했는데 모두 새로 개봉한 영화newly released movie를 보러 가자고 합니다. 이렇게 모두의 마음이 하나가 되는 것을 unanimous만장일치의라고 합니다. 이 단어에서 주의할 점은 발음pronunciation인데 '어내니머스'가 아니고 '유내니머스'라는 거 주의하세요! 원래 접두어 uni-하나인(one)에서 'i'가 탈락해 un-이 된 것이기 때문에 그렇습니다. 따라서 un-이 '부정'을 뜻하지 않고 '하나인'이라는 의미로 쓰인 거죠. 명사형 unanimity만장일치도 함께 알아두세요!

> **unanimous** 형 만장일치의
> - reach a unanimous agreement 만장일치의 합의에 도달하다
>
> **unanimity** 명 만장일치
> **unanimously** 부 만장일치로

- It was decided by a **unanimous** vote that the factory should close.
  공장 문을 닫아야 한다는 것이 만장일치 투표로 결정되었다.
- The representatives reached **unanimity** on the core national issues.
  대표들은 국가적 핵심 사안에 만장일치를 이루었다.

08 넓은magn 마음anim을 갖고 있으니 magnanimous 관대한, 아량이 넓은

항상 관대함magnanimity을 갖고 남을 대한다면 누구에게 원한animosity 살 일은 없을 것입니다. magnanimous의 어원적 의미를 살펴보면 '넓은 마음을 갖고 있는'이 되므로, 이 뜻 그대로 '관대한, 아량이 넓은'이란 의미가 된 것입니다. 오늘부터라도 주변 사람들에게 magnanimity관대함, 아량을 실천해보면 어떨까요?

> **magnanimous** 혭 관대한, 아량이 넓은 = tolerant
> · a magnanimous gesture 너그러운 태도
> · a magnanimous character 너그러운 성격
> **magnify** 타동 확대하다
> **magnificent** 혭 장대한, 훌륭한

· He is more **magnanimous** than he may appear.
  그 사람 보기보다 통이 커.

· Korean corporations made **magnanimous** contributions to support damage recovery. 한국 기업들은 피해 복구 지원에 큰 기여를 했다.

09 균형 잡힌equ(a)- 마음anim 상태는 equanimity 침착, 평정

사람이 갑자기 어려움에 닥치면 누구나 당황하게embarrassed 됩니다. 이럴 때일수록 더 침착equanimity을 잃으면 안 되겠지요? equanimity는 어원적으로 풀이하면 '균형 잡힌 마음의 상태'가 되는데 이 뜻 그대로 발전하여 '침착, 평정'이 된 것입니다. '침착'이란 슬픔이든 기쁨이든 어느 한 쪽으로도 치우치지 않은 '균형 잡힌 마음의 상태'를 뜻하니까요. 조금 더 어려운 어휘로 equilibrium균형: (마음의) 평정이란 어휘도 함께 알아두면 좋습니다.

equanimity 명 침착, 평정 = composure, self-possession

· with equanimity 침착하게, 차분하게
equivocal 형 애매한, 모호한
equivalent 형 동등한

· She heard the news with surprising **equanimity**.
  그녀는 놀라울 정도로 침착하게 그 소식을 들었다.

· He faced death with great **equanimity** and dignity.
  그는 아주 침착하게 그리고 위엄 있게 죽음을 맞이했다.

dignity 위엄

확인하고 넘어가자

A | 다음 표시된 말에 해당하는 단어를 원형으로 써보세요.

01 그녀는 유명한 배우가 되기를 **열망한다** _____.

02 감독은 패한 선수들의 사기를 **고무시켰다** _____.

03 세 명의 탈옥수들이 범죄를 **공모했다** _____.

04 내 운전면허가 다음 달에 **만료된다** _____.

05 우리는 **만장일치로** _____ 그 안건에 동의했다.

06 그녀는 어려움 속에서도 **침착** _____ 을 잃지 않았다.

B | 다음 표시된 단어의 동의어를 찾거나, 빈칸에 알맞은 단어를 고르세요.

07 They **conspired** to abduct the Japanese tourists.
   ⓐ collided   ⓑ colluded   ⓒ deluded

08 The contract will be _____ next month.
   ⓐ aspired   ⓑ inspired   ⓒ expired

09 His words **animated** my drooping spirit.
   ⓐ encouraged   ⓑ discouraged   ⓒ encountered

정답 A 01 aspire 02 inspire 03 conspire 04 expire 05 unanimous 06 equanimity
　　　 B 07 ⓑ 08 ⓒ 09 ⓐ

38. 깨지는 건 frag, 터지는 건 rupt

쨍그랑! 팍! 뭔가 깨지고 터지는 소리죠? 유리가 깨지거나 물건이 터지면 상당히 위험하니 조심해야겠죠? 어근 frag은 '깨지다break'의 뜻이고, 어근 rupt는 '터지다burst'의 뜻입니다. 두 어근의 의미가 비슷하죠? 여기선 이 두 어근과 관련된 재미있는 어휘들이 나오는데 시험에도 자주 출제되니 꼭 알아두어야 합니다!

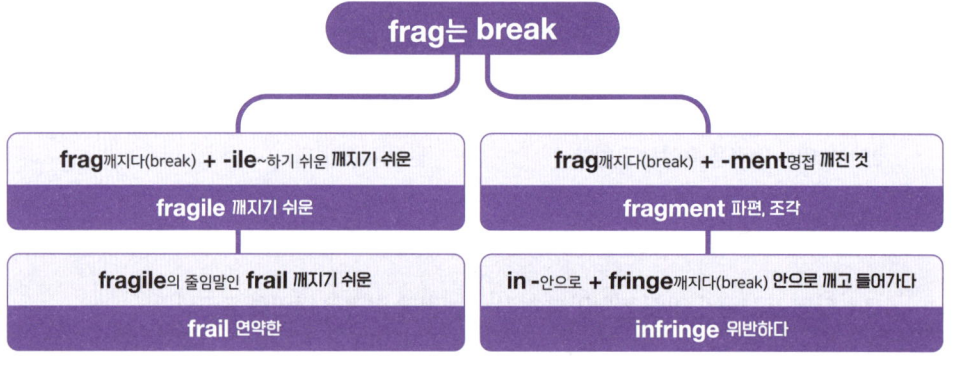

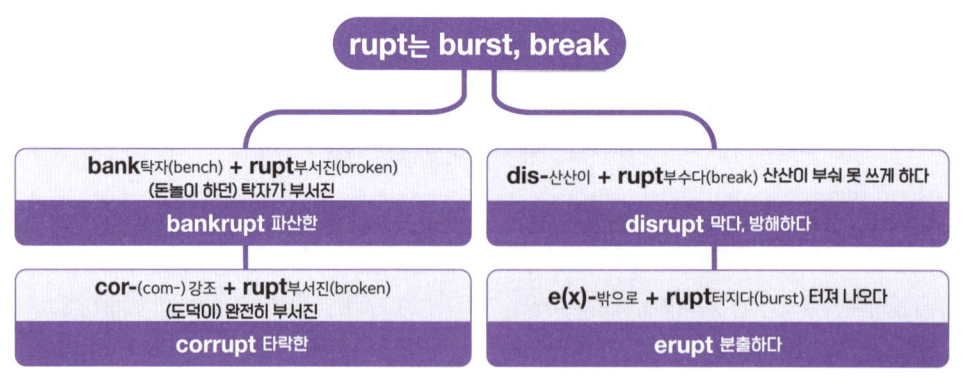

01 깨지기 frag 쉬우니 -ile fragile 깨지기 쉬운

사진에 있는 표시 본 적 있으시죠? 흔히 포장용 상자 겉면에 인쇄되어 있죠. 상자 안에 든 유리와 같은 '깨지기 쉬운 fragile' 물건이 들어 있을 때 등장하는 마크랍니다. fragile에서 접미어 -ile는 '~하기 쉬운'이란 의미예요. 따라서 fragile은 어원적 의미 그대로 '깨지기 쉬운'이란 뜻이 된 것입니다.

---

fragile 형 깨지기 쉬운, 연약한 = brittle
- a fragile vase 깨지기 쉬운 꽃병
- a fragile child 연약한 아이

fragility 명 깨지기 쉬움

- It's **fragile**. Please be careful carrying it. 깨지기 쉽습니다. 운반하는 데 조심해 주십시오.
- The **fragile** package had to be treated with extra care.
  깨지기 쉬운 소포는 각별하게 주의해서 취급해야 했다.
- Relations between the two countries are in a **fragile** state.
  양국 관계가 깨지기 쉬운 (위태로운) 상태에 있다.

02 fragile의 줄임말 frail 연약한, 깨지기 쉬운

frail을 보니 'fragile과 뜻이 똑같잖아!'라는 생각부터 들죠? 맞습니다. 뜻이 완전히 똑같죠. 사실 frail은 fragile에서 g와 e가 축약되어 생겨난 단어거든요. 이렇게 영어 어휘는 기존 단어에서 축약되어 생겨나는 경우도 있습니다. 우리말에서 '아주머니'가 줄어서 '아줌마'가 된 경우와 통한다고 할 수 있죠. 결론적으로 fragile과 frail은 같은 뜻이 되는 것입니다.

---

frail 형 연약한, 깨지기 쉬운 = weak, feeble
- frail health 연약한 건강
- a small and frail ship 작고 부서지기 쉬운 배

frailty 명 약함

- We should support frail elderly people in our community.
  우리는 지역 내의 힘없는 노인들을 지원해야 한다.
- It seemed impossible that these frail boats could survive in such a storm.
  이렇게 약한 배들로 그런 폭풍 속에서 살아남기는 불가능해 보였다.

03 깨진frag 것-ment은 fragment 파편, 조각

'쨍그랑!' 유리가 깨지면 바닥에 fragment파편, 조각들이 떨어지게 됩니다. fragment는 '깨진 것'이라는 어원적 의미 그대로 '파편, 조각'이라는 뜻으로 쓰입니다. 어원만 제대로 알면 너무 쉬운 어휘죠. 그런데 한 가지 주의할 점은 명사로만 쓰일 것 같은 fragment가 동사로서 '산산조각 나다[내다]'란 뜻으로 쓰인다는 것입니다!

fragment 명 파편, 조각 = shred 자동 타동 산산조각 나다, 분열시키다
- the fragments of the broken cup   깨진 컵 조각들
fragmentary 형 단편적인

- The **fragments** of the precious vase were found on the floor.
  값비싼 꽃병의 파편들이 바닥 위에서 발견되었다.
- We live in a **fragmented** society. 우리는 분열된 사회 속에서 살고 있다.

04 안으로in- 깨고fringe 들어가니 infringe (법을) 위반하다, (권리를) 침해하다

infringe는 좀 생소한 어휘죠? 이럴 때 필요한 게 바로 어원을 살펴보는 것입니다. infringe는 '안으로 깨고 들어가다'라는 어원적 의미에서 '위반[침해]하다'라는 뜻이 된 단어입니다. 머릿속으로 연상을 해보세요. 법law을 깨고 들어간다면 (법을) 위반하는 것이고, 남의 권리right를

깨고 들어간다면 (권리를) 침해하는 것이죠. 사실 뜻이 두 가지인 것 같지만 '깨고 들어가다'라는 하나의 어원에서 비롯된 것입니다.

> **infringe** [자동][타동] (법을) 위반하다, (권리를) 침해하다 = violate, transgress
> · infringe on ~의 권리를 침해하다 = trespass on
> · infringe the patent 특허권을 침해하다
> · the infringement of human rights 인권 침해

- A backup copy of a computer program does not **infringe** copyright.
  컴퓨터 프로그램의 백업 복사본은 저작권을 침해하지 않는다.
- Most students argued that the rule **infringed** on their right to free speech.
  대부분의 학생들은 그 규칙이 언론 자유에 대한 권리를 침해한다고 주장했다.

05 돈놀이하던 탁자bank가 부서지면rupt bankrupt 파산한

bankrupt에는 우리가 몰랐던 재밌는 유래origin가 있습니다. 1500년대 이탈리아에서는 돈을 빌려주고 이자interest를 받는 금융업자가 처음으로 등장했습니다. 이 금융업자가 돈놀이를 하던 탁자를 이탈리아어로 banca방카라고 했는데 이 banca에서 영단어 bank가 탄생하게 된 것입니다. (그래서 지금의 bank가 '은행'의 뜻으로 쓰이게 된 거랍니다.)

그런데 이 금융업자들이 돈을 잘못 운용해 더 이상 금융업을 할 수 없게 되자 돈을 맡겼다가 날린 피해자들이 찾아와 그 돈놀이하던 탁자bank를 도끼axe로 찍어 부숴 버렸다는rupt 유래에서 bankrupt파산한이란 단어가 탄생했습니다.

> **bankrupt** [형] 파산한, 부도난 = insolvent
> · attack the government as morally bankrupt 정부를 도덕적으로 몰락했다고 비난하다
> **bankruptcy** [명] 부도, 파산

- Do you want to see me go **bankrupt**?
  누구 망하는 꼴 보려고 그래?

- Last year the company was declared **bankrupt**.
  지난해 그 회사는 파산이 선고되었다.

- His business is **bankrupt**, and he is in dire trouble.
  사업이 파산해서 그는 심각한 어려움에 빠져 있다.

dire 끔찍한, 심각한

06 도덕이 완전히cor- 부서지면rupt corrupt 타락한, 부패한

corrupt도 bankrupt 못지 않게 많이 쓰이는 어휘입니다. corrupt officials타락한 관리들, a corrupt society부패한 사회. 이런 말들은 아주 빈번하게 등장하는 표현들이죠. corrupt는 '(도덕이) 완전히 부서진'이라는 어원적 의미에서 '타락한, 부패한'이란 뜻이 된 것입니다. corrupt는 또 동사로 '타락시키다, 더럽히다'의 의미로도 쓰일 수 있다는 점 역시 기억해야 합니다.

corrupt 〔형〕 타락한, 부패한 = immoral, depraved
〔타동〕 타락시키다, 더럽히다 = pervert
· corrupt judges (뇌물을 받는) 타락한 판사들
corruption 〔명〕 부패, 타락

- **Corrupt** officials already have taken millions of dollars in bribes.
  타락한 관리들은 이미 뇌물로 수백만 달러를 받았다.

- Some children have been **corrupted** by violent computer games.
  어떤 아이들은 폭력적인 컴퓨터 게임들로 인해 나쁘게 변했다.

bribe 뇌물

07 산산이 dis- 부숴 rupt 못 쓰게 하면 disrupt 막다, 방해하다

disrupt는 '산산이 부숴버리다'라는 어원적 의미에서 생겨난 단어로 '(못하도록) 막다, 방해하다'의 뜻으로 쓰입니다. 어원적으로는 '(물건을) 산산이 부숴 못쓰게 만들다'에서 유래했지만, 실제 의미는 일이나 상황에 적용되어 '일, 상황을 더 이상 진행되지 못하게 하다'란 뜻으로 쓰이게 되었습니다.

disrupt [타동] 막다, 방해하다 = prevent, hinder, deter
disruption [명] 지장, 방해
disruptive [형] 지장을 초래하는, 문제를 일으키는

- The earthquake **disrupted** the telephone service.
  지진으로 인해 전화 통신이 두절되었다.
- Moving schools frequently can **disrupt** a child's education.
  학교를 자주 옮기는 것은 아이의 교육을 방해할 수 있다.
- The strike caused widespread **disruption** to flight schedules.
  파업은 운항 일정에 광범위한 지장을 초래했다.

08 터져 rupt 나오는 ex- 건 erupt 분출하다

emergency긴급 상황입니다. volcano화산에서 lava용암가 분출되고 있습니다! 어서 evacuate대피하세요! 이번에 배울 어휘는 erupt분출하다입니다. erupt는 '(밖으로) 터져 나오다'라는 어원적 의미에서 생겨난 단어로 '분출하다'의 뜻이 되었죠. 사진에서 보면 시뻘건 용암이 산 위로 터져 나오고 있죠? 이런 것이 바로 erupt입니다.

> **erupt** [자동] (화산이) 분출하다, (일이) 터지다
>
> · a volcano erupting lava and ash 용암과 재가 터져나오고 있는 화산
>
> **eruption** [명] 분출, (갑작스런) 발발

· The volcano could **erupt** at any time.
그 화산은 언제든 분출할 수 있다.

· Violence **erupted** outside the embassy gate.
대사관 정문 밖에서 폭력 사태가 벌어졌다.

확인하고 넘어가자

A | 다음 표시된 말에 해당하는 단어를 원형으로 써보세요.

01 **깨지기 쉬운** _____ 물건이니 조심하세요.

02 날카로운 유리의 **파편** _____ 들이 널려있었다.

03 그는 본의 아니게 법을 **위반했다** _____ .

04 작년에 **파산한** _____ 회사들의 숫자가 증가했다.

05 우리는 **타락한** _____ 세상에 살고 있다.

06 대형 사고로 인해 교통이 **두절되었다** _____ .

B | 다음 표시된 단어의 동의어를 찾거나, 빈칸에 알맞은 단어를 고르세요.

07 The relationship between them is **fragile**.
   ⓐ brittle   ⓑ bristle   ⓒ sparse

08 When a corporation becomes _____ , its stock is of no value anymore.
   ⓐ bankrupt   ⓑ corrupt   ⓒ erupt

09 Traffic was _____ by the serious accident.
   ⓐ disrupted   ⓑ interrupted   ⓒ dispersed

정답 A 01 fragile 02 fragment 03 infringe 04 bankrupt 05 corrupt 06 disrupt
B 07 ⓐ 08 ⓐ 09 ⓐ

39. 붓는 건 fus, 흐르는 건 flu

그림만 봐도 시원하네요! 깎아지른 절벽cliff을 수직으로 낙하하는 폭포waterfall를 보고 있노라면 마음 속 스트레스도 함께 씻겨 내려가는 시원함을 느끼게 되죠. 폭포 그림은 오늘 배울 두 어근과도 밀접한 연관성germane relation이 있습니다. 어근 fus는 '붓다pour'의 뜻이고 flu는 '흐르다flow'의 뜻입니다. 쏟아져 내려온 물이 유유히 흘러내려가는 폭포를 보면서 fus, flu 두 어근에서 나오는 어휘들을 익혀보세요!

fus는 pour

- **con-**함께 + **fus(e)**붓다(pour) (여러 가지를) 함께 붓다
  → **confuse** 혼란스럽게 하다

- **dis-**산산이 + **fus(e)**붓다(pour) 사방으로 쏟아 붓다
  → **diffuse** (빛, 열 등이) 퍼지다, 분산시키다

- **in-**안으로 + **fus**붓다(pour) 안으로 부어넣다
  → **infuse** 주입하다

- **re-**다시 + **fus(e)**붓다(pour) (다 쓴 것을) 다시 부어버리는 것
  → **refuse** 쓰레기; 거절하다

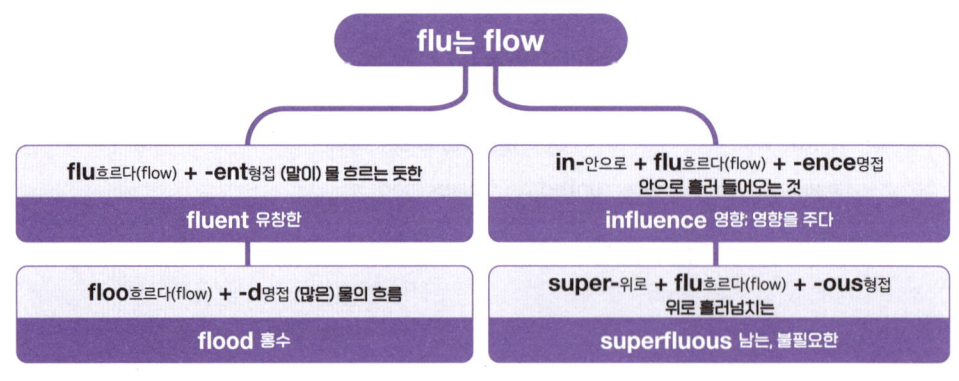

flu는 flow

- **flu**흐르다(flow) + **-ent**형접 (말이) 물 흐르는 듯한
  → **fluent** 유창한

- **floo**흐르다(flow) + **-d**명접 (많은) 물의 흐름
  → **flood** 홍수

- **in-**안으로 + **flu**흐르다(flow) + **-ence**명접 안으로 흘러 들어오는 것
  → **influence** 영향; 영향을 주다

- **super-**위로 + **flu**흐르다(flow) + **-ous**형접 위로 흘러넘치는
  → **superfluous** 남는, 불필요한

01 여러 가지를 함께 con- 부으면 fuse confuse 혼동하다, 혼란스럽게 하다

한 번 생각해 보세요. 만약 양동이 bucket에 하얀색, 초록색, 빨간색, 검은색 물감을 붓고 함께 섞어버리면 도대체 무슨 색인지 모르게 되겠죠? 이것이 바로 confuse의 상태입니다. confuse는 '(여러 가지를) 함께 붓다'라는 어원적 의미에서 발전해 '혼란스럽게 하다'라는 뜻으로 쓰이게 됩니다. 즉 머릿속에서 뒤섞여 뭐가 뭔지 모르는 상태가 되는 것이죠. confuse는 회화에서 아주 많이 쓰이는 필수 어휘입니다.

confuse [타동] 혼동하다, 혼란스럽게 하다 = confound
- confuse A with B   A를 B와 혼동하다

confusion [명] 혼란, 혼동
- straighten out the confusion   혼란을 수습하다

confusing [형] 혼란스러운

- The diagrams in the book are **confusing** me.
  책 속의 도표들이 날 혼란스럽게 한다.
- People often **confuse** me with my twin sister.
  사람들은 흔히 나와 내 쌍둥이 여동생을 혼동한다.

diagram 그림, 도형

02 사방으로 dis- 쏟아 부으니 fuse diffuse (빛·열 등이) 퍼지다, 분산시키다

그림에서 보듯 한 곳에 집중 concentration되어 있던 것이 사방으로 분산되는 것이 diffuse입니다. 이렇게 diffuse는 '사방으로 쏟아 붓다'라는 어원적 의미에서 발전해 '분산시키다'라는 뜻이 된 것입니다. 다들 스프레이를 써본 경험이 있을 거예요. 스프레이를 뿌리면 안에 담긴 액체가 사방으로 분산되죠? 여기서 diffuse가 연상되는 것입니다. 접두어 dif-가 dis-의 변형이라는 것만 주의하세요.

> **diffuse** [자동][타동] (빛·열·액체가) 퍼지다, 분산시키다 = spread, scatter, disperse
> [형] 1. 널리 퍼진 2. (글이) 산만한 = discursive, desultory
> - a diffuse report 산만한 보고서
> **diffusion** [명] 분산, 유포

- The pollutants **diffuse** into the soil.
  그 오염물질들은 흙 속에 스며들어 퍼진다.
- Their ideas **diffused** quickly across Europe.
  그들의 생각은 전 유럽으로 빠르게 퍼졌다.

03 안으로in- 부어 넣으니fuse **infuse** 주입하다, 불어넣다

infuse 역시 어원적 의미를 정확히 풀어내기만 하면 아주 쉬운 어휘라는 걸 알 수 있습니다. infuse는 '안으로 부어넣다'라는 어원적 의미 그대로 '주입하다'가 된 것입니다. 어근은 한자와 통한다고 했죠? 한자로 '주입하다' 역시 '따를 주(注) 들 입(入)'입니다. 한 가지 주의할 점은 infuse는 '액체를 주입하다'의 의미뿐만 아니라 어떤 '생각이나 성질을 불어넣다, 스며들게 하다'라는 뜻으로도 쓰인다는 것입니다.

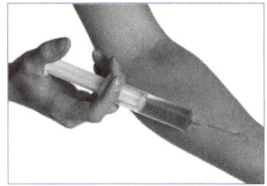

> **infuse** [타동] 주입하다, 불어넣다 = imbue
> **infusion** [명] 주입, 투입
> - infuse the team with confidence 팀에 자신감을 불어넣다

- His books are **infused** with knowledge and humor.
  그의 책에는 지식과 유머가 스며들어 있다.
- His participation **infused** fresh vigor into the team.
  그의 참석은 팀에 활기를 불어넣었다.

04 다 쓴 것을 다시re- 부어버리는fuse 것은 refuse 쓰레기; 거절하다

사실 refuse는 쉬운 어휘가 아닙니다. 명사일 때의 의미와 동사일 때의 의미가 다르기 때문이죠. 그리고 그 두 가지 의미 자체도 쉽게 연상되는 의미도 아니구요.
refuse는 '(다 쓴 것을) 다시 부어버리다'라는 어원적 의미에서 명사로 '쓰레기,' 동사로 '거절하다'라는 뜻이 됩니다. 이렇게 생각해 보세요. 목욕하고 난 물을 어떻게 하세요? 부어버리죠? 물건도 마찬가지입니다. 먹고 난 음식물이든 다 쓴 물건이든, 다시 부어버리면 그게 곧 '쓰레기'인 셈입니다. 또 상대방의 제안offer을 다시 그 사람에게 부어버린다는 것(너나 하세요!)은 곧 '거절하다'를 뜻한다고 생각할 수 있겠죠.

> **refuse** 명 쓰레기 = garbage, trash, rubbish
> 자동 타동 거절하다 = reject, turn down
>
> · plastic refuse   플라스틱 쓰레기
> · the playground littered with refuse   쓰레기로 더럽혀진 운동장
> · refuse to answer the question   질문에 대답하기를 거절하다

· Millions of tons of urban **refuse** are burnt every year.
  매년 수백만 톤의 도시 쓰레기가 소각된다.

· If he **refuses**, what are we to do? 만약 그가 거절하면 우린 어떻게 하지?

· I flatly **refused** to take part in anything illegal.
  나는 불법적인 일에 대한 참여를 단호하게 거절했다.

flatly 단호하게

05 말이 물 흐르는flu 듯하니 fluent 유창한

정치가politician들은 대부분 유창한 연설가fluent orator들입니다. '유창한'에서 '유'가 한자로 '흐를 유(流)'라는 건 알고 계시죠? 한자와 영단어의 어근이 통하는 순간입니다. fluent는 어원적 의미인 '(말이) 물 흐르는 듯한'에서 '유창한'이

345

란 뜻으로 쓰이게 된 것입니다. 사실 어근 flu는 flow에서 축약된 발음 형태입니다. 쉽게 말해 [플로우]에서 [플루]가 된 것이죠.

> **fluent** 형 유창한, 거침없는 = glib
> - speak in fluent English 유창한 영어로 말하다
> - the fluent body of a dancer 댄서의 유연한 몸
>
> **fluency** 명 (언어 구사의) 유창함, 능숙함

- The actress is **fluent** in three languages.
  그 여배우는 3개 국어에 능통하다.
- He is a very **fluent** speaker who communicates well his points to the audience.
  그는 자신의 요점들을 청중에게 잘 전달하는 아주 유창한 연설가다.
- I want to study English until I am **fluent**.
  영어를 능숙하게 구사할 수 있을 때까지 공부하고 싶다.

06 많은 물의 흐름floo은 flood 1. 홍수 2. 쇄도, 폭주

여러 자연 재해natural disaster 가운데 flood홍수가 있습니다. flood 역시 flow에서 생겨난 어휘로 어원을 살펴보면 '많은 물의 흐름'이라고 풀이됩니다.

그런데 한 가지 더 알아두어야 할 의미가 있어요. 바로 '쇄도, 폭주'라는 뜻인데, 우리말에도 '물밀듯이 밀려들어온다'라는 표현이 있죠? 딱 이런 뉘앙스의 뜻이랍니다.

> **flood** 명 1. 홍수 = deluge 2. 쇄도, 폭주 = avalanche
> 동 1. 침수시키다 = inundate 2. 쇄도[폭주]하다
> - a flood of 엄청나게 많은
> - in floods of tears 많이 우는
>
> **flooding** 명 침수

- The village was cut off by floods.
  그 마을은 홍수로 고립되었다.

- A flood of refugees poured over the bridge to escape the earthquake.
  엄청나게 많은 피난민들이 지진을 피하기 위해 끊임없이 그 다리를 건넜다.

- All houses in the city have been flooded.
  그 도시의 모든 집들이 물에 잠겼다.

07 안으로 in- 흘러 flu 들어오면 influence 영향; 영향을 주다

influence 영향은 많이들 아시는 쉬운 어휘죠. 어원 분석을 해보면 '안으로 흘러 들어오는 것'이 되므로 '영향'이란 뜻으로 쓰이는 게 어렵지 않게 이해됩니다. 원래 '영향'이라는 것은 안으로 서서히 스며들게 마련이니까요.

한 가지 더 알아두어야 할 것은 influence가 명사로만 쓰이지 않고 동사로도 많이 쓰인다는 점입니다. 시험에는 오히려 동사로 출제가 잘 된다는 것에 유의해야 합니다.

influence 명 영향(력) = impact
타동 ~에 영향을 주다

- influence on[over] ~에 대한 영향(력)
- under the influence 술 취한

- Music has a strong influence on our emotions.
  음악은 감정에 강한 영향을 미친다.

- His music was influenced by Mozart.
  그의 음악은 모차르트에 의해 영향을 받았다.

08 위로 super- 흘러넘치면 flu superfluous 남는, 불필요한

superfluous 역시 어원 분석을 통해 이해해야 할 어휘입니다. superfluous는 '위로 흘러넘치는'이란 어원적 의미에서 생겨난 단어로 '남는, 불필요한'이란 뜻이 되었습니다. 컵에 맥주를 따르다가 넘치는 경우가 흔히 있죠? 어차피 이렇게 위로 흘러넘치는 부분은 '남는, 불필요한' 부분입니다. 이런 경우가 superfluous라고 할 수 있죠. 예를 들어 superfluous decoration 하면 '불필요한 장식'이고 superfluous staff 하면 '불필요한 직원'이 됩니다.

---

superfluous 형 남는, 불필요한 = unnecessary, redundant
- superfluous decoration 불필요한 장식
- superfluous staff 불필요한 직원

superfluity 명 여분, 과다

- We're cutting out **superfluous** layers of managers.
  우리는 불필요한 관리자층을 구조조정하고 있다.

- a modern building with no **superfluous** decoration
  불필요한 장식이 없는 현대식 건물

확인하고 넘어가자

A | 다음 표시된 말에 해당하는 단어를 원형으로 써보세요.

01 난 그의 말과 행동에 **혼란스럽다** _____ .

02 당신의 생각을 나에게 **주입시키지** _____ 마세요.

03 **쓰레기** _____ 를 어떻게 처리하느냐의 문제는 중요하다.

04 난 그의 **유창한** _____ 연설에 매력을 느꼈다.

05 우리 집이 **홍수** _____ 에 잠겼다.

06 너의 글에서 **불필요한** _____ 표현들은 빼.

B | 다음 표시된 단어의 동의어를 찾거나, 빈칸에 알맞은 단어를 고르세요.

07 I'm totally _____ . Could you explain that again?
ⓐ confused   ⓑ diffused   ⓒ confusing

08 The reporter **refused** to disclose the sources of their information.
ⓐ inclined   ⓑ declined   ⓒ reclined

09 I was moved by his _____ speech.
ⓐ fluid   ⓑ fluent   ⓒ fluctuating

정답 A 01 confuse 02 infuse 03 refuse 04 fluent 05 flood 06 superfluous
B 07 ⓐ 08 ⓑ 09 ⓑ

40. 만지는 건 tag, 느끼는 건 sent

나이를 먹으면 여기저기 쑤시고 아픈 데가 생기기 마련입니다. 특히 목이나 어깨는 집중적으로 피로fatigue를 느끼는 부위죠. 목이나 어깨가 결리고 쑤실 땐 만지기만 해도 아픔ache을 느끼게 됩니다. 멍bruise이 들었을 때는 말할 것도 없구요. 이번에는 '만지다touch'의 의미인 어근 tag와 '느끼다feel'의 의미인 어근 sent 두 가지를 공부해 보겠습니다.

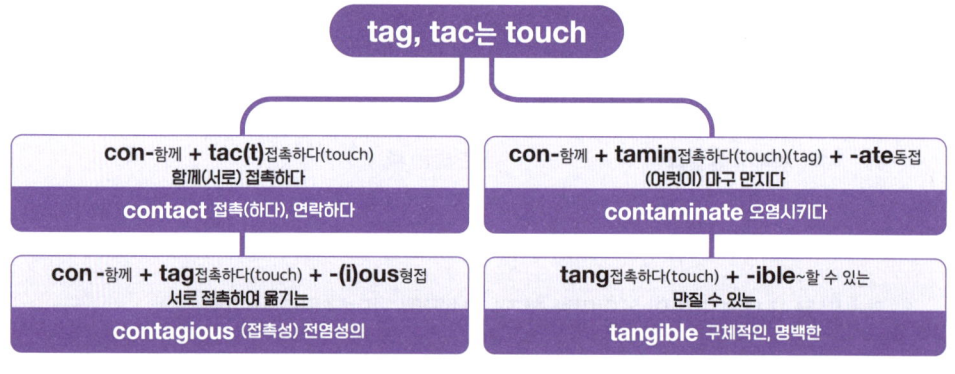

tag, tac는 touch

- con-함께 + tac(t)접촉하다(touch)
  함께(서로) 접촉하다
  contact 접촉(하다), 연락하다

- con-함께 + tamin접촉하다(touch)(tag) + -ate동접
  (여럿이) 마구 만지다
  contaminate 오염시키다

- con-함께 + tag접촉하다(touch) + -(i)ous형접
  서로 접촉하여 묻기는
  contagious (접촉성) 전염성의

- tang접촉하다(touch) + -ible~할 수 있는
  만질 수 있는
  tangible 구체적인, 명백한

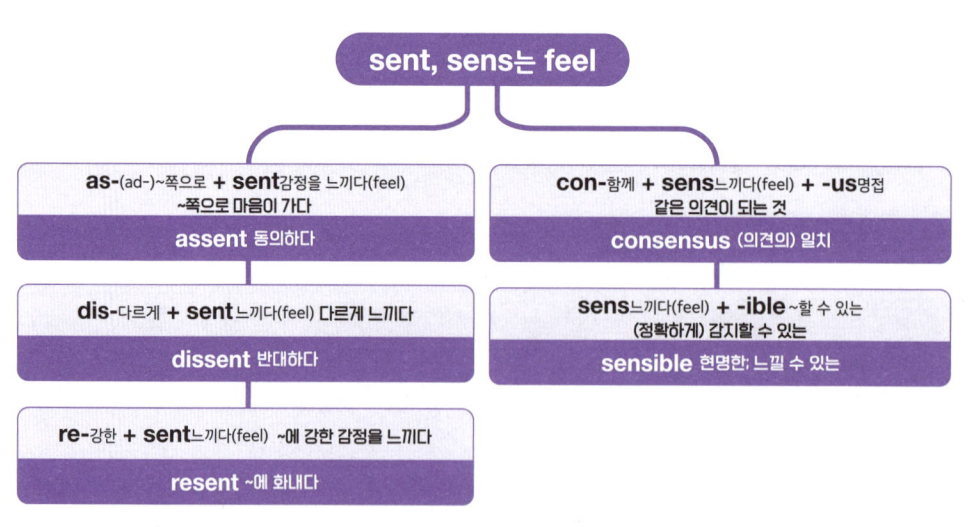

sent, sens는 feel

- as-(ad-)~쪽으로 + sent감정을 느끼다(feel)
  ~쪽으로 마음이 가다
  assent 동의하다

- con-함께 + sens느끼다(feel) + -us명접
  같은 의견이 되는 것
  consensus (의견의) 일치

- dis-다르게 + sent느끼다(feel) 다르게 느끼다
  dissent 반대하다

- sens느끼다(feel) + -ible~할 수 있는
  (정확하게) 감지할 수 있는
  sensible 현명한; 느낄 수 있는

- re-강한 + sent느끼다(feel) ~에 강한 감정을 느끼다
  resent ~에 화내다

350

01 서로 con- 접촉하는 tact 것은 **contact** 접촉; 접촉하다, 연락하다

콘텍트 렌즈 contact lens 착용하는 분들 많죠? contact lens는 우리말로 풀면 눈에 '접촉하는 렌즈'라는 뜻입니다. contact는 어원분석을 해보면 「con-함께 + tac(t)닿다 → 함께(서로) 닿는 것」으로 풀이되어 '접촉(하다)'라는 뜻이 된 것입니다.
contact는 명사와 동사 둘 다로 쓰이는데 동사로 쓰일 때가 중요합니다. '나한테 연락해.'를 영어로 옮길 때 흔히들 Contact with me.라고 하기 쉬운데 이건 잘못된 것입니다. contact은 타동사로 쓰이기 때문에 전치사 with 없이 바로 Contact me.라고 해야 합니다.

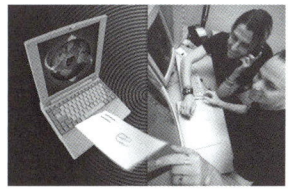

> **contact** 명 접촉, 연락
>   타동 ~와 접촉하다, 연락하다 (※전치사 with를 쓰면 안 됨!)
> · come into contact with   ~와 접촉[연락]하다
> · be in contact with   ~와 접촉하고 있다
> · eye contact   눈 마주치기

· There is very little **contact** between the two countries.
양국 간에 접촉이 거의 없다.

· Please do not hesitate to **contact** me if you have any queries.
질문 있으시면 주저 말고 제게 연락주세요.

· Is there anyway I can **contact** him? It's urgent. 그에게 연락할 방법이 없을까요? 급한 일이에요.

query 질문, 질의 urgent 긴급한

---

02 서로 con- 접촉하여 tag 옮기니 **contagious** (접촉성) 전염성의

아직까지도 사람들을 공포 fear에 떨게 하는 코로나 바이러스가 무서운 것은 사람에서 사람으로 contagion 전염되기 때문이죠. 이 contagion 전염의 형용사가 바로 contagious입니다. contagious는 '함께 접촉하여 옮기는'이란 어원적 의미 그대로 '전염성의'라는 뜻이 된 것입니다. 의미가 의미이다 보니 contagious는 주로 병에 대해 쓰입니다. 그래서 contagious disease 전염병으로 외워두는 것이 중요하죠!

contagious 형 (접촉성) 전염성의

- a contagious passion 전염성이 있는 열정
- **contagion** 명 전염
- **contagiousness** 명 전염성
- **infectious** (호흡을 통한) 전염의, 감염의

- Flu is a highly **contagious** disease. 독감은 전염성이 높은 질병이다.
- Yawns are even more **contagious** than the common cold.
  하품은 보통 감기보다 더 잘 전염된다.

03 여럿이 con- (마구) 만지면 tamin **contaminate** 더럽히다, 오염시키다

공장의 매연, 폐수, 자동차의 배기가스 등등. 바로 지구를 오염시키는 주범 main culprit 들입니다. '오염시키다'라는 뜻의 영단어는 pollute와 contaminate 두 가지가 있습니다. contaminate는 '여럿이 (마구) 만지다'라는 어원적 의미에서 '더럽히다'의 뜻이 되었습니다. 원래 깨끗했던 것이 사람들의 손을 타게 되면 더러워지게 마련이니까요.

그림을 보세요! 이런 공장 굴뚝의 매연이 우리의 환경 environment을 contaminate 오염시키는 주범입니다!

contaminate 타동 더럽히다, 오염시키다 = pollute, taint

- **contamination** 명 오염
  - radioactive contamination 방사능 오염
- **contaminant** 명 오염물질
  - environmental contaminants 환경을 오염시키는 물질들

- The drinking water has become **contaminated** with lead.
  그 식수는 납에 오염되었다.
- The food was **contaminated** during the production process.
  그 음식은 생산 과정에서 오염되었다.

04 만질tang 수 있으면-ible tangible 구체적인, 명백한

사실 tangible은 어원만 잘 파악하면 실제 의미를 이해하는 데 어려움이 없습니다. tangible은 '만질 수 있는'이란 어원적 의미에서 발전해 '구체적인, 명백한'이 된 것이니까요. 내 손으로 만질 수 있고 내 눈으로 볼 수 있는 것이라면 그것은 곧 '구체적인, 명백한'이란 의미가 되는 것이죠. tangible evidence구체적인[명백한] 증거는 아주 유명한 표현이니 꼭 외워두세요!

tangible 형 구체적인, 명백한 = evident, obvious, manifest ↔ intangible 추상적인, 무형의
- tangible evidence 구체적인 증거
- tangible asset (기계·건물과 같은) 유형 자산
- intangible asset (고객의 충성도와 같은) 무형 자산

tangibility 명 구체성, 명백함

- We need **tangible** evidence of his guilt.
  우리는 그의 죄에 대한 구체적인 증거가 필요합니다.

- We achieved **tangible** results from the talks with EU.
  우리는 유럽연합과의 회담에서 구체적인 성과를 거두었다.

guilt 죄, 죄책감

05 ~쪽으로as- 마음이 가니sent assent 동의; 동의하다

어근 sent가 붙는 어휘는 상당히 많습니다. 그 중에서도 자주 쓰이는 두 단어가 assent, consent죠. 일단 assent는 어원분석을 하면 「as-~쪽으로 + sent감정을 느끼다」로서 '~의 생각[감정]으로 다가가다'라고 풀이되므로 '동의하다'라는 뜻이 된 것입니다. 사실 assent, consent가 의미상으로는 동의어지만 어감nuance는 조금 다릅니다. assent는 '고민해보고 ~의 의견에 동의하다'지만, consent는 '요청request를 받고 허용permission을 해주어 동의하다'라는 뜻으로 미묘한 차이가 있습니다.

> **assent** 명 동의 타동 동의하다 = agree to
>
> **consent** 명 동의 자동 동의하다
> · assent[consent] to ~에 동의하다

· Silence gives **consent**.
  침묵은 승낙의 뜻이다.

· Parliament gave its **assent** to war.
  의회는 전쟁에 동의했다.

· He took the car without the owner's **consent**.
  그는 주인의 동의(허락) 없이 그 차를 가져갔다.

Parliament 의회

06 다르게 dis- 느끼니 sent **dissent** 반대하다

assent, consent의 반대말이 dissent입니다. dissent는 '다르게 느끼다'라는 어원적 의미에서 발전해 '반대하다'라는 뜻이 된 단어입니다. 다만, 주의할 점은 dissent 역시 명사, 동사 둘 다로 쓰이는데, 자동사이기 때문에 dissent from ~와 다르다의 형태로 쓰인다는 것입니다. dissent with로 쓰면 안 된다는 거죠!

> **dissent** 명 반대
>   자동 반대하다 = disagree
> · dissent from ~에 반대하다
> **dissension** 명 의견 차이, 불화

· These voices of **dissent** on the new bill grew louder.
  새로운 법안에 대한 반대의 목소리들이 점점 커졌다.

· Only two ministers **dissented** from the official view.
  오직 두 명의 장관만이 그 공식 견해에 반대했다.

07 강한re- 감정을 느끼니sent resent ~에 화내다, 분개하다

얼핏 생각하면 resent~에 화내다, 분개하다의 의미가 잘 떠오르지 않을 수도 있지만, 어원적인 의미로 풀어보면 resent는 '~에 강한 감정을 느끼다'에서 '~에 화내다'라는 뜻이 된 것입니다. 예를 들어 누가 여러분을 모욕insult하는 말을 하면 당연히 그것에 '강한 감정'을 느끼게 되겠죠? 여기서 연상되는 것이 '~에 화내다, 분개하다'에 해당하는 resent입니다. 또 resent에서 중요한 것은 뒤에 동명사 ~ing를 목적어로 취한다는 점이에요. 시험에 잘 나오니까 꼭 알아두어야 합니다. 「resent ~ing」는 '하는 것에 화내다'입니다.

> **resent** [타동] ~에 화내다, 분개하다
> - resent ~ing ~하는 것에 화내다 (※ 명사 또는 동명사를 목적어로 취함!)
> - resent his lie 그의 거짓말에 화내다
>
> **resentment** [명] 화, 분개

- Edward **resented** the fact that Jessica didn't trust him.
  에드워드는 제시카가 자신을 믿어주지 않는다는 사실에 화가 났다.

- I bitterly **resent** being ignored by him.
  그에게 무시되는 것에 몹시 화가 난다.

08 같은con- 의견이 되는sent 것은 consensus (의견의) 일치, 합의

'컨센서스'라는 말은 요즘 외래어로도 잘 쓰이는 말이죠? consensus는 어원을 살펴봐도 '(여럿이) 같은 의견이 되는 것'이 되므로 곧 '(의견의) 일치, 합의'라는 뜻이 되죠. consensus는 주로 조직 구성원들 내의 '(의견의) 일치, 합의'란 의미로 쓰입니다.

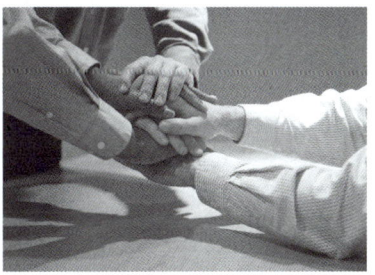

> **consensus** 명 (의견의) 일치, 합의 = agreement
> - reach a consensus 합의에 도달하다
> - a lack of consensus about the aims of the project 그 프로젝트의 목표에 대한 의견 일치의 결여

- Decisions in the organization can be taken only by **consensus**.
  그 조직 내의 결정들은 (구성원들의) 합의에 의해서만 취해질 수 있다.
- Researchers reached a **consensus** on the result of the experiment.
  연구원들은 그 실험 결과에 대한 합의에 도달했다.

09 (정확하게) 감지할sens 수 있으니-ible sensible 1. 현명한 2. 느낄 수 있는

의외로 sensible을 잘 모르는 경우가 많습니다. 철자는 쉬워 보이는데 막상 뜻이 잘 안 외워지는 어휘들이 있죠. 그 중 하나가 이 sensible현명한입니다. sensible의 어원적 의미를 풀어보면 우리말로 '감각 있는, 센스 있는' 정도가 됩니다. 즉, 어떤 일에 있어서 '(정확하게) 감지할 수 있는'이란 어원적 의미에서 발전해 '현명한; 느낄 수 있는'의 뜻이 된 것이죠. 쉬워 보이지만 잘 몰랐던 어휘이므로 주의하세요!

> **sensible** 형 1. 현명한 = wise, sagacious 2. 느낄 수 있는, 두드러진 = noticeable
> - make a sensible answer 현명하게 답하다
>
> **sensibility** 명 현명함

- Please give me advice on a **sensible** investment.
  제게 현명한 투자에 대한 조언을 주십시오.
- There was a **sensible** increase in temperature.
  기온이 두드러지게 상승했다.

확인하고 넘어가자

A | 다음 표시된 말에 해당하는 단어를 원형으로 써보세요.

01 더 알고 싶은 점이 있으시면 저에게 **연락주세요** _____ .

02 우리는 환경을 **오염시키지** _____ 말아야 한다.

03 우리는 **구체적인** _____ 결과를 이끌어냈다.

04 저는 당신의 의견에 **반대합니다** _____ .

05 나는 내 의견이 묵살된 것에 **화가 났다** _____ .

06 마침내 우리는 **합의** _____ 에 도달했다.

B | 다음 표시된 단어의 동의어를 찾거나, 빈칸에 알맞은 단어를 고르세요.

07 The common cold is a **contagious** disease.
  ⓐ contiguous   ⓑ infectious   ⓒ affectionate

08 Emissions from factory stacks **contaminate** the air.
  ⓐ politicize   ⓑ polish   ⓒ pollute

09 He bitterly _____ being treated like a child.
  ⓐ assents   ⓑ dissents   ⓒ resents

정답 A 01 contact 02 contaminate 03 tangible 04 dissent 05 resent 06 consensus
B 07 ⓑ 08 ⓒ 09 ⓒ

41 외치는 건 claim, 발표하는 건 nounce

'외치다'가 영어로 cry인 건 아시죠? cry가 어근으로 쓰일 땐 claim이 됩니다. claim이라는 영단어도 있긴 하지만 지금은 어근으로서의 claim을 얘기하는 것입니다. 두 번째 다룰 어근은 '발표하다'라는 뜻의 nounce입니다. 바로 떠오르는 단어로 announcer아나운서가 있죠. 동사 announce는 '알리다, 발표하다'라는 뜻입니다. announce를 알고 있으면 어근 nounce의 의미인 '발표하다'가 쉽게 이해될 거예요.

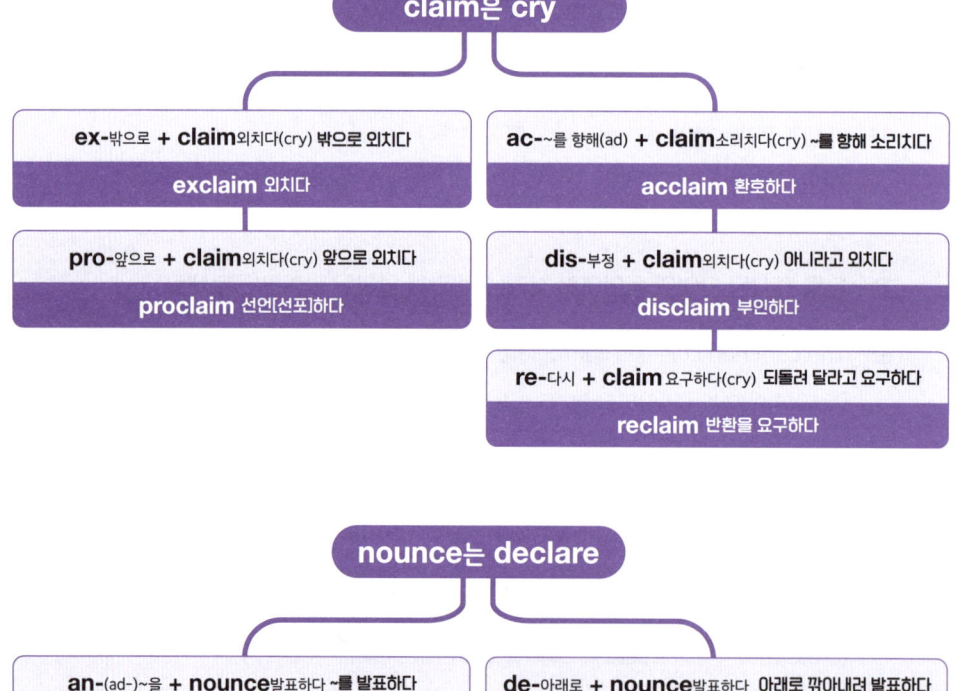

claim은 cry

- **ex-**밖으로 + **claim**외치다(cry) 밖으로 외치다
  exclaim 외치다
- **pro-**앞으로 + **claim**외치다(cry) 앞으로 외치다
  proclaim 선언[선포]하다
- **ac-**~를 향해(ad) + **claim**소리치다(cry) ~를 향해 소리치다
  acclaim 환호하다
- **dis-**부정 + **claim**외치다(cry) 아니라고 외치다
  disclaim 부인하다
- **re-**다시 + **claim** 요구하다(cry) 되돌려 달라고 요구하다
  reclaim 반환을 요구하다

nounce는 declare

- **an-**(ad-)~을 + **nounce**발표하다 ~를 발표하다
  announce 발표하다
- **pro-**앞으로 + **nounce**발표하다 앞으로 발표하다
  pronounce 발음하다; 발표하다
- **de-**아래로 + **nounce**발표하다 아래로 깎아내려 발표하다
  denounce 비난하다
- **re-**뒤로 + **nounce**발표하다 뒤로 물러나겠다고 발표하다
  renounce 포기하다

01 밖으로 ex- 외치니 claim **exclaim** 외치다

어근 claim외치다은 철자 변화가 없어 공부하기 편한 어근입니다. 외치는 것 자체가 당연히 밖으로ex- 외칠 테니 exclaim이란 단어가 생겨난 것이죠. 놀란 surprised, 화가 난angry, 흥분한excited 상태에서는 감정에 복받쳐 소리치게 됩니다.
파생어인 명사 exclamation감탄사도 함께 알아두세요!

exclaim 동 외치다 = cry, yell, shout

exclamation 명 외침, 감탄사
- exclamation mark[point] 감탄 부호, 느낌표(!)
- a exclamation of sorrow 슬픔의 감탄사

- "What a beautiful house!" she **exclaimed**.
  "집 너무 예쁘다!" 그녀가 소리쳤다.

- A small **exclamation** of delight escaped her.
  작은 기쁨의 감탄사가 그녀의 입에서 나왔다.

02 앞으로 pro- 외치니 claim **proclaim** (1. (공식적으로) 선언[선포]하다 2. 분명히 보여주다)

exclaim이 개인적으로 놀라거나 기뻐서 외치는 거라면 proclaim은 공식적으로officially '선언[선포]하다'라는 뜻입니다. 예를 들어 독립 independence이라는 것은 그냥 개인적으로 얘기할 수 있는 것이 아니죠? 국가적으로 '이제부터 우리나라는 독립이다'라고 선포하게 되잖아요? 이럴 때 쓰는 동사가 바로 proclaim선언[선포]하다입니다. 즉 '공식적이고 공개적으로 널리 알리다'라는 의미라는 거 다시 한 번 기억하세요!

> **proclaim** [타동] 1. (공식적으로) 선언[선포]하다 = declare
> 2. ~을 분명히 보여주다 = show clearly
>
> · proclaim a state of emergency 비상사태를 선포하다
> · proclaim the character of capitalism 자본주의의 특징을 분명히 보여주다
> **proclamation** [명] 선언, 선포

· The President **proclaimed** the nation's independence.
  대통령이 나라의 독립을 선포했다.

· The suspect has repeatedly **proclaimed** his innocence.
  그 용의자는 반복적으로 자신의 결백을 선언했다.

03 ~를 향해 ac- 외치면 claim **acclaim** 환호; 환호하다

여러분이 좋아하는 가수의 콘서트 concert에 갔습니다. 마침내 스포트라이트 spotlight를 받으며 그 가수가 등장합니다. 수많은 관객 audience들은 일제히 박수를 치며 그 가수를 향해 소리치겠죠? 여기서 연상되는 어휘가 바로 acclaim 환호하다입니다. acclaim은 applaud 박수 갈채하다와 함께 기억해야 합니다. acclaim은 명사, 동사 둘 다로 쓰인다는 점에도 주의하세요!

> **acclaim** [명] 환호, 찬사 [타동] 환호하다, 갈채를 보내다 = hail
>
> · win international acclaim 국제적인 찬사를 얻다
> **acclaimed** [형] 환호[갈채]를 받은
> · the work acclaimed as a masterpiece 걸작으로 칭송받는 작품

· The film has won great **acclaim**.
  그 영화는 호평을 받았다.

· His new novel has been widely **acclaimed** by many critics.
  그의 신작 소설은 많은 비평가들에게 널리 인정을 받았다.

04 아니라고 dis- 외치니 claim disclaim 부인하다

만약에 누가 있지도 않은 일을 내가 했다고 누명 false accusation을 씌운다면 어떻게 하시겠어요? 당연히 disclaim 하겠죠! disclaim은 '(자기 것이) 아니라고 외치다'란 어원적 의미에서 '부인하다'라는 뜻이 된 거예요. 여러분이 잘 아는 deny 부인하다 와 동의어죠. 조심해야 할 파생어가 명사 disclaimer인데, -er로 끝나는데도 예상을 깨고 '부인 성명, 부인 발표문'이란 뜻이거든요. '부인하는 사람'이 아닌 것에 주의해야 해요!

disclaim [타동] 부인하다 = deny
- disclaim all responsibility 모든 책임을 부인하다
- disclaim any knowledge of him 그에 대해서 아는 바가 없다고 하다

disclaimer [명] 부인 성명, 부인 발표문

- Matt **disclaimed** any responsibility for the accident.
  매트는 그 사고에 대한 어떠한 책임도 부인했다.

- We must include a **disclaimer** in the document.
  우리는 그 문서 안에 부인 발표문을 포함시켜야 한다.

05 되돌려 달라고 re- 요구하니 claim reclaim
반환을 요구하다; 되찾다; 개간하다; 재활용하다

reclaim은 보기엔 쉬워 보일지 모르지만 뜻이 많은 다의어입니다. reclaim은 어원적 의미가 '다시 되돌려 달라고 요구하다'이므로 이 의미 그대로 '반환을 요구하다, 되찾다'라는 뜻이 된 거예요. 그런데 reclaim은 '못 쓰는 땅을 쓸모있는 땅으로 되살리다'라는 의미에서 '개간하다,' 물건이면 '재활용하다'라는 의미까지 생겨났습니다. 특히 '(땅을) 개간하다'라는 의미가 상당히 중요하므로 다시 한 번 맘 속 깊이 새겨두세요!

> **reclaim** [타동] 되찾다, 개간하다
> - baggage reclaim[claim] (공항에서) 짐을 찾는 곳
> - reclaim the stollen wallet 도난당한 지갑을 되찾다
>
> **reclamation** [명] 개간

- You may be entitled to **reclaim** some tax.
  귀하는 얼마의 세금을 환급받을 자격이 되실 것입니다.

- The organization is trying to **reclaim** desert land for farming.
  그 단체는 사막의 땅을 농지로 개간하기 위해 노력 중이다.

be entitled to V ~할 수 있는 자격이 되다

06 ~을an- 발표하다nounce announce 알리다, 발표하다

어근 nounce를 가장 쉽게 이해할 수 있는 어휘가 바로 announce 발표하다죠. announce 하면 announcer란 단어도 함께 떠오르죠? 젊은 세대의 선망의 직업occupation이 바로 announcer아나운서니까요. 정확히 말하면 announcer는 우리말로 '(사실을) 알리는 사람, 발표하는 사람'이란 뜻입니다.

> **announce** [타동] 알리다, 발표하다 = declare
> - announce profits of about $400 million   약 400만 달러의 이익을 발표하다
> - announce the date of the election   선거일을 발표하다
>
> **announcement** [명] 통지, 발표

- The government has **announced** plans to create 100,000 new jobs.
  정부는 10만 개의 새로운 일자리를 만들기 위한 계획들을 발표했다.

- There was an important **announcement** about tax increases.
  세금 인상에 관한 중요한 발표가 있었다.

07 앞으로pro- 발표하니nounce pronounce 1. 발음하다 2. (의견을) 표명하다, 발표하다

pronounce는 '앞으로 발표하다'라는 어원적 의미에서 '발음하다; (의견) 표명하다'라는 두 가지 뜻이 되었습니다. 소리를 똑똑히 앞으로 낸다는 의미에서 '발음하다'란 뜻이 되고, 생각을 분명히 앞으로 낸다는 의미에서 '발표하다, (의견을) 표명하다'란 뜻이 된 것입니다. 동사의 뜻에 따라 명사도 pronouncement표명, 발표와 pronunciation발음으로 다르기 때문에 주의해야 합니다. '발음 좋은데.'라고 하려면 You have good pronunciation.이라고 하면 됩니다.

> **pronounce** 타동 1. 발음하다 2. (의견을) 표명하다, 발표하다
>
> **pronunciation** 명 발음
> **pronouncement** 명 표명, 발표

- How do you **pronounce** you name?
  네 이름은 어떻게 발음하니?

- In China, you should try to **pronounce** their name correctly.
  중국에서는 그들의 이름을 정확히 발음하도록 노력해야 한다.

- His wife was **pronounced** dead at Stanford Hospital.
  그의 부인은 스탠포드대 병원에서 사망한 것으로 발표되었다.

08 아래로de- 깎아내려 발표하니nounce denounce (공개적으로) 비난하다

그림을 보면 서로 손가락질하며 상대를 비난하고 있죠? denounce는 접두어 de-아래로(down)의 의미가 아주 강력하게 작용하는 어휘입니다. '저 놈, 나쁜 놈이야!'라고 남들 앞에서 깎아내려 외치는 것이 바로 denounce(공개적으로) 비난하다거든요. 명사는 denunciation비난으로 철자의 변형이 있다는 점에 주의하세요!

> **denounce** [타동] 1. (공개적으로) 비난하다 = criticize 2. 신고하다
> - denounce him to the police 그를 경찰에 신고하다
> **denunciation** [명] (공개적) 비난

- He **denounced** the election as a comedy.
  그는 그 선거를 코미디라고 비난했다.

- They **denounced** the government's policies on the issue.
  그들은 그 문제에 대한 정부의 정책들을 비난했다.

09 뒤로 물러나겠다고re- 발표하니nounce renounce 포기[단념]하다

renounce는 어원적 의미인 '뒤로 물러나겠다고 발표하다'라는 뜻 그대로 '포기[단념]하다'라는 뜻이 됩니다. 우리에게 익숙한 give up 이란 숙어와 동의어synonym가 되는 거죠. 물러나는 것은 곧 포기하는 것이 되는 법입니다.

> **renounce** [타동] 포기[단념]하다 = give up, abandon
> - renounce one's right 권리를 포기하다
> - renounce all nuclear weapons 모든 핵무기를 포기하다
> **renunciation** [명] 포기, 단념

- Bob voluntarily **renounced** his U.S. citizenship.
  밥은 자발적으로 미국 시민권을 포기했다.

- We must absolutely **renounce** all forms of terrorism.
  우리는 모든 형태의 테러 행위를 포기해야만 한다.

확인하고 넘어가자

A | 다음 표시된 말에 해당하는 단어를 원형으로 써보세요.

01 그는 자기도 모르게 "와"하고 **외쳤다** _____.

02 그 후보에게 많은 청중들이 **환호했다** _____.

03 그녀는 자신의 책임을 **부인했다** _____.

04 그들은 황무지를 **개간하여** _____ 농토로 만들었다.

05 그의 영어 **발음** _____ 은 아주 훌륭하다.

06 많은 국민들이 정부를 **비난하고** _____ 있다.

B | 다음 표시된 단어의 동의어를 찾거나, 빈칸에 알맞은 단어를 고르세요.

07 The new play was **acclaimed** by the critics as a masterpiece.
ⓐ hailed   ⓑ healed   ⓒ hallowed

08 The group has **disclaimed** all responsibility for the attack.
ⓐ asked for   ⓑ denied   ⓒ acknowledged

09 Residents _____ the plan because of traffic and parking problems.
ⓐ announced   ⓑ pronounced   ⓒ denounced

정답 A 01 exclaim 02 acclaim 03 disclaim 04 reclaim 05 pronunciation 06 denounce
B 07 ⓐ 08 ⓑ 09 ⓒ

42 던지는 건 ject, 보내는 건 mit

올림픽 육상 경기 종목 중 창던지기the javelin이 있죠? 손에 창을 들고 30여 미터를 달려와 최대한 멀리 던지는 경기죠. 이때 가장 중요한 것은 창을 던져서 멀리 보내는 거예요. 여기서 연상되는 두 어근이 ject와 mit입니다. 어근 ject는 '던지다throw'의 의미이고 어근 mit는 '보내다send'의 의미입니다!

ject는 throw

- **ab-**멀리 + **ject**던지다(throw) (신세가) 멀리 내던져진
  → **abject** 비참한

- **de-**아래로 + **ject**던지다(throw) + **-ed**~된
  (기분이) 아래로 내던져진
  → **dejected** 낙담한, 실망한

- **pro-**앞으로 + **ject**던지다(throw) 앞으로 던지다
  → **project** 발사하다

- **re-**뒤로 + **ject**던지다(throw) 뒤로 던지다
  → **reject** 거절하다

mit, mis는 send

- **com-**함께, 강조 + **mit**보내다(send)
  ~를 함께[완전히] 보내다
  → **commit** 저지르다; 전념하다; 보내다

- **dis-**멀리 + **mis(s)** 보내다(send) 멀리 보내다
  → **dismiss** 묵살하다, 해고하다

- **e(x)-**밖으로 + **mit**보내다(send) 밖으로 내보내다
  → **emit** (빛, 열 등을) 내다, 발산하다

- **sub-**아래로 + **mit**보내다(send) 아래로 보내다
  → **submit** 제출하다; 복종하다

01 신세가 멀리ab- 내던져지니ject abject 1. 비참한 2. 비굴한

돈을 잘 벌다가 한 순간의 실수로 사업이 망해버리고 갈 곳이 없어 공원 벤치에 앉아있으면 얼마나 비참할까요? 이럴 때 쓰는 단어가 abject비참한입니다. abject는 '(신세가) 멀리 내던져진'이라는 어원적 의미에서 '비참한'의 뜻이 된 단어입니다. 또 자존심을 멀리 내던져버리면 '비굴한'이란 뜻이 되죠. 예를 들어 abject poverty 하면 '비참한 가난'이고, abject apology 하면 '비굴한 사과'가 되겠죠?

abject 휑 1. 비참한 = miserable, wretched 2. 비굴한 = servile
- abject poverty   비참한 가난
- an abject apology   비굴한 사과
- live in abject misery   비참한 불행 속에 살다

- The conditions that African people live in are **abject** and shocking.
  아프리카 사람들의 생활상은 비참하고 충격적이다.

- Don't make such an **abject** apology.
  그렇게 비굴한 사과는 하지 마.

02 기분이 아래로de- 던져지면jected dejected 낙담한, 실의에 빠진

시험에 떨어지고, 면접 망치고, 실연 당하고… 윽! 생각하기도 싫은 상황situation들이죠? 이런 상황에 딱 어울리는 어휘가 dejected입니다. dejected는 어원적 의미로도 '(기분이) 아래로 던져진'이 되는데, 이 뜻이 그대로 '낙담한, 실망한'이란 뜻이 된거죠. 여자친구한테 차였다면dumped 당연히 dejected한 모습이겠죠?

dejected 휑 낙담한, 실의에 빠진 = depressed, despondent, downcast
- The dejected players left the field.   실망한 선수들이 경기장을 떠났다.
dejection 몡 낙담, 실의

- He was very **dejected** when he broke up with his girlfriend.
  그는 여자 친구와 헤어졌을 때 매우 낙심했다.

- She looked so **dejected** when she lost the game.
  그 경기에 진 그녀는 몹시 낙담한 모습이었다.

break up with ~와의 관계가 깨지다

03 앞으로pro- 던지니ject **project** 1. 발사[영사]하다 2. 계획[예측]하다 3. 튀어나오다

외래어로 '프로젝트'라는 말은 꽤나 익숙한 말이죠? 그런데 이 project를 제대로 알고 나면 조금 복잡한complicated 면이 있습니다. 일단 project의 어원적 의미를 분석하면 '앞으로 던지다'인데, 미사일을 앞으로 던지면 '발사하다,' 빛을 앞으로 쏘면 '영사하다,' 생각·계획을 앞으로 던지면 '계획[예측]하다,' 앞으로 던져지면 '튀어나오다' 란 뜻이 됩니다.

project [타동] 1. (미사일 등을) 발사하다, (빛을) 영사하다 2. 계획하다, 예측하다
[자동] 튀어나오다, 돌출하다 = protrude
[명] 계획, 프로젝트 = plan

- projecting teeth 튀어나온 이(뻐드렁니)

projection [명] 예측; 돌출; 영사
projector [명] 영사기

- He **projected** the slide onto the wall.
  그는 벽에 슬라이드를 영사했다.

- The company **projected** an annual growth rate of 3%.
  그 회사는 매년 3%의 성장률을 예측했다.

04 뒤로 re- 던지니 ject reject 거절하다

누군가의 제안 offer에 대해 '너나 하세요'라고 말해버리면 그건 바로 reject하는 것이죠. reject는 '(상대의 제안을) 뒤로 던져버리다'라는 어원적 의미에서 발전해 '거절하다'란 뜻이 된 단어입니다. 또 reject는 명사로 '(결함이 있어) 반품된 제품'이라는 아주 중요한 뜻이 있습니다. 결국 소비자에게 '거절당한 제품'인 셈이죠.

reject [타동] 거절하다 = refuse, turn down
        [명] (결함이 있어) 반품된 제품

· reject his absurd proposal 그의 어리석은 제안을 거절하다
rejection [명] 거절; (구매한 제품의) 반품

· Our company decided to **reject** his offer. 우리 회사는 그의 제안을 거절하기로 결정했다.
· My proposal was flatly **rejected**. 나의 프로포즈는 단호히 거절당했다.

05 ~를 함께[완전히] com- 보내니 mit commit
1. (범죄를) 저지르다 2. 약속[전념]하다 3. 보내다

commit은 상당히 여러 가지 의미를 지닌 다의어죠. 또 의미들 간의 연관성 relation도 없어 보이고 말이죠. commit을 어원분석해 보면 '~를 함께[완전히] 보내다'가 되죠. 사실 '약속[전념]하다'를 '보내다'란 뜻과 연결짓는 것은 어렵지 않습니다. 나의 행동을, 내 자신을 어떤 일로 보내면 '~하겠다고 약속하다, ~에 전념하다'의 의미가 되죠.
그런데 '(범죄를) 저지르다'는 좀 다릅니다. 내 머릿속 (나쁜) 생각을 행동으로 보내버리게 되면 범죄를 저지르게 되
는 것입니다. '훔칠까? 말까? 에잇! 훔치자!'가 되면 commit a crime 범죄를 저지르다 하는 것이고 '죽을까? 말까? 에잇! 죽자!'가 되면 commit suicide 자살하다 하는 것입니다.

commit [타동] 1. (범죄를) 저지르다 2. 약속[전념]하다 3. 보내다

- commit a crime 범죄를 저지르다
- commit suicide 자살하다
- commit adultery 간통을 저지르다
- commit oneself to+명사/동명사 ~에 헌신[전념]하다

commitment [명] 약속; 헌신, 전념 = devotion
committee [명] 위원회 = board
commission [명] 위원회; 위임; 수수료

- Women **commit** fewer crimes than men. 여자들은 남자들보다 범죄를 덜 저지른다.
- People may **commit** suicide when they see no hope for the future.
  사람들은 미래에 대한 어떠한 희망도 보이지 않을 때 자살할 수 있다.
- The company has **committed** itself to boosting profits by slashing costs.
  그 회사는 비용을 절감함으로써 수익을 끌어올리는 데 전념했다.
- A lot of money has been **committed** to the housing project.
  주택 건설 프로젝트에 많은 돈이 투입되었다.

boost 올리다, 신장시키다   slash cost 비용을 절감하다

06 멀리dis- 보내니miss **dismiss** 1. (제안·비난을) 묵살[일축]하다 2. 해고하다

dismiss의 어원적 의미를 살펴보면 '멀리 보내다'가 됩니다. 누군가의 제안을 멀리 보내(날려) 버리면 곧 들어주지 않는다는 얘기겠죠? 그래서 '묵살[일축]하다'라는 뜻이 되는 것입니다. 또 회사에서 직원을 멀리 보내 버리면 '해고하다'라는 뜻이 되구요.

dismiss [타동] 1. (제안·비난을) 묵살[일축]하다 2. 해고하다 = fire

- dismiss A from B A를 B에서 해고하다
- dismiss his offer lightly 그의 제안을 가볍게 묵살해 버리다

dismissal [명] 묵살; 해고

- He **dismissed** my proposal as unrealistic.
  그는 나의 제안이 비현실적이라고 묵살해 버렸다.

- The director was unfairly **dismissed** from his post.
  이사는 그의 자리에서 부당하게 해고되었다.

- If you're late again, you'll be **dismissed**.
  또 다시 지각하면 자넨 해고야.

07 밖으로e- 보내니mit emit (빛·열 등을) 내다, 발산하다

굴뚝chimney에선 연기가, 난로furnace에선 열이, 기계에선 윙윙~ 소리가 나옵니다. 이렇게 빛, 열, 가스, 소리 등을 '밖으로 내보내다'라고 할 때 연상되는 동사가 emit입니다. emit은 어원적으로 살펴보면 '밖으로 내보내다'로 풀이되므로 이 뜻 그대로 '발산하다'가 된 거겠죠? 그런데 발음을 조심해야 해요. [에밋]이 아니고 [이밋]이니까요. 명사 emission배출 물질도 많이 쓰는 어휘니 함께 외워두시구요!

emit 타동 (빛·열·가스 등을) 내다, 발산하다 = give off
- emit thick, black smoke 짙은 검은 연기를 배출하다
emission 명 배출 물질
emissary 명 사절, 특사

- Plastics **emit** deadly poison during production.
  플라스틱은 제조 과정에서 맹독성 물질을 배출한다.

- U.S. **emissions** of carbon dioxide are still increasing.
  미국의 이산화탄소 배출량은 여전히 증가하고 있다.

carbon dioxide 이산화탄소

08　~의 아래로 sub- 보내니 mit　submit　1. 제출하다　2. 따르다, 복종하다

submit의 두 가지 의미도 별 연관성이 없어 보이죠? submit의 어원적 의미를 풀면 '~의 아래로 보내다'가 됩니다. 만약 문서를 '~의 아래로 (공손히) 보내면' '제출하다'라는 뜻이 됩니다. 그런데 '따르다, 복종하다'는 원래 submit oneself to에서 oneself가 빠져 submit to로 쓰이게 된 것이므로, 어원적 의미가 '자신을 ~의 아래로 보내면'이 되어 '~에 따르다, 복종하다'라는 뜻이 된 것이죠.

---

submit [타동] 제출하다 = tender, hand in
　　　　 [자동] 따르다, 복종하다 = comply with

- submit A to B　A를 B에 제출하다
- submit to　~에 따르다, 복종하다
submission [명] 복종; 제출
submissive [형] 복종[순종]하는 = obedient

- All applications must be **submitted** by this week.
  모든 신청서들은 이번 주까지 제출되어야 합니다.

- I have to **submit** the report within two weeks.
  2주 내로 보고서를 제출해야 한다.

- All of us should **submit** to the law.
  우리 모두는 법을 따라야 한다.

확인하고 넘어가자

A | 다음 표시된 말에 해당하는 단어를 원형으로 써보세요.

01 그는 **비참한** _____ 최후를 맞았다.

02 그는 시험 결과에 **낙담한** _____ 표정을 지었다.

03 나는 그의 제안을 단호히 **거절했다** _____ .

04 그는 자신에 대한 온갖 비난을 **일축했다** _____ .

05 공장 굴뚝에서 연기를 **배출하고 있다** _____ .

06 내일까지 입학 원서를 **제출해야** _____ 한다.

B | 다음 표시된 단어의 동의어를 찾거나, 빈칸에 알맞은 단어를 고르세요.

07 His hasty attempt ended in the _____ failure.
  ⓐ abject   ⓑ adjacent   ⓒ considerate

08 He looked utterly **dejected** when the teacher told him he'd failed again.
  ⓐ depressed   ⓑ impressed   ⓒ suppressed

09 He _____ a series of brutal murders.
  ⓐ did   ⓑ committed   ⓒ submitted

정답 A 01 abject 02 dejected 03 reject 04 dismiss 05 emit 06 submit
B 07 ⓐ 08 ⓐ 09 ⓑ

43. 잡는 건 cap, 잡고 있는 건 tain

공을 잡고 무작정 뛰는 게임이 바로 미식축구American football입니다. 일단 패스된 공을 잘 잡아 상대 수비수들을 요리조리 피해서 뛰어야 하죠. 뛰는 동안에도 당연히 공을 잡고 있어야겠죠? 이번에 배울 두 어근 cap와 tain은 미식축구를 떠올리면 쉽게 이해됩니다. 어근 cap은 '잡다catch'의 의미이고, 어근 tain은 '잡고 있다hold'의 의미입니다!

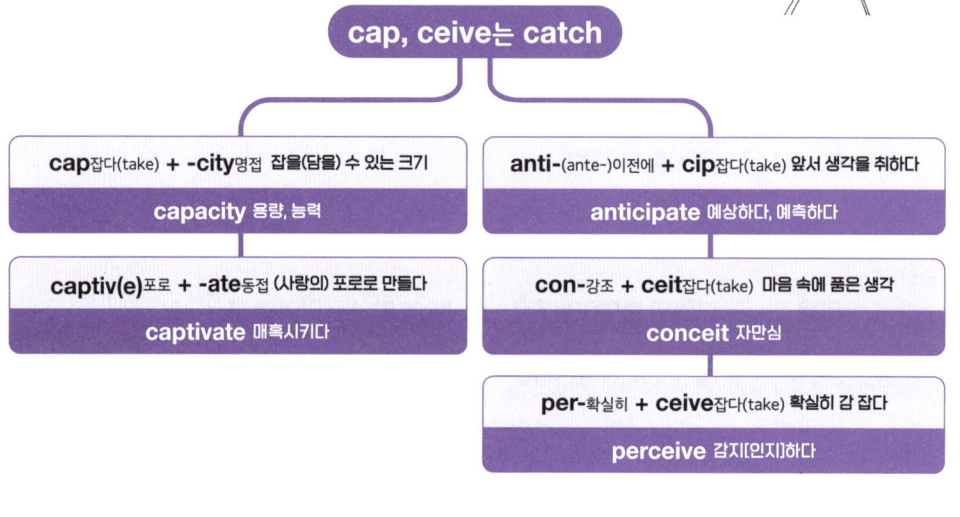

cap, ceive는 catch

- **cap**잡다(take) + **-city**명접 잡을(담을) 수 있는 크기
  → **capacity** 용량, 능력

- **captiv(e)**포로 + **-ate**동접 (사랑에) 포로로 만들다
  → **captivate** 매혹시키다

- **anti-**(ante-)이전에 + **cip**잡다(take) 앞서 생각을 취하다
  → **anticipate** 예상하다, 예측하다

- **con-**강조 + **ceit**잡다(take) 마음 속에 품은 생각
  → **conceit** 자만심

- **per-**확실히 + **ceive**잡다(take) 확실히 감 잡다
  → **perceive** 감지[인지]하다

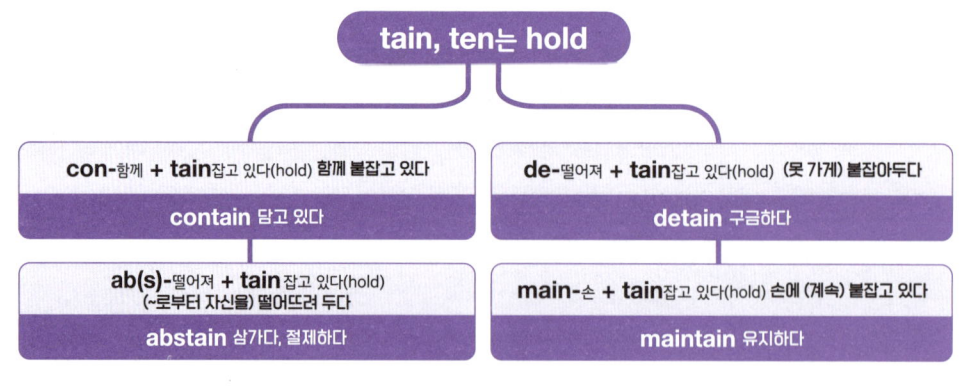

tain, ten는 hold

- **con-**함께 + **tain**잡고 있다(hold) 함께 붙잡고 있다
  → **contain** 담고 있다

- **ab(s)-**떨어져 + **tain** 잡고 있다(hold) (~로부터 자신을) 떨어뜨려 두다
  → **abstain** 삼가다, 절제하다

- **de-**떨어져 + **tain**잡고 있다(hold) (못 가게) 붙잡아두다
  → **detain** 구금하다

- **main-**손 + **tain**잡고 있다(hold) 손에 (계속) 붙잡고 있다
  → **maintain** 유지하다

01 담을cap 수 있는 크기-city 는 capacity 1. 용량 2. 능력

'용량'이라고 하면 '기구나 그릇 같은 데 들어갈 수 있는 분량'을 뜻합니다. 이 '용량'에 딱 들어맞는 단어가 바로 capacity죠. capacity는 '잡을(담을) 수 있는 크기'라는 어원적 의미 그대로 '용량'이란 뜻이 된 것입니다. 그런데 capacity는 사람이 해낼 수 있는 '능력ability'의 의미로도 쓰입니다. 어떤 일을 할 수 있는 사람의 '용량'이 곧 '능력'이라고 할 수 있으니까요.

> **capacity** 명 1. 용량; 생산 능력 2. 능력 = ability, capability, caliber
> - at full capacity   전면 가동에 있는
> **capacious** 형 널찍한 = spacious, commodious
> - capable of   ~할 수 있는

- The classroom has a seating **capacity** of 300.
  그 교실의 수용 인원은 300명이다.

- The factory is working at full **capacity**.
  그 공장은 현재 풀가동 중이다.

- Children have a remarkable **capacity** to learn language.
  아이들은 언어를 배우는 놀라운 능력을 지니고 있다.

02 사랑의 포로captiv로 만드는-ate 건 captivate 매혹시키다

최근 전세계적으로 사랑받고 있는 K팝의 중심에는 걸그룹들이 있죠. 화려한 춤과 노래로 팬들을 사로잡고 있는데요. 이 '사로잡다'에 들어맞는 말이 바로 captivate입니다. 사실 captivate를 이해하려면 먼저 '포로'라는 뜻의 captive를 알아야 합니다. captive는 어원적 의미로 풀면 '붙잡은 자'이므로 '포로'라는 뜻이 된거죠. captivate는 '(상대방을) 사랑의 포로로 만들다'에서 '매혹시키다'란 뜻이 된 것이구요.

375

> **captivate** [타동] 매혹시키다 = allure, enchant, mesmerize
> **captivating** [형] 매혹적인 = attractive
> **captive** [명] 포로

- I was **captivated** by her stunning beauty.
  나는 그녀의 눈부신 미모에 매혹되었다.

- The children were **captivated** by her stories.
  아이들은 그녀의 이야기에 매료되었다.

stunning 눈부시게 예쁜, 기절할 정도인

03 앞서 anti- 생각을 취하니 cip anticipate 예상[예측]하다

anticipate를 어원분석해 보면 '앞서 생각을 취하다'라고 풀이되어 '예측하다'가 됩니다. 여기서 한 가지 조심할 것은 원래 접두어 anti-는 '반대'의 뜻을 갖고 있지만 여기서는 ante-이전에(before)의 변형이라는 것을 알아야 합니다. 그리고 어근 cip-의 의미인 take는 원래 '잡다, 취하다'라는 뜻이지만 우리말의 '감 잡다'란 말처럼 '생각[이해]하다'의 의미로 쓰인 것입니다.

> **anticipate** [타동] 예상[예측]하다 = expect, predict, foresee
> - It is anticipated that ~일 것으로 예상된다
> - anticipated profit[loss] 예상 이익[손실]
> **anticipation** [명] 예상, 예측

- Sales are better than **anticipated**.
  예상보다 더 잘 팔리고 있다.

- It is **anticipated** that inflation will stabilize at 3%.
  물가 상승률이 3%에서 안정될 것으로 예상된다.

stabilize 안정시키다, 안정되다

04 마음 속에 품은ceit 잘났다는con- 생각은 conceit 자만심, 우쭐함

사람이 일이 좀 잘 풀려갈 때 가장 경계alert해야 하는 것이 바로 '자만심conceit'이죠. 자만심은 곧 성공의 걸림돌stumbling block이 되니까요.

conceit는 원래 conceive(생각을) 품다라는 동사의 명사입니다. 다시 말해 conceit을 어원적으로 풀어보면 '마음 속에 품은 (잘났다는) 생각'인데, 여기서 '자만심'이란 뜻이 생겨난 것이죠.

> **conceit** 몡 자만심, 우쭐함 = self-importance
> - a foolish conceit 어리석은 자만심
>
> **conceited** 혱 자만심이 강한 ↔ humble 겸손한

- Don't be so **conceited**. 너무 잘난 척하지 마.
- I got sick of his excessive **conceit**. 난 그 사람의 지나친 자만심에 역겨워졌다.
- It's very **conceited** of you to assume that your work is always the best.
  당신 작품이 항상 최고라고 생각한다면 그건 대단히 자만심에 찬 생각이다.

05 확실히per- 감 잡으니ceive perceive 인식[감지]하다

뭔가를 어설프게가 아니라 확실히 알게 될 때 쓰는 동사가 바로 perceive입니다. 다만, perceive는 말할 때보다는 글을 쓸 때 주로 쓰는 문어체의 동사입니다. perceive는 어원적 의미가 '확실히 감 잡다'이므로 '감지[인지]하다'라는 뜻이 된 것입니다. perceive의 암기 포인트는 접두어 per-가 '확실히'라는 강조의 의미임을 아는 것입니다.

> **perceive** 타동 인식[감지]하다
>
> **perception** 몡 인식, 감지
> **perceptive** 혱 통찰력[직관력] 있는   **perceptible** 혱 인지할 수 있는

- Cats are not able to **perceive** color well.
  고양이는 색을 잘 인식하지 못한다.

- I **perceived** a change in his behavior.
  그의 행동에 변화가 있음을 알 수 있었다.

- The government was widely **perceived** as corrupt.
  정부는 부패했다고 널리 인식되었다.

corrupt 타락한, 부패한

06 함께con- 붙잡고 있으니tain contain 1. 담고 있다, 함유하다 2. (감정을) 억누르다

'컨테이너'라는 말 들어보셨죠? '컨테이너' 하면 흔히들 항구harbor에 있는 용량capacity이 엄청나게 큰 철제 컨테이너만 생각하는데 꼭 그것에만 한정되어 쓰이진 않습니다. 예를 들어 냉장고 refrigerator를 열면 반찬을 담아놓은 용기가 보이죠? 그런 '용기'도 container라고 부릅니다. 동사 contain은 어원적으로 '함께 붙잡고 있다'라는 의미에서 '담고 있다; 억누르다'라는 뜻이 된 것입니다. 물건을 담아두고 있는 것도 contain이지만, 감정을 마음속에 꾹 담고 있는 것, 즉 '(감정을) 억누르다'라는 의미로도 contain을 씁니다.

---

contain [타동] 1. 담고 있다, 함유하다 2. (감정을) 억누르다 = suppress

container [명] 그릇, 용기; (화물 수송용) 컨테이너
containment [명] 방지; 견제

- It is important to eat meat and eggs, as they **contain** protein and vitamins.
  단백질과 비타민을 함유하고 있으므로 고기와 달걀을 섭취하는 것이 중요하다.

- I couldn't **contain** myself for her anymore.
  난 그녀에 대한 감정을 더 이상 억누를 수 없었다.

- I could hardly **contain** my excitement.
  난 흥분을 가라앉힐 수가 없었다.

07 ~로부터 자신을 떨어뜨려abs- 두니tain abstain
1. 삼가다, 절제하다 2. 기권하다

게임 중독, 과도한 음주, 흡연 등은 '삼가고 절제해야' 할 것들이 죠. abstain이 바로 '삼가다, 절제하다'라는 뜻입니다. abstain 은 '(~로부터 자신을) 떨어뜨려 두다'라는 어원적 의미 그대로 '삼가다, 절제하다'라는 뜻이 된 것입니다. 중요한 것은 abstain 이 자동사로 전치사 from과 꼭 함께 쓰인다는 점입니다! 그래 서 아예 처음부터 abstain from~을 삼가다, 절제하다로 외워야 합 니다. 또 투표voting에서 abstain이 쓰이면 '기권하다'라는 의미 인 것 역시 함께 알아두세요!

> **abstain** 자동 1. 삼가다, 절제하다 2. 기권하다
> · abstain from ~을 삼가다, 절제하다
> **abstinence** 명 절제, 자제
> **abstinent** 형 자제하는

· Obese children must abstain from fatty foods.
  비만인 아이들은 지방이 많은 음식들을 절제해야 한다.

· Three members of the committee abstained.
  위원회의 세 위원이 기권했다.

fatty food 기름진 음식

08 못 가게de- 붙잡아두는tain detain 억류[구금]하다

포로captive를 붙잡았거나 용의자suspect를 체포하면 일단 집에 못 가게 붙잡아두게 됩니다. 이런 걸 다른 말로 '억류[구금]하다'라고 하 는데 그냥 '붙잡아두다'로 이해하면 쉽습니다. 이럴 때 쓰는 동사가 detain인데, 어원적 의미인 '(못 가게) 붙잡아두다'가 그대로 '억류 [구금]하다'란 뜻으로 된 것이죠!

379

> **detain** [타동] 억류[구금]하다 = confine
> - detain a suspect 용의자를 구금하다(붙잡아두다)
>
> **detention** [명] 억류, 구금　　**detainee** [명] 억류자

- The suspect has been **detained** by the police for questioning.
그 용의자는 심문을 받기 위해 경찰에 억류되었다.
- The boss is **detained** in Busan on urgent business.
사장님께서 급한 일로 부산에서 못 올라오고 계십니다.

09 손에 main- 계속 붙잡고 있으니 tain maintain 1. 유지하다 2. 주장하다

어떤 일에 성공하는 것도 힘들지만 그 성공을 유지하는 것이 더 힘들다고 합니다. 이번에 배울 동사가 바로 '유지하다'의 뜻을 가진 maintain입니다. maintain은 '손에 (계속) 붙잡고 있다'라는 어원적 의미에서 발전해 '유지하다'라는 뜻으로 쓰이게 되었습니다. 그런데 maintain의 또 한 가지 중요한 뜻이 '주장하다'입니다. 누가 뭐라고 해도 자신의 생각(뜻)을 유지시켜 나간다는 의미에서 '(계속) 주장하다'란 뜻이 되었죠. 주로 뒤에 that을 동반한다는 사실도 알아두세요!

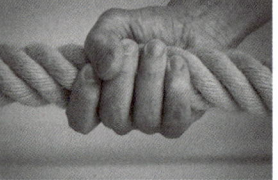

> **maintain** [타동] 1. 유지하다 2. 주장하다 = assert
> - maintain one's family 가족을 먹여 살리다(부양하다)
> - maintain that ~라고 주장하다
>
> **maintenance** [명] 유지
> - maintenance fee 유지비

- The hotel has **maintained** a high level of service for many years.
그 호텔은 여러 해 동안 높은 서비스 수준을 유지해왔다.
- He is too poor to **maintain** his family. 그는 너무 가난해서 가족을 먹여 살리지 못한다.
- Critics **maintain** that these reforms will lead to a decline in educational standards. 비평가들은 이러한 개혁이 교육 수준의 하락으로 이어질 것이라고 주장한다.

확인하고 넘어가자

A | 다음 표시된 말에 해당하는 단어를 원형으로 써보세요.

01 그녀의 미모는 모든 남성을 **매혹시켰다** _____.

02 우리는 내년 판매량을 **예측했다** _____.

03 그는 **자만심** _____ 으로 똘똘 뭉쳐 있다.

04 난 그가 거짓말을 하고 있다는 것을 **감지했다** _____.

05 그 환자는 술을 **자제해야** _____ 한다.

06 우리는 적군 포로 4명을 **구금하고 있다** _____.

B | 다음 표시된 단어의 동의어를 찾거나, 빈칸에 알맞은 단어를 고르세요.

07 I was **captivated** by her smooth smile.
ⓐ captured   ⓑ attracted   ⓒ conceived

08 We couldn't **anticipate** any problems.
ⓐ foresee   ⓑ perceive   ⓒ deceive

09 Pilots must _____ from alcohol for 24 hours before flying.
ⓐ abstain   ⓑ contain   ⓒ detain

정답 A 01 captivate 02 anticipate 03 conceit 04 perceive 05 abstain 06 detain
B 07 ⓑ 08 ⓐ 09 ⓐ

44 끝은 fin과 termin

여러분이 잘 아는 단어 가운데 finish끝내다가 있죠? 이제는 finish를 '끝내다'란 의미의 단어로만 아는데 그치지 말고, 단어 속에 포함된 '끝end'의 의미를 갖는 fin이란 어근도 살펴보세요. 어근을 아는 순간 많은 어휘의 의미가 한 번에 파악될 수 있습니다. 아놀드 슈왈제네거를 유명하게 만든 영화 '터미네이터Terminator' 아시죠? 여기서 termin 역시 '끝'이란 뜻의 어근이랍니다!

fin은 end

fin끝(end) + **-ite**형접 끝이 있는
finite 유한한

in-부정 + **finite**유한한 끝이 없는(finite의 반대말)
infinite 무한한

con-확실히 + **fine**끝을 정하다 끝을 확실히 하다
confine 한정하다

de-완전히 + **fine**끝을 밝히다 (의미의) 끝을 정하다
define 규정하다

re-다시 + **fine**좋은 더 좋게 하다
refine 정제하다

termin도 end

termin끝(end) + **-ate**동접 끝내버리다
terminate 종결시키다

in-부정 + **terminable** 끝날 수 있는 끝나지 않는
interminable 끝없는

termin이 줄어 생긴 단어 **term** (시간, 생각 등의) 끝
term 기간; 말

de-강조 + **termin(e)**끝(end) (마음의) 끝을 확실히 하다
determine 결정하다

01 끝fin이 있으니 finite 유한한

세상 모든 것은 끝이 있게 마련입니다. 특히 생명이 그렇죠. 언젠가는 젊음youth이 지나가고 나이를 더 먹으면 늙게 되어 한 줌의 흙soil으로 돌아갑니다. 이렇듯 우리의 수명life span은 유한합니다. 이렇게 끝fin이 정해져 있는, 즉 '유한한'이 바로 finite입니다!

finite 형 유한한 = limited
- finite resources 유한한 자원
- finite life span 유한한 수명

· Petroleum is a **finite** resource. 석유는 유한한 자원이다.
· We have to conserve our **finite** resources. 우리의 유한한 자원들을 아껴야 한다.

02 끝이finite 없으니in- Infinite 무한한

세상 모든 것에 끝이 있다고 슬픔sorrow에 잠겨 있는 건 아니죠? 끝이 있는 게 있으면 끝이 없는 것도 있습니다. 어머니의 사랑, 이건 정말 끝없는 사랑infinite love죠. 또한 우주도 끝이 없다고 할 수 있죠? 따라서 무한한 우주an infinite universe라고 할 수 있습니다. 이처럼 infinite은 바로 앞에서 배운 finite유한한의 반대말이 되어 '끝없는, 무한한'이란 뜻이 되는 것입니다. 유명한 마블의 어벤져스 시리즈 중에 Infinity war인피니티 워라는 작품이 있죠? 여기서 infinity인피니티라는 단어는 infinite의 명사형이랍니다.

infinite 형 끝없는, 무한한 = endless, unlimited
- her infinite patience 그녀의 무한한 인내
- his infinite potential 그의 무한한 잠재력

infinity 명 무한

- It's really difficult to imagine an infinite universe.
  무한한 우주를 상상하기는 정말로 어렵다.
- Mothers are women of infinite patience.
  어머니들은 무한한 인내를 가진 여성들이다.

03 끝fine을 확실히con- 하니 confine 한정하다, 가두다

그림을 보세요. 한 남자가 갇혀 있죠? 이제 이 남자가 움직일 수 있는 범위(끝)은 분명해졌습니다. 두말 할 것도 없이 '감옥 안'입니다. 이것이 바로 confine가두다, 한정하다의 의미입니다. 여기서 접두어 con-은 '강조'의 의미이므로, confine은 '끝을 확실히 해두다'라는 어원적 의미에서 사람을 '가두다,' 범위를 '한정하다'라는 뜻이 된 것입니다.

---

confine [타동] 한정하다, 가두다 = limit, restrict
- confine A to B A를 B로 제한하다
- confine the sale of cigarettes 담배 판매를 제한하다

confined [형] 제한된
confinement [명] 제한, 한정

- Low interest loans are confined to college students.
  저금리 대출은 대학생들로 제한됩니다.
- All the illegal immigrants were confined to the small island.
  모든 불법 이민자들은 그 작은 섬에 갇혔다.
- The rebel was ultimately captured and confined to jail.
  그 반역자는 결국 붙잡혀 감옥에 수감되었다.

immigrant (국내로 들어온) 이민자

04 (의미의) 끝fine을 정하니 define 정의를 내리다, 규정하다

Define your dream.당신의 꿈에 정의를 내려라.라는 말이 있습니다. 기차표를 살 때도 분명 종착역을 정하고 사는데, 하물며 인생을 살면서 내 인생의 끝이 어떻게 될지를 그려놓지 않고 산다는 것은 말이 되지 않는 얘기일 것입니다. 이처럼 뭔가의 끝을 명확히 해둔다는 의미에서, define은 '정의를 내리다'라는 뜻이 되었습니다.

> **define** [타동] 정의를 내리다, (명확히) 규정하다
> · define A as B A를 B로 정의내리다
> · define the concept of freedom 자유의 개념을 명확히 규정하다
> **definition** [명] 정의, 규정
> **definite** [형] 명확한

· The authority of the President is clearly **defined** in the Constitution.
  대통령의 권한은 헌법에 명확히 규정되어 있다.

· He has no **definite** plans for his future.
  그는 자기 미래에 대한 명확한 계획이 없다.

05 더re- 좋게 해주는fine 건 refine 정제[개선]하다

바다에서 막 떠올린 기름을 crude oil원유이라고 합니다. 이 원유는 바로 쓸 수 없기 때문에 정제해야 합니다. 이럴 때 쓸 수 있는 표현이 refine crude oil원유를 정제하다입니다. 이번에 배울 refine을 알려면 우선 fine좋은부터 이해해야 합니다. 우리말에도 '끝내주는'이라고 하면 '좋은'이란 뜻이 되죠? 이것이 바로 영어의 fine과 통하는 뜻입니다. 여기에 '다시'란 의미의 접두어 re-가 붙어 생긴 어휘가 refine정제[개선]하다입니다. 기존의 무언가를 더 좋게 바꾸는 것을 의미합니다.

> **refine** [타동] 정제[개선]하다 = improve, enhance
> - refine petroleum 석유를 정제하다
> - refine the company's image 회사의 이미지를 개선하다
>
> **refined** [형] 정제된, 개선된

- Oil has to be **refined** before it can be used.
  기름을 사용할 수 있으려면 정제해야 한다.
- The company has a special technology to **refine** crude oil.
  그 회사는 원유를 정제하는 특별한 기술을 갖고 있다.

06 끝내 termin- 버리니 terminate 끝내다, 종결시키다

지금은 고전이 되어버린 'Terminator터미네이터'라는 영화 이미지네요. 그런데 terminator라는 말은 무슨 뜻일까요? 바로 '끝내버리는 사람'이란 어원적 의미에서 생겨난 단어로 '종결자'란 뜻입니다. 여기서 알아야 할 것은 어근 termin이 '끝end'의 의미라는 것입니다. 여기서 공부할 어근 termin이 쓰인 첫 번째 예가 바로 terminator의 동사 terminate끝내다, 종결시키다 입니다.

> **terminate** [타동] 끝내다, 종결시키다 = end
> - terminate a discussion[meeting] 토론[모임]을 끝내다
> - terminate the long war 긴 전쟁을 종결짓다
>
> **termination** [명] 종결; 낙태 = abortion
> - the termination of marriages 결혼 생활의 종결
> - the termination of the Ice Ages 빙하기의 종료

- The contract will be **terminated** next year. 그 계약은 내년에 종료될 것이다.
- Is it possible to **terminate** the contract before its term is up?
  계약기간이 끝나기 전에 계약을 해지할 수 있습니까?

07 끝날 termin 수 없으니 in- interminable 끝없는

여기서 배울 interminable은 부정 접두어 in-이 핵심입니다. terminable 하면 '끝날 수 있는'이란 뜻인데 interminable은 '끝없는'이란 뜻이니까요. 예를 들어 interminable speech라고 하면 '끝나지 않는(지루하게 긴) 연설'을 의미합니다. 정말 끝날 듯 끝나지 않는 연설은 지루하기 그지없죠. 결국 interminable의 동의어가 boring 지루한이 된다는 것도 참 재미있죠?

> **interminable** 형 끝없는, 지루하게 긴 = endless, boring
> - interminable delays 지루하게 긴 지연
> - the interminable movie 지루할 정도로 긴 영화

- **Interminable** delays at the airport annoyed us.
  공항에서의 끝없는 지연이 우리를 짜증나게 했다.

- The head teacher delivered an **interminably** long speech.
  교장 선생님이 끝없이 긴 연설을 하셨다.

08 termin이 줄어서 생긴 단어 term 1. 기간 2. 말, 용어 3. 《복수》 관계, 조건

term은 조금 복잡한 단어입니다. 어근 termin에서 -in이 빠지고 남게 된 명사가 term인데, 어원적으로는 '끝'이란 뜻을 갖습니다. 즉 시간에 끝이 있으면 '1. 기간'이 되고, 생각에 끝을 맺으면 '2. 말, 용어'가 되며, 서로간에 끝(매듭)을 지으면 '3. 관계, 조건'이 되는 것이죠. 특히 세 번째 뜻인, 복수로 쓰이는 terms의 '관계, 조건'이라는 뜻이 중요합니다. 예  를 들어, a long term contract 하면 '장기 계약,' computer terms 하면 '컴퓨터 용어,' the terms of the contract 하면 '계약 조건'이란 뜻이 됩니다.

> **term** 명 1. 기간 2. 말, 용어 3. 《복수》 관계, 조건
> - come to terms with ~을 받아들이다

- his second term of office 그의 두 번째 임기
- confirm one's terms of employment 고용조건을 확인하다
- in terms of ~의 관점에서

· We made a long **term** contract with the company.
  우리는 그 회사와 장기 계약을 체결했다.

· Legal **terms** are really difficult.
  법률 용어들은 정말 어렵다.

09 (마음의) 끝termin을 확실히 하면 de- **determine** 결정[결심]하다

Life is a series of choices.인생은 선택의 연속이다.라는 말이 있죠. 물론 선택할 때는 고민스러울지 모르지만 일단 한 번 결정하고 나면 후회regret는 하지 마세요. It is no use crying over spilled milk.한 번 쏟은 물은 다시 담을 수 없다.라는 말도 있잖아요. 여기서 배울 determine은 '마음속으로 끝을 확실히 해두다'라는 어원적 의미에서 '결정하다'라는 뜻이 된 단어입니다. 숙고 consideration는 오래 하되 결정determination은 빠르게!

determine 타동 결정[결심]하다 = decide
- determine the cause of death 사인을 결정하다
- determine the new product's name 신제품의 이름을 결정하다

determination 명 결정, 결심
determined 형 결심한, 결정한

· What **determines** success in life?
  인생에서 성공을 결정짓는 것은 무엇일까?

· The aim of the inquiry was to **determine** what had caused the accident.
  조사의 목적은 사고의 원인이 무엇인지를 결정하는 것이었다.

확인하고 넘어가자

A | 다음 표시된 말에 해당하는 단어를 원형으로 써보세요.

01 우주는 **무한하다** _____ .

02 그를 정신병원에 **가뒀다** _____ .

03 예산의 사용처를 **규정했다** _____ .

04 노사간의 분쟁을 **종결시켰다** _____ .

05 정치에 대한 **끝없는** _____ 불신

06 전문가들은 그 서명이 위조되었다는 **결론을 내렸다** _____ .

B | 다음 표시된 단어의 동의어를 찾거나, 빈칸에 알맞은 단어를 고르세요.

07 Usable raw materials and energy are **finite**.
　　ⓐ finished　ⓑ limited　ⓒ logical

08 The court _____ the money as a bribe.
　　ⓐ defined　ⓑ confined　ⓒ refined

09 The company had the right to **terminate** his employment.
　　ⓐ ignore　ⓑ end　ⓒ activate

정답 A 01 infinite 02 confine 03 define 04 terminate 05 interminable 06 determine
　　　B 07 ⓑ 08 ⓐ 09 ⓑ

45 아는 건 gno, not, sci

사람은 자고로 알아야 합니다! 이 책도 여러분이 영어를 제대로 알 수 있도록 쉽고 재미있게 쓴 책이구요. 한자에도 '알다'란 뜻을 지닌 말이 꽤 있는 거 아시나요? 알 지(知), 알 식(識), 알 인(認) 등등. 아는 것이 중요해서 그런지 몰라도 영어에도 '알다know'를 뜻하는 어근이 세 가지나 있습니다. 바로 gno, not, sci입니다! 그럼 이 세 어근에 대해 제대로 한번 알아볼까요?

gno, not, sci는 know

re-다시 + **co**-강조 + **gn(o)**알다(know) + **-ize**동접
반복적으로 확실히 알다
recognize 인식[인정]하다

co-강조 + **gn(i)**알다(know) + **-zant**형접
확실히 알고 있는
cognizant 인식하고 있는, 알고 있는

dia-강조 + **gno**알다(know) + **-se**동접
확실히 알아보다
diagnose 진단하다

not알다(know) + **-ice**명접
알리는 것
notice 공고, 통지; 알아차리다

not알다(know) + **-ify**~하도록 만들다
알게 해주다
notify 알리다, 통지하다

not알다(know) + **-ed**~된
알려진
noted 유명한

not알다(know) + **-or**명접 + **-ious**형접
(나쁜 쪽으로) 명성이 있는
notorious 악명 높은

con-강조 + **sci**알다(know) + **-ious**형접
확실히 알고 있는
conscious 의식하는, 알고 있는

con-강조 + **sci**알다(know) + **-ence**명접
(스스로) 확실히 알고 있는 것
conscience 양심

01 반복적으로re- 확실히co- 아니까gn(o) recognize 알아보다; 인식[인정]하다

사람을 한 번 보고 '그 사람 정말 괜찮은 사람이야!'라고 인정할 수 있을까요? 절대 아니죠. 어떤 사람을 인정하게 되려면 그 사람을 오랫동안 만나고 이야기하고 함께 지내봐야 합니다. 다시 말해 그 사람에 대해서 '반복적으로 확실히 알 때'에만 그 사람을 인정할 수 있게 되는 것이죠. 이에 해당하는 단어가 바로 recognize입니다. 어원적 의미를 살펴보면 '반복적으로 확실히 알다'가 되므로 곧 '인식[인정]하다'라는 뜻이 된 것입니다.

> **recognize** [타동] 1. 알아보다 = notice
> 2. 인식[인정]하다 = acknowledge formally
>
> · recognize the odor at once 냄새를 즉시 알아차리다
> · a recognized leader in the field 그 분야에서 인정받은 지도자
> **recognition** [명] 인식, 인정
> **recognizable** [형] 인식될 수 있는

· I hardly **recognize** you with those glasses. 안경을 쓰니 잘 못 알아보겠어요.

· I didn't **recognize** you at first with your new haircut.
  난 처음엔 네가 새로 머리 자른 걸 알아보지 못했어.

· British medical qualifications are **recognized** in many countries.
  영국의 의사 면허는 많은 나라에서 인정된다.

02 확실히co- 알고gn(i) 있으니 cognizant 인식하고 있는, 알고 있는

방금 전에 배우신 recognize알아보다; 인식[인정]하다에서 접두어 re-를 빼면 cognize가 되죠? 이 cognize의 형용사가 바로 cognizant입니다. '확실히 알고 있는'이란 어원적 의미에서 '인식하고 있는'이란 뜻이 된 거죠. 뭔가를 어설프게 알고 있는 것이 아니라 '확실히 알고 있는' 것이므로 '인식하고 있는, 알고 있는'이란 뜻이 된 것입니다.

> **cognizant** 형 인식하고 있는, 알고 있는 = aware, conscious, mindful
> - be cognizant of ~을 인식하다, 알고 있다
> - cognizant of the details of the contract 계약서의 세부 사항들을 알고 있는
>
> **cognizance** 명 인식
> **cognizable** 형 인지할 수 있는

- The lawyer was **cognizant** of the peculiarities of the case.
  변호사는 그 소송 사건의 특이 사항들을 알고 있었다.

- I'm **cognizant** of the fact that your client has tried to pay the debt.
  난 당신의 소송 의뢰인이 그 빚을 갚으려고 했다는 사실을 알고 있습니다.

03 확실히dia- 알아보니gno diagnose 진단하다

아파서 병원hospital에 가본 적이 있나요? 병원에 가면 의사가 입도 벌려보라고 하고 눈도 크게 떠보게 하고 귀의 내부도 들여다 보죠. 또 청진기stethoscope를 가슴에 대보기도 하구요. 이렇게 환자patient의 어디가 어떻게 아픈지 알아보는 것을 '진단'이라고 합니다. 영어로는 diagnose인데, 어원적 의미를 살펴보면 '확실히 알아보다'가 되므로, 왜 '진단하다란 뜻이 되었는지 이해가 가죠? diagnose는 꼭 환자의 병을 알아보는데만 쓰는 것이 아니라 사회 문제social problem와 같은 추상적인 문제에도 광범위하게extensively 쓰입니다.

> **diagnose** 타동 진단하다
> - diagnose the patient[problem] 그 환자[문제]를 진단하다
> - be diagnosed with flu epidemic 유행성 독감을 진단받다
>
> **diagnosis** 명 진단

- My mother was **diagnosed** with cancer.
  어머니가 암 진단을 받으셨다.

- The test is used to help in **diagnosing** heart disease.
  그 검사는 심장병을 진단하는 데 도움을 준다.

- Programmers **diagnosed** the problem as a computer virus.
  프로그래머들은 그 문제를 컴퓨터 바이러스로 진단했다.

04 알리는not 것은 notice 공고, 통지; 알아차리다

사실 어근 gno알다(know)에서 'g'가 묵음화되어 생긴 어근이 not입니다. 그래서 어근 not은 gno와 같은 '알다know'의 의미를 갖습니다. 이 not 어근과 관련해 맨 먼저 나오는 어휘가 notice인데, 어원적 의미를 살펴보면 '알리는 것'이 되므로, '공고, 통지'라는 뜻으로 쓰이게 된 것입니다.
notice는 원래 명사지만 워낙 많이 쓰이다 보니 '알아차리다'라는 동사의 의미까지 생겨났답니다.

notice 명 공고, 통지
타동 알아차리다 = recognize, detect

- take notice of ~에 주의[주목]하다
- notice the smoke 연기를 감지하다

noticeable 형 눈에 띄는, 현저한 = marked, salient

- **Notices** were sent to parents about the school trip.
  수학여행에 대한 통지문이 학부모들에게 발송되었다.

- I **noticed** that her hands were shaking.
  나는 그녀의 양손이 떨리고 있다는 것을 알아차렸다.

05 알게not 해주는 -ify 건 notify 알리다, 통지하다

바로 앞에서 배웠던 notice가 '통지, 공고'라면 notify는 '알게 해주다'라는 어원적 의미에서 '알리다, 통지하다'라는 뜻이 된 단어입니다. 여기서 접미어 -ify는 '~하도록 만들다make'의 의미라는 것을 알아야 합니다. 상당히 많이 쓰이는 접미어거든요. 예를 들어, magnify 하면 '크게 만들다'가 되므로 '확대하다'라는 뜻이 된 것입니다. 가령 magnifying glass 하면 '돋보기' 아니겠어요?

또 notify에는 중요한 어법이 있습니다. 바로 「notify A of B A에게 B의 사실을 알리다」로 쓴다는 것입니다. 어법은 단어 암기만큼이나 중요하다는 점 잊지 마세요!

---

notify [타동] 알리다, 통지하다 = apprise, inform
- notify the boss of one's resignation 사장에게 사임하겠다고 알리다

notification [명] 통지, 통고

- Have you **notified** the police? 경찰에 알렸어?
- Police **notified** the boy's parents of his death immediately.
  경찰은 그 소년의 죽음을 부모에게 즉시 알렸다.
- I was **notified** that I passed the exam. 난 시험 합격을 통보받았다.

06 알려지니not noted 유명한

사실 어근 not알다(know)만 알면 noted는 너무나 쉽죠. It's a piece of cake. 어근 not에 과거분사 접미어 -ed~된이 붙은 단어니까요. 따라서 '알려진'이란 어원적 의미 그대로 '유명한'이란 뜻이 된 것입니다. 여러분 머릿속에 '유명한' 하면 먼저 famous란 단어가 떠오르죠? 이제 noted도 함께 알아두세요. noted는 또 「be noted for ~로 유명하다」의 형태로 쓰인다는 점도 꼭 기억하시구요. 에펠탑the Eiffel Tower은 세계에서 가장 noted한 탑이죠.

noted 형 유명한 = famous, eminent

- be noted for   ~로 유명하다
- a noted author   유명한 작가
- be noted for tourist attractions   관광 명소들로 유명하다

- The city is noted for its 18th-century architecture.
  그 도시는 18세기 건축물로 유명하다.

- She is a noted scholar specializing in Latin-America literature.
  그녀는 라틴 아메리카 문학을 전공하는 유명한 학자다.

07 (나쁜 쪽으로) 명성not이 있으니 notorious 악명 높은

Hitler히틀러, the mafia마피아는 세계적으로 많은 사람들이 다 알 정도로 유명한 독재자dictator요, 범죄 조직a crime ring이지만 불행히도unfortunately 나쁜 쪽으로 그 명성이 자자합니다. 이런 경우가 바로 notorious하다고 볼 수 있죠. 사실 notorious에서 notor만 놓고 보면 어원적 의미가 '명성'이 되고 여기에 형용사 접미어 -ous가 붙어 생긴 단어가 바로 notorious 명성이 있는이지만 이 단어는 주로 '나쁜 쪽으로 명성이 있는, 유명한'이란 의미로 쓰인다는 점을 기억해야 합니다!

notorious 형 악명 높은 = infamous

- a notorious computer hacker   악명 높은 컴퓨터 해커
- a judge notorious for his cruelty   잔인함으로 악명 높은 판사

notoriety 명 악명, 나쁜 평판

- English soccer fans are notorious for their drunkenness and violence.
  영국 축구 팬들은 만취 상태와 폭력으로 악명 높다.

- The notorious criminal has escaped from prison. 악명 높은 범죄자가 교도소에서 탈출했다.

- He's a notorious mastermind of terrorist activities.
  그는 테러 활동을 지휘하는 자로 악명 높다.

mastermind (총괄하여) 지휘하는 자

08 확실히con- 알고sci 있으니 conscious 의식하는, 알고 있는

앞에서 배운 cognizant 기억나죠? 이번에 공부할 conscious는 cognizant의 동의어synonym입니다. 어근 gno와 sci가 둘 다 'know'의 의미이다 보니 자연스럽게 동의어가 되죠.
conscious는 주로 「be conscious of + 명사~을 알고 있다」, 「be conscious that절~을 알고 있다」의 형태로 쓰이는데, 예를 들어 be conscious of the risk라고 하면 '그 위험성을 알고 있다'라는 뜻이 되죠. 내용이 조금 딱딱하죠? 하지만 어법을 알아야 그 단어를 제대로 써먹을 수 있으니 그냥 지나치지 말고 딱 세 번만 눈여겨보고 넘어가자구요.

conscious 형 의식하는, 알고 있는 = knowing, aware, mindful
- environmental conscious consumers 환경적인 면을 인식하고 있는 소비자들
- be conscious of safety 안전에 대해 인식하다

consciousness 명 자각, 인식

- Is the patient **conscious** yet? 그 환자 이제 의식을 찾았나요?
- I became **conscious** of someone watching me.
  난 누군가 나를 보고 있다는 것을 인식하게 되었다.

09 스스로 확실히con- 알고sci 있는 것은 conscience 양심

상대방에게 퍼붓는 악담malediction 중 '에라! 양심도 없는 인간아!'라는 말이 있는데 이거 상당히 심한 욕입니다. 왜 그런지는 양심conscience이란 말의 어원을 분석해 보면 알 수 있죠. 사람의 마음 속에는 양심이라는 것이 있어서 남의 물건을 훔치면 되는지 안 되는지, 남에게 거짓말을 하면 되는지 안 되는지 스스로 알 수 있게 해줍니다. 그런데 양심도 없다는 말은 곧 이 일을 해야 될지 말아야 될지에 관한 판단력judgment이 없는 사람이란 말이니, 이 얼마나 심한 욕인가요?

conscience 명 양심 = scruple

conscience-stricken 형 양심의 가책을 느끼는, 마음에 걸리는
- a matter of conscience 양심의 문제

conscientious 형 양심적인

- He is very **conscientious** about his work.
  그는 자기 일에 있어서 대단히 양심적이다.

- The student has no **conscience** at all about cheating.
  그 학생은 커닝하는 것에 대해 전혀 양심의 가책을 느끼지 않는다.

확인하고 넘어가자

A | 다음 표시된 말에 해당하는 단어를 원형으로 써보세요.

01 우리는 그의 공로를 **인정해야** ＿＿＿＿＿ 합니다.

02 그는 선생님으로서 자신의 임무를 **잘 알고 있다** ＿＿＿＿＿.

03 그 의사는 환자의 상태를 **진단하고** ＿＿＿＿＿ 있다.

04 그 지역은 커피로 **유명하다** ＿＿＿＿＿.

05 마약 밀매로 **악명 높은** ＿＿＿＿＿ 조직을 검거했다.

06 그는 다행이 **의식이 있는** ＿＿＿＿＿ 상태였다.

B | 다음 표시된 단어의 동의어를 찾거나, 빈칸에 알맞은 단어를 고르세요.

07 He is **cognizant** of the importance of the case.
　　ⓐ aware　　ⓑ unconscious　　ⓒ docile

08 The doctor was unable to ＿＿＿＿＿ the skin condition.
　　ⓐ deceive　　ⓑ notify　　ⓒ diagnose

09 One of the most **notorious** criminals has escaped from prison.
　　ⓐ famous　　ⓑ infamous　　ⓒ noted

정답 A 01 recognize 02 cognizant 03 diagnose 04 noted 05 notorious 06 conscious
　　　　B 07 ⓐ　08 ⓒ　09 ⓑ

46 놓는 건 pos(e)

그림을 보니 벽에 달아놓은 선반shelf에 인형, 화분, 사진액자photo frame 등을 놓았네요. 이렇게 책상이나 선반에 뭔가를 '놓는' 행위를 영어로 put이라고 하죠? 이 put이 어근으로 쓰이면 pose로 변환됩니다. 보통 pos, pose로 쓰이는 것이 일반적이긴 하지만 가끔은 pound의 형태로도 쓰입니다. 어근 pos(e)는 상당히 많은 어휘에 쓰이므로 철자 위주로 설명할게요!

pos(e), pon, pound는 put

com-~와 + **pose** 놓다(put)
함께 놓다
compose 구성하다

dis-멀리 + **pose** 놓다(put)
따로따로 떨어뜨려 놓다
dispose 배열하다

ex-~밖으로 + **pose** 놓다(put)
밖으로 내놓다
expose 노출하다

pos(i)놓다(put) + **-tive** 형접
(직접) 의견을 내놓은
positive 긍정적인

im-안에 + **pose** 놓다(put)
(짐을) ~의 안에 놓다
impose 부과[징수]하다

post-뒤로 + **pon(e)** 놓다(put)
뒤로 놓다
postpone 연기하다

op-반대하여(ob) + **pose** 놓다(put)
(의견을) 반대하여 놓다
oppose 반대하다

pond무게를 재다(weigh) + **-er** 동접
(뭐가 중요한지) 무게를 재보다
ponder 숙고하다

pro-앞으로 + **pose** 놓다(put)
(생각을) 앞으로 내놓다
propose 제안하다

01 함께 com- 놓으니 pose compose 1. 구성하다 2. 작곡[작문]하다 3. (마음을) 가라앉히다

compose는 상당히 중요한 동사로 시험에도 잘 나오는 어휘예요. compose는 어원적으로 '함께 놓다'로 풀이됩니다. 여러 가지가 함께 놓여 하나를 이루면 '1. 구성하다'가 되고, 오선지에 음표를 구성하거나 종이에 글을 구성하면 '2. 작곡[작문]하다'가 되고, 또 마음을 흐트러짐 없이 올바르게 구성하면 '3. (마음을) 가라앉히다'가 되죠! 원뜻을 알고 이해하니 이 정도는 술술 넘어가죠?

compose [타동] 1. 구성하다 2. 작곡[작문]하다 3. (마음을) 가라앉히다
· be composed of ~로 구성되다 = consist of, be made up of
· compose oneself (마음을) 가라앉히다, 가다듬다
component [명] 구성성분
composition [명] 구성; 작곡, 작문
composer [명] 작곡가
composure [명] (마음의) 안정, 침착

· Water is **composed** of hydrogen and oxygen. 물은 수소와 산소로 구성된다.
· Mozart **composed** his last opera shortly before he died.
  모차르트는 죽기 얼마 전에 마지막 오페라를 작곡했다.
· Lena took several deep breaths to **compose** herself.
  레나는 마음을 가라앉히기 위해 몇 차례 숨을 깊이 들이마셨다.

02 밖으로 ex- 내놓으니 pose expose 노출하다

여름은 여성들의 노출이 과감해지는 계절이죠. 왜 그런지 아세요? 더우니까! expose는 '밖으로 내놓다'란 어원적 의미에서 '노출하다'란 뜻이 되었어요. 어원적으로 풀면 너무나 쉬운 어휘죠. 그런데 여러분 '엑스포'란 말 들어보셨죠? 그 '엑스포'가 바로 expose의 명사 exposition 박람회의 줄임말 abbreviation 이라는 것도 함께 알아두세요. 박람회라는 것이 제품을 대중들에게 노출시키는 거니까요.

400

> **expose** 타동 노출하다, 드러내다 명 폭로
>
> · expose children to good books 아이들에게 좋은 책을 접하게 하다
> · expose a weakness 약점을 노출하다
> **exposure** 명 노출; 폭로
> **exposition** 명 박람회; 설명

· A lot of workers have already been **exposed** to the danger.
많은 수의 노동자들이 이미 위험에 노출되어 있는 상태였다.

· He **exposed** himself to ridicule. 그는 스스로를 비웃음거리로 만들었다.

· He threatened them with public **exposure**. 그는 사람들에게 폭로하겠다고 그들을 협박했다.

ridicule 비웃다; 조롱, 조소

03 (짐을) ~의 안에im- 놓으니pose **impose** 부과[징수]하다

길에다 불법 주차를 하면 여지없이 차에는 주차 위반 딱지parking ticket이 붙습니다. 불법 수자한 쇠로 벌금fine이 부과되는 깃이죠. 여기시 언상되는 동사가 바로 impose입니다. impose는 '(짐을) ~안에 놓다'라는 어원적 의미에서 발전해 '(세금·벌금을) 부과[징수]하다'란 뜻이 된 것입니다. 반드시 「impose A on B」의 형태로 써야 하는 동사죠. 우리말에도 세금이 '붙는다'고 하죠? 전치사 on이 바로 '접촉(~에 붙는)'의 의미를 나타내죠. 즉 impose A on B는 A를 B에 붙이는 장면이 연상되죠. impose의 형용사 imposing(크고) 위엄 있는의 의미도 놓치지 마세요!

> **impose** 타동 (세금·벌금을) 부과[징수]하다 = levy, charge, fine
>
> · impose a fine 벌금을 부과하다
> **imposition** 명 (제도의) 시행; 폐, 부담
> **imposing** 형 (크고) 위엄 있는, 인상적인
> · an imposing building 크고 인상적인 건물

- The court decided to **impose** a fine on the politician.
  법원은 그 정치가에게 벌금을 부과하기로 결정했다.
- Parents **impose** their own moral values on their children.
  부모들은 자신들의 도덕적 가치를 아이들에게 강요한다.

04 (의견을) 반대하여 op- 놓으니 pose oppose 반대하다

I oppose your idea! 전 당신의 생각에 반대합니다!에서 oppose는 '반대하다'의 뜻이죠. 어원적 의미인 '(의견을) 반대하여 놓다' 그대로 '반대하다'란 뜻이 되었죠. 원래 접두어 ob-가 '반대하여'라는 뜻인데 발음의 편의상 op-로 바뀐 거예요. 이것만 알면 oppose를 외우는 데 전혀 지장이 없습니다. oppose는 object to, disagree with와 달리 타동사로 쓰인다는 점에 유의하세요!

> **oppose** 타동 반대하다 = object to, disagree with
>
> **opposition** 명 반대
> · the opposition (party) 야당 ↔ the ruling party 여당
> **opponent** 명 반대자
> **opposed** 명 반대하는
> **opposite** 명 (정)반대인

- The opposition is continuing to **oppose** the new bill.
  야당은 새로운 법안에 계속해서 반대하고 있다.
- We are **opposed** to the death penalty.
  우리는 사형제도에 반대한다.

death penalty 사형

05 (생각을) 앞으로 pro- 내놓으니 pose **propose** 제안하다

'나 그녀에게 프로포즈하려구…' 많이 들어본 말이죠? 사귀자고 할 때나 결혼하자고 할 때 propose란 단어를 많이 쓰지만 사실 propose는 상당히 격식 있는 formal 말입니다.
일단 어원적 의미는 쉽습니다. '(생각을) 앞으로 내놓다'로 풀이되거든요. 머릿속 생각을 (말을 통해) 앞으로 내놓으니 '제안하다'란 뜻이 되는 것이죠. propose는 that절을 목적절로 취하거나 동명사를 목적어로 취한다는 문법적인 사실까지 알아둔다면 금상첨화겠죠?

propose [타동] 제안하다 = offer
- propose a toast 건배를 제의하다
proposition [명] (공식적) 제안, 제안서
proponent [명] 제안[지지]자
proposal [명] (공식적) 제안; 결혼 제안, 프로포즈

- Many citizens have **proposed** extending the expressway.
  많은 시민들이 고속도로를 확장할 것을 제안해왔다.

- He **proposed** that the UN should set up an emergency center for the environment. 그는 유엔이 환경 비상 대책 센터를 만들어야 한다고 주장했다.

- I'd like to **propose** a toast to the bride and groom.
  신랑신부를 위해 건배를 제의하고자 합니다.

bride and groom 신랑 신부

06 따로따로 떨어뜨려 dis- 놓으니 pose **dispose** 1. 배열[배치]하다 2. 처분하다

물건들을 정해진 장소에 배열하는 것을 dispose라고 합니다. 그런데 dispose에서 중요한 것은 바로 「dispose of ~을 처분하다」예요. 여기서 dispose의 어원적 의미를 살펴보면 '따로따로[멀리] 떨어뜨려 놓다'인데, 백화점이나 마트에서처럼 여러 물건들을 종류별로 따로따로 떨어뜨려 놓으면 '1. 배열[배치]하다'가 되고 쓰레기나 헌 옷들을 멀리 떨어뜨려 놓으면

'2. 처분하다'가 되겠죠?
또 사진에서와 같은 1회용 종이컵을 영어로 disposable paper cup이라고 합니다. 마시고 바로 처분할 수 있으니까요.

> **dispose** [타동] 배열[배치]하다 = arrange
> - dispose of ~을 처분하다, 없애다 = get rid of
>
> **disposition** [명] 성격, 기질
>
> **disposal** [명] 처분
>
> **disposable** [형] 처분할 수 있는; 1회용의
> - disposable product 일회용 제품
> - disposable diaper 일회용 기저귀

- Rare vases are **disposed** around the gallery.
  희귀한 꽃병들이 그 화랑 주위에 배열되어 있다.

- I'm still not sure how best to **dispose** of the shares.
  그 주식들을 처분하는 것이 최선인지 아직 확신이 안 서요.

07 (직접) 의견을 내놓으니 posi **positive** 긍정적인

positive는 '(직접) 의견을 내놓은'의 의미에서 '긍정적인'이란 뜻을 나타냅니다. 자기가 의견을 내놓았으니 그것에 대해 '긍정적인' 것은 당연하겠죠? positive에서 재미있는 건 어떤 질문에 대한 답으로 'Positive.'라고 답하면 '확실해.' 또는 '틀림없어.'라는 뜻이 된다는 거죠. 소설novel이나 미드에서도 많이 접할 수 있는 표현이니 잘 알아두세요!

그리고 positive는 반대말인 negative부정적인과 함께 외우세요. 반대말antonym을 함께 공부하는 것은 아주 좋은 학습법이랍니다.

> **positive** [형] 1. 긍정적인 ↔ negative 부정적인
> 2. 확신하는 = certain
>
> - positive attitude 긍정적인 태도

- take the positive approach 긍정적으로 접근하다
- I'm positive. (대답으로) 확실해, 틀림없어.

· She's got a really **positive** attitude to life.
그녀는 정말 삶에 대해 긍정적인 태도를 갖고 있다.

· Are you sure about that? — **Positive**.
너 그거 확실해? — 확실해.

08 날짜를 뒤로post- 놓으면pone **postpone** 연기하다, 미루다

일을 진행하다 보면 계획대로as planned 되는 경우보다는 자꾸만 지연되는 경우가 많습니다. 그러다 보니 일상생활에서 postpone 연기하다라는 어휘를 자주 쓰게 됩니다. 여러분한테만 살짝 알려드리는 비밀이지만 이 책도 사실 몇 번이나 원고 마감 시기가 연기되었답니다! postpone은 어원적 의미를 분석해보면 '(날짜를) 뒤로 놓다'가 됩니다. 더 이상의 설명이 필요없을 정도네요.

postpone [타동] 연기하다, 미루다 = delay, put off
- postpone a decision 결정을 연기하다
postponement [명] 연기, 유예

· I **postponed** my homework until tomorrow.
숙제를 내일로 미뤘다.

· The meeting was **postponed** until next week.
모임이 다음 주로 연기되었다.

· We had to **postpone** our holiday until the autumn.
우리는 휴가를 가을까지 연기해야 했다.

09 (뭐가 중요한지) 무게를 재보는 pond 건 ponder 숙고하다

우리말에 '일의 경중을 따져보다'란 말이 있죠? 이때 경중(輕重)이란 '가벼움과 무거움' 즉 '중요함과 중요하지 않음'을 뜻합니다. 일의 경중을 따져보기 위해서는 차분하게 숙고해봐야 합니다. ponder는 '(뭐가 중요한지) 무게를 재보다'라는 어원적 의미에서 나온 어휘입니다. 스스로 무엇이 중요한지에 대해 무게를 재 보는 것이 곧 '숙고하다'라는 뜻으로 된 것이지요.

ponder 명 숙고하다, 고민하다 = consider, muse, meditate, contemplate
- ponder chances of success 성공의 가능성에 대해 고민해보다

ponderous 형 (주제가) 무거운

- She continued to **ponder** the problem.
  그녀는 계속해서 그 문제를 고민했다.

- The board is still **pondering** over the matter.
  위원회는 그 문제에 대해 여전히 고민 중이다.

확인하고 넘어가자

A | 다음 표시된 말에 해당하는 단어를 원형으로 써보세요.

01 베토벤은 위대한 **작곡가** _____ 다.

02 정부는 판매되는 모든 제품에 세금을 **부과한다** _____ .

03 나는 낙태에 대해 강력히 **반대한다** _____ .

04 쓰레기를 **처분하는** _____ 일이 골칫거리다.

05 나는 그의 의견에 대해 **긍정적이다** _____ .

06 우리는 어쩔 수 없이 그 계획을 **연기했다** _____ .

B | 다음 표시된 단어의 동의어를 찾거나, 빈칸에 알맞은 단어를 고르세요.

07 The human body is _____ of billions of tiny cells.
　　ⓐ consisted　ⓑ composed　ⓒ exposed

08 The policeman _____ a fine on me.
　　ⓐ disposed　ⓑ opposed　ⓒ imposed

09 They've decided to **postpone** having a family.
　　ⓐ put off　ⓑ put out　ⓒ put on

정답 A 01 composer 02 impose 03 oppose 04 dispose of 05 positive 06 postpone
　　　　B 07 ⓑ　08 ⓒ　09 ⓐ

48 　손은 manu, 발은 ped
49 　밀어내는 pel, 당기려는 tract
50 　가는 건 ced, 오는 건 ven
51 　서는 건 sist, 앉는 건 sid
52 　접는 건 plic, 뻗는 건 tend
53 　비우는 건 van, 채우는 건 ple
54 　돌고 바꾸고 변하는 건 vert

Part 5

반대 의미의 어근으로 배우는 영단어

영단어의 대부분은 어원(말의 근원)을 갖고 있습니다. 특히 말의 뿌리인 '어근(root)'은 한자어와 아주 비슷합니다. 우리가 단어를 익힐 때 '물 수 水'자를 알면 '수질, 수영, 수자원, 수초, 수족관…' 등의 단어를 쉽게 알 수 있는 예처럼요. 하나의 어근을 알면 여러 단어를 쉽고 빠르고 정확하게 유추할 수 있게 됩니다. 어근의 근원적인 뜻을 중심으로 하나하나 익혀보세요.

47 손은 manu, 발은 ped

여성들은 손톱에 매니큐어manicure를 칠하죠? manicure의 원래 뜻은 '손 관리a treatment for the hands'가 맞습니다. manicure에서 cure는 care관리에서 모음 변화된 부분이니까요. 여기서 어근 man(i)의 뜻이 '손hand'이라는 것을 쉽게 알 수 있죠. 반대로 pedicure는 자연스럽게 '발 관리'란 의미가 되겠죠? 따라서 어근 ped는 '발foot'이라는 뜻임을 알 수 있습니다!

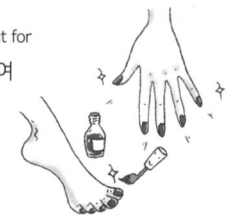

manu는 hand

- **manu**손(hand) + **-al**형접 손의
  manual 수동의; 매뉴얼

- **manu**손 + **fac**만들다 + **-ture**동접 손으로 만들다
  manufacture 제조하다

- **mani**손 + **pul**fill + **-ate**동접 손으로 움직이다
  manipulate 조종하다

- **manu**손 + **script**글 손으로 쓴 것
  manuscript 원고

- **mani**손 + **fest**부딪히는(struck) 손에 부딪히는
  manifest 분명한

ped는 foot

- **ped(estr)**발(foot) + **-ian**사람 발로 걸어다니는 사람
  pedestrian 보행자

- **im**-안에(in) + **ped**발(foot) (족쇄) 안에 발을 채우다
  impede 방해하다

- **im**-안에(in) + **peach**발(foot) 대통령의 발에 족쇄를 채우다
  impeach 탄핵하다

- **ex**-밖으로(out) + **ped**발 + **-ite**동접 (족쇄) 밖으로 발을 풀어주다
  expedite 진척시키다

- **dis**-멀리 떨어져 + **pat**발 + **-ch**동접 발을 멀리 내딛게 하다
  dispatch 보내다, 파견하다

01 어근 manu의 형용사 manual 손의, 수동의

앞에서 언급한 대로 어근 mani, manu는 'hand'란 뜻입니다. 첫 번째 배울 manual은 어근 manu에 그대로 형용사형 접미사(이하 형접) -al이 붙어 생긴 어휘죠. 뜻은 '손의, 수동의'예요. 쉬운 단어지만 그 쓰임은 다양diverse합니다. 주로 손을 써서 육체적으로physically 일하는 사람을 manual workers육체 노동자라고 하죠. 또 다른 말로 blue-collar라고도 하죠. manual은 또 명사로 기계의 조작법을 설명해 놓은 사용 설명서를 뜻하는 '매뉴얼'이라는 외래어로도 쓰입니다.

manual 형 손의, 수동의 명 매뉴얼, 사용안내서
- manual job 육체적인 일[육체노동]
- the old manual system 오래된 수동 시스템
- a car that has a manual transmission 기어 변속장치가 수동인 차
- the computer manual 컴퓨터 사용안내서

- They are skilled **manual** workers. 그들은 숙련된 기술자들이다.
- It would take too long to do a **manual** search of all the data.
  모든 자료들을 손으로 찾는 일은 너무나 오랜 시간이 걸릴 것이다.
- Have you ever done any **manual** labor? 너 막노동 해 봤어?

02 손으로manu 만들어fac 내는 건 manufacture 제조하다

사람의 손기술manual skill은 무궁무진해서 무엇이든 만들어낼 수가 있죠. 기계가 없었던 옛날엔 더군다나 가내 수공업 시대로 무슨 물건이든 나 손으로 만들어냈답니다. 그래서 생겨난 어휘가 바로 manufacture제조하다입니다. manufacture는 언뜻 보면 명사인 것처럼 보이지만 실제로는 동사로 훨씬 더 많이 쓰인다는 점에 주의해야 합니다.

manufacture에서 중요한 것은 단순히 물건을 만들어내는 것이면 '제조하다'가 되지만, 이야기를 만들어내면 '(거짓으로) 꾸며대다'라는 의미로 쓰일 수 있다는 점입니다.

> **manufacture** 동 제조하다, 꾸며대다 명 제조 (과정)
> - manufacture the drug 약을 제조하다
> - manufacture an untrue excuse 거짓 변명을 꾸며대다
>
> **manufacturer** 명 제조회사

- The company **manufactured** a new car. 그 회사는 신차를 만들었다.
- He **manufactured** a false story. 그는 거짓 이야기를 꾸며냈다.
- He works for a small company **manufacturing** aluminium products.
  그는 알루미늄 제품을 만드는 작은 회사에서 일한다.

03 손으로mani 잡아 움직이니pul **manipulate** 조종하다, 조작하다

여러분 자전거 타보셨죠? 운전해 보신 분도 계실 테구요. 그럴 땐 자전거의 핸들handlebars이나 자동차의 차 핸들steering wheel을 손으로 잡고 움직이죠? 이렇게 조종하는 것이 바로 manipulate입니다! 어원적으로 manipulate는 '손으로 잡아 움직이다 → (기계 등을) 조종[조작]하다'로 풀이하지만, 실제로 manipulate는 '(사람을 배후에서) 조종하다' 내지는 '(결과를) 조작하다' 등의 부정적인 의미negative meaning로 더 많이 쓰인다는 점에 주의해야 합니다. 우리말의 쓰임과 똑같죠?

> **manipulate** 명 조종하다, 조작하다
> - manipulate A into B A를 조종해 B하게 하다
> - the politician that manipulated people 사람들을 조종했던 정치인
> - manipulate the result of the election 선거 결과를 조작하다
>
> **manipulation** 명 조종, 조작

- The company sold the stocks to **manipulate** prices.
  그 회사는 가격을 조작하기 위해 주식을 팔았다.
- His real intention is to **manipulate** public opinion. 그의 진짜 의도는 여론을 조작하는 것이다.

04 손으로mani 직접 쓴 글script은 manuscript (자필) 원고

얼마 전 발표된 기사article에 비틀즈The Beatles 멤버였던 John Lennon이 직접 쓴 자필 가사 원고가 경매auction에서 가격이 무려 9억원에 육박했다고 합니다. 정말 어마어마하죠staggering? 이렇게 손으로 직접 쓴 글을 manuscript자필 원고라고 한답니다.

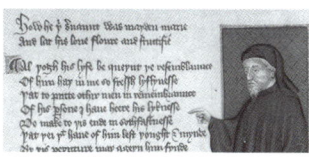

> **manuscript** 명 1. (자필) 원고 2. 필사본, 사본
> · the original manuscript 원본의 자필 원고
> · a collection of medieval manuscripts 중세 필사본 모음집

· I read her novel in manuscript. 난 그녀의 소설을 원고 상태에서 읽었다.
· Parts of the important manuscript have been lost. 그 중요한 원고의 일부가 분실되었다.
· I have just finished reading the manuscript that you sent me.
  당신이 보낸 원고를 이제 막 다 읽었어요.

05 손에manu 닿아 부딪히니fest manifest 분명한

지금 독자 여러분들께 가장 분명한 사실은 무엇일까요? 바로 이 책을 손에 들고 계시다는 거예요. manifest는 어원분석을 해보면 '손에 닿아 부딪히는'이란 뜻에서 생겨나 '분명한'의 의미가 된 것입니다. 액수가 크든 적든 내 손에 쥐어져 있는 돈이 manifest분명한 내 돈인 법이죠. 무엇이듯 내 손에 닿아 있는 것이 분명하게 존재하는 것이구요. manifest는 동사로 '명백히 밝히다'라는 의미로도 아주 많이 쓰입니다. 요즘은 manifesto가 '매니페스토 정당의 성명서, 선언문'이란 외래어로 살 쓰이니 알아두면 유식하다knowledgeable는 소리 좀 들으실 거예요!

> **manifest** 형 분명한, 명백한 = evident, obvious
>   동 명백히 하다 = articulate
> · a manifest error of judgment 명백한 판단 착오

- The educational system is a **manifest** failure. 그 교육 시스템은 명백한 실패다.
- The stockholders have **manifested** their intention to sell the stocks.
  주주들은 주식을 팔겠다는 의도를 명백히 밝혔다.
- The Opposition issued a **manifesto** for political change.
  야당은 정치 변혁을 위한 선언문을 발표했다.

the Opposition (party) 야당

06 발로 걸어다니는pedestr 사람-ian은 pedestrian 보행자

시내 거리에 나가면 많은 사람들이 여기저기 어디론가 걸어다닙니다. 친구 만나러도 가고 운동하러도 가고 뭔가를 사러도 갑니다. 발로 말이죠. 누구나 다 발로 걸어다닙니다. 이렇게 발로 걸어 다니는 사람이 바로 pedestrian보행자입니다. 그런데 이 pedestrian에는 독특한unique 형용사 의미가 있습니다. 바로 '평범한ordinary, 재미없는uninteresting'의 뜻인데, 걸어다니는 것은 속도도 느릴 뿐 아니라 똑같은 행위의 반복이기 때문에 생겨난 뜻입니다!

> **pedestrian** 명 보행자 = walker
> 형 1. 보행자의 2. 평범한 = ordinary
> - the sidewalk filled with pedestrians 보행자들로 가득 찬 보도
> - pedestrian writer 평범한 작가

- Cyclists are asked to be aware of **pedestrians**.
  자전거를 타는 사람들은 보행자들을 조심해야 한다.
- He is a rather **pedestrian** student. 그는 좀 평범한 학생이다.

07 족쇄 안에im- 발pede을 채우니 impede 방해하다

옛날 노예slave들은 맨날 일만 하고 밤에는 도망가지 못하게 발에 fetters족쇄를 채웠습니다. impede는 족쇄와 밀접한 연관이 있는 단어입니다. 그림에서처럼 양발에 족쇄를 채워서 제대로 움직일 수 없도록 움직임을 방해하는 것이 바로 impede니까요. 단순히 접두어, 어근의 의미만으로는 '방해하다'라는 의미를 알아내기 어렵습니다. '발에 족쇄를 채우다'에서 출발해 '방해하다'란 의미가 되었다고 이해하면 됩니다.

impede [타동] 방해하다 = hinder, block, hamper
- impede our progress 우리의 전진을 방해하다
- impede fair society 공정한 사회를 방해하다

impediment [명] 방해(물) = obstacle

- The large debt accumulation will impede long-run growth.
  대규모 부채의 축적이 장기적인 성장을 방해할 것이다.

- The excessive use of these drugs may impede the patient's recovery.
  이 약물들의 과다한 사용은 환자의 회복을 방해할 수 있다.

accumulation 축적 excessive 과도한, 과다한

08 대통령의 발peach에 족쇄를 채우니im- impeach 탄핵하다

바로 위에서 impede방해하다를 배웠죠? 사실 impeach는 impede에서 발음이 변화되어 생긴 단어로 어원적으로는 대통령과 같은 고위 공직자들 top rank officials의 발(직무)에 족쇄를 채워 더 이상 직무 수행을 할 수 없도록 만들어 버리는 것을 뜻합니다. 한 마디로 직무 수행을 방해하는 것이죠. 확실히 impede방해하다와 강한 연관성이 느껴지죠? impeach는 신문이나 뉴스에 가끔from time to time 등장하는 어휘니 알아두면 꼭 도움이 될 거예요.

impeach [타동] 탄핵하다
- be impeached for accepting bribery 뇌물을 받은 혐의로 탄핵을 받다
- impeach the Supreme Court judge 대법원 판사를 탄핵하다
- impede fair society 공정한 사회를 방해하다

impeachment [명] 탄핵

- Congress voted to **impeach** the President.
  국회는 대통령을 탄핵하기 위한 투표를 했다.
- An anonymous netizen started the online campaign to **impeach** the President.
  한 익명의 네티즌이 대통령을 탄핵하기 위한 온라인 캠페인을 시작했다.

anonymous 익명의

09 발ped에 묶인 족쇄를 풀어ex-주니 expedite 진척[촉진]시키다

impede가 발에 족쇄를 채워 방해하는 것이라면 반대 개념의 expedite는 발의 족쇄(제한)를 풀어주는 것입니다. 묶여있던 족쇄가 풀리게 되면 어떻게 될까요? 이제 발이 자유로워져 어디로든 빨리 움직여갈 수 있게 됩니다. 이것이 바로 expedite입니다. expedite는 좋은 의미로 쓰이는 동사로 예를 들면, expedite economic development 경제 발전을 촉진시키다와 같이 쓰입니다. 이렇게 impede와 expedite를 함께 공부하면 암기 효율이 확실이 높아지겠죠?

---

expedite [타동] 진척[촉진]시키다
- expedite the construction 건설의 속도를 내다
- expedite social change 사회 변화를 촉진시키다

expedient [형] 편리한 [명] 수단, 방편
expediency [명] 편의주의
expedition [명] 탐험

- The strategies are to **expedite** the decision-making progress.
  그 전략들은 의사 결정 과정을 촉진시키기 위한 것이다.
- We have developed rapid order processing to **expedite** deliveries to customers.
  저희는 고객분들께 배송이 더 신속히 이루어지도록 하기 위해 빠른 주문 처리 절차를 개발했습니다.

strategy 전략

10. 발pat 을 멀리dis- 내딛게 하니 dispatch 보내다, 파견하다

어근 ped발foot와 관련해서 배울 마지막 어휘는 dispatch입니다. 우선 dispatch에서 어근 pat는 ped에서 발음의 편의상 변화된 철자입니다. 이 dispatch는 바로 퀵서비스 기사님을 연상하면 딱 들어맞습니다. 내가 어딘가로 급히 문서를 보내야 하는데 차는 막히고 갈 수도 없는 상황에 딱 이분을 부르면 깔끔하게 해결되죠? 그럼 그 문서를 빨리 그곳으로 보낼 수 있습니다.

dispatch는 보통 긴급한urgent 상황에서 쓰기 때문에 '빨리 보내다'라는 뉘앙스가 있는데, 만약 경기에서 상대를 빨리 보내버리면 '신속히 물리치다, 이기다'의 뜻이 되겠지요?

dispatch 타동 1. 파견하다, 배송하다 2. 신속히 물리치다, 이기다 = beat
명 파견, 배송

- a dispatch from headquarters 본부에서 온 전갈
- dispatch his opponent 6-1 상대를 6대 1로 신속히 물리치다

· Goods are normally **dispatched** within 2 days.
상품은 보통 2일 이내에 배송됩니다.

· The company will soon **dispatch** a delegation to seek investment opportunities.
그 회사는 투자 기회를 찾기 위해 곧 대표단을 파견할 것이다.

확인하고 넘어가자

A | 다음 표시된 말에 해당하는 단어를 원형으로 써보세요.

01 그 회사는 철강 제품을 **제조한다** _____.

02 우리에게는 **명백한** _____ 증거가 필요하다.

03 나는 그의 **자필 원고** _____ 를 읽었다.

04 도로 위의 운전자들은 **보행자** _____ 를 조심해야 한다.

05 그는 나의 권한 집행을 **방해하려** _____ 했다.

06 규제를 풀어 기업 투자를 **촉진시켜야** _____ 한다.

B | 다음 표시된 단어의 동의어를 찾거나, 빈칸에 알맞은 단어를 고르세요.

07 He works for a company **manufacturing** furniture.
   ⓐ producing   ⓑ manipulating   ⓒ maneuvering

08 The large corporation tried to _____ public opinion by controlling broadcasters.
   ⓐ manufacture   ⓑ manipulate   ⓒ manuscript

09 Rescue attempts were **impeded** by the storm.
   ⓐ expedited   ⓑ impeached   ⓒ hindered

정답 A 01 manufacture 02 manifest 03 manuscript 04 pedestrian 05 impede 06 expedite
      B 07 ⓐ 08 ⓑ 09 ⓒ

48 밀어내는 pel, 당기려는 tract

흔히들 연인 사이에서는 밀고 당기기를 잘해야 한다고 하죠? 그래야 한쪽에 일방적으로 휩쓸려가지 않게 된다나요? 영어에서 이 push밀다에 해당하는 어근은 pel이랍니다. 반대로 lead, draw끌다, 당기다를 뜻하는 어근은 tract죠. 워낙 유명한 어근들이라 중요한 어휘들이 즐비합니다. 자! 기대를 갖고 본론으로 들어가 볼까요?

pel은 push

- **pro-**앞으로 + **pel**밀다 앞으로 밀고 나가다
  → **propel** 추진하다

- **com-**강조 + **pel**밀다 강하게 밀다
  → **compel** 강요하다

- **im-**안으로 + **pel**밀다 ~하도록 밀어 넣다
  → **impel** ~하도록 시키다

- **ex-**밖으로 + **pel**밀다 밖으로 몰아내다
  → **expel** 추방하다

- **re-**뒤로 + **pel**밀다 뒤로 밀어내다
  → **repel** 쫓아버리다

tract는 pull

- **at-(ad)**~쪽으로 + **tract**끌다 ~쪽으로 끌어당기다
  → **attract** (관심을) 끌다, 매혹하다

- **dis-**딴 데로 + **tract**끌다 딴 데로 끌어당기다
  → **distract** 산만하게 하다

- **ex-**밖으로 + **tract**끌다 밖으로 끌어내다
  → **extract** 뽑다, 추출하다

- **con-**함께 + **tract**끌다 함께 끌어내다
  → **contract** 계약하다, 수축하다

- **re-**뒤로 + **tract**끌다 (했던 말을) 뒤로 끌다
  → **retract** 취소[철회]하다

01 앞으로pro- 밀고 나가니pel **propel** 추진하다

사진에서 보이는 게 무엇일까요? 네, 프로펠러propeller입니다. 비행기 맨 앞에서 propeller가 마구 돌면서 바람을 가르면 비로소 비행기가 앞으로 날아가게 되죠. 프로펠러는 우리가 잘 아는 외래어이기도 해서 여기서 propel에 대한 힌트를 얻을 수 있습니다. propel은 '앞으로 밀고 나가다'라는 어원적 의미에서 생겨나 '(일을) 추진하다'라는 뜻이 된 것입니다. '추진'이란 한자가 '밀 추(推) 나아갈 진(進)'이니 딱 들어맞죠?

propel [타동] 추진하다, 밀고 나가다
- propel her wheelchair 그녀의 휠체어를 밀고 나가다
- propel the king to downfall 그 왕을 몰락으로 몰고 가다

propulsion [명] 추진
propeller [명] 프로펠러

· The boat is **propelled** by a small engine.
  그 배는 작은 엔진으로 추진된다.

· The development of new technology will **propel** the growth of the country.
  신기술 개발이 국가의 성장력을 추진시켜 줄 것이다.

02 세게com- 밀고 나가니pel **compel** 강요하다

어릴 땐 왜 그렇게 공부는 하기 싫고 놀고만 싶은 걸까요? 마음은 친구들과 함께 하는 놀이터playground에 가 있는데 엄마는 못 나가게 감시surveillance하며 '공부 좀 해!'를 연신 외치셨죠? compel은 어원 분석하면 '(~하도록) 세게 밀어붙이다'로 '강요하다, 억지로 시키다'란 뜻으로 쓰이게 된 것입니다. 또 「compel somebody to V」의 어법으로 쓰인다는 것이 중요합니다. compel에서 비롯된 여러 파생어들이 있는데 명사 compulsion은 '강요'란 뜻에서부터 '(강한) 충동strong desire'이라는 의미로까지 쓰인다는 점에 주의해야 합니다!

> **compel** [타동] 강요하다, 억지로 시키다 = force
> - compel A to V A가 ~하도록 강요하다
> - compel the child to study hard 아이에게 열심히 공부하도록 강요하다
>
> **compulsory** [형] 강제[의무]적인
> **compulsion** [명] 강요; (강한) 충동

- Attendance at the meeting is **compulsory**.
  회의 참석은 의무입니다.

- The law **compels** all drivers to take out insurance against an accident.
  그 법은 모든 운전자들이 사고에 대비해 보험을 들도록 강제하고 있다.

- A kleptomaniac is a person with an irresistible **compulsion** to steal.
  절도광은 도둑질을 억누를 수 없는 욕망을 가진 사람이다.

take out insurance 보험에 들다 kleptomaniac 절도광 irresistible 저항할[억누를] 수 없는

03 ~하도록 밀어pel 넣으니im- **impel** ~하도록 시키다

원래는 옷을 사러 나간 게 아닌데 백화점에 가보니 너무 예쁜 신상품이 걸려 있네요. 살까 말까 살까 말까 고민하다 결국 지르고 맙니다. 이렇게 옷을 산 적이 한번쯤은 있으시죠? 이것이 바로 impulse buying충동구매랍니다. 물론 카드값 갚는 동안 내내 후회regret하겠지만요. impel은 「impel 목적어 to V」 형태의 어법으로 쓰이면서 '~에게 …하도록 시키다'란 뜻으로 쓰입니다. 그래서 impel의 명사 impulse는 '~하도록 시키는 마음' 즉 '충동'이 되는 것이죠!

> **impel** [타동] ~하도록 시키다, 재촉하다
>
> **impulse** [명] 충동 = urge
> - a sudden impulse to laugh 갑자기 웃고 싶은 충동
> - on impulse 충동적으로
> - impulse buying 충동구매

- I bought the clothes on **impulse**.
  그 옷 충동적으로 산 거야.

- Hanson had a sudden **impulse** to kiss her.
  핸슨은 갑자기 그녀에게 키스하고 싶다는 충동을 느꼈다.

- The military dictatorship **impelled** the oppressed to fight for freedom.
  군사 독재정치가 억압받은 사람들로 하여금 자유를 위해 싸우게 만들었다.

  dictatorship 독재정치, 독재정부

04 밖으로ex 몰아내니pel expel 추방하다

dictator는 원래 '명령자'라는 어원적 의미에서 생겨나 '독재자'라는 뜻이 된 것입니다. 이 dictator를 가만 놔두면 나라가 망가질 대로 망가질 수 있으니 하루 빨리 나라에서 몰아내야겠죠? 이럴 때 적합한 동사가 바로 expel추방하다 이죠. expel은 '밖으로 몰아내다'라는 어원적 의미 그대로 굳어진 단어이므로 바로 암기가 될 수 있는 어휘죠. 명사는 expulsion추방으로 철자가 조금 바뀌는 점에 주의하세요!

---

expel [타동] 추방하다, 몰아내다 = banish, deport
- expel the spy from the country 스파이를 나라에서 추방하다
- expel the student for cheating 부정행위를 한 것에 대해 그 학생을 추방하다

expulsion [명] 추방, 퇴출

- He was **expelled** from team for taking drugs.
  그는 마약 복용으로 인해 팀에서 추방되었다.

- North Korea tried to **expel** all foreign journalists.
  북한은 모든 외국인 기자들을 추방하려고 했다.

- A female student committed suicide after receiving a notice of **expulsion** due to poor grades. 한 여학생이 저조한 성적으로 인해 제적 통보를 받은 후 자살했다.

  take drugs 마약을 복용하다 commit suicide 자살하다

05 뒤로re- 밀어내니pel repel 격퇴하다, (심한) 불쾌감을 주다

가장 참기 힘든 고통 중 한 가지가 바로 악취stink입니다. 특히 대화 중에 상대방의 입에서 나는 입냄새bad breath는 윽! 정말 죽음이죠. 여기서 연상되는 어휘가 바로 repel이에요. repel은 어원적으로 뜻을 풀이하면 '뒤로 밀어내다'가 됩니다. 만약 적enemy이 쳐들어올 때 그 적을 뒤로 밀어내면 '격퇴하다'가 되겠죠? 또 누가 냄새나는 음식물 쓰레기를 내 앞에 내민다면 '저리 치워!' 하면서 뒤로 밀어내겠죠? 그 음식물 쓰레기는 나에게 '심한 불쾌감을 주는' 것입니다. 이제 repel의 의미에 대해 감이 오세요?

---

repel [타동] (심한) 불쾌감을 주다, 격퇴하다 = repulse

- repel the rebels 반란군을 격퇴하다

repellent [형] 매우 불쾌한 = repulsive, repugnant
[명] (모기에 물리지 않도록 바르는) 기피제

- His bad breath **repelled** me. 그의 입 냄새가 나에게 심한 불쾌감을 주었다.
- The army was ready to **repel** the enemy's attack.
  그 군대는 적의 공격을 격퇴할 준비가 되어 있었다.
- I think rats and snakes are **repulsive** and disgusting. 쥐와 뱀은 혐오스럽고 역겨운 것 같아.

bad breath (고약한) 입 냄새 disgusting 역겨운, 구역질나는

06 ~쪽으로at- 끌어당기니tract attract (관심을) 끌다, 유혹하다

'나 왠지 그 남자한테 끌려!'라고 하면 그 남자가 내 관심attention을 끈 것이죠? 이럴 때 쓰는 동사가 바로 attract입니다. 물론 우리말에서 '끌다'라는 말은 '수레를 끌다'라고 할 때도 쓰지만 '관심을 끌다'라고 할 때도 씁니다. 영어에서도 마찬가지예요. attract는 '(~의 관심을) 끌다'라는 어원적 의미 그대로 '~를 끌다, 유혹하다'라는 뜻입니다.

특히 attract의 명사 attraction에는 '명소'라는 중요한 뜻이 있습니다. 제주도 같은 곳이 바로 관광객 tourist들을 끌어들이는 tourist attraction관광 명소랍니다!

> **attract** 타동 (관심·흥미를) 끌다, 유혹하다
> **attraction** 명 유혹, 유인; (사람을 끄는) 명소
> · tourist attraction 관광 명소
> · business attraction 사업하기 좋은 지역
> · gravitational[magnetic] attraction 중력[자력]
> **attractive** 형 매력적인 = engaging, fascinating

· Their marriage has **attracted** a lot of interest from people.
그들의 결혼은 사람들로부터 많은 관심을 끌었다.

· The government has tried to **attract** foreign capital.
정부는 외자를 유치하기 위해 노력해왔다.

· She is more **attractive** than pretty. 그녀는 예쁘기보다는 매력적이다.

07 딴 데로dis- 끌어당기니tract distract (주의, 관심을) 딴 데로 끌리게 하다

여름의 무더위stifling heat를 한 방에 날리기 위해 여자친구과 해수욕장으로 향했어요. 옆에 미녀들이 지나갑니다. 의심할 바 없이undoubtedly 나의 눈은 그 여자들에게 끌리게 됩니다. 결국 그 미녀들이 나의 주의, 관심을 딴 데로 끌리게 하고 있네요. 이런 경우에 쓰는 말이 바로 distract인데 「distract A from B B로부터 A를 딴 데로 끌다」의 형태로 잘 쓰인답니다.
특히 파생어 distraught는 안 좋은 일에 신경이 쓰여 '(정신이) 산만한, 불안해하는'의 뜻으로 자주 쓰이는 중요한 형용사이니 기억해 두세요!

> **distract** 타동 (주의·관심을) 딴 데로 끌리게 하다, 산만하게 하다
> · distract his attention from the subject 그 주제에서 그의 관심을 다른 데로 돌리다
> **distraction** 명 산만하게[집중하지 못하게] 하는 것
> **distraught** 형 (정신이) 산란한, 불안해하는

- Don't **distract** your father while he's driving.
  아빠 운전하시는데 산만하게 하지 마.

- I study in the library as there are too many **distractions** at home.
  집에는 집중하지 못하게 하는 것들이 너무 많아서 난 도서관에서 공부한다.

- The **distraught** parents frantically searched for their lost child.
  완전히 제정신이 아닌 그 부모는 잃어버린 아이를 미친 듯이 찾아다녔다.

frantically 미친 듯이

08 밖으로 ex- 끌어내니 tract **extract** 뽑아내다, 추출하다

여러분 가운데 혹시 충치 decayed tooth 가 있는 분이 있다면 치과 의사 dentist 에게 가서 extract 뽑아내다 할 수도 있습니다. extract 는 접두어 ex-밖으로(out) 가 있으니 외우기도 쉽죠. 어원 그대로 '밖으로 끌어내다'에서 '추출하다'란 뜻이 된 거니까요.

활용도도 아주 높습니다. 구체적으로 뭔가를 뽑아낼 때도 쓰지만 식물에서 기름을 추출하는 것도, 상대방에게 약속, 계약을 이끌어내는 데도 extract를 쓸 수 있습니다. extract 역시 'extract A from B B로부터 A를 끌어내다」의 형태로 잘 쓰인다는 점도 알아두세요!

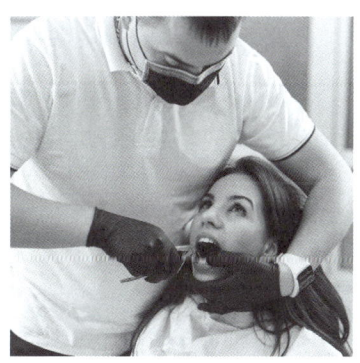

extract 〔타동〕 뽑아내다, 추출[발췌]하다
- extract a promise from him 그에게서 약속을 이끌어내다
- extract a confession from the suspect 용의자에게서 자백을 이끌어내다

extraction 〔명〕 추출, 채취

- I'm having my wisdom teeth **extracted**. 나 사랑니 뽑으려구.
- I'm going to **extract** a mole. 나 점 빼려구.
- Scientists **extract** oils from the plants. 과학자들은 식물에서 기름을 추출한다.

mole 두더지; (몸에 난) 점

09 함께con- 끌어내니tract contract 계약하다; 수축하다

어근 tract끌다(pull)가 포함된 단어 중 빠질 수 없는 어휘가 contract랍니다. contract는 「con-함께 + tract끌다 → 함께 끌어내다」라는 어원적 의미에서 생겨나 '계약(하다)'와 '수축하다'라는 뜻으로 쓰이게 됩니다.
나와 상대방이 함께 어떤 결과를 이끌어내는 것이 '계약하다'라는 건 이해하기 쉬운데 '수축하다'라는 뜻은 잘 이해가 안 되죠? 우리가 몸을 움직일 땐 근육muscle이 수축과 이완contract and relax을 반복합니다. 즉 근육이나 혈관muscle or blood vessel이 당겨지는 것은 곧 '수축'을 의미하는 거죠. contract에서 주의해야 할 점은 contract가 명사로 쓰이면 '계약'이란 뜻으로만 쓰이고 contraction이라고 해야 '수축'이란 뜻이 된다는 거예요. 혼동하지 마세요!

> **contract** 명 계약(서) 자동 타동 계약하다 자동 수축하다 = shrink ↔ expand 팽창하다
> - draw up a contract 계약서를 작성하다
> - sign a contract 계약서에 서명하다
>
> **contraction** 명 수축; (단어의) 축약형
> - muscle contraction 근육의 수축
> - a contraction in economic activity 경제 활동의 위축

- Will you sign a **contract** then?
  그럼 계약서에 서명하시겠습니까?

- Our next job is to draw up a **contract**.
  우리의 다음 작업은 계약서를 작성하는 것이다.

- The **contract** holds good for three years.
  그 계약은 3년간 유효하다.

- 'I will' is usually **contracted** to 'I'll'.
  I will은 보통 I'll로 축약된다.

10 뒤로 re- 끌어당기니 tract retract 취소하다, 철회하다

만약 당신과 계약한 상대가 그 계약을 취소하려고 한다면 어떨까요? 뭔가 계약 위반 breach of contract 에 대한 조치가 취해져야겠죠? 이번에 배울 retract는 어원적 의미를 살펴보면 '뒤로 끌다'라는 의미를 갖습니다. 했던 말을 뒤로 끌면 '취소하다'라는 뜻이 되고, 하기로 했던 계약이나 주장을 뒤로 끌면 '철회하다'라는 뜻이 되는 거죠. 어렵지 않죠?

---

retract [타동] 1. 취소[철회]하다 = withdraw 2. 뒤로 오므리다, 집어넣다

- retract one's offer[remarks] 제의[발언]를 철회하다
- retract the claws on its front feet 앞발에서 발톱을 집어넣다

retraction [명] 취소, 철회

- The official **retracted** his remarks and apologized to those concerned.
  그 관리는 자신의 발언을 취소했고 관련된 사람들에게 사과했다.

- The newspaper published a **retraction** of its allegations.
  그 신문사는 근거 없는 주장들의 철회를 공표했다.

allegation (근거 없는) 주장

확인하고 넘어가자

A | 다음 표시된 말에 해당하는 단어를 원형으로 써보세요.

01 우리는 그 계획을 **추진해야** _____ 합니다.

02 나한테 이래라 저래라 **강요하지** _____ 마!

03 그 나라는 외국 기자들을 **추방하려고** _____ 했다.

04 그 나라는 투자자들에게 **매력을 끈다** _____.

05 그들은 정보를 **이끌어내기** _____ 위해 고문을 했다.

06 라디오 소리가 내 주의를 **산만하게 했다** _____.

B | 다음 표시된 단어의 동의어를 찾거나, 빈칸에 알맞은 단어를 고르세요.

07 No one can **compel** obedience to us.
    ⓐ force   ⓑ repel   ⓒ demand

08 The leader was **expelled** from the party.
    ⓐ attracted   ⓑ welcomed   ⓒ banished

09 Low rents can _____ new businesses to this area.
    ⓐ attract   ⓑ contract   ⓒ distract

정답 A 01 propel 02 compel 03 expel 04 attract 05 extract 06 distract
       B 07 ⓐ 08 ⓒ 09 ⓐ

49 가는 건 ced, 오는 건 ven

그림을 보세요. 오른쪽 사람은 어디론가 가는 모습이죠? '가다'는 영어로 go입니다. 이 go가 어근으로 쓰이면 ced(e)가 되구요. 즉 단어에 ced가 들어가 있으면 'go'의 뜻을 나타내는 것이죠. 반대로 또 한 사람은 이쪽으로 오고 있는 모습이죠? 영어에서 '오다' 즉 'come'에 해당하는 어근은 ven입니다. 외우기 쉽게 한자로도 한번 생각해 볼까요? 갈 거(去)는 ced(go), 올 래(來)는 ven(come).

ced(e)는 go

- **pro-**앞으로 + **cede**가다 앞으로 나아가다
  proceed 진행하다, 나아가다

- **pre-**앞서 + **cede**가다 앞서 가다
  precede 앞서다, 선행하다

- **re-**뒤로 + **cede**가다 뒤로 가다
  recede 후퇴하다, 물러나다

- **ac-**~쪽으로 + **cede**가다 ~쪽으로 가다
  accede 동의하다

- **ex-**밖으로 + **ceed**가다 밖으로 넘어가다
  exceed 초과하다

ven은 come

- **ven-**오다 + **-ue**장소 (사람들이) 오는 곳
  venue 행사장, 개최지

- **con-**함께 + **vene**오다 (여럿이) 함께 오다
  convene 모이다

- **re-**다시 + **ven**오다 + **-ue**명접 되돌아오는 것
  revenue 수익

- **sou-**위로 + **ven**오다 + **-ir**명접 (기억·생각을) 떠오르게 하는 것
  souvenir 기념품

- **inter-**~ 사이로 + **vene**오다 중간으로 들어오다
  intervene 개입하다

01 앞으로pro- 나아가는ceed **proceed** 진행하다, 나아가다

go! 하면 일단 앞으로 나아가는 것이 떠오르죠? 이 '앞으로 나아가다'라는 의미를 그대로 담고 있는 단어가 proceed입니다. 어근 ceed가다(go)에 '앞으로'를 의미하는 접두어 pro-가 붙어 생겨진 어휘가 proceed죠. proceed는 기본 어휘긴 하지만 명사 파생어들에 주의해야 합니다. 예를 들어 legal procedure법적 절차나 a process of manufacture제조 과정와 같은 표현은 이 자체로 하나의 관용구처럼 쓰일 만큼 중요한 표현이니 꼭 익혀두세요!

proceed [자동] 나아가다, (계속) 진행하다 = continue
procedure [명] 절차, 순서
· follow the safety procedure 안전 절차를 따르다
process [명] (진행) 과정, 처리
procession [명] 행진, 행렬
· a funeral procession 장례식 행렬

· The project is **proceeding** according to plan. 그 프로젝트는 계획에 따라 진행되고 있다.
· What's the **procedure** for applying for a passport? 여권 신청 절차가 어떻게 되죠?
· The **process** of applying to a college is often very time-consuming.
  대학에 지원하는 과정은 종종 많은 시간을 요한다.

apply to ~에 지원[신청]하다

02 앞서pre- 가는cede 건 **precede** ~에 선행하다, 앞서다

proceed와 절대 혼동하지 말아야 할 어휘가 precede입니다. 일단 분명한 것은 접두어가 다르다는 것이죠. pro-는 '앞으로,' pre-는 '이전에'의 뜻이니까요. precede는 공간적으로 '~보다 앞서다'라는 의미로 쓰이지만 사실 시간적으로 하나의 사건이나 일이 다른 것보다 '먼저 일어나다, 선행하다'란 뜻으로 훨씬 많이 쓰입니다. 영작할 때 유용한 동사이니 꼭 암기하세요! 또 명사 precedent선례, 전례도 유의해야 할 단어라는 점 잊지 마시구요!

> **precede** [타동] ~보다 앞서다, 선행하다
>
> **precedent** [명] 선례, 전례 ↔ **unprecedented** 전례 없는, 유래 없는
> · create a dangerous precedent 위험한 전례를 만들다
> **preceding** [형] 앞의, 이전의 = previous
> · refer to the diagram on the preceding page 앞 페이지에 있는 도표를 참조하다

· The verification of the documents should **precede** any formal investigation.
그 문서들에 대한 사실 입증이 어떠한 공식 조사보다도 선행되어야 한다.

· We should follow the legal **precedent**. 우리는 그 판례를 따라야 한다.

· Margaret Mitchell's book "Gone with the Wind" was an **unprecedented** success.
마가렛 미첼의 책 "바람과 함께 사라지다"는 전례 없는 성공작이었다.

investigation 조사, 수사

03 뒤로re- 가는cede 건 recede 후퇴하다, 물러나다

앞으로 가는 것이 proceed라면 뒤로 가는 것은 바로 recede입니다. 더 설명할 필요도 없이, 접두어 re-가 '뒤로back'란 의미를 나타내고 있으니까요. 따라서 recede는 '뒤로 가다'라는 어원적 의미에서 생겨나 '후퇴하다'란 뜻이 된 것입니다. recede의 명사 recession은 물론 '후퇴'라는 뜻도 있지만 주로 '경기 후퇴, 불황'이란 의미로 많이 쓰입니다. 반대 개념인 경제의 활황the economic boom도 함께 알아두면 좋겠네요!

> **recede** [자동] 후퇴하다, 물러나다 = go back
>
> **recession** [명] 경기 후퇴, 불황 = depression
> **recess** [명] 휴회 기간, (학교의) 쉬는 시간; 구석진[후미진] 곳

· The memory for him gradually **receded**. 그에 대한 기억이 점차 사라졌다.

· We must make a suitable response to the global **recession**.
우리는 세계 불황에 적절한 대응책을 마련해야 한다.

· **Recess** is too short. 쉬는 시간은 너무 짧아.

04　~쪽으로ac 다가가는cede 건 accede 동의하다

만약 여러분에게 누군가가 근사한 제안offer을 해온다면 그 제안에 동의하시겠죠? 이럴 때 쓸 수 있는 표현이 accede to입니다. accede는 어원적으로 '~쪽으로 다가가다'라는 뜻으로 풀이되죠. accede는 자동사이기 때문에 뒤에 전치사가 붙는데, 주로 전치사 to를 꼬리처럼 달고 다닙니다. 이렇게 어떤 동사가 특정 전치사와 함께 쓰이는 어법usage을 익히는 것은 아주 중요합니다. 그래야 시험에서도 쓰기, 말하기 등에 두루 활용할 수가 있으니까요.

> **accede** [자동] 응하다, 동의하다 = agree
> - accede to his request 그의 요구를 들어주다
> - accede to the investigation 조사에 응하다
>
> **accession** [명] 동의, 취임
> **access** [명] 접근

- **Many people would accede to his policy.** 많은 사람들이 그의 정책에 동의할 것이다.
- **The department store has improved access for disabled visitors.**
  그 백화점은 장애인 방문객들의 접근성을 개선해왔다.
- **He was a key player in Korea's accession to the OECD.**
  그는 한국이 OECD에 가입하는 데 있어 핵심적 역할을 한 인사였다.

disabled (몸에) 장애가 있는

05　밖으로ex 넘어가는ceed 건 exceed (범위를) 뛰어넘다, 초과하다

제 바람이지만 만약 이 책이 소위 말하는 대박bonanza을 터뜨려서 판매 예상치를 훨씬 뛰어넘게 된다면, 이런 경우가 바로 exceed입니다. 접두어 ex-밖으로와 어근 ceed가다의 결합으로 '(범위를) 뛰어넘다, 초과하다'란 뜻이 된 것입니다. exceed our expectations우리의 예상치를 뛰어넘다라는 말은 너무도 잘 쓰이는 표현입니다. 마지막으로 형용사 excessive 과도한 역시 중요한 단어이니 놓치지 마세요!

432

> **exceed** 자동 (범위를) 넘다, 초과하다 = surpass
> - exceed one's expectation ~의 예상을 뛰어넘다
> - exceed the speed limit 제한속도를 초과하다
>
> **excess** 명 초과, 과잉
> **excessive** 형 넘치는, 과도한 = superfluous

- The result of the book **exceeded** our expectations.
  그 책의 결과는 우리의 예상을 뛰어넘었다.

- The campaign is trying to stop the **excessive** use of chemicals.
  그 캠페인은 화학 약품의 과도한 사용을 막고자 하는 것이다.

06 여러 사람들이 오는ven 곳-ue은 venue 행사장, 개최지

사진을 보세요. 굉장한 콘서트concert가 열리고 있는 장소가 나오죠? 이렇게 어떤 행사가 벌어지는 장소, 즉 '행사장, 개최지'를 venue라고 합니다. venue에서 어근 ven이 '오다' 즉 come의 뜻인 것만 알면 바로 이해되는 어휘죠.

> **venue** 명 행사장, 개최지
> - a 2500 seat concert venue 2500석의 콘서트장
> - book a conference venue 회의장을 예약하다
> - the venue for the party 파티 장소

- Busan is the **venue** of the ASEAN summit.
  부산이 아세안 정상회담의 개최지다.

- The **venue** of the music performance is the Hilton hotel.
  그 음악회의 행사장은 힐튼 호텔이다.

07 여럿이 함께con 오는vene 건 convene 모이다, 소집하다

콘서트장concert venue에 가보신 경험이 있나요? 좋아하는 가수 singer를 직접 보기 위해 많은 이들이 모여듭니다. 이렇게 사람들이 한 곳에 모이는 것을 convene이라고 합니다. 이 convene의 명사형인 convention도 아주 중요합니다. convention은 '사람들이 모이는 것'이란 어원적 의미에서 나온 '1. 집회'라는 뜻도 있지만 '옛것이 함께 전해 내려온 것'이란 어원적 의미에서 생겨난 '2. 전통'이란 의미도 있습니다. 형용사 conventional로 넘어오면 아예 '전통적인, 재래식의'란 의미로 쓰이구요. 자주 등장하는 어휘니 꼭 익혀두세요!

convene 동 모이다, 소집하다 = assemble, convoke

convention 명 1. 집회, 컨벤션 2. 전통 = custom, tradition
· the city's new convention center 그 도시의 새로운 컨벤션 센터

conventional 형 전통적인, 재래식의 = traditional
· the conventional wisdom 사회적 통념

· The committee members **convened** for a meeting at 9:00 a.m.
  위원회의 위원들은 오전 아홉시에 회의에 소집되었다.

· The handshake is a kind of social **convention**. 악수는 일종의 사회적 관습이다.

· A microwave cooks food much faster than a **conventional** oven.
  전자레인지는 재래식 오븐보다 훨씬 더 빨리 음식을 익힌다.

08 되돌아re 오는ven 건 revenue 수익

기업의 목적은 영리 추구라고 하죠? 쉽게 말해 '돈 벌자!'라는 것이죠. 그러려면 제품product을 팔아야겠죠? 소비자customer는 이 product를 사기 위해 돈을 지불합니다. 회사의 입장에서 보면 product가 팔리고 그 대신 money로 돌아오니 이것이 곧 revenue 수익이 되는 것이죠. revenue의 '되돌아 오는 것'이란 어원적 의미가 '수익'이라는 뜻이 된 게 이해되죠? revenue는 또한 '(정부의) 세수'

라는 뜻도 있습니다. 정부government 입장에서 보면 국민들people에게 여러 가지 행정 서비스를 제공하고 국민들로부터 세금tax을 거둬들이게 되니까 역시 '되돌아오는 것'이죠.

> **revenue** 명 1. 수익 = profit 2. (정부의) 세수
> · the movie's total revenue 그 영화의 총수입
> · an increase in tax revenue 세수 증가

· Tourist **revenue** declined by 11.2 percent. 관광 수입이 11.2% 감소했다.

· To collect more tax **revenue**, the government is considering imposing excise taxes on liquor and cigars.
  세입을 늘리기 위해 정부는 주류와 담배에 대해 소비세를 부과하는 것을 고려하고 있다.

excise tax 물품세, 소비세

09 (기억·생각을) 떠sou 오르게ven 하는 것은 souvenir 기념품

가족과 함께 외국 여행foreign travel을 다녀온 적이 있나요? 몇 군데 관광명소tourist attraction들을 관광sightseeing하고 난 후 기념품 가게souvenir shop에 들르는 게 일종의 관광 코스가 되었죠. 여기서 등장하는 souvenir가 바로 '기념품'이란 뜻이랍니다. 여행을 다녀온 후 몇 년이 지나도 그때 사왔던 '기념품'을 보고 있노라면 그때의 기억이 마음 속에서 새록새록 떠오릅니다. 이렇게 옛 기억을 떠오르게 만들어 주는 것이 바로 souvenir입니다!

> **souvenir** 명 기념품, 기념물 = memento
> · a souvenir shop 기념품 가게
> · put on souvenir T-shirts 기념품 티셔츠를 입다

· I bought a model of the Eiffel Tower as a **souvenir** of Paris.
  난 파리를 다녀온 기념품으로 모형 에펠탑을 샀다.

· People take **souvenir** photos in front of the statue. 사람들은 그 동상 앞에서 기념사진을 찍는다.

statue 동상, 조각상

10 중간으로inter 들어오는vene 건 intervene 개입하다

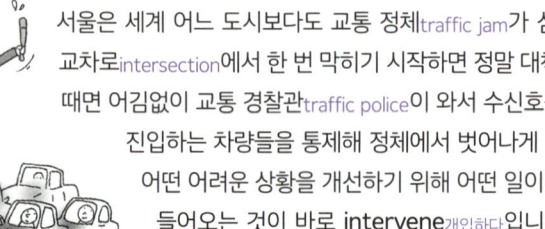

서울은 세계 어느 도시보다도 교통 정체traffic jam가 심한 나라죠. 특히 교차로intersection에서 한 번 막히기 시작하면 정말 대책 없습니다. 이럴 때면 어김없이 교통 경찰관traffic police이 와서 수신호를 통해 교차로로 진입하는 차량들을 통제해 정체에서 벗어나게 해줍니다. 이렇게 어떤 어려운 상황을 개선하기 위해 어떤 일이나 상황의 중간에 들어오는 것이 바로 intervene개입하다입니다. intervene은 전치사 in과 함께 intervene in~안에 개입하다으로 외워두어야 합니다!

---

intervene [자동] 개입하다, 끼어들다
- intervene in the crisis 위기 사태에 개입하다
- intervene to deal with the problem 문제 해결을 위해 개입하다

intervention [명] 개입, 간섭

- I won't intend to **intervene in** the dispute between them.
  난 그들 사이의 다툼에 끼어들지 않겠어.

- The police will have to **intervene** to prevent further fighting.
  더 이상의 싸움을 막으려면 경찰이 개입해야 할 것이다.

확인하고 넘어가자

A | 다음 표시된 말에 해당하는 단어를 원형으로 써보세요.

01 두통이 점차 **사라졌다** _____.

02 이런 **선례** _____ 를 남기지 말아야 한다.

03 출생률이 사망률을 **초과했다** _____.

04 크리스마스 콘서트의 **행사장** _____ 은 올림픽 체조경기장입니다.

05 금년 **수익** _____ 이 30% 증가했다.

06 우리는 그 여행지에서 **기념품** _____ 을 사왔다.

B | 다음 표시된 단어의 동의어를 찾거나, 빈칸에 알맞은 단어를 고르세요.

07 The fire was _____ by a loud explosion.
    ⓐ preceded   ⓑ proceeded   ⓒ interceded

08 You should **accede** to his right offer.
    ⓐ concede   ⓑ agree   ⓒ recede

09 Total **revenue** of the year is expected to increase.
    ⓐ benefit   ⓑ profit   ⓒ souvenir

정답 A 01 recede 02 precedent 03 exceed 04 venue 05 revenue 06 souvenir
B 07 ⓐ 08 ⓑ 09 ⓑ

50. 서는 건 sist, 앉는 건 sid

남자는 서 있고 여자는 앉아 있습니다. 이별의 시간이 머지 않은 듯한 분위기죠? 떠나려는 남자와 그를 잡지 못하는 여자일까요? 이제 슬픈 이야기sad story는 그만하고 어근 이야기로 들어가 볼까요? 어근 sist는 '서다' 즉 stand의 뜻이고 어근 sid는 '앉다' 즉 sit의 뜻입니다. '서다'와 '앉다'는 가장 기본적인 동작이기 때문에 그만큼 파생되는 어휘들도 많습니다. 어떤 어휘들이 있는지 알아볼까요?

sist는 stand

- **as-**~쪽으로(ad-) + **sist**서다(stand) ~쪽으로 서주다
  → **assist** 돕다

- **con-**함께 + **sist**서다(stand) 함께 서 있다
  → **consist** 구성되다

- **de-**떨어져 + **sist**서다(stand) 떨어져 서다
  → **desist** 그만두다

- **in-**안에 + **sist**서다(stand) (자기 생각) 안에 서 있다
  → **insist** 주장하다

- **re-**뒤에 + **sist**서다(stand) 뒤에 버티고 서다
  → **resist** 저항하다

sid는 sit

- **sed(en)**앉다(sit) + **-(t)ary**형접 앉아 있는
  → **sedentary** 앉아서 일하는

- **as-**~쪽에(ad) + **sid(u)**앉다(sit)) + **-ous**형접 ~에 계속 앉아 있는
  → **assiduous** 근면한, 성실한

- **re-**뒤에 + **sid**앉다(sit) + **-ue**명접 뒤에 남아 있는 것
  → **residue** 나머지, 찌꺼기

- **sub-**옆에 + **sid**앉다(sit) + **-y**명접 옆에 앉아 도움을 주는 것
  → **subsidy** 보조금

- **super-**~ 위에 대신 + **sed(e)**앉다 ~ 위에 대신 앉다
  → **supersede** 대체하다

01 ~쪽으로 as- 서주는 sist 건 assist 돕다, 거들다

assist란 단어는 많이 들어보셨죠? 그런데 왜 assist가 '돕다'의 뜻이 되었을까요? 먼저 그림을 볼까요? 환자patient가 앉아 있고 의사가 보이죠? 그 옆엔 서 있는 간호사nurse가 보이구요. 의사 바로 옆에 서서 환자의 진료를 돕고 있네요. 이것이 바로 assist입니다. assist는 어원적으로 「as-(ad-)~쪽으로 +sist서다」란 뜻으로 풀이되어 '돕다, 거들다'가 된 거랍니다. 누군가의 옆에 서서 그 사람 하는 일을 거든다는 의미에서 나온 단어죠!

assist 동 돕다, 거들다 = help, aid
- assist the poor country 가난한 나라를 도와주다
assistance 명 도움, 원조
assistant 명 조수, 보조

- The usher **assisted** me to a seat. 안내원이 자리를 안내해줬다.
- Citizens have a duty to **assist** the police. 시민들은 경찰을 도울 의무가 있다.
- The government has to take measures to **assist** people's livelihood.
  정부는 국민들의 생계를 돕기 위한 대책을 마련해야 한다.

take measures to ~에 대한 대책을 마련하다

02 함께 con- 서 있으니 sist consist 구성되다

우리는 서로 assist돕다, 거들다해줘어야 합니다. 왜냐하면 이 사회는 나를 비롯해 많은 사람들이 함께 존재하는 곳이기 때문이죠. consist는 '함께 존재하다'라는 어원적 의미에서 생겨나 '~로 구성되다'라는 의미를 나타내게 된 자동사입니다. 자동사이기 때문에 반드시 「consist of~로 구성되다」의 형태로 써야 합니다! 형용사 consistent는 '(짜임새 있게) 구성된'이란 어원적 의미에서 생겨나 '일관성 있는'의 뜻이 된 단어로 중요하니 함께 알아두세요!

> **consist** [자동] 1. 《of》 ~로 구성되다 2. 《in》 ~에 있다, 존재하다
>
> · the book that consists of 5 chapters 5개 장으로 구성된 책
> **consistency** [명] 일관성
> **consistent** [형] 일관성 있는

- The buffet **consists of** three kinds of main course dishes.
  그 뷔페는 세 종류의 주요리로 구성되어 있다.

- It is difficult to find out a **consistent** theme in the novel.
  그 소설에서는 일관된 주제를 찾기가 어렵다.

- There was no **consistency** between the first and the second half of the film.
  영화의 전반부와 후반부 사이에 전혀 일관성이 없었다.

03 떨어져de- 서면sist desist 그만두다, 중지하다

서로 돕는 좋은 사회가 되려면 범죄crime나 테러terror와 같은 안 좋은 행위를 중지해야겠죠? 이럴 때 뭔가를 '중지하다'라는 뜻으로 쓰는 동사가 바로 desist입니다. desist에서 접두어 de-는 '떨어져'라는 뜻으로, 어떤 행위에서 '떨어져 서다'라는 어원적 의미에서 생겨나 '그만두다, 중지하다'라는 뜻이 된 것입니다. 반드시 전치사 from과 함께 쓰인다는 어법도 아주 중요합니다. 아예 desist from의 형태로 외워두세요!

> **desist** [자동] 그만두다, 중지하다 = stop
>
> · desist from ~를 그만두다, 중지하다
> · desist from acts of violence 폭력 행위를 그만두다

- Brams would not **desist from** his insistence. 브람스는 그의 주장을 그만두지 않을 것이다.

- North Korea has to **desist from** its recent provocations.
  북한은 최근의 도발 행위들을 그만두어야 한다.

provocation 도발, 자극

04 자기 생각 속에in- 서있으면sist insist 주장하다, 고집하다

사람은 누구나 자기 생각이 있어서 그 생각을 주장, 고집하게 됩니다. 결국 자기 생각의 테두리 속에 있는 것이죠. 이런 어원적 배경에서 생겨난 어휘가 바로 insist입니다. insist는 자동사와 타동사 둘 다로 쓰일 수 있는데, 자동사일 땐 「insist on + 명사~에 대해 주장[고집]하다」로 쓰고, 타동사일 땐 「insist that + 절 ~라고 주장[고집]하다」의 형태로 씁니다. 이런 어법을 알아두면 독해나 영작에 바로 활용할 수 있어서 좋습니다!

insist 동 주장하다, 고집하다
- insist on+명사 / insist that+절 ~을 주장[고집]하다
- insist on a smoke-free environment 담배 연기 없는 환경을 주장하다

insistent 형 주장[고집]하는

- She kept **insisting on** her innocence.
  그녀는 계속해서 자신의 결백을 주장했다.

- Some people **insist that** nuclear weapons should be on the Korean Peninsula.
  어떤 사람들은 한반도에 핵무기가 있어야 한다고 주장한다.

05 뒤에re- 버티고 서니sist resist 저항하다

오늘날 우리나라에 이만큼 민주주의democracy가 정착될 수 있었던 것은 독재정권dictatorship에 목숨을 걸고 맞서 싸웠던 민주투사들이 있었기 때문이죠. 이분들은 민주주의를 지키기 위해 온 힘을 다해 저항했죠. 여기서 연상되는 어휘가 바로 resist저항하다입니다.

그런데 resist저항하다라는 다소 거창한 의미로도 쓰이지만 I just can't resist chocolate.에서처럼 '난 초콜릿을 저항할 수 없다 → 먹지 않을 수 없다'라고 하는 회화 표현으로도 자주 쓰인답니다. 알아두면 아주 유용하죠.

> **resist** [타동] 저항하다 = withstand
> - resist the temptation to laugh 웃고 싶은 유혹을 참다
> **resistance** [명] 저항
> **resistant** [형] 저항하는, 영향 받지 않는
> - shock-resistant rubber 충격 방지 고무

- I just can't **resist** her beauty. 나는 도저히 그녀의 미모에 저항할 수 없다.
- Demonstrators courageously **resisted** oppression of the military dictatorship.
  시위자들은 군사 독재 정부의 억압에 용기 있게 저항했다.

oppression 억압

06 앉아 있는sed 건 sedentary 앉아 있는, 앉아서 일하는

어근 sid는 sit앉다에서 자음 /t/가 /d/로 발음이 약화되어 생겨났습니다. 사실 sedentary도 어근 sed앉다에 형용사형 접미어 -ary가 붙어 '앉아 있는, 앉아서 일하는'이란 뜻이 된 거죠. sedentary job은 꽤나 유명한 표현famous expression인데 운전사나 프로그래머 같이 '앉아서 일하는 일'을 뜻합니다. sedentary는 또 한 곳에 정착settlement하면 다른 곳으로 '이주하려 하지 않는'이란 뜻도 있습니다. 따라서 a sedentary population in Seoul 하면 '서울에서 (타 지역으로) 이주하려 하지 않는 주민'이란 뜻이 되죠.

> **sedentary** [형] 1. 앉아 있는, 앉아서 일하는 2. 이주하려 하지 않는, 정주하는
> - Korean too sedentary young people 너무 앉아서 일하는 한국 젊은이들
> - sedentary people in the city 도시에서 이주하려 하지 않는 사람들

- There are health problems caused by our **sedentary** lifestyle.
  앉아 있는 우리의 생활 방식에서 기인한 건강 문제들이 있다.
- People with **sedentary** jobs generally need to eat less than those in very active occupations.
  앉아서 일하는 직업을 가진 사람들은 대체로 매우 활동적인 직업을 가진 사람들보다 적게 먹어야 한다.

07 ~에as- (계속) 앉아 있으니sid assiduous 근면한, 성실한

도서관library에 있다 보면 커피 마시거나 전화하러, 또 친구들이랑 얘기하러 들락날락거리는 학생들이 있습니다. 분명 이 학생들은 열심히 공부하지 않는 학생들일 것입니다. 정말 제대로 공부하는 학생은 한 자리에 엉덩이 딱 붙이고 앉아 뭔가를 계속 파는 학생들이죠. 이런 개념에서 생겨난 어휘가 바로 assiduous 근면한, 성실한 입니다.

assiduous는 '~에 (계속) 앉아 있는'이란 어원적 의미에서 '근면한, 성실한'이란 뜻으로 쓰이게 되었습니다. 물론 '근면한'이란 뜻의 단어로 diligent, industrious도 있지만 조금 수준 높은 어휘인 assiduous도 꼭 알아두세요!

> **assiduous** 혱 근면한, 성실한, 꾸준한 = diligent, industrious
> - an assiduous student[worker] 근면한 학생[근로자]
> **assiduity** 몡 근면함, 성실함

- He was **assiduous** in his attendance at church.
  그는 교회 참석을 성실히 했다.

- The government has been **assiduous** in the fight against inflation.
  정부는 인플레이션을 잡기 위해 지속적인 노력을 기울여왔다.

08 뒤에re- 남아 있는sid residue 나머지, 찌꺼기

resident와 헷갈리면 안 되는 어휘가 residue 나머지, 찌꺼기 예요. 여러분, 커피 좋아하세요? 커피를 다 마시고 나면 컵 안쪽에 커피 찌꺼기가 남죠? 사진에서도 컵 안쪽에 커피 찌꺼기가 약간 남아있는 게 보이죠? 이걸 coffee residue라고 합니다. 이런 걸 두고 백문이 불여일견Seeing is believing.이라고 하겠죠? 이제 왜 residue의 어원적 의미인 '뒤에 (가라)앉은 것'이 '나머지, 찌꺼기'란 뜻으로 되었는지 확실히 아셨죠?

> **residue** 몡 나머지, 찌꺼기 = remnant, remainder
> - coffee residue (다 마시고 난 뒤 남은) 커피 찌꺼기
> - pesticide residues in fruit and vegetables 과일과 채소의 잔류 농약

- Soap can leave a slight **residue** on your skin. 비누는 피부에 약간의 비누기를 남길 수 있다.
- The flies leave a sticky **residue** on crops. 파리는 농작물에 끈적한 찌꺼기를 남긴다.
- The investigation team has collected explosive **residue** from the wreckage.
  조사팀은 사고 잔해로부터 폭발성 잔존물질을 수거했다.

  wreckage (사고 자동차·비행기 등의) 잔해

09 옆에 sub- 앉아 sid 도움을 주는 것은 subsidy 보조금

자유무역협정FTA(Free Trade Agreement)에 대해 한번쯤은 들어보셨죠? 그런데 FTA가 체결되면 이익을 보는 분야도 있지만 손해를 입는 분야도 있습니다. 바로 농업agriculture 분야인데요, 그래서 필요한 것이 바로 정부의 subsidy 보조금입니다. subsidy는 어원을 분석하면 '옆에 앉아 도움을 주는 것'이란 의미에서 점차 발전하여 '도움을 주는 돈 → 보조금'이란 의미가 된 것입니다!

> **subsidy** 몡 보조금 = benefit
> - subsidy for child 육아 보조금
> - subsidy for education 교육 보조금
>
> **subsidize** 동 보조금을 지급하다, 지원하다 = support

- The government may cut some **subsidies** to farmers.
  정부가 농부들에게 지급하는 약간의 보조금을 줄일지도 모른다.
- Without state **subsidies**, the railways couldn't survive.
  주 보조금 없이는 철도 사업이 생존할 수 없다.
- The government should **subsidize** foreigners to help them adjust to their new environment. 정부는 외국인들이 새로운 환경에 적응할 수 있도록 지원해야 한다.

10   ~위에 대신 super- 앉으니 sede supersede 대신[대체]하다

요즘은 음악을 듣기 위해 굳이 MP3 플레이어를 들고 다니지 않고 스트리밍 서비스를 사용하죠. 이번에 배울 supersede가 바로 '대체[대신]하다'의 뜻입니다. 기존에 있던 것(MP3 플레이어) 위에 대신 다른 것(음악 스트리밍 서비스)이 앉은 게 바로 supersede입니다.

> **supersede** [타동] ~을 대신[대체]하다 = replace, substitute, supplant
> · be superseded by ~로 대체되다(주로 수동태로 쓰임)

· The old computers will have been **superseded** by more recent models.
그 구형 컴퓨터들은 좀 더 최근 모델들로 대체될 것이다.

· It is unlikely that scientific thinking will entirely **supersede** superstition and religion. 과학적 사고가 미신과 종교를 완전히 대체하지는 못할 것 같다.

superstition 미신

확인하고 넘어가자

A | 다음 표시된 말에 해당하는 단어를 원형으로 써보세요.

01 비밀번호는 5개의 문자로 **구성되어야** _____ 합니다.

02 그녀는 수업 후에 선생님을 **도왔다** _____.

03 그는 늘 자신이 옳다고 **주장한다** _____.

04 그들은 독재 정권에 **저항했다** _____.

05 그는 **앉아서 일하는** _____ 직업을 갖고 있다.

06 정부는 저소득층에 육아 **보조금** _____ 을 지급한다.

B | 다음 표시된 단어의 동의어를 찾거나, 빈칸에 알맞은 단어를 고르세요.

07 The buffet _____ of diverse dishes.
 ⓐ persists ⓑ consists ⓒ desists

08 The manager kept _____ on a full explanation.
 ⓐ insisting ⓑ resisting ⓒ subsisting

09 The new deal **supersedes** the old agreement.
 ⓐ intercedes ⓑ supervises ⓒ substitutes

정답 A 01 consist 02 assist 03 insist 04 resist 05 sedentary 06 subsidy
B 07 ⓑ 08 ⓐ 09 ⓒ

51 접는 건 plic, 뻗는 건 tend

왼쪽 사람은 종이를 접고fold 있네요. 이 'fold'에 해당하는 어근이 plic입니다. 동사로 쓰일 때는 plic에서 ploy 혹은 play로 철자가 변하기도 하죠. '접다'의 반대는 '펼치다, 뻗다stretch'죠? 운동하기 전에 몸을 쭉쭉 뻗으며 stretch를 하잖아요. 어근 tend가 바로 '뻗다stretch'의 뜻입니다. 자, 이제 두 어근 plic과 tend를 포함한 어휘들을 알아볼까요?

plic은 fold

com-함께 + **plic**접다(fold) + **-ated**~된
여러 겹으로 접힌
→ **complicated** 복잡한

dis-반대 + **play**접다(fold) 접은 것을 반대로 펼치다
→ **display** 나타내다

ex-밖으로 + **plic**접다(fold) + **-it**형접
밖으로 접으니 펼쳐진
→ **explicit** 명백한

em-안에 + **ploy**접다(fold) (사람을) 안에 두다
→ **employ** 고용하다

du-둘 + **plic**접다(fold) + **-ate**동접
두 겹으로 접어 놓을 녹살세 하나
→ **duplicate** 복사하다

tend는 stretch

in-안에 + **tend**뻗다(stretch) 마음 속으로 생각을 뻗다
→ **intend** 의도하다

at-~쪽으로(ad) + **tend**뻗다(stretch) (몸을) ~쪽으로 뻗다
→ **attend** 참석하다, 돌보다

tend뻗치다(stretch) + **-ency**명접
(생각·행동이) ~로 뻗치는 것
→ **tendency** 경향

ex-밖으로 + **tend**뻗다(stretch) 밖으로 뻗어나가다
→ **extend** 확장[연장]하다

con-함께 + **tend**뻗다(stretch)
~을 (얻기 위해) 함께 손을 뻗다
→ **contend** 경쟁하다

01 여러 겹으로 com- 접히니 plic complicated 복잡한

여러분 종이 접기 paper folding 해보셨죠? 학도 만들고 꽃도 만들고… 그런데 평평한 종이를 여러 겹으로 접어나가다 보면 점점 복잡해지죠? 여기서 연상되는 단어가 complicated 복잡한입니다. complicated는 '여러 겹으로 접힌'이란 어원적 의미에서 생겨나 '복잡한'이란 뜻이 된 거랍니다. 여러분이 잘 알고 있는 어휘인 complex보다 좀 더 어려운 어휘라고 할 수 있죠.

complicated 형 복잡한 = complex, knotty

- a complicated voting system 복잡한 투표 제도
complication 형 복잡함; 합병증
complicate 타동 복잡하게 하다 ↔ simplify 단순화하다

- The machine has a very **complicated** system. 그 기계의 시스템은 아주 복잡하다.
- The government did away with the **complicated** import procedures.
  정부는 복잡한 수입 절차들을 폐지했다.
- Pneumonia is a common **complication** among influenza patients.
  폐렴은 독감 환자들 사이에서 흔히 나타나는 합병증이다.

do away with ~을 없애다, 폐지하다   pneumonia 폐렴

02 접은 plic 것을 반대로 dis- 펼치면 display 보이다, 전시하다

display는 외래어로도 많이 쓰이는 어휘라 아무래도 익숙하죠? 하지만 display는 대부분 알고 있는 것처럼 단순히 제품을 '전시하다'라는 의미에 그치지 않습니다. display는 emotion 감정, attitude 태도, quality 품질과 같은 단어와도 얼마든지 어울려 쓸 수 있습니다. 물론 컴퓨터 화면에 어떤 정보를 보여주는 것에도 display를 쓰죠. 이처럼 display는 사용하는 범위가 상당히 넓죠?

> **display** [타동] 나타내다, 전시하다 = show
> [명] 전시회 = exhibition
> · display no emotion 어떠한 감정도 내보이지 않다
> · display one's excellent talent 뛰어난 재능을 보이다

· She **displayed** no emotion on him.
그녀는 그에 대해 전혀 감정을 나타내지 않았다.

· A beautiful floral **display** is taking place at the hotel.
아름다운 꽃 전시회가 그 호텔에서 열리고 있다.

<small>take place (모임·행사가) 열리다, 개최되다</small>

03 밖으로 ex- 접어 plic 펼쳐지니 explicit 명백한

사진에서 보시다시피 안으로 접혀져 있던 종이가 밖으로 펼쳐지면 안에 숨겨진 글자letter가 명백히 드러나게 되죠? 이렇게 explicit은 어원적으로 '밖으로 펼쳐진'이란 뜻에서 생겨나 '밖으로 드러난 → 명백한'이란 뜻을 나타내게 됩니다. explicit과 반대 개념으로 implicit이 있습니다. 어원적으로 풀이하면 '안에 접혀 있는'이란 뜻에서 '내포된, 함축적인'의 뜻이 된 경우죠. explict과 어원적으로 반대되는 단어이므로 함께 외워두세요!

> **explicit** [형] 명백한, 분명한 = evident, obvious
> · explicit knowledge 명백한 지식
> · explicit instructions 분명한 지침
> **implicit** [형] 내포된, 함축적인 = implied

· The health trainer gave **explicit** instructions to me.
헬스 트레이너가 나에게 분명한 운동 지침을 주었다.

· His words contained an **implicit** threat.
그의 말에는 은연중의 협박이 담겨 있었다.

04 사람을 안에im- 두는ploy 건 employ 고용하다

여러분이 만약 회사를 만들었다면 그 다음 할 일은 함께 일할 사람들을 고용하는 거겠죠? 이럴 때 쓰는 employ는 '(사람을) 안에 두다'라는 어원적 의미에서 '고용하다'의 뜻이 된 단어입니다. 회사에서 employee 직원을 안에 두고 있는 것을 연상해 보세요!

한 가지 더! employer는 '고용주' 즉 '사장'을 의미하고 eployee는 '피고용인' 즉 '직원'을 의미합니다. 명사의 어미가 -ee로 끝나게 되면 '~당하는 사람'이란 뜻이 되거든요. 또 employment는 '고용, 일자리'란 뜻이 되는데 이와 반대말인 unemployment는 '실업'이란 뜻이 됩니다.

employ [타동] 1. 고용하다 = hire, engage 2. 활용하다 = use
- employ various teaching methods 다양한 교수법을 활용하다

employment [명] 고용, 일자리 ↔ unemployment 실업
employer [명] 고용주, 사장
employee [명] 피고용인, 직원

- I'm not **employed** now. 나는 지금 실업자다.
- The corporation **employs** over 10,000 people. 그 기업은 만 명 이상을 고용하고 있다.
- Europe has suffered chronic **unemployment**. 유럽은 만성적인 실업을 겪어왔다.

05 두 겹du-으로 접어plic 둘을 똑같게 하니 duplicate 복사하다, 복제하다

돌발 퀴즈! 왼쪽 그림과 같은 것을 뭐라고 부를까요? 정답은 데칼코마니 decalcomanie 입니다. 한 쪽에 물감을 묻히고 정확히 두 겹으로 접으면 한 쪽 면에 물감이 그대로 묻어나와 똑같은 모양이 되는 거, 미술 시간에 한번쯤 해보셨죠?

이것이 바로 duplicate의 기본 개념입니다. 복사기 copy machine가 없었던 옛날에 종이 한 쪽에 잉크를 묻힌 다음 그것을 다른 종이에 똑같이 새겨지도록 만든 데서 유래했답니다. duplicate은 동사, 명사, 형용사로 그 품사의 쓰임이 다양하다는 점에 유의하세요!

> **duplicate** 타동 복사[복제]하다 = copy
> 형 복사의 명 복사(물) = replica
>
> · illegally duplicated ID 불복 복제된 신분증
> **duplication** 명 복사, 복제

· The computer program was **duplicated** illegally.
그 컴퓨터 프로그램은 불법으로 복제되었다.

· You need to make a **duplicate** key.
열쇠를 복사해둘 필요가 있어요.

· Oysters have a unique flavor which no other seafood can **duplicate**.
굴은 다른 어떤 해산물도 흉내낼 수 없는 독특한 맛을 갖고 있다.

06 마음 속으로in- 생각을 뻗으니tend intend 의도하다

이 책의 독자 여러분은 분명 '영어 공부 한번 제대로 해보자!'는 마음이 있으실 거예요. 이런 것이 바로 intend의도하다입니다. intend는 '어떤 생각을 마음 속으로 뻗다'라는 어원적 의미에서 생겨나 '의도하다'라는 뜻이 되었거든요. intend는 「intend to V ~하리라고 마음먹다, 의도하다」라는 형태로 자주 쓰이죠! 예를 들어 intend to study English라고 하면 '영어 공부 하겠다고 마음 먹다'란 뜻이 됩니다. 또 형용사 intentional의도적인도 자주 쓰이니 함께 알아두세요.

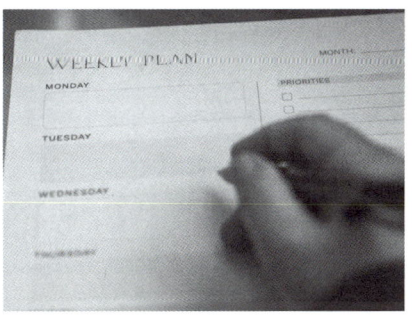

> **intend** 타동 의도하다, ~하려고 하다
>
> · intend to meet him 그를 만나볼 작정이다
> **intention** 명 의도
> **intentional** 형 의도적인 = deliberate
> **intent** 명 의도 형 의도하는

- My father **intends** to set up his new business. 우리 아버지가 새로운 사업체를 만들려고 하셔.
- If it is fine tomorrow, I **intend** to visit the art exhibition.
  내일 날씨가 좋으면 미술 전시회를 보러 가려구.
- He was charged with an **intentional** violation of the tax laws.
  그는 세법에 대한 의도적인 위반으로 고발되었다.

07 몸을 ~쪽으로 at- 뻗으니 tend **attend** 1. 참석[출석]하다 2. 돌보다

여러분도 영어 공부를 하기 위해 책을 보기도 하고 영어 학원도 다니실 거예요. 당연히 학원의 영어수업 English class에도 참석하죠? 이런 상황에 쓰면 좋은 동사가 바로 attend예요. attend는 '(몸을) ~로 뻗다'라는 어원적 의미에서 생겨나 타동사로 '~에 참석하다'라는 뜻이 되었어요.
가령 attend an English class라고 하면 '영어 수업에 참석하다'가 되죠. 또 간호사 nurse가 환자 옆에 붙어 있으면 곧 환자를 돌보는 것이 되는데 이때는 attend가 자동사가 되어 attend on the patient라고 씁니다. 타동사, 자동사에 따라 의미가 달라지는 동사이니 꼭 주의를 기울이세요!

attend [타동] 참석[출석]하다
　　　　 [자동] 돌보다, 주의하다 <on, to와 함께 쓰임>

- attend the meeting 모임에 참석하다
- attend to the matter 문제를 처리하다

attendance [명] 출석, 참석 (인원)
attentive [형] 주의하는
attendant [명] 안내원, 점원

- Many people **attended** the funeral.
  많은 사람들이 그 장례식에 참석했다.
- She **attends** on her sick father.
  그녀가 아픈 아버지를 돌본다.
- The professor is very strict about **attendance**.
  그 교수님은 출석에 매우 엄격하셔.
- The best teacher always has to be **attentive** to students' needs.
  최고의 선생님이라면 늘 학생들이 필요로 하는 것들을 잘 살펴야 한다.

funeral 장례식

08 (생각·행동이) ~로 뻗치게tend 되는 것은 tendency 경향

'빨리빨리'는 한국인들이 갖고 있는 대표적인 경향typical tendency이라고들 하죠. 여기 등장하는 tendency는 '(사람들의 생각·행동이) ~로 뻗치는 것'에서 생겨나 '경향'이라는 뜻이 된 것입니다. 여러분이 잘 아시는 trend추세, 경향과 비슷한 어휘로 보아도 무방하죠. tendency경향의 동사 tend는 항상 to부정사를 목적어로 취한다는 중요한 문법적 포인트도 놓치지 말자구요.

tendency 명 경향, 풍조 = trend
- a tendency to exaggerate 과장하는 경향
- inherit a tendency to alcoholism 알콜 중독 성향을 물려받다

tend to V ~하는 경향이 있다

- Korean people have a hasty **tendency**.
  한국 사람들은 서두르는 경향이 있다.
- People **tend to** need less sleep as they get older.
  사람들은 나이가 들면 잠을 덜 자는 경향이 있다.

09 밖으로ex- 뻗어나가니tend extend 늘리다, 확장하다

앞서 얘기한 한국인의 '빨리빨리' 경향이 꼭 나쁜 것만은 아닙니다. 이런 경향이 좋게 작용한 사례도 많이 있고, 우리 나라의 기업이 세계 일류 기업이 된 경우도 많습니다. 지금도 한국 기업들은 규모를 계속 확장해extend 나가고 있죠. 이럴 때 쓰는 단어 extend는 '밖으로 뻗어나가다'라는 어원적 의미 그대로 '늘리다, 확장하다'라는 뜻으로 쓰이게 된 것입니다. 형용사 extensive광범위한도 자주 쓰이니 꼭 알아두세요!

extend [타동] 연장하다, 확장하다
- extended family 대가족(3대가 함께 사는 가족)
- nuclear family 핵가족(부부와 미혼 자녀만 사는 가족)

extension [명] 연장, 확대
extensive [형] 광범위한

- I am an **extensive** reader.
  난 독서 범위가 넓다.

- Korean companies are **extending** their domains in the world.
  한국 기업들은 세계 속에서 그들의 영역을 넓혀나가고 있다.

- The dictator plans to **extend** his term.
  그 독재자는 자신의 임기를 연장시킬 계획을 하고 있다.

10 (~을 얻기 위해) 함께con- 손을 뻗는tend 건 contend 경쟁하다

한국 기업들이 세계로 뻗어나가려면 결코 피할 수 없는inevitable 것이 바로 경쟁competition이죠. 이번에 배울 어휘 contend의 뜻이 바로 '경쟁하다'입니다. 예를 들어볼까요? 올림픽에서 금메달을 따기 위해 얼마나 많은 선수들이 금메달을 향해 손을 뻗칠지 연상해보세요! 이 상황이 바로 contend에 해당되죠.

명사 contention은 주로 '논쟁'의 의미로 쓰입니다. 또 형용사 contentious는 '(사람이) 싸우기 좋아하는'의 뜻이 되죠. 파생어의 의미에 주의해야 할 어휘랍니다.

---

contend [자동] 다투다, 경쟁하다 = compete
　　　　　[타동] 주장하다 = assert

· contend for power 권력을 얻기 위해 다투다
· contend with the problem 그 문제를 다루다
contention [명] 논쟁, 주장
contentious [형] 싸우기[다투기] 좋아하는 = quarrelsome
　　　　　　　　 논쟁이 되는 = controversial

· The three athletes **contend** for a gold medal.
　세 명의 선수가 금메달을 따기 위해 경쟁하고 있다.

· The issue is no longer in **contention**.
　그 문제는 더 이상 논쟁거리가 아니다.

· Abortion has always been a **contentious** subject.
　낙태는 늘 논쟁이 되는 주제가 되어왔다.

abortion 낙태

확인하고 넘어가자

A | 다음 표시된 말에 해당하는 단어를 원형으로 써보세요.

01 수학은 **복잡한** _____ 학문이다.

02 우리는 **전시회** _____ 에 진열할 제품들을 결정해야 한다.

03 선생님께서 **명백한** _____ 설명을 해주셨다.

04 주민등록증 **사본** _____ 을 제출하세요.

05 나 그 모임에 **참석해야** _____ 해.

06 그 선생님은 말을 빨리 하시는 **경향** _____ 이 있어.

B | 다음 표시된 단어의 동의어를 찾거나, 빈칸에 알맞은 단어를 고르세요.

07 We must solve the **complicated** problem.
 ⓐ concrete ⓑ duplicate ⓒ complex

08 Please give your **explicit** intention to me.
 ⓐ luminous ⓑ manifest ⓒ implicit

09 Employees are required to _____ the team meeting.
 ⓐ attend ⓑ intend ⓒ extend

정답 A 01 complicated 02 display 03 explicit 04 duplicate 05 attend 06 tendency
B 07 ⓒ 08 ⓑ 09 ⓐ

52 비우는 건 van, 채우는 건 ple

'비워야 채울 수 있다!' 멋진 말이죠? 뭔가를 새로 채우려면 당연히 기존에 담긴 것은 비워야 될 테니까요. 이것을 염두에 두고 비우고 채우는 것과 관련된 어휘들을 공부해 보겠습니다. 먼저 '비우다'라는 뜻의 어근은 van이고 '채우다'라는 뜻의 어근은 ple입니다. 둘 다 서로 정반대의 뜻을 나타내면서 중요한 어휘에 많이 포함된 어근이기도 하답니다!

van은 empty

van비우다(empty) + **-ity**명접 (마음이) 비어 있는 상태
→ **vanity** 허영

van비우다(empty) + **-ish**동접 (자리를) 비우다
→ **vanish** 사라지다

vac비우다(empty) + **-ant**형접 비어 있는
→ **vacant** 빈, 공허한

vacu비우다(empty) + **-um**명접 비어 있는 상태
→ **vacuum** 진공; 공백

e-밖으로(ex-) + **vac(u)**비우다(empty) + **-ate**동접 (사람들을) 내보내 비우다
→ **evacuate** 대피시키다

ple은 fill

com-강조 + **ple**채우다(fill) + **-te**형접 부족함 없이 가득찬, 모두 채워진
→ **complete** 완전한

com-강조 + **ple**채우다(fill) + **-ment**동접 (부족한 부분을) 완전하게 채우다
→ **complement** 보충하다

de-떨어뜨려 + **ple**채우다(fill) + **-te**동접 채워진 것을 없애다
→ **deplete** 감소[고갈]시키다

im-안에 + **ple**채우다 + **-ment**명접,동접 채워 넣는 것; 안을 채우다
→ **implement** 도구; 실행[수행]하다

457

01 (마음이) 공허하게 비어 있는van 상태는 vanity 허영, 자만심

어근 van이 포함된 어휘 중 가장 먼저 알아두어야 할 어휘가 vain 1. 헛된 2. 자만심이 강한입니다. 숙어 in vain헛되이도 함께 알아두어야 하구요! 이 vain의 명사형이 바로 vanity허영입니다. '허영'에서 '허'는 한자로도 '빌 허虛'랍니다. 어때요? 언어가 통하는 면이 있죠? 원래 '허영'이라는 것이 실속은 없고(비어 있고) 겉모습뿐인 것을 의미하기 때문일 것입니다. vain과 vanity 함께 기억하세요!

---

vain 혱 1. 헛된 = futile 2. 자만심이 강한 = too proud, conceited
- a vain effort 헛된 노력
- a vain attempt 헛된 시도
- in vain 헛되이

vanity 명 허영, 자만심 = conceit

- She's full of vanity. 그녀는 허영으로 가득 차 있다.
- I'm afraid all my efforts were in vain. 유감스럽게도 내 노력이 모두 수포로 돌아갔다.

02 자리를 비우니van vanish 사라지다

'사라지다' 하면 disappear라는 단어가 떠오르죠? disappear는 appear나타나다에 접두어 dis-가 붙어 반대말 '사라지다'가 되었지만, vanish는 어근 van비우다 때문에 '(자리를) 비우다'란 어근적 의미에서 '사라지다'란 뜻이 되었습니다. 또 vanish에서 생겨난 좀 어려운 어휘 중에 evanescent덧없는가 있어요. 담배 연기처럼 쉽사리 사라져가는 것이 바로 '덧없는' 것이죠. 뜻이 비슷한 두 어휘 함께 외워두세요!

---

vanish 자동 사라지다, 없어지다 = disappear
- vanish without trace 흔적도 없이 사라지다
- vanish into air 공중으로 사라지다

evanescent 형 덧없는

- The bird **vanished** from sight.
  그 새는 시야에서 사라졌다.

- The ship **vanished** beyond the horizon.
  배가 수평선 너머로 사라졌다.

- Cassandra Williamson **vanished** from her home yesterday morning.
  카산드라 윌리엄슨은 어제 아침 집에서 실종되었다.

03 비어 있으니 vac **vacant** 빈, 비어있는

vacant빈, 비어있는은 아주 기본적인 어휘지만 이런 어휘들을 통해 영어 고수가 될 수 있는 디딤돌stepping stone과 같습니다. vacant는 어원 분석을 할 필요도 없이 이해되는 어휘죠? 공간적으로 '텅 빈'이라는 뜻으로 쓰지만 직위나 일자리가 비어 있는, 즉 '공석인'이란 의미로도 많이 쓰입니다.

vacant의 명사 vacancy는 아예 '1. (일자리의) 공석' '2. (호텔의) 빈 방'의 두 가지 의미로 쓰입니다. 또 여름에 떠나는 vacance바캉스(영어로는 vacation휴가)도 여기서 나온 말이랍니다. 빙, 기주지를 '딩 비우는 깃'이란 의미가 되죠.

> **vacant** 형 빈, 비어있는 = empty, void
> - fall vacant   비다, 공석이 되다
> **vacancy** 명 1. 공석 2. 빈 방
> **vacance** 명 바캉스

- Is this seat **vacant**?
  이 자리 비었나요?

- He was offered the position of headmaster when it fell **vacant**.
  공석이 되자 그는 교장직을 제의받았다.

- Do you have any **vacancy**? — I'm sorry. No **vacancy**.
  혹시 방 있나요? - 죄송하지만 빈 방이 없네요.

04 비어 있는vacu 상태는 vacuum 1.진공 2.공백

물리학physics에서 진공이란 '물질이 전혀 존재하지 않는 공간'을 의미합니다. vacuum 역시 어원적으로 풀이하면 '비어 있는 상태'를 의미하죠. vacuum은 뜻을 외우기는 어렵지 않은데 발음이 좀 까다로워요. '배큐~ㅁ'이 아니고 '배큐~엄'이거든요. 발음에 주의하세요!

vacuum이란 단어가 우리에게 익숙한 이유는 바로 진공청소기vacuum cleaner 때문이죠. 이 vacuum이 동사로 쓰이면 '진공청소기로 청소하다'라는 뜻이 됩니다. She's vacuuming. 하면 '그녀는 진공청소기로 청소 중이다.'입니다.

---

vacuum 명 1. 진공 2. 공백 타동 진공청소기로 청소하다

- vacuum cleaner 진공청소기
- vacuum a room 진공청소기로 방을 청소하다
- the power vacuum in the country 그 나라 내의 권력 공백 상태

- Her husband's death left a **vacuum** in her life.
남편의 죽음은 그녀의 삶에 공백을 남겼다.

- Have you **vacuumed** the carpets?
카펫을 진공청소기로 청소했어요?

05 사람들을 내보내e- 비우는vacu 건 evacuate 대피시키다, 피난시키다

어근 vac을 포함한 어휘 중 가장 수준 높은 어휘가 바로 evacuate입니다. 어원분석부터 해볼까요? evacuate는 '(사람들을) 내보내 비우다'라는 어원적 의미에서 '대피[피난]시키다'란 뜻이 된 것입니다. 예를 들어 지진earthquake, 홍수flood와 같은 자연재해natural disaster나 화재, 전쟁이 발생하면 그 지역 사람들을 신속하게 rapidly 다른 곳으로 이동시켜야겠죠? 이럴 때 쓸 수 있는 것이 바로 evacuate입니다!

> **evacuate** 동 대피시키다, 피난시키다
> · be ordered to evacuate the building 그 건물 밖으로 대피하라는 명령이 내려지다
> **evacuation** 명 대피; 철군

· During the war he was **evacuated** to the island. 전쟁 기간 동안 그는 그 섬으로 피난 갔다.
· If the fire alarm sounds, all students should **evacuate** immediately.
  화재 경보가 울리면 모든 학생들은 즉시 대피해야 합니다.

06 부족함 없이 com- 가득 찬 ple complete 완전한; 완성하다, 끝마치다; (문서를) 작성하다

complete가 왜 '완전한'이란 뜻인지 아세요? 바로 다 차 있으니, 즉 부족함이 없으니 '완전한' 것입니다. 어원적으로 풀이해도 complete는 '가득 차 있는'이란 의미에서 출발해 '완전한'이란 뜻이 된 단어입니다. 그런데 complete를 형용사로만 알고 있으면 안 됩니다. 얼마든지 '완성하다, 끝마치다'라는 뜻의 동사로도 쓰일 수 있거든요. 영어 어휘는 꼭 하나의 품사로만 쓰이지 않고 두 가지, 심지어는 세 가지 품사로도 얼마든지 쓰일 수 있습니다. 동사 complete의 '(문서를) 작성[기입]하다(=fill out)'의 의미도 놓치지 마세요!

> **complete** 형 완전한 = whole, entire
>   타동 1. 완성하다, 끝마치다 = finish 2. (서식을) 작성[기입]하다 = fill out
> · complete the immigration form 출입국 신고서를 작성하다
> **completion** 명 완성, 완수

· We assemble the parts and produce the **complete** products.
  우리는 부품들을 조립해서 완제품을 생산하는 일을 한다.
· She's just **completed** a master's degree in law. 그녀는 얼마 전에 법학 석사 과정을 마쳤다.
· A lot of customers **completed** our questionnaire. 많은 고객들이 우리 설문지를 작성해 주었다.

07 부족한 부분을 com- 채우면 ple complement 보충; 보충[보완]하다

사진 속 구두와 셔츠가 서로 잘 보완을 해주고 있네요. complement는 부족한 deficient 부분을 채워주는 것을 의미합니다. 사실 complement는 바로 앞에서 공부한 complete와 어원적으로 그리 다르지 않답니다. 다만 complement에는 접미어 -ment가 붙어 명사로 보이지만, 명사뿐만 아니라 동사로도 쓰인다는 점에 유의하세요. 또 문법 grammar을 공부하다 보면 '보어補語'라는 용어가 나오죠? 이 '보어'를 영어로 complement라고 한다는 것도 알아두시구요.

complement 명 1. 보충, 보완 2. 보어 타동 보충[보완]하다
complementary 형 보충[보완]하는

- The shirt **complements** the suit nicely. 셔츠가 정장을 멋지게 보완해준다. [서로 잘 어울린다.]
- A good wine is a **complement** to a good meal. 좋은 와인은 훌륭한 식사를 더욱 빛나게 해준다.
- The team needs players who **complement** each other.
  그 팀에는 서로 보완해 주는 선수들이 필요하다.

08 채워진 ple 것을 없애면 de- deplete 감소[고갈]시키다

어근 ple 채우다 를 포함한 어휘 중 시험에 가장 잘 나오는 어휘가 바로 deplete입니다. 먼저 어원분석이 필요하겠죠? deplete는 '채워진 것을 없애다'란 어원적 의미에서 '감소[고갈]시키다'란 뜻이 되었습니다. 자동차에 기름을 넣고 달리다 보면 채워진 기름이 점점 없어지겠죠? 이런 상황이 deplete가 바로 연상 association되는 아주 좋은 예 good example랍니다. 꼭 기억해 두세요!

deplete 타동 감소[고갈]시키다 = exhaust
- deplete our natural resources 우리의 자연 자원을 고갈시키다
- deplete his life savings 그가 평생 모은 돈을 다 쓰다

depletion 명 감소, 고갈

- These chemicals are thought to **deplete** the ozone layer.
  이 화학물질들은 오존층을 감소시킨다고 여겨진다.
- Salmon populations have been severely **depleted**.
  연어의 개체수가 급격히 줄었다.

salmon 연어 <발음에 주의!>　population 인구; 개체수

09 시간과 노력을 채워ple 넣는im- 건 implement 실행하다; 도구

deplete감소[고갈]시키다 못지 않게 시험에 자주 나오는 어휘가 implement입니다. 이 단어도 명사로만 보이지만 실제로는 동사로 훨씬 더 많이 쓰인다는 거 주의하세요! 어원적 의미를 살펴보면 '채워 넣는 것'에서 '도구'라는 뜻이 되었고 '채워 넣다'에서 발전해 '실행하다'라는 뜻으로 쓰이게 된 것입니다.
실제로 어떤 임무mission가 주어졌을 때 그 임무에 시간과 노력을 채워 넣는 것이 바로 '실행하다'라고 볼 수 있겠죠? '실행하다'란 뜻의 동의어인 fulfill도 결국 '채우다'라는 의미에서 나온 어휘죠.

> **implement** 타동 실행[이행]하다 = fulfill, carry out
> 　　　　　명 도구 = tool
>
> - implement policies[reforms] 정책[개혁]을 실행하다
> - agricultural implements 농기구들
>
> **implementation** 명 실행, 이행

- I am unwilling to **implement** this plan.
  난 이 계획을 실행하고 싶지 않다.
- It is increasingly difficult to **implement** the agreement.
  그 협약을 이행하기가 점점 더 어려워지고 있다.
- the **implementation** of the peace plan 평화 계획의 이행

확인하고 넘어가자

A | 다음 표시된 말에 해당하는 단어를 원형으로 써보세요.

01 쓸데없는 **허영심** _____ 은 버려야 한다.

02 그에 대한 기억이 내 기억에서 **사라졌다** _____ .

03 그의 **공백** _____ 이 너무나도 크다.

04 어서 사람들을 **대피시켜요** _____ !

05 우리 서로 부족한 부분들을 **보완하자** _____ .

06 우리는 지구의 천연 자원들을 **고갈시키고 있다** _____ .

B | 다음 표시된 단어의 동의어를 찾거나, 빈칸에 알맞은 단어를 고르세요.

07 All hopes of finding the boy have **vanished**.
　　ⓐ disinterested　ⓑ disappeared　ⓒ displeased

08 In case of fire, use the stairs to _____ .
　　ⓐ invade　ⓑ evacuate　ⓒ evaluate

09 Algae can block light and _____ oxygen from the water.
　　ⓐ deplete　ⓑ replenish　ⓒ implement

정답 A 01 vanity 02 vanish 03 vacuum 04 evacuate 05 complement 06 deplete
　　　 B 07 ⓑ 08 ⓑ 09 ⓐ

53 돌고 바뀌고 변하는 vert

운전을 하다 보면 오른쪽 그림과 같은 표지판이 많이 보이죠? 바로 U-turn유턴이라는 표시입니다. U-turn을 하게 되면 차의 방향이 반대가 됩니다. 물론 좌회전, 우회전을 할 수도 있지만요. 이번에 배울 어근 vert는 '바꾸다, 변하다'라는 의미로 turn의 뜻을 갖는 어근입니다. 여기선 여기저기로 방향을 바꾸는 것과 관련된 어휘들이 등장합니다. 그럼 어근 vert를 포함한 변화무쌍한 어휘들을 알아볼까요?

vert, vers는 turn

- **ad-**~쪽으로 + **vert**돌리다(turn) + **-ise**놓다
  (관심을)~로 돌리게 하다
  advertise 광고하다

- **a(b)-**멀리 + **vert**돌리다(turn) 딴 데로 돌리다
  avert (얼굴·시선을) 돌리다, 피하다

- **con-**강조 + **vort**바꾸다(turn) 완전히 바꾸다
  convert 전환하다

- **di(s)-**다른 데로 + **vert**돌리다(turn) 다른 데로 돌리다
  divert (방향을) 바꾸다, 전환하다

- **con-**강조 + **vers(e)**돌다(turn) 완전히 도는
  converse 거꾸로의, 역의

- **re-**뒤로 + **vers(e)**돌다(turn) 뒤로 도는
  reverse 반대의, 역의

- **di(s)-**다르게 + **vers(e)**바뀌다(turn) 다른 것으로 바뀌는
  diverse 다양한

- **uni-**하나 + **vers**돌다(turn) + **-al**형접
  하나의 체계로 돌아가는
  universal 보편적인

- **vers(a)**돌리다(turn) + **-tile** ~하기 쉬운
  (능력·용도가) 바뀌기 쉬운
  versatile 다재다능한

01 (관심을) ~로 ad- 돌리게 vert 하니 advertise 광고하다

TV를 켜면 온갖 광고들을 보고 듣게 됩니다. 광고를 하는 가장 큰 목적purpose이 사람들의 관심attention을 끄는 것이니까요. 즉, 광고라는 것은 '(사람들의 관심을) ~로 돌리게 하는 것'입니다. 이게 바로 advertise의 어원적 의미랍니다. 확실히 광고를 많이 보게 되면 그 제품product에 관심을 갖게 되니 말이에요.

advertise [타동] 광고[선전]하다
- advertise the new product 신제품을 광고하다
- begin to advertise on the radio 라디오에서 광고를 시작하다
- corporate advertising 기업 광고
- advertising strategy 광고 전략
- an advertising agent 광고 대행업체

advertisement [명] 광고 (줄여서 ad)
advertiser [명] 광고주

- We plan to **advertise** our new product extensively.
  우리는 신제품을 대규모로 광고할 계획이다.
- We need to cut our **advertising** costs. 우리는 광고비를 줄일 필요가 있다.
- The concert was **advertised** in all the national newspapers.
  전국의 모든 신문에 그 콘서트의 광고가 실렸다.

02 딴 데로 a(b)- 돌리는 vert 건 avert (얼굴·시선을) 돌리다, 피하다

많은 분들이 TV를 볼 때 광고advertisement가 나오면 보기 싫다고 채널을 다른 곳으로 돌린다고 하는데, 이렇게 뭔가가 싫거나 뭔가를 피하기 위해 얼굴이나 시선을 다른 곳으로 돌리는 것이 바로 avert입니다. 어원적으로 풀이하면 '딴 데로 돌리다'에서 '(얼굴·시선을) 돌리다, (사고를) 피하다'라는 뜻이 된 것이죠. 동의어로는 avoid피하다가 있습니다.

avert [타동] (시선을) 돌리다, (사고를) 피하다 = avoid

- avert the disaster 재난을 피하다
- avert one's eyes 시선을 다른 곳으로 돌리다

averse [형] 싫어하는
aversion [명] 혐오

- The diplomatic talks narrowly **averted** a war. 그 외교 회담이 가까스로 전쟁을 막았다.
- The accident could have been **averted** if he had followed safety standards.
  그가 안전 기준들을 따랐더라면 그 사고는 피할 수 있었다.

03 완전히 con- 바꾸면 vert convert 전환하다

사진 속의 차를 뭐라고 부를까요? '오픈카'라고 자신있게 confidently 대답한 분은 틀린 거 아시죠? 미국에 가서 '오픈카'라고 하면 차 문을 열어준답니다! 정답은 convertible 컨버터블 이에요. 자동차의 지붕 roof 을 접었다 폈다 할 수 있으시 전환이 가능한 차죠. 동사 convert는 '완전히 바꾸다'라는 어원적 의미에서 출발해 '전환하다'가 된 것입니다!

convert [동] 전환하다, 바꾸다 = change

- a sofa that converts into a bed 침대로 바뀌는 소파
- convert foreign currency into dollars 외화를 달러로 환전하다

conversion [명] 전환, 변경
convertible [형] 전환 가능한 [명] 컨버터블, 오픈카

- The stocks can be easily **converted** to cash. 주식은 현금으로 쉽게 전환될 수 있다.
- They had many chances to score, but they couldn't **convert** their opportunities.
  그들은 많은 득점 기회가 있었지만 그들의 기회를 (점수로) 바꾸지 못했다.
- My rich boy friend wants to give me a **convertible**.
  돈 많은 내 남자친구가 나한테 컨버터블(오픈카)을 한 대 주려고 해.

04 다른 데로di(s)- 돌리는vert 건 divert (방향을) 바꾸다

사실 convert와 divert는 상당히 헷갈리는 어휘입니다. 예를 들어 설명해 볼까요? 어렸을 때 변신 로봇 갖고 놀아본 경험experience 있으시죠? 로봇이 오토바이motorcycle로 변신합니다. 이렇게 '형태를 완전히 바꾸는 것'이 convert입니다. 로봇이 직진하다가 갑자기 왼쪽으로 방향을 바꿉니다. 이렇게 '방향·용도를 딴 데로 바꾸는 것'이 divert입니다.

divert는 동사의 의미 못지않게 형용사 diverse다양한의 의미가 중요합니다. diverse는 뒤에서 다시 나오게 되니 그때 다시 설명할게요.

> **divert** [타동] (방향·용도를) 딴 데로 바꾸다, 전환하다
> · divert the river water into the lake 강물의 방향을 호수 안으로 바꾸다
> **diversion** [명] 변경, 전환

· The corporation should **divert** more resources into research.
  그 기업은 더 많은 자원을 연구 활동에 써야 한다.

· The crime crackdown is an attempt to **divert** attention from social problems.
  강력한 범죄 단속은 사회 문제들로부터 관심을 다른 데로 돌리기 위한 시도이다.

crackdown 강력 단속

05 완전히con- 도니verse converse 반대의, 역의; 대화하다

Converse 마크가 새겨져 있는 옷이나 신발이 있으세요? 참신한 디자인design으로 젊은 세대의 사랑을 받는 브랜드brand 중 하나죠. converse는 '완전히 도는'이라는 어원적 의미에서 출발해 '거꾸로의, 역의'란 뜻이 된 거랍니다. 이와 동일한identical 뜻의 어휘로 adverse도 있어요.

converse는 주로 형용사로 쓰이지만 간혹 converse가 「converse with somebody」라는 자동사로 쓰이는 경우가 있는데 이럴 땐 '~와 이야기하다'라는 뜻이 됩니다. 여기서 나온 명사가 우리가 잘 아는 conversation대화랍니다!

converse 형 거꾸로의, 역의
- a converse opinion 반대 의견
- converse with 자동 ~와 대화하다
- converse with foreign dignitaries 외국 고위 인사들과 대화하다

adverse 형 반대의, 역의
- adverse effect 역효과, 악영향

adversity 명 불운, 역경

adversary 명 상대방, 적수

- The professor showed us a **converse** example. 교수님이 반대의 예를 우리에게 보여주셨다.
- The conference gave me an opportunity to **converse with** VIPs in relaxed surroundings. 그 회의는 편안한 분위기 속에서 VIP들과 대화할 수 있는 기회를 제공해 주었다.
- The drug may cause an **adverse** effect. 그 약은 부작용을 일으킬 수 있다.

06 뒤로 re- 도니 verse **reverse** 반대의, 역의

converse와 비슷한 형용사로 reverse가 있습니다. '아니 왜 접두어가 다른데 뜻이 똑같지?'라는 의문을 갖는 분들이 계시겠지만 그건 어근 vers의 의미가 '돌다' 즉 'turn'이기 때문입니다. reverse는 '뒤로 도는'이란 어근적 의미에서 생겨나 '반대의, 역의'라는 뜻이 된 것입니다. 뒤로 돌면 기존의 방향에서 반대가 되는 게 당연하겠죠? reverse가 자동차에 쓰이면 '후진'이란 뜻의 명사가 된다는 것도 함께 알아두세요!

reverse 형 거꾸로의, 반대의 = adverse, opposite
명 1. 반대 2. (자동차의) 후진
타동 1. (정반대로) 뒤바꾸다 2. (차를) 후진시키다
- reverse the car into a side road 차를 후진시켜 옆길에 세우다

reversal 명 반전, 전환
- a sudden reversal of the movie 그 영화의 갑작스런 반전

- Husband and wife have **reversed** roles.
  부부의 역할이 바뀌었다. (남편이 집안일하고 아내가 돈벌이한다는 뜻)
- It will take years to **reverse** the damage done by pollution.
  오염으로 인한 피해를 원상복구시키는 데는 몇 년이 걸릴 것이다.

07 다른 것으로di(s) 바뀌니verse diverse 다양한

앞에서 divert(방향을) 바꾸다를 공부했죠? 이 divert에서 파생된 형용사가 diverse입니다. 어원적으로 '다른 것으로 바뀌는'이란 의미에서 '다양한'이란 뜻으로 쓰이게 된 거죠. 기존의 형태에서 다른 것들로 바뀌어 나가니 '다양한'의 의미가 된 것입니다. various라는 동의어도 함께 알아두세요! diverse의 명사 diversity다양성과 동사 diversify다양화하다도 함께 공부해둬야 합니다!

> **diverse** 혱 다양한 = various
> - diverse political views 다양한 정치적 견해들
> **diversity** 명 다양성
> **diversify** 타동 다양화하다
> - diversified products 다양화된 제품들

- I like to experience **diverse** cultures. 난 다양한 문화를 경험하는 것을 좋아한다.
- The country is **diversifying** its energy sources. 그 나라는 에너지원들을 다양화시키고 있다.

08 하나uni-의 체계로 돌아vers 가니 universal 보편적인

영어로 '우주'가 뭐죠? 바로 universe입니다. 어원적으로 universe는 '하나uni의 체계로 돌아가는verse 것'이란 뜻입니다. universal은 universe의 파생어인 형용사로 원래 '우주의'라는 뜻에서 생겨나 전 세계에 다 통용된다는 의미에서 '보편적인'이란 뜻이 되었습니다.

> **universal** 형 보편적인, 일반적인 = general
> - a universal truth 보편적 진리
> **universality** 명 보편성, 일반성
> **universe** 명 우주
> **university** 명 대학

- Money is a topic of **universal** interest. 돈은 보편적인 관심사다.
- The theory was **universally** accepted in the nineteenth century.
  그 이론은 19세기에 보편적으로 받아들여졌다.

09 (능력·용도가) 바뀌기 versa 쉬우니 tile versatile 다재다능한, 다용도의

사진 속의 칼을 뭐라고 부를까요? '맥가이버 칼'이라고요? 땡입니다! 이런 칼은 versatile knife 또는 multipurpose tool이라고 합니다. 즉 '다용도 칼[도구]'란 뜻이죠! versatile은 '(능력·용도가) 바뀌기 쉬운-ile'의 의미에서 사람에게 쓰면 '다재다능한'이고 물건에 쓰면 '다용도인' multipurpose란 뜻이 된 것입니다. 여러분 친구 중에 노래도 잘 부르고 춤도 잘 추고 운동도 잘 하고 그림도 잘 그리는 친구가 있다면 바로 그 친구가 versatile한 사람이 되겠죠?

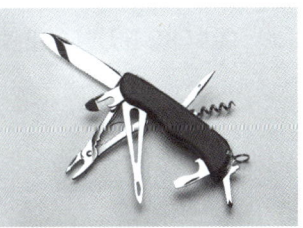

> **versatile** 형 다재다능한, 다용도의 = protean
> - a versatile actor 다재다능한 배우
> - a versatile work table 다용도 작업 테이블
> **versatility** 명 다재다능함

- The potato is an extremely **versatile** vegetable.
  감자는 아주 다용도로 조리할 수 있는 채소다.
- She is a **versatile** athlete who participates in many different sports.
  그녀는 여러 가지 많은 스포츠 종목에 참가하는 다재다능한 운동선수다.

확인하고 넘어가자

A | 다음 표시된 말에 해당하는 단어를 원형으로 써보세요.

01 사람들은 **광고** _____ 에 관심을 갖게 된다.

02 그 젊은 배우는 정말 **다재다능해** _____ .

03 그는 사고를 **피하기** _____ 위해 운전대를 돌렸다.

04 난 자동차를 **후진시키는** _____ 것이 어렵다.

05 **다양한** _____ 의견은 좋은 결론을 도출시킨다.

06 지구가 돈다는 것은 **보편적인** _____ 진리다.

B | 다음 표시된 단어의 동의어를 찾거나, 빈칸에 알맞은 단어를 고르세요.

07 He will _____ the spare space into a repository.
   ⓐ avert   ⓑ convert   ⓒ controvert

08 We should regard **diverse** political views.
   ⓐ variety   ⓑ variable   ⓒ various

09 A democracy is based on **universal** suffrage.
   ⓐ general   ⓑ generous   ⓒ genetic

정답 A 01 advertisement 02 versatile 03 avert 04 reverse 05 diverse 06 universal
B 07 ⓑ 08 ⓒ 09 ⓐ